Witali Rutschinski
TEUFELS WERKE

Witali Rutschinski

TEUFELS WERKE

Ein Roman um Michail Bulgakows
»Der Meister und Margarita«

Aus dem Russischen
von Christiane Pöhlmann

Piper
München Zürich

Die russische Originalausgabe erschien 1993
unter dem Titel
» Возвращение Воланда, или Новая дьяволиада «
(Woswraschtschenije Wolanda, ili Nowaja djawoliada)
im Verlag Rossija-Welikobritanija in Twer.

ISBN 3-492-70008-X
© Piper Verlag GmbH, München 2002
Gesetzt aus der Palatino
Satz: Uwe Steffen, München
Druck und Bindung: Pustet, Regensburg
Printed in Germany

www.piper.de

ERSTER TEIL

1. KAPITEL

Jakuschkin, die Zerberuska
und so manch anderer

Vor Moskaus bedeutendstem Theater, das im ganzen Land und sogar über die Landesgrenzen hinaus bekannt ist, tauchte eines Abends um acht oder, um genauer zu sein, um 19.45 Uhr ein junger Mann auf. Ich möchte noch hinzufügen, daß dieser Abend in die Zeit vor dem Jahreswechsel fiel, also in die letzten Tage des Dezembers. Besagter junger Mann war hager und hoch aufgeschossen, trug eine kurze Jacke aus synthetischem Material und eine Mütze aus Kaninchenfell, die schon reichlich kahl war. Es bleibt noch zu sagen, daß er weder im Shiguli noch im Taxi oder Schwarztaxi angebraust kam, sondern an der Haltestelle neben dem Theater aus einem Trolleybus stieg.

Die Vorstellung hatte schon längst begonnen, und der auf einen alten Moskauer Boulevard gehende Platz vor dem Theater lag völlig verlassen da. Die Zuschauer, die zeitig angekarrt worden waren, hatten sich auf die eine oder andere Art in Luft aufgelöst. Die glücklichen Besitzer von Karten hatten diejenigen getroffen, auf die sie gewartet hatten: Ehemänner ihre Frauen, Ehefrauen ihre Männer, männliche Bekannte ihre, um es einmal so zu nennen, weiblichen Bekannten. Alle saßen bereits im Saal auf ihren Plätzen und delektierten sich, wie es früher so schön hieß, an der Kunst Melpomenes. Genauer gesagt, der Kunst ihrer treuen Diener. Die Angehörigen des ruhelosen Stammes der Jäger nach überzähligen Karten, denen Fortuna an diesem Abend nicht hold gewesen war, hatten sich, ihr Pech verfluchend, von dannen getrollt. Sie waren nach Hause gefahren, um fernzusehen, oder hatten sich irgendwo anders hinbegeben. Beschämenderweise vermag der Autor keine genauere Auskunft zu geben, wohin die erfolglosen Kartenjäger nach Vorstellungsbeginn verschwunden waren.

Während der junge Mann mit der Kaninchenfellmütze (einstweilen wollen wir ihn so nennen) leichten Fußes die Treppe zum Theater hinaufeilte, schaute er zunächst auf seine Armbanduhr. Danach verglich er sie mit der Uhr an einem Laternenpfahl. Doch selbst das schien ihm nicht ausreichend: Er fragte auch noch den erstbesten Passanten, wie spät es sei. Alle Angaben stimmten auf die Minute genau überein.

Nachdem er sich des Ortes und der Zeit vergewissert hatte, schlenderte der junge Mann mit der Kaninchenfellmütze die Fassade auf und ab und besah sich die Schaukästen mit Photographien, auf denen Szenen aus dem aktuellen Stück sowie aus verschiedenen anderen Inszenierungen zu sehen waren. Auffällig war, daß er diese Betrachtung ohne besondere Aufmerksamkeit vornahm. Folglich steht zu vermuten, der junge Mann habe mit dieser Beschäftigung schlicht und ergreifend die Zeit totschlagen wollen. Immer wieder schaute er auf seine Armbanduhr, ließ aber auch das Chronometer an der Laterne nicht aus den Augen.

Einer der Schaukästen war einem Stück gewidmet, das die Revolution zum Thema hatte. Seine Hauptfigur war – wie sollte es anders sein? – Iljitsch. Als der junge Mann zu diesem Schaukasten kam, vernahm er in seinem Rücken deutlich eine Stimme: »Nicht zu fassen, dieses Theater! Die sollten sich schämen, solch primitive Stücke zu spielen!«

Im spiegelnden Glas fletschte ein Kater die Zähne.

Verwundert drehte der junge Mann sich um, konnte nun aber nirgends einen Kater sehen. Trotzdem war einer da! Und zwar ein unglaublich großes Katzentier, ja, geradezu ein Riesenviech von einem Kater, das langsam und gemächlich die Stufen zum Gehsteig hinunterging, die Fahrbahn überquerte und in der Dämmerung zwischen den Bäumen verschwand.

Der junge Mann schob die Mütze in die Stirn und kratzte sich im Nacken. Ohne eine vernünftige Erklärung für den Kater zu finden, wandte er sich dem nächsten Schaukasten zu, der Gogols *Revisor* gewidmet war.

Fünf Minuten vor acht machte der junge Mann eine jähe Kehrtwende und ging – längst nicht mehr im Flanierschritt, sondern mit außerordentlich besorgter Miene – um das Theatergebäude herum, das nach dem undurchschaubaren Willen des Architekten stark an einen Speicher zur Aufbewahrung landwirtschaftlicher Erzeugnisse erinnerte. Als er zur Rückseite des »Speichers« gelangte, blieb er vor einer Tür stehen, über der ein schmales Milchglasschildchen mit der Aufschrift BÜHNENEINGANG schimmerte. Der junge Mann atmete geräuschvoll aus, holte noch einmal tief Luft – so wie Schwimmer, bevor sie sich in die Fluten stürzen – und zog die schwere Tür auf.

Links des Eingangs saß in einem separaten Häuschen, das teils verglast, teils mit (gestrichenem) Furnier verkleidet war, eine Frau, die sich einen Mantel über die Schultern gelegt hatte. Sie las ein Buch, wobei sie die Zeilen mit dem Finger nachfuhr und lautlos die Lippen bewegte. Nachdem der junge Mann eingetreten war, hüstelte er verlegen, um so ihre Aufmerksamkeit auf seine Person zu lenken. Nur widerwillig riß die Frau sich von ihrer Lektüre los, ließ den Finger jedoch unter der letzten Zeile liegen. Sie taxierte den Fremdling mit einem fragenden Blick und blaffte ihn schließlich unfreundlich an: »Was wollen Sie?«

»Sutenewski, Arkadi Michailowitsch, hat mich bestellt«, antwortete der junge Mann.

»Und Sie sind?«

»Jakuschkin.«

»Wohl Dramatiker, wie?« Die Frau in dem Häuschen rümpfte die Nase, und auf ihrem Gesicht stand deutlich geschrieben, daß sie persönlich die Beschäftigung mit der Bühnendichtung keinesfalls guthieß. Statt eine klare Antwort zu geben, breitete der junge Mann die Arme aus, was ebensogut »ja« wie »nein« heißen mochte. Der Portiersfrau wollte auch diese Unbestimmtheit nicht gefallen, und sie schüttelte mißbilligend den Kopf. Sodann ließ sie den Blick ins Leere schweifen und wiederholte mehrmals: »Jakuschkin, Jakuschkin...« Und seltsam, die Wiederholung schien zur Erleuchtung zu führen. Sie kroch halb in einen maroden Schreibtisch, bei dem man sich nicht recht vorstellen konnte, wie er in das Häuschen hineingequetscht worden war, wühlte in einer Schublade und zog eine verschnürte orangefarbene Pappmappe daraus hervor.

»Ihre?«

Inzwischen hatte der junge Mann, den wir nun mit voller Berechtigung Jakuschkin nennen können, die Frau in dem Häuschen bei sich »die Zerberuska« getauft. Er hatte die Angewohnheit, den verschiedensten Menschen, mit denen das Schicksal ihn zusammenführte, solche Beinamen zu geben. Diese behielt er allerdings stets für sich, auch wenn sie nicht einmal sonderlich beleidigend waren.

»Meine«, antwortete Jakuschkin, und in seiner Stimme klang zum ersten Mal ein Hauch von Verzweiflung an.

»Na, dann nehmen Sie sie.«

Doch statt auch nur einen Funken Interesse an seiner Mappe zu zeigen, wollte der junge Mann einzig und allein wissen, wo Sutenewski sei. Er erklärte, er sei mit ihm um acht Uhr verabredet gewesen.

»Sutenewski ist weggegangen«, teilte ihm die Zerberuska klar und unmißverständlich mit. »Vor etwa einer halben Stunde. Hat sich verabschiedet und ist gegangen.«

In diesem Moment mußte irgend etwas mit Jakuschkin passiert sein. Er glotzte die Zerberuska an, rang die Hände und stellte eine dumme, wenn nicht sogar völlig taktlose Frage: »Und wohin?«

»Wie, wohin?« verwunderte sich die Zerberuska.

»Ich will wissen, wohin Arkadi Michailowitsch gegangen ist.«

»Das hat er mir nicht im einzelnen dargelegt.«

»Nicht doch!« wehrte Jakuschkin ab. »Sie haben mich mißverstanden. Ich möchte wissen, ob er eventuell nur kurz weggegangen ist. Mußte er vielleicht dringend etwas erledigen, kommt aber bald wieder?«

»Und was sollte er Dringendes zu erledigen haben?« entgegnete die Zerberuska mit erhobener Stimme. »Er ist weggegangen, und damit Schluß. Und er hat mich beauftragt, Ihnen das zu geben …«

11

Sie hielt ihm die orangefarbene Mappe hin, die sie zuvor zusammengerollt hatte, damit sie durch das halbrunde Fensterchen paßte. Jakuschkin blieb nichts anderes übrig, als sie zu nehmen – was er dann auch tat. Dabei gebärdete er sich jedoch außerordentlich seltsam. Inkonsequent, könnte man sagen, wenn nicht gar widersprüchlich. Nachdem er sich die Mappe unter den Arm geklemmt hatte, bedachte er die Zerberuska mit einer ziemlich geckenhaften Verbeugung und murmelte etwas wie: »Und was jetzt ...?« Schließlich trat er die Tür auf und ging hinaus. Die Zerberuska schaute ihm noch ein Weilchen hinterher, wandte sich dann aber wieder ihrer Lektüre zu.

Auf Jakuschkin und darauf, was ihm an diesem Abend widerfuhr, werden wir im weiteren Verlauf der Handlung zurückkommen. Denn zunächst wollen wir uns anschauen, was etwa ein Viertelstündchen später am Hintereingang geschah. Auf den ersten Blick nichts Außergewöhnliches.

Aus den Tiefen der Theaterräume und der verschiedenen Nebengebäude kamen zwei Männer einen leeren Korridor entlanggelaufen und steuerten auf den Ausgang zu. Der eine – von kleinem Wuchs und bebrillt – trug den Kopf weit zurückgeworfen, als bildete er sich ein, durch eine solche Haltung größer zu wirken. Er hatte ebenfalls eine Synthetikjacke an, die allerdings ganz anders geschnitten war als die Jakuschkins. Eigentlich war es auch keine Jacke, sondern ein modisch gesteppter, knielanger Mantel mit einer Unzahl komplizierter Ziernähte und Reißverschlüsse. Sein Begleiter – das gerade Gegenteil von ihm – war groß und außerordentlich stattlich. Er trug auch nicht irgend etwas Synthetisches, das, wenn auch modisch abgesteppt, so doch immer synthetisch bleibt, sondern einen edlen Schafspelz, dessen nach außen gekehrtes Leder von ausgefallenem Orange war. Das besondere Kennzeichen der beiden waren jedoch ihre vollkommen identischen Stiefel aus wasserfestem Material, die leicht, fest, warm und dabei elegant waren. Mein Leser möge mir die Genauigkeit verzeihen, mit der ich die Kleidung meiner Helden beschreibe. Doch bitte ich, mir zu glauben, daß sich schon in nächster Zukunft Informationen dieser Art nicht nur als nützlich, sondern für das Verständnis des weiteren Handlungsverlaufs als unabdingbar erweisen werden.

Der Kurzgewachsene hieß Arkadi Michailowitsch Sutenewski und weilte in seiner Funktion als Dramaturg oder, so die offizielle Bezeichnung, als literarischer Berater des Chefregisseurs im Theater. Und hätte, der Zerberuska zufolge, zu diesem Zeitpunkt überhaupt nicht dort sein dürfen! Er hätte zu Hause sein müssen, um im Kreis seiner Familie zu Abend zu essen oder die Hausaufgaben seines schulpflichtigen Sohnes zu überwachen. Und dennoch…!

Ja, und wenn Sie den anderen, den Großen, Stattlichen irgendwo getroffen hätten, hätten Sie ihn sicher sogleich erkannt. Urwanzew, so sein Name, war und ist noch heute politischer Kommentator im Fernsehen und erscheint mit seinen Reportagen von den unterschiedlichsten Gegenden unseres Planeten regelmäßig auf dem Bildschirm.

Während sie sich der Zerberuska näherten, fand zwischen dem Dramaturgen und dem politischen Kommentator folgender Dialog statt: »Deine Exposition, Pascha, ist eindeutig zu lang«, sagte der Dramaturg zu seinem Begleiter. »Unser Idiot…« Er blickte sich um und überzeugte sich, daß niemand sie hören konnte. »… unser Idiot liebt einen furiosen Auftakt, will gleich in die vollen gehen.«

»Und was ist mit Anton Pawlowitsch?« wandte Urwanzew ein.

»Was hat Anton Pawlowitsch damit zu tun? Das war doch eine ganz andere Zeit. Damals, mein Freund, fuhr man noch in der Droschke ins Theater.«

Der scharfsinnige Leser wird bereits ahnen, daß sich das Gespräch um ein Stück drehte, das Urwanzew geschrieben hatte. Schließlich kommt es heutzutage ja kaum vor, daß ein politischer Kommentator kein Stück schreibt.

Als die beiden Gesprächspartner bei der Zerberuska ankamen, stand diese vom Stuhl auf und winkte Sutenewski mit dem Finger zu sich heran.

»Jakuschkin war da«, teilte sie ihm in verschwörerischem Flüsterton mit.

»Was für ein Jakuschkin? Der Dekabrist? Und Freund Alexandr Sergejewitschs?«[1] Die Witze Sutenewskis leiteten sich für gewöhnlich aus der Literatur oder dem Theaterleben ab.

»Nicht doch. Der Dramatiker.«

»Was Sie mich immer erschrecken, Marija Andrejewna! Noch dazu am späten Abend. Das sind doch alles keine Dramatiker. Hier, das ist ein Dramatiker!« Und Sutenewski wies auf Urwanzew, der die Zerberuska mit zusammengepreßten Lippen anlächelte.

Doch die Zerberuska gab nicht nach.

»Aber was denn! Sie haben mich doch selbst beauftragt, ihm seine Mappe zurückzugeben. So ein Dürrer ist das…«

»Ach, der!« rief Sutenewski aus und klatschte sich mit der flachen Hand an die Stirn, als verfluche er, vorgeblich oder aufrichtig, seine Vergeßlichkeit.

14

»Was will der aber auch hier? Immer kommen alle zu uns.«

»Ich habe ihm seine Mappe zurückgegeben.«

»Ausgezeichnet! Ich danke Ihnen im Namen und im Auftrag...«

Mit diesen Worten schob Sutenewski Urwanzew weiter, und beide traten sie ins Freie. Während sie um den »Speicher« herumliefen, um zur Vorderseite zu gelangen, fragte Urwanzew, wer denn dieser Jakuschkin sei.

»Ach, einer von den Schreibwütigen. Es ist wirklich kaum auszuhalten. Ständig kommen sie mit ihren Stücken daher. Aus Gutmütigkeit lese ich sie und sage hinterher ein paar nette Worte dazu. Warum, weiß ich selbst nicht. Eigentlich müßte ich Milchmarken bekommen wie die Chemiker, wegen des erhöhten Gesundheitsrisikos.«

»Ich werde sehen, was sich machen läßt«, versprach Urwanzew. »Aber kommen wir noch mal auf unsere Hornochsen zurück...«

Und er fragte, was denn nun mit seinem Stück zu machen sei. Sutenewski antwortete, vorerst lasse sich gar nichts machen. Es gelte, den Moment abzuwarten, wo »unser Idiot« (wie der Dramaturg den Chefregisseur nannte) bei Laune sei, um es ihm dann zur Lektüre unterzuschieben. Urwanzew nickte zustimmend, fragte desungeachtet aber auch, ob es nicht hilfreich wäre, wenn den Chefregisseur jemand anriefe. Er nannte die Namen einiger recht einflußreicher Personen. Sutenewski entgegnete, Anrufe brächten den Chefregisseur nur auf und würden eine negative Reaktion provozieren – in letzter Zeit halte er sich für den Nabel der Welt, gebe auf die Meinung anderer rein gar nichts mehr, und wenn er überhaupt noch auf jemanden höre, dann einzig und allein auf ihn, auf Sutenewski.

Sie erreichten den Boulevard und überquerten die Straße. Mit erhobenen Armen standen sie am Rand des Gehsteigs, um ein Taxi oder, wenn es denn sein mußte, ein Schwarztaxi heranzuwinken.

Urwanzew indes ließ nicht locker. »Und wie wäre es damit, einen netten Abend zu organisieren? In einem Restaurant oder in der Bude von irgend jemandem. In ganz ungezwungener, harmonischer Atmosphäre, bei einem Gläschen Wein, um dann mal auf die Frage zu kommen…«

Sutenewski legte ihm dar, daß solche netten Abende letztendlich, selbst wenn Damen eingeladen wären, zu absolut nichts führten und eine völlig ungeeignete Methode seien. Bereits nach den ersten fünfzehn Minuten sei der Chef stockbetrunken, und am nächsten Tag könne er sich noch nicht einmal daran erinnern, wo er mit wem gewesen sei und wer Speis und Trank bereitgestellt habe. Es gebe nur eins: sich in Geduld zu fassen und ihm, Sutenewski, in allem zu vertrauen.

Mehrere Taxis fuhren vorbei, aber alle waren besetzt. Kein einziges mit grünem Licht. Und auf die Schwarztaxis war in letzter Zeit ohnehin kaum noch Verlaß.

»Bedauerlich ist nur, daß das Thema des Stücks sozusagen brandaktuell ist«, vertrat Urwanzew weiterhin seine Position. »Im Westen wird heiß darüber diskutiert, ob unsere Perestroika denn nun unterstützt werden soll oder nicht. Stell dir doch nur vor, wie gut sich das anhören würde: Entlarvung! Demaskierung!«

Er fuchtelte mit den Händen herum, um zu demonstrieren, wie er alle und jegliche Masken herunterriß, und stieß dabei recht unsanft gegen Sutenewski. Der Dramaturg geriet ins Stolpern und wäre fast gestürzt, hätte Urwanzew ihn nicht rechtzeitig aufgefangen. Beide brachen in Gelächter aus.

»Sind die Schuhe okay?« fragte Urwanzew unvermittelt und wies mit einer Kopfbewegung auf Sutenewskis Stiefel.

»Unbeschreiblich sind die!« antwortete dieser. »Ein wahres Wunder! Das beste ist, daß niemand in Moskau solche Schuhe hat. Selbst ich, der ich so viel herumkomme, hab sie noch nirgends gesehen…«

Sutenewski erzählte, wie sehr der Volksschauspieler Petrischtschew ihn um seine außergewöhnlichen Schuhe beneidet habe, ja, vor Neid fast geplatzt sei. Er sei bereit gewesen, jede Summe dafür hinzublättern, aber er, Arkadi Michailowitsch, habe sich auf keinen Handel einlassen wollen, worauf Petrischtschew von tiefer Niedergeschlagenheit befallen worden sei.

»Du hättest sie ihm abtreten sollen«, unterbrach ihn Urwanzew gutmütig. »Ich besorg dir noch ein Paar. Die Chefs wollen wieder ins Ausland, da fahre ich sowieso mit, um über den Besuch zu berichten.«

Nach wie vor wollte es ihnen nicht glücken, ein Auto zu ergattern. Zwar hielt ein Schwarztaxi an, doch als der Fahrer hörte, es ginge nicht sehr weit, nur bis in die Herzenstraße, ins Haus der Literaten, so daß nicht mehr als drei Rubel dabei heraussprängen, schlug er voller Zorn die Tür zu und fuhr davon.

»Und wenn wir es machen wie in der guten alten Zeit?« Von der Erörterung der Vorzüge von Importschuhen kam Urwanzew wieder auf ihr früheres Thema zurück, auf das Stück. Um seine neue Idee anschaulich darzulegen, streckte er die in einem

Lederhandschuh steckende rechte Hand aus und strich mit Zeige- und Mittelfinger der linken mehrmals über den Handteller. Sutenewski beobachtete die gestischen Ausführungen des politischen Kommentators über den Rand seiner Brille hinweg.

»Unser Idiot nimmt nichts«, sagte er mit gedämpfter Stimme, als er erriet, was Urwanzew vorschlug. »Zumindest von dir wird er nichts nehmen«, fügte er noch hinzu.

Hier brach das Gespräch ab. Abermals hielt ein Schwarztaxi. Nach einigen Verhandlungen und einer Erhöhung des Entgelts auf fünf Rubel erklärte sich der Fahrer bereit, Sutenewski und Urwanzew ins Haus der Literaten zu bringen, wohin sie sich, wie es später im Protokoll der Miliz heißen sollte, »nach vorheriger Absprache« begaben, um im dortigen Restaurant zu Abend zu essen. Wir werden später noch einmal darauf zurückkommen ...

2. KAPITEL

Meine Ratgeber
Zwischenbemerkung des Autors

Das erste Kapitel meines Romans war abgeschlossen. In einem Zug schrieb ich die nächsten beiden, die ausschließlich der Vita Jakuschkins gewidmet waren, aber bei der Überarbeitung von mir wieder gestrichen wurden. Just in dieser Situation packten mich Zweifel, ob ich überhaupt weitermachen sollte. Die Teile des Gehirns, die für die Phantasie verantwortlich sind, gaukelten mir passenderweise sogleich das Bild eines Wanderers im staubstarren Mantel am Fuße eines hohen, hohen Berges vor – und der, allzuoft bemüht, ließ mich schaudern. Doch Spaß beiseite: Nie zuvor hatte ich einen Roman, einen in einzelne Kapitel untergliederten Roman geschrieben. Immer nur kurze Erzählungen.

In schwierigen Situationen ist guter Rat vonnöten. Ich habe zwei literaturbegeisterte Freunde. Der eine schreibt wie ich kurze humoristische Erzählungen, die er jedoch ungleich geschickter als ich in den Satire- und Humorrubriken verschiedener Zeitungen und Zeitschriften unterzubringen versteht. Im Unterschied zu mir, einem wissenschaftlichen Mitarbeiter an einem chemischen Forschungsinstitut, hat er noch nie irgendwo gearbeitet. Weil er von den kläglichen

Honoraren allein aber nicht leben könnte, tingelt er mit Lesungen durch die Stadt. Die Auftrittserlaubnis wurde ihm in irgendeinem »Büro für Literaturpropaganda« erteilt. Einmal hat er mich überredet, ihn zu begleiten – nicht, um ebenfalls aufzutreten, sondern um mir ein Bild zu machen, was es denn mit dieser »Propaganda« nun eigentlich auf sich habe.

Nachdem wir in den Genuß ausnahmslos aller Arten des öffentlichen Nahverkehrs gekommen waren, gelangten wir in irgendeine kommunale Wohnungsverwaltung, einen Katzensprung vom Stadtring, der Moskauer Autobahn, entfernt. Dort empfing uns eine Frau in Wattejacke und mit einem Hut mit künstlichen giftgrünen Federn, die wegen ihrer langen spitzen Nase und ihres ganzen Gesichts auffällig an einen Collie erinnerte. Sie führte uns in einen Kellerraum, der eine »Rote Ecke« hatte, und versicherte uns, das Publikum werde sich gleich einfinden.

Es kamen vor allem Rentner, wobei die Frauen die Männer an Zahl übertrafen. Wir saßen mit der Organisatorin in der Wattejacke hinter einem Tisch an der Stirnseite des Raums. Sie führte Buch darüber, wie viele Leute kamen. Als etwa anderthalb Dutzend eingetrudelt waren, erhob sie sich und verkündete, zu ihnen in die kommunale Wohnungsverwaltung sei ein berühmter Schriftsteller gekommen, um sie mit seinem großartigen Werk bekanntzumachen. Mein Freund erhob sich ebenfalls und verbeugte sich nach allen drei Seiten – worauf der Beifall sogleich erstarb.

Die Lesung begann. Mein Freund konnte seine Erzählungen wirklich recht gut vortragen. Ich entdeckte sogar gewisse schauspielerische Fähigkeiten an ihm: Bei den Dialogen variierte er die Stimme, um mal den angeheiterten Klempner zu geben, mal die ach so freundliche Verkäuferin – halt der sowjetischen Satire liebste Zielscheiben. Mehrmals mußte ich lachen, wohingegen ich auf keinem einzigen Gesicht der versammelten Zuhörerschaft auch nur den Anflug eines Lächelns ausmachen konnte. Die Mienen waren ohne Ausnahme finster und verschlossen. Gleichwohl wurde jede Erzählung mit freundlichem Applaus aufgenommen.

Völlig unvermittelt ertönte plötzlich von irgendwo oben der Schrei eines Kindes: »Ergebt euch!« Ein etwa sechsjähriger Junge kam die Treppe herunter. Er manövrierte einen blechernen Schmetterling auf Rädern an einem Stab durch den Raum. Sie werden dieses Kinderspielzeug kennen. Sobald der Schmetterling über den Boden gerollt wird, fängt er an, mit den Flügeln zu flattern. Der Junge schob sein Vehikelchen vor sich her, der Schmetterling schlug mit den Flügeln, und der Knirps schrie in einem fort wahlweise »Ergebt euch!« oder »Hurra!«. Irgendeiner Oma gelang es schließlich, den kleinen Rabauken zu fassen. Sie nahm ihn auf den Schoß, gab ihm ein paar Klapse auf den Allerwertesten und warnte ihn: »Mach nicht so einen Lärm!« Der Lauselümmel jedoch nahm die Zurechtweisung keineswegs hin und fing laut an zu heulen. Damit endete die Literaturpropaganda. Im Publikum fand sich die richtige Großmama des Jungen mitsamt seinem Vehikel; als sie ihm aber eine Schelle gab, stellte sich heraus, daß sie doch nicht die leibliche Oma war. Daraufhin brach ein Streit aus. Das Publikum hatte sich bald in zwei Lager gespalten; die einen verteidigten die fremde Oma, die anderen meinten, sie habe überhaupt kein Recht, einem fremden Enkel eine zu knallen. Die Organisatorin in der Wattejacke versuchte, Ruhe und Ordnung wiederherzustellen.

Als sie die Unmöglichkeit ihres Unterfangens einsah, rief sie inmitten des Lärms und Radaus: »Wir danken dem Vortragenden!« Zwei, drei kurze, Beifall bekundende Schläge durchkrachten das Getöse, und mein Freund und ich machten uns davon.

Auf dem Rückweg versicherte ich ihm, wie leid mir dieser ärgerliche Zwischenfall tue. Doch er antwortete nur, das sei ja wohl Blödsinn, ihm sei schon Schlimmeres untergekommen. Das wichtigste sei, der Auftritt werde bezahlt, und Geld stinke bekanntlich nicht, wie schon der alte römische Kaiser Vespasian so klug formuliert habe, als er Steuern für öffentliche Toiletten erhoben habe.

Mein anderer Freund ist ein Kollege von mir. Ihn ficht keinerlei Drang zur Schriftstellerei an, doch hat er ein nahezu übernatürliches Interesse an Literatur. Er liest hintereinander weg alle dicken Literaturzeitschriften, von der *Literaturnaja* ganz zu schweigen. Für Neuerscheinungen hat er immer nur extreme Urteile parat: Entweder, etwas ist genial, oder es ist gräßlich.

Ebendiese beiden rief ich also eines Abends an, um sie zu mir einzuladen. Ich kredenzte ihnen eine unter Mühen aufgetriebene Flasche Portwein und las die bereits fertigen Kapitel meines Romans vor. Gegen Ende der Lesung blieb mir fast die Stimme weg, und als ich aufhörte, krächzte ich nur noch.

Was dann eintrat, war Schweigen. Mein Satiriker nahm sein Glas Portwein, ließ seine Finger ein virtuoses Trommelsolo auf den Tisch legen und sagte dann: »Hm, ja.« Mein Wissenschaftler starrte das Fenster an, an das der Regen sein Stakkato schlug.

»Hört sich ein bißchen nach Bulgakow, Michail Afanasjewitsch, an«, ließ sich mein Satiriker mit einem Seufzer vernehmen.

»Sag ich ja die ganze Zeit!« wurde nun auch mein Wissenschaftler munter.

Als hätten sie mich dabei ertappt, silberne Teelöffel von einer gedeckten Tafel zu stehlen, errötete ich und fing an, mich zu verteidigen. Ich beteuerte, daß ich Michail Afanasjewitsch wie einen Vater verehrte und mich niemals erdreisten würde …

»Es ist der Stil, alter Freund. Sein Stil!« unterbrach mich mein Satiriker. (Er selbst imitierte meiner Ansicht nach Soschtschenko.)

»Doch der Stil, der zählt nicht viel«, kalauerte mein Wissenschaftler.

»Aber wegen Bulgakow mußt du dich nicht vor uns rechtfertigen, sondern vor den Kritikern«, bemerkte mein Satiriker streng.

»Sie werden dich mit dem größten Vergnügen in der Luft zerreißen«, stieß mein Wissenschaftler ins gleiche Horn.

Ich entgegnete, für mich wäre es bei weitem nicht das Schlimmste, in der Luft zerrissen zu werden. Denn das hieße ja wohl immerhin, jemand hätte meinen Roman gedruckt. Mein Satiriker winkte ab: Von einer Veröffentlichung könne ja nun wirklich keine Rede sein. Mit dem Geschick und der Fertigkeit eines Zimmermanns traf er mit seiner Kritik an meinem noch unausgegorenen Werk den Nagel auf den Kopf. Aber dann …

Als habe man bei einem Fernseher den Ton abgedreht, setzten meine Gäste ihr Gespräch zwar fort, wobei sie sich in ihrem kritischen Eifer gegenseitig zu überbieten trachteten, doch ihre Worte drangen nicht mehr zu mir durch. In meiner Phantasie entstand eine alte Kutsche, vor die sechs graue Pferde, sechs Apfelschimmel, gespannt waren. Mit einem Kutscher mit

Dreispitz sowie Negerlakaien hinten auf dem Wagentritt. Damals war mir noch nicht bis ins letzte klar, woher sie kam und wer mit ihr fuhr. Und welchen Platz ihre Passagiere in meinem entstehenden Werk einnehmen würden. Ich wußte nur eines: Ich würde diesen Roman bis zum letzten Satz zu Ende schreiben!

»... verstehst du?« Die aufgebrachte Stimme meines Satirikers drang in mein Ohr.

»Sag ich ja die ganze Zeit!« bekräftigte nun schon zum x-ten Mal mein Wissenschaftler.

Es war an der Zeit, dem ein Ende zu machen. Ich schaute auf die Uhr und teilte meinen beiden Freunden mit, daß im Fernsehen jetzt die Übertragung des Fußballspiels beginne. Die literarische Debatte kam prompt zum Erliegen – die beiden waren leidenschaftliche Fußballfans. Wir leerten die Flasche Portwein. Ich schaltete den Fernseher ein, und wir schauten uns das Spiel an.

Und wenn es Ihnen, verehrter Leser, einmal in den Sinn kommen sollte, einen Roman zu schreiben, so möchte ich Ihnen einen Rat geben: Zeigen Sie nie ein angefangenes, noch unvollendetes Werk Ihren Freunden! Zeigen Sie es nie, bevor Sie nicht den allerletzten Punkt gesetzt haben!

3. KAPITEL

Iwan Stepanowitsch Peretjatko
und die altehrwürdige Kutsche

Zwei Jahre zuvor – will heißen, zwei Jahre, bevor der Versuch des jungen Mannes namens Jakuschkin fehlschlug, bei dem Dramaturgen Sutenewski im Theater vorzusprechen – zuckelte in einer frostkalten Moskauer Dezembernacht eine altehrwürdige Kutsche über die Minsker Chaussee Richtung Stadtzentrum.

Der Inspektor der Straßenverkehrspolizei, Oberleutnant Iwan Stepanowitsch Peretjatko, hatte seinen verantwortungsvollen Posten am Triumphbogen bezogen. Seinen zuweilen recht aufreibenden Dienst schob er in einem Glashäuschen mit elektrischer Heizung. Um Viertel vor drei verließ er das Häuschen und ging die Treppe hinunter, um sich ein wenig die Beine zu vertreten. Er war warm angezogen und trug einen Schafspelz, dessen Haut nach außen gekehrt war, einen weißen Gürtel mit Schulterriemen sowie Filzstiefel samt Galoschen. Die Ohrenklappen seiner Mütze waren heruntergezogen, wogegen seine Vorgesetzten bei Frost keinerlei Einwände erhoben.

Während Iwan Stepanowitsch so streckauf, streckab seine Bahnen zog und dabei mit seinem Milizstock an einen seiner Filzstiefel klopfte, sann er über manch angenehme, aber auch über manch weniger angenehme Dinge nach. Nun, zum Beispiel darüber, daß seine Frau Walentina, die in der Kantine Nr. 179 im Krasnopresnensker Bezirksnahrungsmittelkombinat als Buffeteuse arbeitete, in letzter Zeit arg über die Stränge schlug. Wobei er, Iwan Stepanowitsch, jene Unerbittlichkeit und Entschiedenheit vermissen ließ, die ihm gegenüber jedweden Verkehrssündern zu eigen war. Walentina hatte es sich zur Angewohnheit werden lassen, erst um Mitternacht oder noch später nach Hause zu kommen. Bisweilen roch sie sogar nach Alkohol. Sobald Iwan Stepanowitsch auch nur aufs zarteste andeutete, so könne es ja wohl nicht weitergehen, sagte sie ihm dreist ins Gesicht: Wenn ihm etwas nicht gefalle, nun, dann tschüs und möge ihn der Teufel holen. Solle er doch mal sehen, wie er allein mit seinen paar Kröten klarkomme. Hier sei kurz eingeschoben, daß die Lauterkeit Iwan Stepanowitschs in der Tat nicht ihresgleichen kannte, ließ er sich doch von Gesetzesbrechern niemals bestechen – ganz im Gegensatz zu einigen anderen Inspektoren der Straßenverkehrspolizei, die gegen solche Anfechtungen weniger gefeit waren. Walentina gab ihm jedoch den klugen Rat, sich mit ihr gutzustellen und von all diesen unangemessenen Fragen – Wo warst du? Warum kommst du erst jetzt? – abzulassen. Wenn sie ihn anhörte, mußte sie ja glauben, sie habe sich mit irgendeinem Springinsfeld eingelassen – und es wäre besser für ihn, sie mit solchen Anspielungen nicht zur Weißglut zu treiben. Im Gegenzug könne er sich in aller Ruhe über die von ihr aus der Kantine mitgebrachten Essensvorräte hermachen, zu denen immerhin auch Zervelatwurst gehöre. Neben der rein rhetorischen Freundschaft mit irgendeinem Springinsfeld verstörten Iwan Stepanowitsch jedoch die höchst reale Freundschaft

Walentinas beziehungsweise die Kontakte, die sie mit Lipkind unterhielt, dem Direktor der Kantine Nr. 179, einem verschlagenen Juden mit Goldzähnen. Eines Abends hatte Iwan Stepanowitsch ihn und Walentina in einem Shiguli der 6er-Serie angehalten, als sie gerade und im übrigen mit überhöhter Geschwindigkeit Richtung Neubaugebiet Fili-Masilowo gefahren waren. Man fragt sich doch, warum und mit welchem Ziel die leichtsinnige Walentina zu so später Stunde unterwegs gewesen war. Als Iwan Stepanowitsch von ihr eine Erklärung verlangt hatte, hatte sie entgegnet, er habe sie mit jemandem verwechselt. Doch hätte er sich wirklich derart täuschen können? Er, der unangefochtene Primus aller Straßenpatrouillen?

Solchermaßen in unerquickliche Gedanken versunken, bemerkte Iwan Stepanowitsch die Kutsche erst, als diese nur noch etwa zehn Meter von ihm entfernt war. Umgehend wurde ein bedingter Reflex bei ihm ausgelöst. Zudem erinnerte er sich der sachkundigen Anweisungen des Kommandierenden seiner Abteilung, Major Gromows. »Wenn ihr ein verdächtiges Verkehrsmittel seht, dann tut ihr was?« pflegte er seine Untergebenen im Rahmen der theoretischen Veranstaltungen zu fragen, um auch gleich selbst die Antwort parat zu haben: »Da gibt es nur eins: sofort anhalten! Genau dafür, Genossen, wurde euch der Stock ausgeteilt.«

Deshalb gab es jetzt kein Zaudern: Iwan Stepanowitsch riß seinen Stock nach oben. Der Kutscher zog die Zügel an, und die Pferde blieben gehorsam stehen. Der Ratschläge seines Vorgesetzten Gromow eingedenk, ging Iwan Stepanowitsch um das befremdliche Gefährt herum. Der Kutscher mit Dreispitz kam ihm irgendwie merkwürdig vor. Sein Gesicht war einfach nicht auszumachen. Bekleidet war er, das ja, wenngleich sein Gewand auch etwas kurios war – ein Kaftan und weiße Strümpfe. Aber ein Gesicht, nein, ein Gesicht hatte er nicht. Der Dreispitz hing in der Luft, wiewohl sich da im Grunde nichts darbot, was er vor Kälte hätte schützen können. Gegenteiliges ließ sich allerdings für die Lakaien hinten auf dem Wagentritt feststellen: Die hatten Gesichter. Bei näherer Betrachtung konnten sie als Neger identifiziert werden, die fröhlich grinsten. Ein anderer an Iwan Stepanowitschs Stelle hätte nun unweigerlich die Nerven verloren, hätte Teufels Werk vermutet, doch er, Iwan Stepanowitsch, war – wie bereits klargeworden sein dürfte – ein überaus wackerer Mann.

»Wohin fahren wir denn?« fragte er den, nun ja, gesichtslosen Kutscher.

Dieser deutete mit dem Peitschenstiel zum Schlag der Kutsche. Anscheinend war die Erklärung dort zu bekommen.

Iwan Stepanowitsch trat an die linke Tür der Kutsche heran, zog erst an ihr und schlug dann mit seinem Stock dagegen. Die Tür ging auf. Damit die Erzählung ungehindert ihren Lauf nehmen kann, wollen wir nun Iwan Stepanowitsch selbst zu Wort kommen lassen. Mir ist ein ausgesprochen interessantes Dokument in die Hände gefallen, das Protokoll der Vernehmung, die ein paar Tage später einer der Ermittler aus der Petrowka vornahm. Es soll im folgenden zitiert werden:

Vernehmungsprotokoll

Am 27. 12. 19** habe ich, Oberleutnant der Straßenverkehrspolizei der Moskauer Abteilung im Innenministerium

der UdSSR I. S. Peretjatko ... [es folgen Geburtsort und –jahr, Nationalität
und andere Angaben] ... gemäß Einsatz-
plan um 00.00 Uhr meinen Dienst am Posten
Nr. 17 angetreten. Bis 02.56 Uhr kam es
zu keinen besonderen Vorkommnissen. Der
Bürger A. G. Lichanow, Halter eines Shi-
gulis der 5er-Serie, Farbe »Corrida de
toros«, Nummer MTB 88-47, wurde von mir
wegen Fahrens mit erhöhter Geschwindigkeit angehalten und mit Strafe belegt.
Um 02.56 Uhr erblickte ich eine Kutsche,
die in Richtung Stadtzentrum fuhr ... [Es
folgen eine Beschreibung der Kutsche und
die Aufzählung der Fragen, die dem Kutscher gestellt wurden.] ... Der Schlag
öffnete sich, und ich gewahrte einen Mann
mit Barett und einem Spazierstock, dessen Knauf als Hundekopf gearbeitet war.
Ich verlangte seine Papiere und fragte
ihn bei dieser Gelegenheit auch, welche
Berechtigung er habe, mit einem Pferde-
fuhrwerk durch Moskau zu fahren, beziehungsweise wer ihm die Erlaubnis dazu
erteilt habe. Der Mann gab keine Antwort. Statt dessen antwortete jedoch ein
schwarzer Kater von kapitaler Größe, der
sich in seiner Begleitung fand. Das Verhalten des Katers war äußerst aggressiv.
Er fauchte laut und sagte zu mir: »Hau
bloß ab!« Daraus schlußfolgerte ich, daß
es sich hier nicht um einen Kater, sondern um einen als Kater getarnten Banditen handelte. Außerdem: Was heißt hier

»hau ab«? Wenn überhaupt jemand mit Fug und Recht »Hau ab!« hätte sagen können, so wäre ich dieser Jemand gewesen. Doch dann spürte ich, wie ich das Bewußtsein verlor und in der Sache nichts Wesentliches mehr beitragen konnte.

Aufgesetzt nach meinen mündlichen Aussagen, ohne jegliche Veränderungen und Ergänzungen.

I. S. Peretjatko

Im weiteren wurde festgestellt, daß Iwan Stepanowitsch bei seinem Sturz auf den Asphalt hart mit dem Hinterkopf aufgeschlagen war. Der Arzt des 54. Krankenhauses, in das man ihn gebracht hatte, attestierte ihm eine leichte Gehirnerschütterung.

Darüber hinaus konnte ich noch den Bericht einsehen, der vom Leutnant der Miliz Koslikow aufgesetzt wurde. Dieser traf zwanzig Minuten später am Ort des Geschehens ein. Noch während Iwan Stepanowitsch bewußtlos auf dem überfrorenen Asphalt gelegen hatte, hatte in seinem Häuschen das Telephon geklingelt. Der Anruf kam von dem uns bereits bekannten Major Gromow, der an die übermorgige Politschulung erinnern wollte, bei der Iwan Stepanowitsch einen Vortrag zum Thema »Die imperialistische Umzingelung und die Rolle der sowjetischen Miliz« halten sollte. Als im Häuschen niemand abnahm, befahl Major Gromow Leutnant Koslikow, mal eben mit einem Shiguli der Miliz dort vorbeizufahren und herauszufinden, was mit Peretjatko los sei und warum um alles in der Welt er nicht an den Apparat gehe.

Vor Ort überzeugte sich Koslikow zuallererst davon, daß Iwan Stepanowitsch noch lebte. Hernach rief er aus dem Häuschen Major Gromow an und schilderte die Lage. Schließlich forderte er einen Krankenwagen an. Während dieser noch unterwegs war, kam Iwan Stepanowitsch wieder zu sich und wollte Koslikow sogleich von der Kutsche, dem Kutscher ohne Gesicht und anderem Teufelswerk inklusive des sprechenden Katers erzählen. Selbstredend tat Koslikow alles Gehörte als Fieberphantasie ab, hielt es desungeachtet aber in seinem Bericht fest.

Die Ärzte im Krankenhaus, in das Iwan Stepanowitsch eingeliefert wurde, kämpften nicht lange um sein Leben. Wohlgemerkt: Sie kämpften im positiven Sinne des Wortes nicht lange. Der gesunde Organismus Iwan Stepanowitschs, der keinerlei durch Alkohol- oder Nikotingenuß bedingte Schäden zeigte, tat ein übriges, so daß der Oberleutnant binnen kurzem wiederhergestellt war. Anfänglich blieb die Ursache des Unfalls ein Rätsel. Sodann konnte jedoch der Bericht Koslikows, in dem eine Kutsche mit sonderbaren Insassen und nicht weniger sonderbaren Kutschleuten erwähnt wurde, ein wenig Licht ins Dunkel bringen. Man schaltete die Ermittlungsorgane in der Petrowka ein, die unverzüglich ein Strafverfahren wegen »Gefährdung von Leben und Gesundheit des Oberleutnants der Straßenverkehrspolizei I. S. Peretjatko« einleiteten.

Der schon erwähnte Ermittler besuchte Iwan Stepanowitsch im Krankenhaus, als jener sich gerade an dem reichhaltigen Frühstück labte, das seine Frau Walentina ihm gebracht hatte und zu dem er den dünnen Krankenhaustee trank. Bei der Beantwortung der ihm gestellten Fragen hielt er an der Kutsche fest, die hinter sechs Pferde gespannt gewesen sei, welches seinen Niederschlag im Vernehmungsprotokoll fand. Da war also nichts zu machen: Es galt, sich ernsthaft mit einer Kutsche zu befassen. Was aber sollte das für eine Kutsche gewesen sein? Woher war sie gekommen?

Schon bald wurden mögliche Erklärungen ausgeklügelt. Der ersten Version zufolge war die Kutsche aus den Filmstudios von Mosfilm gekapert worden. Dies schien insofern überzeugend, als Mosfilm in unmittelbarer Nähe lag. Und gibt es vielleicht irgend etwas, das man in diesen Filmstudios nicht findet? Zudem stieß man auf mehrere Punkte, die jene Version durchaus erhärteten. In den Studios von Mosfilm wurde nämlich gerade ein Film über die Kaiserin Elisabeth Petrowna abgedreht, zu dessen Requisiten auch einige Equipagen aus dem 18. Jahrhundert gehörten. Höchst bedauerlich war nur, daß strengste Ermittlungen sowie Verhöre mit dem Wachpersonal der Filmstudios und mit jedem einzelnen Mitglied des Filmteams entschieden zu nichts führten. Im Gegenteil, in dieser Nacht hätte es auf dem Gelände von Mosfilm noch nicht einmal Pferde gegeben, denn diese würden eigens für die Aufnahmen von einem Gestüt bei Moskau bereitgestellt, zu dem sie unmittelbar nach dem Dreh um ihres eigenen Wohles willen auch zurückgebracht würden. Damit war der Verdacht, der auf die Filmleute gefallen war, einstweilen ausgeräumt.

Auf den ersten Blick mag es befremdlich anmuten, daß sich die Ermittlungen in dieser Ausschließlichkeit auf die Kutsche konzentrierten und sowohl den Fahrgast mit Barett und Spazierstock als auch den als schwarzen Kater getarnten Banditen vollständig zu ignorieren schienen. Natürlich kam niemand, aber auch niemand auf den Gedanken, es handle sich bei letzterem womöglich nicht um irgendeinen dahergelaufenen Ganoven, sondern schlicht und ergreifend um einen *sprechenden Kater.* Schließlich sieht der dialektische Materialismus sprechende Kater jedweder Fellcouleur nicht vor. Die Ermittler ihrerseits aber waren, wie Sie sich unschwer vorstellen können, treue Apologeten einzig und allein dieser überlegenen Theorie.

Eine andere Kutschenversion bot Hypnose als Erklärung an. Um ihre Meinung befragte Psychiater unterstützten diese mit ausgesprochener Bereitwilligkeit. Vorstellbar war demnach folgendes Szenario: Peretjatko hält ein ganz gewöhnliches Automobil, einen Shiguli oder auch einen Wolga, wegen Verletzung der Straßenverkehrsordnung an. Doch hinterm Steuer sitzt ein Hypnotiseur! Warum sollte der, um seiner Strafe zu entgehen, Iwan Stepanowitsch nicht suggerieren, er fahre keineswegs mit dem Wagen, sondern mit einer alten Kutsche? Auf den Inspektor der Straßenverkehrspolizei wirkt die Hypnose jedoch derart verheerend, daß er das Bewußtsein verliert, mitten auf dem Fahrdamm zu Boden geht und mit dem Hinterkopf auf dem Asphalt aufschlägt. Unterdessen fährt der schuftige Hypnotiseur straflos davon.

Ein nicht ganz unverdächtiger Umstand trug zur weiteren Erhärtung dieser Version bei. In jener Nacht wurde um 2.58 Uhr (man beachte die zeitliche Differenz von lediglich zwei Minuten!) von einem anderen Posten der Straßenverkehrspolizei vor dem Haus Nr. 19 im Kutusowski-Prospekt ein Wolga zwecks Kontrolle der Fahrzeugpapiere angehalten, als dessen Halter sich der verdiente Künstler der Republik und virtuose Bandoneonspieler Tschuwajew herausstellte. Eine Anfrage beim KGB brachte ein Dossier zutage, aus dem – hört! hört! – hervorging, der Bandoneonvirtuose Tschuwajew genieße auch als Experte im Bereich des Übersinnlichen einen guten Ruf. Durch einfaches Handauflegen hatte er wiederholt bei Freunden und Bekannten Kopfschmerzen geheilt und sie von Schnupfen und anderen Leiden kuriert. Kaum war man auf Tschuwajew verfallen, sollte der nun auch vorstellig werden, doch der Schuft tourte natürlich längstens wieder im Ausland, diesmal in den Ländern des afrikanischen Kontinents. Was durchaus die Frage nach Motiven internationaler Größenordnung aufwarf, als da wären Drogenhandel und Devisenspekulationen. Die übliche Geschichte: Tschuwajew hat gerade Drogen oder einen Koffer voller Devisen dabei, als Peretjatko ihn anhält und ihm mit der Frage kommt: Was haben wir denn da im Köfferchen? Was bleibt Tschuwajew anderes übrig, als ihn zu hypnotisieren? Fälle dieser Art sind durchaus bekannt. Wenn auch nicht bei uns, so doch im Ausland.

Nun drängte alles darauf, der virtuose Bandoneonspieler möge in sein Heimatland zurückkommen, damit er endlich einem peniblen Verhör unterzogen werden könne. Doch der Virtuose war nicht von gestern. Für den vorzeitigen Abbruch seiner Tournee und den Vertragsbruch hätte er sich aus der Staatskasse ein stattliches Sümmchen hinblättern lassen.

Neben der üblichen Überwachung kam Tschuwajew in Afrika daher in den Genuß einer zusätzlichen und verschärften Beobachtung. Die allerdings wenig brachte. Was wäre schon dabei herausgekommen, wenn man ihn auf dem Markt in Lusaka geschnappt hätte, als er gerade ein paar Elektrogeräte russischer Produktion gegen auserlesene Steine durchaus zweifelhafter Provenienz tauschte? Oder später, als er in Zaire einem Hotelsteward seinen Photoapparat der Marke »Zenit«

ausgesprochen gewinnbringend verkaufte? Denn wo gibt es schon einen Bürger der Sowjetunion, der sich, sobald er in Afrika oder Asien weilt, nicht auf kleine kommerzielle Transaktionen einläßt, die gemeinhin unter der Bezeichnung *Change* laufen?

Unmittelbar nach seiner Rückkehr erging an Tschuwajew eine Vorladung in die Petrowka. Man wollte aus ihm herausbringen, woher er in jener Nacht gekommen und wohin er gefahren sei. Auf die Frage nach dem Wohin antwortete Tschuwajew bereitwillig, natürlich nach Hause, Miraprospekt. Dagegen weigerte er sich ganz entschieden, die Frage nach dem Woher zu beantworten. Woraufhin ihm sehr geschickt zu verstehen gegeben wurde, daß im Falle eines wenig kooperativen Verhaltens der Schlagbaum an der Landesgrenze für ihn lange Zeit unten bleiben könnte. Nicht nur, daß er dann ohne seine hübschen Deviseneinnahmen dastünde, nein, es sei zudem durchaus zweifelhaft, ob es ihm gelänge, die Bevölkerung aus irgendeinem Melitopol oder Joschkar-Ola in seine Konzerte zu locken. Schließlich sei es mehr als fraglich, ob seinen Landsleuten der Sinn nach einer Darbietung der Werke Bachs oder Solowjow-Sedois[2] auf dem elektrischen Bandoneon und insbesondere nach dem Stück *Es ging kein einzig Rauschen im Garten* stehe. Auch wenn letztgenanntes in einem afrikanischen Königreich einen derartig nachhaltigen Eindruck hinterlassen habe, daß es schon als künftige Nationalhymne gehandelt werde.

Wer vermochte zu sagen, was Tschuwajew den schlimmsten Schrecken eingejagt hatte: der schlechte Service in russischen Hotels, die Bezahlung ausschließlich in schäbigen Rubeln oder die unerbittliche Konkurrenz mit den Rockbands, die das Land nunmehr eroberten? So gestand er ein, er habe jenen gottverfluchten Abend im Hause der Bürgerin Nonna Parfenowna Lyslowa verbracht, einem Mannequin vom Zentralen Modellatelier, die im Neubaugebiet Matwejewskoje wohne. Tschuwajew bat eindringlich, seine Aussagen streng vertraulich zu behandeln. Schließlich sei er verheiratet, zudem mit einer Generalstochter. Seine Gattin und ebenso sein Schwiegervater, der Armeegeneral, würden diesen einer Laune entsprungenen Besuch bei dem Mannequin wohl schwerlich billigen.

Freilich wurde nun auch die Akte der Bürgerin N. P. Lyslowa, geborene Wostrikowa, dreiundzwanzig Jahre, Russin, geschieden, angefordert. In der Moskauer Intelligenzija wie auch in Geschäftskreisen war sie unter dem Namen »Nonka-gib-gib« bekannt, der ihrer unersättlichen Leidenschaft für exquisite Geschenke Tribut zollte. Allein, diese Verbindung gab für die internationalen Motive bei dem Anschlag auf Peretjatko wenig her: Nonka konnte auch nicht eines einzigen ausländischen Kontakts überführt werden. Im Gegenteil, sie hatte den Leumund, eine hundertprozentige russische Patriotin zu sein. Gegenüber Devisennüttchen hegte sie tiefstes Mißtrauen. Zudem war sie streng gläubig.

Gleichwohl gab es da einen Umstand, der aufmerken ließ. In der Zeit, die ihr nach hauptberuflicher und anderer Tätigkeit verblieb, verwandelte sich Nonka in eine begeisterte Reiterin. Regelmäßig suchte sie das Bizewsker Gestüt und Reitgelände auf. Man verbinde nur einmal diese Spur mit den alten Equipagen der Mosfilm-Studios, und die sechsspännige Kutsche gewinnt unversehens schärfere Konturen. Vor allem kam dieser Erklärungsversuch ganz ohne Hypnose aus. Doch das Schicksal wartete mit einer weiteren Wendung auf.

In einer mittelasiatischen Republik wurden unter Amtspersonen höchsten Ranges erschütternde Formen von Mißbrauch der Dienststellung aufgedeckt: Bestechung, gefälschte Berichte, Unterschlagungen in Millionenhöhe. Die Sache wuchs sich aus wie ein Fettfleck auf einem Mantel, den man mit einem klatschnassen Lappen zu beseitigen versucht. Aus Moskau und anderen Städten begaben sich unzählige Ermittler in die Republik, doch selbst sie reichten bei weitem nicht aus. Die letzten Kräfte wurden mobilisiert. Da ertönte aus der Unionsstaatsanwaltschaft ein markerschütternder Aufschrei: Womit, bitte schön, beschäftigen sich die Herren Einfaltspinsel in Moskau? Mit, bitte, was für einer ominösen Kutsche? Kurzum, der Mitarbeiter der Straßenverkehrspolizei, der seine Geschichte – nach hartem Aufschlag mit dem Hinterkopf auf den Asphalt und noch am Boden liegend – mühsam zusammengestammelt hatte, wurde wildester Lügengeschichten bezichtigt. Räumte man in Moskau einer solchen Sache wirklich oberste Priorität ein? Die Ermittler, die in der Sache »Gefährdung von Leben und Gesundheit des Oberleutnants der Straßenverkehrspolizei I.S.Peretjatko« tätig waren, wurden kurzerhand mit einem Sonderflug nach Mittelasien verfrachtet, und die Akte Peretjatkos beschloß ihr Schicksal im Archiv.

Damit ließe sich unter die Angelegenheit ein Punkt setzen. Dennoch fühle ich mich bemüßigt, auch über den weiteren Werdegang Iwan Stepanowitschs Bericht zu erstatten.

Innerhalb einer Woche hatte er im Krankenhaus seine Kräfte vollständig wiedererlangt, so daß er den Dienst in seiner urvertrauten Vierten Abteilung der Straßenverkehrspolizei wieder antreten konnte. Zunächst fielen weder seinen Arbeitskollegen noch seiner Gattin in seinem Verhalten irgendwelche Veränderungen auf. Aber es gab Veränderungen, sogar tiefgreifende.

Schon am ersten Tag nach der Entlassung aus dem Krankenhaus führte Iwan Stepanowitschs Weg ihn in ein Schreibwarengeschäft, in dem er ein dickes, wachstuchgebundenes Heft erstand. Sobald er nun von seinem Dienst heimkam, igelte er sich in der Küche ein und schrieb Stunde um Stunde etwas in dieses Heft. Ich will meinen Leser gar nicht weiter auf die Folter spannen, welcher Art von Beschäftigung sich Iwan Stepanowitsch hingab: Ja, eben, erraten! Er hatte den Schriftsteller in sich entdeckt!

Ohne Unterlaß verfaßte er eine Geschichte nach der nächsten, die allesamt dem Milizleben abgeguckt waren. Er erzählte von der schwierigen Pflicht des Straßenverkehrspolizisten, schrieb von den perfiden Kniffen derer, die die Straßenverkehrsordnung verletzt hatten und nun der gerechten Strafe zu entkommen trachteten. Sein wichtigster, will heißen allgegenwärtiger Held war der Oberleutnant Smelow. Ohne falsche Bescheidenheit räumte Iwan Stepanowitsch später ein, er selbst habe für den Smelow Modell gestanden.

Flugs war das Heft von der ersten bis zur letzten Zeile vollgeschrieben. Iwan Stepanowitsch erwarb ein weiteres, dessen Kapazität ebenfalls binnen kurzem erschöpft war. Es folgte das dritte. Insgesamt schrieb er 38 Erzählungen. Genau wie einst der junge Hemingway. Ich greife vor, wenn ich einflechte, daß die Literaturkritik diesem Umstand – der koinzidenten Anzahl – beachtliche Bedeutung beimaß. So lag nun ein Zyklus von Erzählungen mit einem gemeinsamen Protagonisten vor. Ohne sich allzu arg das Gehirn zu zermartern, gab Iwan Stepanowitsch ihm den Titel *Aufzeichnungen eines Wachhabenden.*

Was weiter geschah, dürfte das naturgegebene Mißtrauen gegenüber einem Autor auf den Plan rufen – nicht Iwan Stepanowitsch, sondern dem Autor des vorliegenden Romans gegenüber. Doch schwöre ich bei meiner Ehre, die reine Wahrheit und nichts als die Wahrheit zu berichten!

Iwan Stepanowitsch pflegte einer strikten Hierarchie zu huldigen. Mithin reichte er seine Hefte nicht bei irgendeinem Literaturausschuß oder einer Zeitschrift ein, sondern händigte sie Major Gromow aus. Der Major las sie, ja, er verschlang sie nachgerade. Ihm persönlich, so seine Worte, gefielen diese Geschichten. Einige Episoden, in denen Verkehrssünder erwischt würden, hätten ihn uneingeschränkt begeistert, derart überzeugend und lebendig seien sie geschildert. Die Hefte gab er nicht zurück, sondern leitete sie im Einvernehmen mit Iwan Stepanowitsch an einen hier namenlos bleibenden Oberst in der Verwaltung der Straßenverkehrspolizei weiter. Wofür, werden Sie wissen wollen. Schlicht um zu zeigen, wie gut es um die pädagogische Arbeit in seiner Einheit bestellt sei und welch talentierte und hochqualifizierte Kräfte er, Gromow, sich heranziehe!

Aber wozu sich des langen und breiten auslassen? Besagte Heftchen purzelten auf nämliche Weise die Treppe hinauf und gelangten schließlich zu einem General, der nicht nur die Straßenverkehrspolizei befehligte, sondern dem die gesamte Miliz der Hauptstadt unterstand. Der General, ein fürchterlich vielbeschäftigter Mann, knallte die Hefte ohne viel Federlesens wie jede eingehende Korrespondenz seinem Assistenten hin.

Doch so sollte es wohl sein! In ebenjenen Tagen kam es in dem zuvor erwähnten Haus der Literaten zu einem lang anvisierten Treffen zwischen dem General und den hauptstädtischen Schriftstellern. Anläßlich dieser Gelegenheit konfrontierten die Schriftsteller den General mit einigen weniger erbaulichen Fragen, so nach der in schwindelerregende Höhen schnellenden Zahl von Wohnungseinbrüchen, nach gestohlenen Autos, nach den schauerlichen Machenschaften im hauptstädtischen Handelswesen. Ein ums andere Mal kam die nunmehr schon rituelle Frage auf: Wo, bitte sehr, hat die Miliz eigentlich ihre Augen?

Der General setzte sich tapfer zur Wehr, indem er auf objektive Tatsachen verwies. Anschließend ging er sogar zum Gegenangriff über. Er rügte nun seinerseits die Schriftsteller, die das heroische Leben eines Milizionärs einfach nicht ins rechte Licht zu setzen wüßten, folglich auch kaum zur Steigerung seiner Autorität beitrügen. Sofort verstieg sich ein unverschämter Publizist zu einer wenig sachgerechten Antwort. Seiner Ansicht nach war es nämlich gar nicht so heroisch, das Leben eines Milizionärs. Vielmehr hätten sich Korruption und himmelschreiender Amtsmißbrauch breitgemacht. Zum besseren Verständnis servierte er die beliebte Geschichte von einem Straßenverkehrspolizisten, der einen Wagen anhielt und um Mitnahme bat. Beim Aussteigen vergaß der Inspektor einen seiner Stulpenhandschuhe im Wagen. Wer aber könnte das Erstaunen des Fahrers beschreiben, als er der Dreier, Fünfer und Zehner gewahr wurde, mit denen der Stulpen vollgestopft war? Woher sie stammten, dürfte klar sein. Der Milizionär schien es bestens verstanden zu haben, die Sünden der Verkehrsteilnehmer entsprechend umzumünzen.

Gelächter brandete durch den Saal, und auch die Versicherung des Generals, im Milizkorps werde mit harter Hand gegen jedwede Form von Korruption vorgegangen, zeitigte nicht den gewünschten Effekt.

Als der General noch in voller Wut und Empörung in seinem Amtssitz eintraf, sprach ihn sein Assistent an. Er unterbreitete ihm, er habe soeben das Manuskript des Oberleutnants Peretjatko gelesen, das auf ihn den denkbar günstigsten Eindruck gemacht habe. Der General verstand nicht gleich, wovon die Rede war. Als er es schließlich erfaßte, rief er voller Begeisterung aus: »Genau das brauchen wir jetzt!« Er verlangte nach dem Sekretär des Schriftstellerverbands. Dieser Sekretär bekleidete gleich ihm den Generalsrang, obschon er auf Epauletten verzichtete, da er seinen Posten an der delikaten Front der Literatur bezogen hatte.

In einem Ton, in den sich eine gute Portion Sarkasmus mengte, teilte der Milizgeneral dem schriftstellernden General und Sekretär mit, daß, während die Schriftsteller sich noch sammelten und auf Inspiration lauerten, um über den heroischen Alltag eines Milizionärs zu schreiben, ein solches Werk längst geschaffen sei – noch dazu in den eigenen Reihen der Miliz. Das Manuskript werde er umgehend mit der Sonderpost schicken, dann möge er nur selbst entscheiden, wie weiter damit zu verfahren sei. Immerhin biete sich hier eine günstige Gelegenheit, zu zeigen, was das Versprechen seitens des Schriftstellerverbands wert sei, aufs engste mit den Organen zur Wahrung von Recht und Ordnung zu kooperieren.

Der Milizgeneral ordnete die Abschrift der Hefte an. Sechs versierte Schreibkräfte zerlegten das Manuskript in gleiche Teile und bewältigten die Aufgabe innerhalb eines Tages. Sie packten dabei gleich die Gelegenheit beim Schopfe, fehlende Kommata zu setzen, überflüssige zu tilgen und ganz allgemein eine gewisse Ordnung in die Orthographie zu bringen.

Die folgenden Ereignisse brachen mit der Überschallgeschwindigkeit eines Jagdbombers herein. Der Sekretär des Schriftstellerverbands, den, wie wir erfahren haben, die Würde eines Generals kleidete, wiewohl er keine Epauletten trug, zog es durchaus vor, es auf keinen Streit mit seinem Bruder im Generalsrang ankommen zu lassen. Ohne das Manuskript auch nur gelesen zu haben, reichte er es mit dem Vermerk »Halte schnellstmögliche Veröffentlichung für notwendig!« an einen subordinierten Verlag weiter.

Der Direktor dieses botmäßigen Verlags erwies sich als ein Mensch von Disziplin. Zudem hatte er ein leidenschaftliches Faible dafür, im Rahmen verschiedener Delegationen wie auch allein ins Ausland zu fahren. Ein Konflikt mit der Führung – und es hatte sich was mit Reisen. Obwohl das Verlagsprogramm seit Monaten feststand und sogar schon abgesegnet war, strich er, ohne lange zu fackeln, den Roman eines kaum bekannten Dorfschriftstellers. Um dieses Werk war es ohnehin schlimm bestellt – ebenso wie um seinen Autor, der nicht erst seit gestern in der Abteilung für hoffnungslose Fälle gelandet war. Doch urteilen Sie selbst: Der Roman, weiß der Teufel vor wieviel Jahren geschrieben, erzählt von den schädlichen Folgen, die das Tiefpflügen des Ackers mit sich bringt. Ursprünglich trug er auch einen entsprechenden Titel: *Die tiefe Furche.* Wie nicht anders zu erwarten, wurde der Roman der damaligen landwirtschaftlichen Administration zur Begutachtung vorgelegt. Im Unterschied zum Autor hegte diese eine ausgesprochene Passion für das Tiefpflügen. Ja, sie war derart von ihm enthusiasmiert, daß sie es landauf, landab propagierte. Entsprechend vernichtend war das Gutachten zur *Tiefen Furche*, das im Verlag einging.

Verständnisinnige Mitmenschen rieten dem schriftstellernden Unglücksraben, er solle seinen Roman überarbeiten und vor allem nicht das tiefe Pflügen, sondern eben das flache Pflügen mit einem Bannfluch belegen. Denn, mal ehrlich, worin bestehe eigentlich der Unterschied? Gesagt, getan. Die Umarbeitungen kosteten ihn ein ganzes Jahr. Um des Einvernehmens mit den Vertretern der kritischen Richtung willen titelte er ihn konsequent *Die flache Furche*. Der Autor hatte alle Anmerkungen und Ratschläge berücksichtigt, die übliche Ablösung in der landwirtschaftlichen Führungsebene indes hatte er unberücksichtigt gelassen. Um sich zumindest ein wenig von ihrer Vorgängerin zu unterscheiden, geiferte sie gehörig gegen die tiefe Furche, stand aber wie ein Fels hinter der flachen. Einmal mehr hatte das Nachsehen unser Autor.

Die traurige Geschichte wiederholte sich genausooft, wie die landwirtschaftliche Führungsclique ausgetauscht wurde. Bis dann eines Tages die Perestroika losschmetterte. Alle Hindernisse schwanden dahin. Selbst die kühnsten und kritischsten Ideen fanden Eingang in die schöngeistige Literatur. Schnell geriet der Roman in den ehrenvollen Ruf, während der Breshnew-Ära »nicht durchgekommen« zu sein, woraufhin er nun im Verlag mit großem Paukenschlag angenommen wurde. Unterdessen begriff freilich niemand mehr, für welche Art des Pflügens sich der

Autor stark machte. Auch trug der Roman jetzt den etwas nebulösen Titel *Die Furche der Zeit.* Gleichwohl, alle Hürden schienen genommen. Just da trat Peretjatko mit seinen *Aufzeichnungen eines Wachhabenden* auf den Plan.

In tiefer Mutlosigkeit und am Boden zerstört, verbrachte der Autor der *Furche der Zeit* seine Tage fortan im Haus der Literaten. Er zupfte seine Schriftstellerkollegen am Ärmel, um ihnen stets aufs neue sein Leid zu klagen. Seine Kollegen dauerte er. Besonders Barmherzige steckten ihm mal eine Einrubelmünze, mal ein Dreirubelscheinchen in die Tasche, auf daß er sich so richtig einen antrinken und im Suff Vergessen finden könne.

Dahingegen wurden *Die Aufzeichnungen eines Wachhabenden* in rasanter Rekordzeit herausgebracht. Ob im weiteren die Werbung das ihrige tat oder ob das Buch wirklich Anklang fand, sei dahingestellt – jedenfalls war die gesamte Auflage im Handumdrehen abgesetzt. Die Halsabschneider, die rund um das Denkmal des ersten Buchdruckers Iwan Fjodorow standen, verlangten für das Buch nicht weniger als fünfzig Rubel. Es kamen Kopien in Umlauf, die für dreißig zu haben waren. Iwan Stepanowitsch wurde ohne Wenn und Aber im Schriftstellerverband aufgenommen. Er nahm seinen Abschied von den Organen der Miliz, um sich uneingeschränkt der Literatur hingeben zu können.

Dieser Schritt erfolgte übrigens auf Befehl des Milizgenerals, der schon zuvor eine wichtige, wenn nicht gar ausschlaggebende Rolle im Leben des Iwan Stepanowitsch gespielt hatte. Für die langjährige und tadellose Ausübung seiner Dienstpflicht sprach man Iwan Stepanowitsch offiziellen Dank aus. Anläßlich seines »Wechsels zur schöpferischen Arbeit« ehrte man ihn mit einem Orden und einem wertvollen Geschenk. Die Bekanntmachung des Befehls erfolgte im Festsaal der Miliz in Anwesenheit aller bedeutenden Würdenträger der städtischen Miliz sowie natürlich Iwan Stepanowitschs höchstselbst. Nachdem der General ihm Ehrenabzeichen und Geschenk – eine goldene Uhr – überreicht hatte, standen ihm Tränen in den Augen; er küßte Iwan Stepanowitsch dreimal. Auf der Rückseite der Uhr war eine Widmung eingraviert: »Für I. S. Peretjatko, den Barden unserer Straßenverkehrspolizei«.

In einer knappen Rede wünschte der General Iwan Stepanowitsch weitere Erfolge im neuen Wirkungskreis. Das Korps der Miliz stehe geschlossen hinter ihm, und das gesamte Volk der Sowjetunion harre voller Ungeduld seiner neuen Werke. Die *Aufzeichnungen eines Wachhabenden* bezeichnete er in unwissentlicher Paraphrase Belinskis[3] als »Enzyklopädie des Lebens bei der Straßenverkehrspolizei«. Wenn es nach ihm ginge, würden noch etliche Generationen zukünftiger Straßenverkehrspolizisten nach diesem Buch geschult werden.

Kurzum, das Leben Iwan Stepanowitschs änderte sich von Grund auf. *Die Aufzeichnungen eines Wachhabenden* brachten keine schlechten Einnahmen, kam es doch zu mehreren Neuauflagen. Das Buch wurde in nahezu alle Sprachen der Völker der Sowjetunion übersetzt. Schließlich erschien es sogar im Ausland.

Iwan Stepanowitsch bestand darauf, daß Walentina ihre Arbeit zum Teufel schickte und vor allem sämtliche Beziehungen zum Direktor der Kantine Nr. 179 Lipkind abbrach. Walentina willigte gehorsam ein. Unterdessen hatte Lipkind seinerseits um ständiges Aufenthaltsrecht im Staate Israel nachgesucht. Daraufhin rief er Walentina zu sich, um sie zur Scheidung und zu einer neuerlichen Ehe – und zwar mit ihm – zu überreden. Doch Walentina blieb sowohl der Sowjetunion als auch ihrem Iwan Stepanowitsch treu.

In kürzester Zeit wußte sie in ihrer neuen Profession als Schriftstellergattin zu brillieren. Im Literatenfonds forderte sie einen Mantel und einen Pelz ein. Sie leierte Ferienaufenthalte im Haus des Schaffens der einen oder anderen Stadt heraus. Mit anderen Schriftstellergattinnen unterhielt sie freundschaftliche Beziehungen. Ferner ließ sie es sich zur Gewohnheit werden, überall damit herauszuplatzen, was ihr Wanja nur für ein Arbeitstier sei, wie er tagelang hinterm Schreibtisch hocke und sich förmlich selbst ausbeute. Kurzum, sie verhielt sich in allem genau so, wie es von Gattinnen erfolgsverwöhnter Schriftsteller zu erwarten ist.

Das Abfassen neuer Werke wollte Iwan Stepanowitsch indes nur schwer von der Hand gehen. Das vielstündige Sitzen am Schreibtisch (hier hatte Valentina die nackte Wahrheit gesprochen) zeitigte keinerlei Ergebnisse. Kaum mit einem blanken Blatt Papier gewappnet, füllte er die erste Zeile beispielsweise mit: »Es war acht Uhr abends. Die Dämmerung brach herein« oder »Es fiel ein starker Regen« oder »Bei sonnigem Wetter ohne jegliche Niederschläge …« Danach wollte ihm, wie sehr er sich auch mühte, nichts Gescheites mehr einfallen, wiewohl in den Tiefen seines Gedächtnisses noch eine Unzahl von kleinen Geschichten aus dem Milizleben schlummerte. Was war das bloß? Wo nur war die Leichtigkeit geblieben, mit der er seine unsterblichen *Aufzeichnungen eines Wachhabenden* geschaffen hatte?

Noch dräute dem materiellen Wohlstand kein Unheil. Abgesehen von den unzähligen Neuauflagen der *Aufzeichnungen* meldeten sich nun auch Filmleute, die nach und nach die Rechte zur Verfilmung der einzelnen Erzählungen aufkauften. Gleichwohl bleibt festzuhalten: Iwan Stepanowitsch stand es nicht zu Gebote, etwas Neues zu schreiben.

Verdrossen, wie er war, griff er sogar zur Flasche, was, wie Sie sich erinnern werden, früher völlig undenkbar gewesen wäre. Er verkehrte zudem im Haus der Literaten, vornehmlich im Restaurant und oberen Buffet- oder »bunten« Saal. Binnen kurzem avancierte er zum Stammgast. Buffetkräfte und Kellnerinnen rief er mit Kosenamen, während sie ihn Wanja nannten. In trunkenem Zustand beschwor er einige Skandale herauf, womit er sich durchaus in die Tradition des Hauses fügte. Sein Glanzstück legte er an einem Abend hin, als er einem Kritiker linker Couleur gehörig die Fresse polierte, nachdem dieser sich bemüßigt gesehen hatte, die *Aufzeichnungen eines Wachhabenden* und insbesondere deren Stil und Sprache mit einigen kritischen Anmerkungen zu bedenken. Der Kritiker ließ sich diesbezüglich an einem Tisch im »bunten« Saal aus, während Iwan Stepanowitsch gerade zum Ausschank und zur nächsten Runde Schnaps schlurfte. Als er seinen Namen hörte, hielt er inne und lauschte. Sodann stürzte er sich ohne große Vorrede auf den eitlen Lästervogel und traktierte ihn dermaßen, daß dieser glattweg zu Boden ging.

Der Kritiker wollte vor Gericht ziehen, doch diese Absicht konnte ihm noch einmal ausgeredet werden. Mit Peretjatko, so hinterbrachte man ihm, lege man sich besser nicht an: Bis vor kurzem habe er der

Miliz angehört, da kämen alte Verbindungen zum Tragen, und wer weiß, wie die Geschichte am Ende dann klänge. Mit einem Mal hätte gar nicht Iwan Stepanowitsch ihm die Fresse poliert, sondern, ganz im Gegenteil, wäre er derjenige gewesen, der sich auf Iwan Stepanowitsch gestürzt hätte. Und dann hätte er sich wahrlich ein leckeres Süppchen zusammengekocht… So reiste der Kritiker friedlich in die Vereinigten Staaten ab, wo er auf Einladung einer Universität eine Vorlesung über die sowjetische Literatur hielt.

Es kam aber noch zu einem weiteren Zwischenfall, der weitaus gravierender war. Im angetrunkenen Zustand fuhr Iwan Stepanowitsch den erst jüngst erstandenen Wolga in einen Mercedes mit Diplomatennummernschild. Zum Glück für alle Beteiligten gab es auf keiner der beiden Seiten Opfer oder ernsthafte Verletzungen. Nichtsdestotrotz war dies kein Fall, der sich einfach unter den Teppich kehren ließ.

Als Retter in der Not erwies sich einmal mehr besagter Milizgeneral. Nachdem Iwan Stepanowitsch zu ihm vorgedrungen war, warf er sich ihm zu Füßen. Er gab zu, der Teufel habe ihn geritten. Und schwor, sich nie wieder hinters Steuer zu setzen, wenn er auch nur ein einziges Tröpfchen des gottverfluchten Gesöffs zu sich genommen habe. Der General, selten nachsichtig, tadelte ihn auf geradezu väterliche Weise. Die angelegte Akte versprach er nach dem altvertrauten Schema zu bearbeiten: Erst werde die Sache ein wenig vernebelt, dann vergessen. Die Fahrerlaubnis würde Iwan Stepanowitsch schon in nicht allzu ferner Zukunft wieder ausgehändigt werden.

Ich könnte mich noch lange in der Beschreibung des neuen Lebens von Iwan Stepanowitsch ergehen. Womöglich wäre es auch verlockend, sich über die stürmische Affäre zu verbreiten, die sich in Kokte-bel zwischen Walentina und dem bekannten Lyri-ker A. Woswishenski entwickelte, und darüber, wie Walentina Hals über Kopf zu Woswishenski zog, sogar ein paar Möbel mitnahm, dann aber zu Iwan Stepanowitsch zurückkehrte, der ihr voll christlicher Milde verzieh.

Als in literarischen Gefilden die Grenzen neu abge-steckt wurden, fand sich Iwan Stepanowitsch selbst-redend im Lager der aufrichtigen russischen Patrioten wieder. Er avancierte sogar zu einem ihrer Führer. Auf Versammlungen und bei Kundgebungen geiferte er gegen die verhaßten jüdischen Freimaurer oder über-haupt gegen alle Juden. Plötzlich eröffneten sich ihm ungeahnte Möglichkeiten. Er könnte bei den Wahlen kandidieren, Volksdeputierter werden …

Ja, viel gäbe es noch zu berichten, doch zwingt mich die konsequente Entfaltung der Handlung in eine andere Richtung. Somit überlassen wir nun Iwan Stepanowitsch einstweilen der Pein und den Qualen seines unermüdlichen Schaffens, denen er sich in sei-ner Datscha bei Moskau aussetzt.

Bevor wir uns aber völlig anderen Dingen zuwen-den, möchte ich noch ein letztes Mal auf den rätsel-haften Vorfall am Triumphbogen zurückkommen und einige Details ergänzen. Iwan Stepanowitsch hat sich über diese Dinge hartnäckig ausgeschwiegen, selbst im Zustand stärkster Trunkenheit, wenn man doch mal die Zügel schießen läßt und das Innerste nach außen kehrt … Doch wer wollte mich hindern, hier einzuspringen?

So zitiere ich also abermals aus dem vorliegenden Vernehmungsprotokoll.

Das Verhalten des Katers war äußerst aggressiv. Er fauchte laut und sagte zu mir: »Hau bloß ab!« [...] Was heißt hier »Hau ab«? Wenn überhaupt jemand mit Fug und Recht »Hau ab!« hätte sagen können, so wäre ich dieser Jemand gewesen.

Und in der Tat machte Iwan Stepanowitsch genau das. »Hau ab!« schrie er den Kater an. »Hau ab, du Schuft!«

»Ach, warum denn nur hü und nicht hü-hott?« antwortete der als Kater getarnte Bandit – oder aber der wahrhaftige Kater. Und er fingerte hinter seinem Rücken herum, um schließlich ein Buch mit Schutzumschlag hervorzuziehen.

Iwan Stepanowitsch vermutete zunächst, der Kater (ja, sei's drum, der Kater) gedenke, die Papiere zur Haltung der Kutsche vorzuweisen. Doch weit gefehlt! Denn plötzlich klarte es auf, wurde taghell. Auf dem Umschlag des Büchleins, das der Kater Iwan Stepanowitsch buchstäblich unter die Nase knallte, stand geschrieben: I. S. PERETJATKO. AUFZEICHNUNGEN EINES WACHHABENDEN. Erst dann schlug er auf dem Asphalt auf, die Arme weit von sich gestreckt!

In diesem Moment funktionierte sein Gehörsinn aber noch, der völlige Aussetzer ereilte ihn erst später.

»Ach, Behemoth, was du dir immer für Späßchen erlaubst!« vernahm er eine unbekannte Stimme, die schepperte wie eine schlecht gespannte Gitarrensaite. »Wir hätten den Milizionär lieber in sein Häuschen bringen und ihn dort narkotisieren sollen!«

»Ich habe mir aber ein edles Ziel gesteckt«, antwortete der Kater oder wer immer er sein mochte. »Mir war es ein Bedürfnis, der Literatur einen neuen talentierten Prosaiker zu schenken. Möglicherweise wird er ja ein zweiter Lew Tolstoi oder Gogol!«

»Fahren wir!« gebot eine dritte Stimme in Baßlage.

»Messere!« erklang abermals die Stimme desjenigen, der den Kater des fehlerhaften Handelns bezichtigt hatte. »Dünkt es Sie nicht, daß wir viel zu früh in diese Stadt gekommen sind? Die Ereignisse nehmen gerade erst ihren Anfang. Bis die Situation reif ist, müssen noch ein, zwei Jährchen vergehen.«

»Du findest immer etwas, was dir nicht paßt!« gab der herrische Baß zurück. »Wir werden schon für eine Beschleunigung sorgen…«

»Beschleunigung wessen? Der Ereignisse oder der Zeit?« hakte der Kater nach.

»Selbstverständlich der Zeit. Schon der alte Einstein hat in seiner Theorie dargelegt, wie sich ein Jahr auf eine Stunde, wenn nicht gar auf eine Minute reduzieren läßt. Sollen die Ereignisse nur ihren Lauf nehmen – noch werden wir uns nicht einmischen…«

Ich möchte noch einmal daran erinnern: Iwan Stepanowitsch vernahm jedes einzelne der gesprochenen Wörter. Und erinnerte sich ihrer – wollte Gott, sein Gedächtnis wäre jedem gegeben! Was aber, bitte schön, hätte er dem Ermittler, der ihn im Krankenhaus aufsuchte, von diesem seltsamen Gespräch in der Kutsche sagen können? Will man jedoch den Ermittler umgehen, setzt man einen gesonderten Bericht auf. Schickt ihn an eine höhere Etage. Und aufgrund der enormen Brisanz wäre der Bericht sicher zu den höchsten, ja, zu den allerhöchsten Stellen gelangt. Dort hätten sich die erfahrensten Experten und Konsultanten seiner Dechiffrierung und philosophischen Ausdeutung angenommen. Wer mag sagen, ob in diesem Fall nicht einige Ereignisse zumindest in Moskau, wenn nicht sogar im ganzen Land einen entschieden anderen Verlauf genommen hätten!

Auf der anderen Seite dürfte auch das beharrliche Schweigen Iwan Stepanowitschs nicht unklug gewesen sein. Weder seinen Aussagen noch einem eventuellen gesonderten Bericht wäre vermutlich die gebührende Aufmerksamkeit zuteil geworden, da man in beiden Fällen kaum von einem als Kater getarnten Banditen ausgegangen wäre, sondern stets von einem stinknormalen Kater. Der in freier menschlicher Rede zu parlieren verstand... Sie können sich selbst ausmalen, welches Verfahren bei Aussagen und Berichten, in denen sprechende Kater figurieren, einzig und allein denkbar ist. Da kann noch von Glück sagen, wer nicht gleich in der Klapse landet.

»Vorwärts!« schrie der Kater, wobei er seinen Ausruf mit einem langen, durchdringenden Miauen unterlegte.

So ist es also wirklich und wahrhaftig ein Kater! schlußfolgerte Iwan Stepanowitsch. Ein sprechender Kater...!

Nachdem er sich mit letzter Kraft auf die Ellenbogen gehievt hatte – somit nicht mehr auf dem überfrorenen Asphalt liegend, sondern bereits sitzend –, versuchte er, auf die Beine zu kommen. Da erklang ein neuer, abermaliger Maunzer, der ungleich durchdringender als der erste, ja, der wahrhaft markerschütternd war. Das gab Iwan Stepanowitsch den Rest. Die Kräfte schwanden ihm nun endgültig, er sank auf den Asphalt zurück und fiel in tiefe Ohnmacht.

Und die Kutsche fuhr an, um ins Dunkel der Nacht zu entschwinden.

4. KAPITEL

Szenen auf dem Boulevard
und in der Konditorei Filippow

In seinem freien Flug durch Raum und Zeit sollte der Autor eines Romans nicht einen seiner Helden aus den Augen verlieren, wie ja auch bei einer Theaterinszenierung der jeweilige Held im angezeigten Moment erscheinen und – zumindest wäre das wünschenswert – eine Replik von sich geben oder in sonst einer Weise in die Handlung eingreifen muß, beispielsweise indem er sich seiner Angebeteten zu Füßen wirft und ihr seine leidenschaftlichen Gefühle gesteht. Er kann auch wichtige Neuigkeiten kundtun, kann, um nur einen Fall herauszugreifen, mitteilen, daß die Stadt überschwemmt sei und alle der Rettung bedürften. Hat der Held erst einmal die Handlung vorangetrieben, tritt er gewöhnlich auch schon wieder ab. Nie schwadroniert er vor dem Publikum einfach drauflos, sondern gibt stets etwas Zitierfähiges von sich, und sei es auch nur: »Mit dir bin ich noch nicht fertig, Niederträchtiger!« Hernach eilt er von dannen, um seine Rachepläne auszuhecken. In der Regel sinnt er auf eine Möglichkeit, sich eine Pistole zu verschaffen, um an dem Frevler ein Exempel zu statuieren.

Ebenso muß ein Romancier stets in der Lage sein, einen seiner Helden aus dem Ärmel zu schütteln.

Gleich welche Wendung in der Erzählung ansteht, der Held muß bereit sein, vor den Leser zu treten. Und so schlage ich nun vor, uns erneut den hauptstädtischen Ereignissen jenes Dezemberabends genau zwei Jahre nach dem rätselhaften Vorfall am Triumphbogen zuzuwenden. Betrachten wir einmal näher, was dem jungen Mann namens Jakuschkin widerfuhr.

Nachdem Jakuschkin das Theater verlassen hatte, ging er wieder zum Boulevard hinunter. Dort hielt er inne, löste die Schnüre der Mappe, die ihm die Zerberuska soeben zurückgegeben hatte, und sah in fieberhafter Eile die Seiten seines Manuskripts durch. Wie viele andere unbekannte und namenlose Autoren nutzte er jeden eingereichten Text für ein kleines Experiment: Hatte die Redaktion oder, in diesem Fall, das Theater das Werk überhaupt gelesen, oder hatten sie es ihm, ohne auch nur hineingeschaut zu haben, einfach wieder – Sie werden den Ausdruck entschuldigen – vor den Latz geknallt? Um dies herauszufinden, legen die erwähnten Autoren winzigkleine Schnipsel zwischen die Seiten. Oder auch Brotkrümel. Hätte wirklich jemand das Manuskript gelesen, so wären sie herausgefallen oder weggeweht worden.

Der ausgeklügelte Test erbrachte ein niederschmetterndes Resultat. Alle von Jakuschkin eingelegten Schnipsel fanden sich an Ort und Stelle. »Was erlaubt sich dieser Schmarotzer nur!« murmelte er. »Schwört hoch und heilig, daß er es gelesen hat. In allerkürzester Zeit… Gewissenloser Kerl!«

Und dann geschah etwas Unvorhergesehenes.

Ein Windstoß – wobei am erstaunlichsten war, daß dieser Abend bis dato ruhig und völlig windstill gewesen war – erfaßte nahezu alle Manuskriptseiten in der geöffneten Mappe. Mit einem Rascheln fächerte der Luftstoß die Blätter auf, die sodann auseinanderflogen wie ein Schwarm weißgeflügelter Möwen. Oder wie Flugblätter, die bei Versammlungen auf die Anwesenden zwecks Anstachelung ihres Unmuts niederrieseln.

Jakuschkin versuchte die durch die Luft flatternden Blätter wieder einzufangen, indem er sogar nach ihnen sprang. Indes entschlüpften sie ihm in ihrem schlingernden Flug ein jedes Mal aufs neue und stiegen höher und höher, hinauf zu den Wipfeln der kahlen Bäume, hinauf in den schwarzen, von winzigen, einsamen Sternen erhellten Himmel. Aber das ist doch das *Original*! dachte Jakuschkin voller Verzweiflung. (Jeder Schriftsteller weiß, was das heißt: das Original!) Er verfluchte seine hirnrissige Ungeduld, die ihn dazu verleitet hatte, die Probe aufs Exempel gleich hier auf offener Straße zu statuieren und nicht erst zu Hause, in weniger windiger Umgebung. Doch so unerwartet, wie der Wind aufgekommen war, legte er sich auch wieder. Die Manuskriptseiten landeten eine nach der anderen auf dem Boulevard. Dabei möchte ich betonen, daß sie genau auf dem Boulevard landeten, daß es keine Abweichungen nach links oder rechts gab und nicht eine im Geäst hängenblieb.

Jakuschkin kroch die Straße entlang und sammelte Blatt für Blatt seines unschätzbaren Originals auf. Plötzlich gewahrte er, daß ihm jemand half. Eine fremde Hand klaubte leicht und geschickt die Seiten von dem nach dem jüngsten Tauwetter neuerlich vereisten Schnee. Schließlich waren alle eingesammelt. Jakuschkin richtete sich wieder auf und beschloß erst einmal herauszufinden, wem die helfenden Hände gehörten.

Der Unbekannte war, wie er selbst, von hohem

Wuchs und unglaublich dürr. Seine Kleidung entsprach in keiner Weise der Jahreszeit: ein leichter heller Mantel, der, so knapp, eng und in den Ärmeln zu kurz, wie er war, offenkundig von jemand anderem abgelegt worden war. Auf dem Kopf saß ihm ein Touristenkäppi mit Kunststoffschirm und der Aufschrift »Jalta«. Nicht minder verwunderte der altmodische Zwicker am Band, der an Anton Pawlowitsch Tschechow gemahnte.

»Überlassen Sie die Sichtung Ihres Manuskripts ruhig mir«, schlug der Unbekannte vor. »Ihnen zittern ja förmlich die Hände. Ach ja, die Nerven, die Nerven!«

Ohne Jakuschkins Zustimmung abzuwarten, nahm er ihm die leere Mappe sowie den Stoß Blätter aus der Hand. Letzteren vereinigte er mit dem seinigen, ging dann wie im Fluge die Seiten durch und ordnete sie entsprechend ihrer Numerierung. Einen Moment lang glaubte Jakuschkin, der Unbekannte versenke sich in die Lektüre. Doch nein, schon überreichte er ihm die geordnete und verschnürte Mappe. Beflissen bedankte Jakuschkin sich für die in kritischer Situation erwiesene Hilfe.

»Aber ich bitte Sie, bitte Sie!« wehrte der Unbekannte ab und gab auch noch gestisch zu verstehen: Papperlapapp, eine Selbstverständlichkeit, wirklich, nicht der Rede wert. Im Gegenteil, es habe ihm sogar gutgetan, sich bei dem Frost ein wenig Bewegung zu verschaffen. »Ihnen, junger Freund, möchte ich aber einen Rat geben«, fuhr er fort, und seine Stimme klang wie eine schlecht gespannte Gitarrensaite. »Geben Sie sich niemals auf Straßen, Plätzen oder Boulevards der Lektüre hin. Die Lektüre hat zu Hause zu erfolgen, in einem anheimelnden Kabinett, vor dem brennenden Kamin, im Licht von Kerzen in bronzenen, besser noch in silbernen Kandelabern. Auf Ihre Knie hat Ihr treuer Bernhardiner sein verständiges Haupt gebettet, den Sie mit Ihrer freien Hand am Ohr kraulen. Ab und an gönnen Sie sich ein Schlückchen heißen Glühwein aus einem kristallenen Pokal.«

Als er das Wort »Glühwein« aussprach, durchlief den Unbekannten ein Frösteln.

»Sie sind so leicht angezogen, Sie werden sich noch erkälten«, bemerkte Jakuschkin.

»Oi, erinnern Sie mich bloß nicht daran!« räumte der Unbekannte bereitwillig ein. »Aber wer hätte denn ahnen können, daß hier so greuliche Kälte herrscht?«

Dann kam er auf sein früheres Thema zurück.

»Auf den Boulevards dürfen Sie lediglich die Zeitungen in den Schaukästen überfliegen. Das ist freilich, wie ich Ihnen versichern kann, eine unnütze Beschäftigung; es werden ohnehin nur Lügenmärchen verbreitet.«

»Meinen Sie?« fragte Jakuschkin erstaunt.

»Ja, wie denn nicht? Dafür sind Zeitungen doch ausschließlich da – um Lügenmärchen zu verbreiten.«

Diese kategorische Einschätzung der Presse befremdete Jakuschkin. Übrigens ließ sich über das äußere Erscheinungsbild des Unbekannten, insbesondere den altmodischen Zwicker am Band, das gleiche sagen. Wie natürlich auch über die Beschreibung des Lesekabinetts mit seinem Kamin, den Kandelabern, dem treuen Bernhardiner und dem heißen Glühwein. Wer er wohl sein mag? überlegte Jakuschkin. Vielleicht ein ausländischer Tourist?

»Nein, ich bin kein Tourist«, wies der Unbekannte diese Vermutung zurück. »Ebensowenig ein Ausländer. Ich bin hier geboren und aufgewachsen.« Er zeigte in Richtung Arbat. »Mein Vaterhaus war die reinste Augenweide: Säulen, ein Marmorportal, fünf Meter hohe Decken und Stuckverzierungen mit nackten mythologischen Figuren. Wessen Herz, frage ich, hätte solch ein Haus nicht erfreut?« Mit der einen Hand riß der Unbekannte sich das Touristenkäppi vom Kopf, mit der anderen wies er nach vorn, was ihn optisch in ungeheure Nähe zum Standarddenkmal für den Führer des Weltproletariats rückte.

»Doch worauf seid ihr verfallen, ihr Schurken? Ihr habt Bulldozer mit einer an einer Kette schwingenden wuchtigen Kugel aus Gußeisen geschickt, einzig um es zu zerstören. Habt mich auf ewig hinter den Stadtring verbannt. Du willst irgendwo hin – eine einzige Umsteigerei. Deshalb suche ich nur selten das Zentrum auf, um in Erinnerungen an Vergangenes und Unwiederbringliches zu schwelgen.«

Der Unbekannte schluchzte auf, und die Tränen schossen ihm nur so aus den Augen. Während er laut losheulte, wischte er sie mit seinem Touristenkäppi weg. Jakuschkin versuchte, ihn zu beruhigen, was ihm erstaunlich leicht und schnell gelang. Flugs waren die Tränen getrocknet, und im Nu spielte wieder ein Lächeln um die Lippen des Fremdlings.

»Aber sagen Sie, mein liebwerter Herr, Sie hätten wohl nicht zufällig ein Rubelchen?« Sogleich präzisierte er seine höchst banale Bitte, indem er Jakuschkin augenzwinkernd versicherte: »Nein, nicht geschenkt – geborgt. Ich kann Ihnen auch eine Quittung geben. Eine vertrackte Geschichte, ich bin tagsüber nicht dazu gekommen, etwas vom laufenden Konto abzuheben. Und abends frönen die Geldinstitute der ärgerlichen Angewohnheit zu schließen. Paris dagegen, Chicago!

Bei der erstbesten Gelegenheit werde ich Ihnen die Summe bis auf die letzte Kopeke zurückgeben. Möglicherweise heute noch, etwas später …«

Sowohl das »laufende Konto« wie auch die »Geldinstitute« verbanden sich nur schlecht mit seiner äußeren Erscheinung. Ebenso die Erwähnung von Paris und Chicago. Ganz zu schweigen von dem Versprechen, die Schuld »bis auf die letzte Kopeke« abzuzahlen. Jakuschkin war jedoch ein herzensguter, mitfühlender Mensch. Er kramte sein Portemonnaie aus der Jackentasche. Dort fanden sich ein metallener Rubel und ein bißchen Kleingeld. Den Rubel reichte er dem Unbekannten.

»Meinen wärmsten Dank!« entzückte sich der Unbekannte, als er nach der Münze langte. »Doch jetzt bitte ich, mich zu entschuldigen, an den Patriarchenteichen wartet ein Klient auf mich.« Während er sich dem Fahrdamm zuwandte, schrie er: »Eh, Trolleybus! Nun brems schon, Freundchen!«

Der Trolleybus war bereits von der Haltestelle beim Theater losgefahren. Plötzlich ging ein Ruckeln durch den Wagen. Die Bügel sprangen von der Oberleitung, und der Trolleybus kam zum Stehen. Der Fahrer stieg aus, um die Bügel wieder korrekt über die Leitung zu legen. Der Unbekannte flitzte los, gewillt, die Gelegenheit zu nutzen, die sich ihm da so unversehens bot. Im Laufen drehte er sich um und warf Jakuschkin Kußhände zu. Dann sauste er weiter zum Trolleybus, den er noch erreicht haben dürfte. Inzwischen hatte der Fahrer die Bügel wieder über die Leitung gelegt. Als er abermals losfuhr, war der Unbekannte nicht mehr zu sehen. Der Trolleybus brachte ihn zum Arbat, wo er, wollte man seinen Aussagen glauben, geboren und aufgewachsen war.

Jakuschkin indes schlenderte den Boulevard hinunter zum Puschkinplatz.

Alles in ihm sträubte sich dagegen, nach Haus zu gehen, wo Lena mit dem zweijährigen Mischka auf ihn wartete – falls sie es noch nicht geschafft hatte, den Jungen zu Bett zu bringen. Lena würde ihm zwar nicht mit Fragen kommen, ihm jedoch vom Gesicht ablesen, daß er wieder einmal ein Fiasko erlebt hatte. In der Küche, beim Tee, würde sie ihn dann sehr behutsam zu überreden versuchen: Warum er denn nicht in sein Institut zurückgehen, nicht wieder als Biophysiker tätig sein wolle? Oder sonst irgendwo versuchte, seinen Beruf auszuüben. Schließlich sei er ein Spezialist, nach dem man sich die Finger lecken könne: Er arbeite hervorragend, spreche fließend Englisch und verfüge über Computerkenntnisse. Vor allem solle er der verfluchten Schreiberei entsagen. Von der sei allein Verdruß, aber keinerlei Freude zu erwarten.

Lena liebte ihn. Verstand ihn wortlos. Und war eine treue Seele. Doch selbst ihr, die ihm in Liebe zugetan war und, so schien es, alles verstand, war nicht klarzumachen, daß es jemandem, der dieser Droge, dieser eigentümlichen Beschäftigung anheimgefallen war und der einmal eine Erzählung unter dem eigenen Namen veröffentlicht gesehen hatte, unmöglich war, sich davon loszusagen.

Der Boulevard endete. Jakuschkin ging die Unterführung in der Gorkistraße hinunter, umbenannt in Twerskaja, um auf der anderen Seite wieder heraufzukommen. Vor dem Verlagshaus der *Moskowskije nowosti* ballte sich eine Menschenmenge. Zu jeder Tages- und Nachtzeit fanden hier hitzige politische Diskussionen statt. In allen Tonarten wurden Schimpftiraden auf die Regierung und einzelne ihrer Vertreter angestimmt. Jakuschkin verweilte ein wenig, um zuzuhören. Sowohl die entschlossenen Reden wie auch die tollkühnen Projekte zur Umgestaltung des Staats gaben ihm einen gewissen Wagemut ein. Ja, dachte er, ich rufe Sutenewski einfach zu Hause an und sage dem Schurken, was ich über ihn denke!

Noch einmal kramte er sein Portemonnaie heraus. Wie üblich hatte er ein paar Zweikopekenstücke vorrätig. Bei dem mühevollen Versuch, seine Werke an den Mann zu bringen, mußte Jakuschkin oft die unterschiedlichsten Leute anrufen, von denen eben-jene Unterbringung abzuhängen schien. Zu Hause hatten sie kein Telephon. Irgendwie war die Reihe noch nicht an ihnen. Folglich hortete er voller Eifer die Zweiermünzen für den Fernsprecher.

Jakuschkin rief von einem Telephon neben einem Blumenladen aus an. Eine Kinderstimme teilte ihm mit, daß Papa nicht zu Hause sei und erst spät wie-derkomme. Damit war dieser Angriff ins Leere gelaufen, und Jakuschkin zog voller Verdruß weiter die Twerskaja hinunter. An der Konditorei Filippow ließ ihn etwas den Schritt verlangsamen. Hinter dem Schaufenster erblickte er die Warteschlange vor der Kaffeestube, und ihm fiel ein, daß er seit dem Mor-gen noch nichts gegessen hatte. Der Tag war mit dem ganzen Gehetze von einer Redaktion in die nächste verstrichen. Mal fand sich nicht der richtige Ansprech-partner, mal fand er sich zwar, war aber beschäftigt, denn er empfing gerade eine Schriftstellerdelegation aus irgendeinem afrikanischen Land, mit der er her-nach zu irgendeinem Empfang eilen würde. In einer dritten bat man ihn um eine Woche Aufschub, da man mit der Herausgabe der nächsten Nummer voll-auf beschäftigt und noch nicht dazu gekommen sei, seinen Text zu lesen. Und zu guter Letzt noch der traurige Affront im Theater! Bei all der Rennerei und der ununterbrochenen Nervenanspannung konnte einen die Sorge um geistige Nahrung schon einmal die profane Pflege der körperlichen Kräfte vergessen lassen. Doch nur vorübergehend, denn früher oder später meldete sich der Bauch zurück. Deshalb begab Jakuschkin sich in die Konditorei Filippow.

Der Wunsch, sich zu abendlicher Stunde noch zu stärken, hatte viele Moskauer hergeführt. Aber wohin hätten sie sonst auch gehen sollen? In den Etablissements mit bärtigen, betreßten Türhütern waren die Preise für das bescheidenste Essen einfach gottvoll, ganz abgesehen davon, daß man von ebendiesen Türhütern ohnehin weggeschickt wurde, als wäre man das letzte Pack. Geduldig nahm Jakuschkin die beiden Schlangen auf sich, erst an der Kasse, dann an der Ausgabe. Das Kleingeld in seinem Portemonnaie reichte für einen Kaffee mit Milch und ein Marzipanbrötchen.

Im Filippow aß man im Stehen. Jakuschkin gelang es, sich einen Weg zu einem der Tische zu bahnen. Der Herr zu seiner Rechten war ein schnauzengesichtiger Mann mit einer ausladenden Mütze aus Hundefell. Er hatte eine ganze Wagenladung vielkantiger Gläser voll Kaffee nebst einem Berg Brötchen aufgefahren. Unter dem Tisch stand sein Koffer. Nicht genug, daß er das gute Stück zwischen die Beine geklemmt hatte, nein, er schaute auch noch in schöner Regelmäßigkeit unter den Tisch, ob der Koffer unversehrt beziehungsweise überhaupt noch vorhanden war. Jakuschkin vermutete, einen Dienstreisenden vor sich zu haben. Er wies ihm ein bestimmtes Plätzchen in seinem Gedächtnis zu, für den Fall, daß eines seiner Werke eines Vertreters dieses Standes bedurfte.

Was aber sollte er von dem Herrn zu seiner Linken halten?

Er war stämmig und untersetzt, angetan mit einem Drapmantel, der bis oben zugeknöpft war. Seinen Kopf zierte eine schwarze Melone, wie sie auch heute noch die Clerks in der Londoner City tragen. Der gediegene Eindruck wurde allerdings durch einen gelben Hauer geschmälert, der unter der Oberlippe hervorragte, sowie den weißen Star auf einem Auge, so daß das Gesicht wild, um nicht zu sagen verschlagen wirkte.

Der Hauerbewehrte mit dem weißen Star trank Kaffee, hatte sich aber kein Brötchen geholt – vielleicht war er satt, vielleicht reichte das Geld nicht. Als er Jakuschkin irgendwann mit dem Ellenbogen anstieß, entschuldigte er sich mit einem höflichen Lüften der Melone und schob das noch nicht geleerte Glas weit von sich.

»Was für eine Plörre aber auch!« empörte er sich. »Aufgehängt gehören die Schufte, die das zusammengebraut haben! Ich kenn da ein Plätzchen, da hab ich neulich einen Kaffee getrunken, das war noch richtiger Kaffee! Ohne Schmarrn!«

Als neugieriger Mensch wollte Jakuschkin wissen, wo das Plätzchen sei, wo es diesen Kaffee »ohne Schmarrn« gebe.

»Im Haus der Literaten! Das ist das einzige Plätzchen dieser Art in Moskau. Vor allem wenn man einen Doppelten oder Dreifachen bestellt!« Der Hauerbewehrte, der sich bei näherer Betrachtung gleichermaßen als ausgewiesener Kenner wie als anspruchsvoller Kaffeetrinker herausstellte, zwinkerte verträumt mit seinem unversehrten Auge.

Da ist er… im Restaurant im Haus der Literaten!

kam Jakuschkin unversehens die Erleuchtung. In ungezügeltem Zorn entwarf er in seiner Phantasie kurzerhand folgendes Bild: Sutenewski trank Wein, umgeben von treuen Freunden und vermutlich feilen Frauen, und zerpflückte mit den Fingern ein saftiges, knusprig gebratenes Hähnchen »Tabaka«. Zur allgemeinen Erbauung erzählte er die urkomische Geschichte eines schriftstellernden Nichtskönners, der ihr Theater mit einem seiner Werke beglücken wollte. Aber Sutenewski, der schließlich kein Dummkopf war, überließ das Werk ungelesen der Zerberuska.

Dem Beispiel des Hauerbewehrten folgend, schob Jakuschkin das Glas entschlossen von sich, ließ den Rest seines Marzipanbrötchens zurück und wandte sich zum Ausgang.

»Sie haben Ihre Mappe vergessen!« erklang hinter ihm eine Stimme.

Der Hauerbewehrte hielt ihm die orangefarbene Mappe entgegen. Jakuschkin hatte sie eingangs in aller Eile auf ein Brett unter dem Tisch gelegt, welches eben dafür gedacht war, daß die Gäste dort kleinere Sachen ablegten, um so in größtmöglicher Bequemlichkeit zu speisen.

»Wenn Sie ins Haus der Literaten wollen, sollten Sie vorher darüber nachdenken, wie Sie hineinkommen«, riet ihm der Hauerbewehrte.

Jakuschkin zuckte die Achseln. Ja, Teufel auch, wie sollte er das anstellen?

»Machen Sie sich keine Sorgen, ich werde anrufen, daß man Sie reinläßt. Nennen Sie Ihren Namen einfach der dortigen Zerberuska.« Der erhitzte Jakuschkin wunderte sich nicht im geringsten über das von dem Hauerbewehrten eingebrachte Wort »Zerberuska«. Dabei hatte doch er, er allein, die Autorschaft dafür. »Oder ich komme selbst vorbei«, stellte der unverhoffte Gönner beim Abschied in Aussicht.

Jakuschkin dankte für Anteilnahme und Sorge und rannte ohne allzu klare Vorstellung, was ihm da widerfahren war, auf die Straße.

Es ist nur schwer zu glauben, daß Jakuschkin bei all seiner Belesenheit in dem Unbekannten mit Zwicker am Band und Touristenkäppi (wenn auch keiner Hockeymütze), der ihm auf dem Boulevard begegnet war, nicht den ausgebufften Hallodri und durchtriebenen Lügner Korowjew wiedererkannt hat! Oder zuvor nicht den unglaublichen Schelm, den schwarzen Kater Behemoth. Und später, im Filippow, in dem Kenner und Liebhaber guten Kaffees, nicht einen weiteren Bulgakowschen Helden, nämlich Asasello. Immerhin ist Jakuschkin in keiner Weise mit dem braven Peretjatko zu vergleichen. Auch wenn dieser ein rechtmäßiges und zudem einflußreiches Mitglied des Schriftstellerverbands geworden war, so hatte er doch sein Lebtag nie *Der Meister und Margarita* gelesen. Allein deshalb konnte ihn auch der sprechende Kater Behemoth verwundern! Jakuschkin dagegen hatte den Roman, gelinde gesagt, gelesen, hatte ihn unzählige Male gelesen, kannte ihn beinahe auswendig. So steht zu vermuten, er sei dermaßen in seine eigenen Probleme verstrickt gewesen, daß darunter sogar seine angeborene Beobachtungsgabe litt.

Schon lange treibt mich die ketzerische Frage um, was wohl geschähe, wenn Voland und seine Entourage Moskau abermals heimsuchten? Obwohl ich mich, zugegebenermaßen, redlich bemüht habe, mir diese Idee aus dem Kopf zu schlagen, hat sie mich nicht losgelassen. In dieser Zeit habe ich, was Sie sicher nicht glauben werden, Jakuschkin kennengelernt. Unter welchen Umständen, werde ich später darlegen. Er hat mir viel erzählt, und einiges konnte ich meinem Leser schon vortragen, anderes steht noch aus. Ich habe mich reinen Gewissens an die Abfassung dieser Geschichte gemacht, wollte doch Jakuschkin selbst vom Schreiben kein Sterbenswörtchen mehr hören. Er überließ es mir, die von ihm ausschließlich in schwarzen Farben geschilderten Ereignisse nach Gutdünken wiederzugeben.

Ich ahne die Tadel, die auf mich niederhageln werden. Wie kann dieser Taugenichts sich erkühnen, mit seinen Dreckpfoten Hand an das Werk Bulgakows zu legen? Doch schicke ich voraus: Es lag niemals in meiner Absicht, mich mit einem Genie zu messen. Allein, ich konnte auch gegen mich nicht länger an. So komme denn, was kommen mag!

5. KAPITEL

Einige Anmerkungen zur Person Arkadi Michailowitsch Sutenewskis

Als wir Sutenewski und Urwanzew sich selbst überließen, stiegen beide gerade in ein Schwarztaxi und machten sich auf ins Haus der Literaten, um dort zu Abend zu essen. Ebendieses Abendessen hat jedoch eine ganz besondere Vorgeschichte.

Was das schon für eine Vorgeschichte sein wird? dürfte hier manch findiger Leser abwinken. Was ist ein Bühnenschriftsteller denn anderes als eine ganz gewöhnliche Karausche? Er muß um einen Dramaturgen herumwuseln wie ein Fisch durchs Wasser. Er muß ihn mit Speis und Trank bewirten, alles in der trügerischen Hoffnung, die Dankbarkeit des Herrn Dramaturgen zu erlangen und somit seinem Stück den Weg zur Bühne zu ebnen. Und das wäre denn ja wohl die ganze Vorgeschichte. Punktum.

Gemach, mein Freund! Gemach, mein findiger Leser! Zwar wollen wir das Karauschenmotiv nicht völlig aus den Augen verlieren, gleichwohl war die Vorgeschichte doch etwas anderer Art!

Um sie zu erhellen, muß ich, und sei es in noch so groben Zügen, die Geisteshaltung unserer schöpferisch tätigen Intelligenzija umreißen. Wem gilt wohl ihre größte Sorge? Dem Wunsch, das eigene Selbst auszudrücken? Ästhetischen Problemen? Den Bürger-rechten? Oder gar dem Schicksal des niedergehalte-nen Volks? Ja, das hieße ich Geisteshaltung!

Wovon legt der in schlafloser Nacht zerbissene Zip-fel eines Kopfkissens aber tatsächlich beredtes Zeug-nis ab? Oder der fiebrige Glanz in den Augen während eines geheimen und streng vertraulichen Telepho-nats? Oder, bei erfolgreichem Abschluß desselben, die Aufführung des Adlertanzes, des Siegestanzes ameri-kanischer Indianer, der Menschen im Arbeitszimmer nur wenig ansteht? Kurzum, was ist das Wichtigste in all ihren Bestrebungen? Was überwiegt? Was domi-niert? (Ich entblöde mich nicht, hier dieses moderne Wörtchen zu gebrauchen.)

Es dominiert einzig die Absicht, sich irgendwie ins Ausland zu stehlen!

Nicht für immer, Gott bewahre! Nein, bloß für ein kleines Weilchen. Einen Monat nur, eine Woche, ein paar Tage – aber sich halt davonstehlen. Und auf kei-nen Fall vom schwer verdienten eigenen Geld, nicht im Rahmen einer Urlaubsreise, wo doch nur reihum die Sehenswürdigkeiten abgeklappert werden, son-dern ausschließlich auf fremde Kosten.

Glauben Sie bitte auch nicht, dem lägen aus-schließlich merkantile Überlegungen zugrunde, so der Wunsch, einen Videorecorder einzuführen oder irgend etwas Neues für die turnusmäßig frisch Ange-traute zu erwerben. Obwohl das natürlich auch eine Rolle spielt. Doch den wesentlichen Kick gibt etwas anderes, etwas, das mit dem Ausdruck Prestige zu fas-sen ist.

Sie treffen im Vestibül irgendeiner einschlägigen Organisation einen schriftstellernden Kollegen. Oder einen vom Theater. Oder vom Film. Dieser empfängt

Sie mit den Worten: »Na, was denn, alter Junge, lang nicht gesehen, wirst doch nicht krank gewesen sein?« Darauf werden Sie ihm beiläufig (und zwar unbedingt beiläufig) antworten: »Ach, weißt du, ich mußte mich im Rahmen eines Künstleraustauschs in Spanien rumtreiben: Madrid, Toledo, Córdoba...« Etwas in der Art halt!

Mit nichts zu vergleichen – wiewohl durchaus sadistisch – ist der Genuß, in dieser Situation zu beobachten, wie dem lieben Kollegen die buschigen Augenbrauen hochschnellen, wie in seinem erloschenen Blick neidvoller Glanz aufglimmt. »Wie schön für dich«, wird er mit Mühe hervorpressen. Sie aber fügen, um ihn vollends zu treffen, um ihn zu erschlagen, noch hinzu: »Ein bemerkenswertes Land! Goya, Escorial, *corrida de toros*... Demnächst fahre ich nach Skandinavien, ich warte nur noch auf die Visa.«

Gott schütze diesen Kollegen, wenn er später nach Hause kommt und mit seiner Frau darüber spricht. Oh, was dann wohl losbrechen mag! Schock und schwere Not! Seine Eheliebste wird ihn für seine frevelhafte Genügsamkeit in Grund und Boden stampfen. Die letzten Gauner und Nichtsnutze – ja, genau die – treiben sich in aller Welt rum, aber er, ein echtes Volkstalent, eine wahre Perle, ein überaus kostbarer Schatz des Landes und der breiten Öffentlichkeit, fährt nach Tjumen und Syktywkar, um das Leben der Holzfäller und Erdölarbeiter zu studieren. Zum Teufel aber auch mit Syktywkar! Zum Teufel mit den Holzfällern! Die holde Gattin jagt ihn aus dem Haus, ohne daß er in Ruhe sein Mittagessen beenden kann. Sie stülpt ihm den Hut auf das bereits kahl gewordene Haupt. Gerade kann er ihr noch zustammeln: »Ja, ja, du hast völlig recht.«

Dieser Kollege stellt fortan jedes kreative Schaffen hintan. Unermüdlich spricht er statt dessen bei hohen Herren in verschiedenen Auslandskommissionen vor, überall erinnert er an seine unermeßlichen Verdienste, die aus wenig nachvollziehbaren Gründen bislang nicht mit Reisen ins Ausland honoriert worden seien. Wo bleibe da die soziale Gerechtigkeit? Nun denn, wir wollen ihm gutes Gelingen wünschen.

In puncto Auslandsreisen galt Arkadi Michailowitsch Sutenewski in der Vergangenheit als eher kleiner Fisch, obwohl natürlich auch er versuchte, sich mit der Macht gut zu stellen. Regelmäßig brachte Sutenewski Stücke auf die Bühne, die den Zuschauer in der hohen kommunistischen Moral unterwiesen. Die Arbeiter in diesen Stücken verzichteten unisono auf Prämien aller Art. Die Ingenieure entwickelten in fruchtbringender Zusammenarbeit mit der Wissenschaft progressive Verfahren zur Stahllegierung. Und auch die Revolution ließ Sutenewski nicht links liegen. In einer Inszenierung liefen Arbeiter mit Hämmern, Frauen mit Kopftüchern, bewaffnete Rotgardisten sowie Matrosen einen ganzen Akt lang mit roten Fahnen im Kreis herum und suchten den Weg in die lichte Zukunft. Im Mittelpunkt dieses Reigens stand natürlich Iljitsch, der mit der ihm eigenen Weisheit die notwendigen Korrekturen an der Marschroute vornahm.

Freilich kann es auch vorkommen, daß die Obrigkeit solch unermüdlichen Eifer nicht in gebührendem Maße würdigt. Arkadi Michailowitsch waren nur selten Auslandsaufenthalte vergönnt. Dabei hätte es doch so viele Gelegenheiten gegeben! Schickte man nicht auch andere zu Theatertreffen, auf Kongresse, zu Festivals? Durfte nicht sein eigener Chefregisseur

Karnauchow fahren, trotz allem, was er sich leistete? Was machte es, wenn der sich auf einem Bankett bis zum Umfallen betrank? Oder – noch schlimmer – einem ausländischen Theaterschaffenden in der Hitze der Debatte die Schnauze polierte, weil ihm die Argumente ausgingen? Und spielte es etwa eine Rolle, wenn ihm die Brieftasche mit dem Ausweis stibitzt wurde? O nein, all das wurde ihm verziehen! Und warum? Nur weil er der unübertroffene Regisseur von Stücken war, in deren Mittelpunkt Iljitsch stand. Als einmal der greise Generalsekretär zu einer seiner Aufführungen gebracht wurde, wollte er schon die Bühne erstürmen, um dortselbst mit Iljitsch darüber zu beratschlagen, wie der weitere Aufbau des Kommunismus auszusehen habe. Nur mit Mühe konnten seine Berater und achtsamen Helfer ihn zurückhalten.

Ins Ausland gelangte Sutenewski ausschließlich mit Gastspielen seines eigenen Theaters. Freilich reisten sie anfangs nur in nahe gelegene Länder, die gleichfalls einer fortschrittlichen Ideologie anhingen. Ihn aber zog es dorthin, wo der Service in den Hotels besser und das Sortiment an Waren breitgefächerter war. Tatsächlich kamen gelegentlich auch Verpflichtungen seines Theaters in diesen Ländern zustande. Allein, ihr Gastspiel war noch jedesmal mit Pauken und Trompeten durchgefallen. Aber mal ehrlich, warum sollten sich Dänen oder Franzosen, statt sich gepflegter, kulturvoller Abendunterhaltung hinzugeben, auch mit Verfahren in der Stahlverarbeitung auseinandersetzen, selbst wenn dieser Stahl legiert war? Zudem war man in diesen Ländern längst übereingekommen, welcher Art die Marschroute war, die Iljitsch seinem Land mit der Schiebermütze wies. Man konnte von Glück sagen, daß nur sein Land – ja, und auch die Bruderländer –, nicht aber die ganze Welt diese Marschroute nahm.

Dann brach die Perestroika herein. Durch die Zensur lief nun ein Riß. Die Aufmerksamkeit der Obrigkeit gegenüber dem Theater erschlaffte ein wenig, war nicht mehr streng wie einst, und das Repertoire änderte sich von Grund auf. »Neue Zeiten, neue Lieder«, wie schon der Poet Nekrassow so richtig bemerkt hat. Statt der Stahlwerke, der malerischen Landschaften samt Kolchosfeld im Vordergrund oder Iljitschs Arbeitszimmer im Kreml, das mit photographischer Genauigkeit reproduziert wurde, zierten nun völlig andere Dekorationen die Bühnen, vornehmlich verwanzte Zimmer aus Gemeinschaftswohnungen ohne jeden Komfort. In einem skandalträchtigen Stück versuchte die Heldin vom ersten Aufzug bis zum tragischen Finale ohne den geringsten Erfolg ein einziges Problem zu lösen: das Loch, das sie mit ihrem Kind bewohnte, wenigstens mit einer Toilette auszustatten. Orkanartig wurden die Aktivisten aus den Betrieben wie auch die in ihrem kühnen Forschungsdrang unerschütterlichen Wissenschaftler von den Bühnenbrettern gefegt. An ihrer Stelle tummelte sich nunmehr ein buntes Völkchen aus Alkoholikern, Obdachlosen, Drogenabhängigen und Prostituierten (darunter auch Devisenhuren). Darüber hinaus beherrschten jetzt unzählige ruhelose Großmütterchen die Bühne, die von hartherzigen Kindern im Stich gelassen worden waren. Entsprechende Stücke wurden auch insofern mit Kußhand angenommen, als es in jedem Theater mehr als genug überalterte Schauspielerinnen gab. Einst hatten sie Großmütterchen gegeben, die – welch schroffer Kontrast! – von Sohn und Tochter ebenso wie von der Sowjetmacht mit zarter Liebe umhegt wurden.

Sutenewski reagierte auf die Veränderung im Theaterklima mit der Präzision eines Aneoridbaramoters. Er gab den neuen, den kritischen Stücken grünes Licht. Auch den Chefregisseur Karnauchow vermochte er zu überzeugen, woher der Wind wehte. Eine Premiere jagte die nächste. Regelmäßig gaben sie nun auch in Ländern mit rückständiger Ideologie Gastspiele. Wenn sie auch keineswegs auf den auserlesensten Bühnen spielten, so kam immerhin Publikum. Die Einnahmen waren bescheiden, doch tröpfelte es wenigstens ein paar Devisen, wobei auch Sutenewski nicht leer ausging.

Bekanntlich kommt der Appetit beim Essen. Ließe sich, neben den Gastspielen im Ausland, nicht vielleicht auch eine individuelle Reise planen? Zu diesem Zweck galt es gegenwärtig, zuallererst die richtige Position zu beziehen, nämlich die eines Bürgerrechtlers und Ästheten.

Sutenewski entlud sich in einer Serie von Artikeln zum Theater der Vorperestroikazeit. Kein Stein blieb auf dem anderen, die Götzen von gestern stürzte er vom Sockel. Über seine einstigen Schelmenstücke, über seine Leidenschaft, Iljitsch mit der Schiebermütze auf die Bühne zu bringen, hüllte er sich in Schweigen. Doch wie es schien, hatte man diese allenthalben vergessen und huldigte nun seiner flinken Feder, seinem erbarmungslosen Sarkasmus, seinem unerbittlichen Wunsch nach endgültiger Entlarvung und mutiger Demaskierung.

Diese Haltung trug ihm bald die ersten Früchte ein. Er wurde in die Leitung des Theaterverbands gewählt, einer neugegründeten gesellschaftlichen Organisation, die, unter uns gesagt, in der Hauptsache dafür geschaffen worden war, die Expeditionen ins Ausland unter Kontrolle zu haben.

Wo aber kriegte man Devisen her? Die, verflucht und zugenäht, nie reichten. Und gereist werden wollte bis zum Umfallen, allein wie auch mit Gruppe. Damit es aber auch wirklich gleich nach der Rückkehr hieß: »Halten Sie sich bereit, das Visum ist da, die Tickets für den Flug sind geordert!«, waren ganz andere Kräfte notwendig. Man mußte umtriebig sein, die Verbindungen zu den Theaterkreisen im Ausland ausbauen und festigen. Mit großem Brimborium mußten ihre Vertreter empfangen werden, so sie nach Moskau kamen. Man mußte aktiv werden, mußte sich in bekannter Manier zu körperlichen Verrenkungen aufraffen, bis sie zu einem Gegenbesuch bei uneingeschränkter Devisenverpflegung luden.

Nicht ein Gast, der eine Beziehung zum Theater erkennen ließ, entkam fortan der Sutenewskischen Aufmerksamkeit. Zunächst einmal zog er Erkundigungen ein, um wen es sich da handle. War es lediglich ein armer Ästhet, der mit neuen Theaterformen experimentierte, selbst aber bei Brot und Kwaß ausharrte, ließ Sutenewski die Hände von ihm. Sollten sich ruhig andere um ihn kümmern. Handelte es sich aber um einen tüchtigen Menschen, der Zugang zu dem einen oder anderen Fonds hatte, dann gelangte ein speziell ausgearbeitetes Programm zur Ausführung. Sutenewski holte den teuren Gast vom Flughafen ab und brachte ihn ins Theater. Er organisierte Treffen mit Vertretern der russischen Kunst, und noch vor Ende des ersten Akts lud er zum Mittag- oder Abendessen in privater Atmosphäre. In diesem Rahmen brachte er bei einem Gläschen Wodka oder Wein behutsam das Gespräch darauf, daß ihm ein Gegenbesuch durchaus nicht mißfallen würde. Er könnte auch Vorträge über die Erneuerung des sowjetischen Theaters halten. Einmal breitete ein Gast daraufhin die Arme aus und meinte: »Was soll die lange Rede? Kommen Sie einfach, Herr Sutenewski, wir würden uns freuen.« Leider vergaß er – aus Zerstreutheit oder Absicht – auszuführen, auf wessen Kosten. Ein anderer dagegen nickte verständnisvoll und versprach, eine Einladung zu schicken, in der schwarz auf weiß geschrieben stünde, daß sie für alle Kosten, inklusive Taschengeld, aufkommen würden.

Eine Woche vor den hier zu schildernden Ereignissen war ein mit dem Theater verbandelter Japaner nach Moskau gekommen. Ob es ein Produzent oder ein Theaterkritiker war, vermag ich nicht mit Sicherheit zu sagen. Auch ist sein Name verlorengegangen. Da in unserer Erzählung jedoch keine weiteren Japaner auftreten werden, wollen wir ihn einfach *den Japaner* nennen.

Sutenewski zog die üblichen Erkundigungen ein, die erbrachten, daß der Japaner in puncto finanzieller Unterstützung in Yen von einigem Interesse sein könnte. Zudem war der Dramaturg noch nie in Japan gewesen. Kurzum, es lohnte gewiß, sich des Japaners anzunehmen. Die Technik der Umschmeichelung war bis in die kleinsten Feinheiten ausgearbeitet. Sutenewski reservierte dem Japaner die ganze Woche. In sein Theater setzte er keinen Fuß mehr. Sie werden zustimmen, daß er sich kaum um die von Jakuschkin eingereichte Mappe kümmern konnte. Vor ihm lag eine entscheidende Phase – das inoffizielle Abendessen. Die Ausrichtung dieses Essens brachte jedoch einige unvorhergesehene Probleme mit sich.

Nach Hause konnte er den Japaner nicht einladen: Seine Gattin hatte zu diesem völlig unpassenden Zeitpunkt eine Renovierung angeleiert. Blieb ein Restaurant. Aber welches? Das Restaurant im Haus der Theaterschaffenden war kürzlich zusammen mit dem Haus selbst niedergebrannt. Das ist jedoch eine andere Geschichte, über die wir uns hier nicht verbreiten wollen. In den gemeinen Gaststätten wurde einem gleich einem räudigen Hund das Fell über die Ohren gezogen; entsprechend bekam man auch nur irgendwelchen Fraß vorgesetzt. Den Japaner in eine Intourist-Lokalität zu führen war aber auch keine Lösung: Das geplante Gespräch hatte schließlich unbedingt streng vertraulich zu bleiben.

In dieser Situation erreichte Sutenewski zu Hause ein spätabendlicher Anruf Urwanzews.

Er erkundigte sich, ob es mit seinem Stück (von dem hier schon die Rede war) vorwärts gehe. Sutenewski versicherte nachdrücklich, es gehe vorwärts und es werde »alles Mögliche und darüber hinaus auch das Unmögliche« getan. Bei sich dachte er: Ach, Freundchen, du kommst mir gerade recht! Beiläufig wollte er nun von Urwanzew wissen, ob dieser ihm nicht einen Gefallen erweisen und für den morgigen Abend einen Tisch im Haus der Literaten reservieren könne. (Der einfältige Mann! Glaubte er wirklich, da gäbe es keine Wanzen?)

Wie jeder politische Kommentator, der etwas auf sich hält, war Urwanzew ein ordentliches Mitglied des Schriftstellerverbands. Irgendwann einmal hatte er sich eine Broschüre zu den Umtrieben der imperialistischen Spionage im ruhmreichen Vaterland aus den Fingern gesogen, woraufhin er sofort in den Verband aufgenommen worden war. Aber wie hätte er auch übergangen werden können, wo er doch Woche für Woche im Fernsehen auftauchte, um von den jüngsten und allerjüngsten Intrigen des verhaßten Imperialismus zu berichten?

Urwanzew versprach, sich umgehend mit dem Direktor des Restaurants, mit dem er auf freundschaftlichem Fuße stand, in Verbindung zu setzen und Sutenewski sodann zurückzurufen. In Erwartung dieses Rückrufs formte sich in Sutenewskis Kopf eine weitere Idee, die wir hier ohne Umschweife phantastisch nennen wollen. Warum nicht auch Urwanzew selbst zu dem Abendessen mit dem Japaner einladen? Er könnte, erstens, gute Dienste als Dolmetscher leisten. Der Japaner sprach Englisch, was Sutenewski eher schlecht als recht beherrschte. Es widerstrebte ihm jedoch, die Dolmetscherin von Intourist hinzuzuziehen, die sich bereits die ganze Woche um sie gekümmert hatte, denn, wie gesagt, es sollte ja alles streng vertraulich bleiben. Urwanzew dagegen verstand es, in jeder beliebigen Sprache eloquent zu parlieren. Ein politischer Kommentator eben.

Und, zweitens, würde Urwanzew immerhin ja wohl Speis und Trank zusprechen, folglich konnte er auch die Rechnung übernehmen. Wo gab es denn so etwas – daß ein Dramaturg einen Bühnenschriftsteller bewirtete und nicht umgekehrt? Wenn Urwanzew nun schon unbedingt den Dramatiker geben wollte, sollte er sich gleich an die Spielregeln gewöhnen.

Als Urwanzew ihn abermals anrief, teilte er ihm mit, daß alles zur vollsten Zufriedenheit geregelt sei. Der Tisch sei reserviert, in groben Zügen auch schon das Menü abgestimmt. Die Einladung, dem Essen mit dem Japaner ebenfalls beizuwohnen, nahm er dankend an. Sie vereinbarten, Urwanzew solle Sutenewski im Theater abholen. Sutenewski hatte beschlossen, am kommenden Tag wenigstens auf einen kurzen Sprung dort vorbeizuschauen, allein schon um lästigen Auseinandersetzungen darüber vorzubeugen, daß er seine Pflichten als Dramaturg vollends vernachlässige. Doch das einzige, was er dann – von wenigen Anrufen einmal abgesehen – wirklich schaffte, war, der Zerberuska die orangefarbene Mappe Jakuschkins in die Hand zu drücken. Den Japaner sollte ein dem Theater unterstellter leistungsfähiger Wagen abholen und zum Haus der Literaten bringen. Damit wäre dann tatsächlich die eigentliche Vorgeschichte erzählt.

6. KAPITEL

Sowjetisch-japanische Unterhandlungen und das Ende, das sie nahmen

Nachdem Sutenewski und Urwanzew das Schwarztaxi bezahlt hatten und ausgestiegen waren, begaben sie sich direkt zum Haus der Literaten. Am Eingang machte Urwanzew sich gar nicht erst die Mühe, seinen Schriftstellerausweis hervorzukramen, sondern nickte – um mich Jakuschkins Ausdruck zu bedienen – der dortigen Zerberuska nur lässig zu. Dabei zog er Sutenewski zu sich heran, um ihr klarzumachen, daß selbiger zu ihm gehöre. Urwanzew bewegte sich hier durchaus in heimatlichen Gefilden.

Sie legten Mantel, Jacke und Mützen ab und warfen alles dem hinter einer Absperrung hervorspringenden Garderobier zu. In Erwartung eines stattlichen Trinkgelds begrüßte dieser ihr Erscheinen voller Freude. Vor einem Spiegel zupften beide ihre Frisur zurecht, hernach flanierten sie, während sie auf den Japaner warteten, im Vestibül auf und ab. Immer wieder begrüßte Urwanzew irgendwen, wobei er mit einem ganzen Repertoire an Formen und Floskeln aufwartete. Für die einen hatte er lediglich ein beiläufiges Nicken übrig, bei anderen riß er in Sportlermanier die Arme hoch (»Tagchen, alter Junge!«). Für wieder andere war ein zupackender Händedruck reserviert. Schließlich brillierte er noch mit kräftigen, freundschaftlichen Umarmungen, mit Klopfen auf den Rücken und dreifachen Küssen – linke Wange, rechte Wange, linke Wange. Unter Literaten und Theaterschaffenden wie auch unter Fußballern sind solche Küsse durchaus nicht selten.

Der Japaner traf mit geringer Verspätung ein. Kaum erschien er im Eingang, als Sutenewski auch schon auf ihn zuflatterte. Er stellte Urwanzew vor, der sich unterdessen zu ihnen gesellt hatte. Nun drückte dieser die Hand des Japaners und eröffnete ihm, daß es ihm bereits vergönnt gewesen sei, seine wunderbare Heimat zu besuchen, und das sogar mehr als einmal. Eigenhändig nahm Sutenewski dem ausländischen Gast die Mütze vom Kopf, befreite ihn aus dem Mantel und übergab beides dem heraneilenden Garderobier. Wie viele seiner Landsleute war der Japaner schmächtig, bebrillt und pausenlos am Lächeln. Er hatte eine tragbare Videokamera dabei, mit der er zunächst eine Großaufnahme des Vestibüls mit Sutenewski und Urwanzew im Vordergrund machen mußte.

»Wenn ich bitten darf!« lud Urwanzew mit ausholender Geste ein, und alle drei – in der Mitte der Japaner, an den Flanken Sutenewski und Urwanzew – machten sich auf zum Restaurant.

Hochverehrter Leser! Hatten Sie schon einmal Gelegenheit, ins Moskauer Haus der Literaten einzukehren, welches auch Zentrales Haus – will sagen, im Land das wichtigste – geheißen wird? Falls Ihnen dieses Glück bislang versagt blieb, möchte ich die Gelegenheit nutzen, es Ihnen zu beschreiben. Freilich nur kurz, denn für eine eingehendere Schilderung wäre weiß Gott ein ganzer Roman vonnöten.

Das alte Eden der Schriftsteller, das Gribojedow, in

dem sich einige überaus bemerkenswerte Episoden aus dem *Meister und Margarita* abspielen, war, wie Sie sich gewiß erinnern werden, bis auf die Grundmauern abgebrannt, woran Korowjew und Behemoth samt Primuskocher nicht ganz unschuldig waren. Ob das Gribojedow wirklich so war, wie Bulgakow es beschreibt, oder ob es in dieser Form ein Kind seiner Phantasie darstellte, vermag ich nicht zu sagen.

Das Haus der Literaten, wie es sich uns heute darbietet, wurde erst vor relativ kurzer Zeit erbaut. Besser gesagt, es wurde an die alte gotische Villa angebaut, in der es zuvor untergebracht war. Das bescheidene Gebäude hatte die Zahl der Schriftsteller, die die stürmische Entwicklung der Literatur in unserem Land hervorgebracht hatte, einfach nicht mehr fassen können.

Aus dem Vestibül gelangt man in ein weitläufiges Foyer, dessen Wände tabakfarbene Sofas und Sessel säumen. Auf die Frage des Japaners, wozu dieser Raum diene, teilte Urwanzew ihm mit, hier könnten sich die Schriftsteller ein kurzes Stelldichein geben, um untereinander Neuigkeiten aus dem literarischen Leben auszutauschen. Zu diesem Zeitpunkt tauschte zwar niemand irgend etwas aus, gleichwohl machte der Japaner pflichtschuldig auch vom Foyer eine Videoaufnahme.

Als nächstes gelangten sie ins »obere« Café (es gibt auch ein »unteres«) beziehungsweise in den »bunten« Saal. Hier ergoß sich das Volk in wahren Strömen. Dicht gedrängt saß man an den Tischen, und vor dem Tresen staute sich eine Schlange. Unermüdlich schnaubte die Kaffeemaschine. Das Publikum konnte man als demokratisch bezeichnen – nicht im politischen Sinne demokratisch, sondern vom äußeren Erscheinungsbild. Jeans, Jacken, Bärte. Den Damen – auch sie waren vertreten – fiel das Haar über die Schultern und prangte die Schminke grell im Gesicht. Über all dem hingen Schwaden von Tabaksqualm. Hierher kam man, um einen zu trinken und in aller Eile etwas zu essen. Wein und Wodka flossen im Übermaß, und das bei nur geringem Aufpreis. Für die alkoholfreie Moskauer Wüstenei wahrlich, wie Sie mir beipflichten werden, eine Oase.

Doch nicht allein dem Trinken und dem Verzehr kleiner Happen gab man sich hier hin. An den Tischen fanden endlose Diskussionen statt. Themen gab es dabei nur zwei: die Literatur und die Politik. Letzteres zielt selbstverständlich auf die Innenpolitik, denn die Außenpolitik interessiert hierzulande niemanden so recht. Über allem lag ein unbeschreiblicher Lärm. Plötzlich schrie irgendein Kümmerling mit verbundenem Hals – dem Unglücksraben mochte ein Furunkel geplatzt oder sonstwas widerfahren sein – aus Leibeskräften: »Ljoschka! Du bist mein Freund! Im Wohnheim vom Literaturinstitut haben wir in einer Koje geschlafen! Und heute vögeln wir beide mit Marjana aus Lianosowo. Aber dein Roman ist und bleibt ein Stück Scheiße!« – »Ach, du Wurm, du!« donnerte im tiefen Baß Ljoschka, der sich mit dem Urteil über seinen Roman nicht einverstanden zeigte. Er reckte sich zu seiner ganzen hünenhaften Größe auf, ein zottiger, bärtiger Diakonus, der direkt einem Bild des Malers und Peredwishniks[4] Perow entsprungen schien. Dann langte er über den Tisch, um den niederträchtigen Schmäher am Kragen zu packen und im weiteren nach eigenem Gutdünken mit ihm zu verfahren. Fremde Hände hielten ihn jedoch zurück, pflanzten ihn auf den Stuhl und stellten ein Glas Wein vor ihn hin.

Der Japaner bat Urwanzew, ihm den Kern des Disputs zu übersetzen, doch dieser winkte ab: Es lohne der Aufmerksamkeit nicht. Ohnehin eilte die Aufmerksamkeit des japanischen Gastes schon weiter, hin zu den Wänden des Saals, die mit Autogrammen literarischer und anderer Berühmtheiten, mit nicht allzu bissigen Karikaturen und schlichten Zeichnungen bedeckt waren. Ihnen verdankte der Saal auch das Attribut »bunt«. Der Japaner geriet nachgerade ins Zittern, so sehr frappierte ihn alles. Er durchkreiste den Saal, die Videokamera scharf auf die Wände gerichtet.

Dabei kam es zu einem im Grunde läppischen Zwischenfall, der gleichwohl alle Pläne Sutenewskis hätte vereiteln können. In den Weg des Japaners stellte sich, nachdem er sich zuvor hinter seinem Tisch hervorgeschlängelt hatte, der Poet Saweli Ryk, jene Strafe Gottes, die das Haus der Literaten stets aufs neue heimsuchte. Annähernd jeder seiner Auftritte mündete in einen Skandal und eine Gesichtsmassage à la Ryk. Hierbei setzte er allerdings nie rechte Schwinger oder linke Haken ein, noch schleuderte er den Gegner zu Boden, um ihm hernach mit Fußtritten den Rest zu geben. Nein, im wesentlichen schlug er Nasen platt. Man hätte ihn eigentlich gar nicht einlassen sollen, aber andererseits: Wie wollte man ihn abweisen, wenn er doch einen Schriftstellerausweis vorzeigen konnte? Von welchem Geld Ryk trank oder überhaupt seine Lebensfunktionen aufrechterhielt, wußte niemand zu sagen, wurden seine Gedichte doch schon seit langem nicht mehr aufgelegt.

»Sei gegrüßt, edler Tschuktsche! Sei gegrüßt, mein unterjochter Bruder!« tönte Ryk laut, als er den Japaner begrüßte und ihm die Hand entgegenstreckte. Der Japaner schüttelte die ihm dargebotene Hand, wobei er sein Lächeln nicht nur beibehielt, sondern sogar noch breiter werden ließ und völlig unerwartet zurückgab: »Ich bin kein Tschuktsche, ich bin *japanese.*« Und der durchtriebene Bursche hatte behauptet, kein Wort Russisch zu verstehen!

Zur Bekräftigung seiner Worte verwies er auf seine Videokamera japanischer Provenienz und schickte sich an, Ryk aufzunehmen. Dieser stand mit augenscheinlichem Vergnügen Modell. Als der Japaner seine Aufnahme beendet hatte, wandte Ryk sich an die Runde an seinem Tisch.

»Guckt euch das an, Freunde, ein Japaner aus Fleisch und Blut! Ein Mensch aus dem Land des 21. Jahrhunderts!«

Verschiedene abgerissene Individuen erhoben sich, um den Japaner mit trübem Blick zu beglotzen. Einer drückte ihm schweigend und ostentativ ein Glas in die Hand, das zu einem Viertel mit Wodka gefüllt war. Allem Anschein nach war der Japaner bereit, sich aus ethnographischem Interesse in die Runde zu mengen. Sogar ein Stuhl wurde ihm schon untergeschoben. Da aber griff Urwanzew ein, und Sutenewski dankte innerlich seinem Schicksal, das ihm diesen Mann beschert hatte. Urwanzew handelte energisch und entschlossen. Er schälte das Wodkaglas aus der Hand des Japaners, stellte es auf den Tisch und zog den Gast mit sich mit fort. Sutenewski deckte den Rückzug. Ryk schimpfte gotterbärmlich und setzte alles daran, zumindest Sutenewskis habhaft zu werden, welcher dem Angriff jedoch geschickt auszuweichen verstand. Obwohl Ryk ihnen noch allerlei Unflätiges hinterherbrüllte, verließ die Troika wohlbehalten den »bunten« Saal, in dem einem gewöhnlichen Menschen auf Schritt und Tritt mannigfaltigste Gefahren drohten.

Auf ihrem Weg ins Restaurant mußten sie noch die Bar durchqueren, an deren Theke langbeinige Hocker standen. Hier drängte sich nicht ganz so viel Volk, was schlicht damit zu erklären war, daß die Getränke in der Bar teurer waren als im »bunten« Saal. Ausgeschenkt wurden nicht Wodka und Wein, sondern erlesene Cognacs und Liköre.

Sie waren kaum eingetreten, als sich ihnen eine ausgezehrte, dafür aber um so dicker geschminkte Dame auf ihrem Hocker zuwandte. In der einen Hand hielt sie eine qualmende Zigarette, die in einer langen Spitze steckte, die andere, freie Hand schlang sie um Sutenewskis Schultern und zog ihn mir nichts, dir nichts eng an sich. Offensichtlich handelte es sich um eine Vertreterin einer hinlänglich bekannten Gattung Moskauer Damen: Wo sie eigentlich in Diensten stehen, ist nicht ganz klar, welche Beziehung sie zu Literatur und Kunst haben, noch weniger. Gleichwohl schwirren sie auf jeder Generalprobe und Premiere herum, bei geschlossenen Vorführungen im Haus des Kinos, auf Vernissagen, Tagungen der Kunstschaffenden und Literaturforen. Sie nennen Schauspieler, Schriftsteller und Künstler allesamt »Saschka«, »Wladik« oder »Jegoruschka«. Selbstverständlich aalen sie sich zu gegebener Zeit mit ihnen am Strand von Riga, wo sie all den Saschkas, Wladiks und Jegoruschkas ihren wertvollen Rat in literarischen und künstlerischen Angelegenheiten angedeihen lassen.

»Was sagen Sie dazu?« Die Dame versengte Sutenewskis Antlitz mit ihren vor Leidenschaft glühenden Blicken. »Hol sie doch alle der Teufel!«

Der Dramaturg zuckte lediglich mißmutig die Achseln. An jedem anderen Ort hätte er sie derart abgeschüttelt, daß sie in hohem Bogen von ihm geflogen wäre. Doch hier bewegte er sich auf ihm fremden, auf schriftstellerischem Terrain; folglich galt es, Vorsicht walten zu lassen. Und der Japaner war schließlich auch noch da.

Die Dame wiederholte ihre Frage. Damit auch bis zu Sutenewski durchdrang, wovon die Rede war, pustete sie ihm einen dicken Schwall Zigarettenrauch ins Gesicht. Sutenewski fing an zu husten, was ihn kurzfristig darin hinderte zu antworten. Als die Dame mit ihren Ausführungen loslegte, geriet sie noch mehr in Wallung. Es ging um die gestrige Premiere im Theater »Zum Roten Tor«. Welch formidable Schamlosigkeit! Die ganze Zeit hätten sich halbnackte Mädels über die Bühne gewälzt, das Stück sei primitiv, die Regie völlig hilflos, so daß man sich fragen müsse, wie lange die breite Öffentlichkeit dergleichen eigentlich noch schweigend hinnehmen wolle.

Schwermütig ließ Sutenewski den Blick schweifen. Abermals rettete Urwanzew die Situation. Er trat heran, entschuldigte sich, setzte der Dame auseinander, daß man auf sie beide warte, und eiste den Dramaturgen mit einiger Mühe von ihr los. Die Dame rief ihnen noch etwas nach, was aber schon nicht mehr von Belang war.

Zu guter Letzt gelangten sie ins Restaurant. Stante pede wieselte von der Seite der im ganzen künstlerischen Moskau bekannte Direktor Goscha heran. Von kleinem Wuchs und mit einem Schnurrbärtchen geziert, erinnerte er an einen CIA-Agenten, wie man sie aus alten Kinofilmen kennt.

Möglicherweise, nein, ganz gewiß reichte Goscha nicht ganz an den Bulgakowschen Archibald Archibaldowitsch heran, von seiner Sache indes verstand er trotzdem ungemein viel. Dank gewisser obskurer

Verbindungen zog er immer wieder begehrteste Mangelware aus dem Ärmel, darunter auch Kaviar und Stör. Gegenüber Kellnerinnen und Köchen führte er ein strenges Regiment. (Gleichwohl verehrten sie ihn und hießen ihn gar »lieber Vater«.) Er hielt sich strikt an die geheimnisvollen Gesetze der Hierarchie und wußte immer, welchem Schriftsteller welche Art von Empfang und Aufwartung gebührte. So empfing er beispielsweise Urwanzew, der, wie wir bereits erfahren haben, nichts als eine Broschüre verfaßt hatte, stets in höchsteigener Person, mit allen Bezeugungen vollendeter Aufmerksamkeit. Andererseits brachte er es fertig, einem lebenden Klassiker – selbst wenn dieser noch nicht einmal um einen Tisch, sondern lediglich um ein winziges Plätzchen flehte, um geschwind etwas zu essen – hochmütig die Tür zu weisen: »Sie sehen ja selbst, alles voll, gedulden Sie sich also…« Ach, sie sind ja so verzwickt, diese Gesetze der schriftstellerischen Hierarchie, daß man sie besser gar nicht erst zu ergründen trachtet!

Goscha wies Urwanzew einen Tisch zu, auf dem das Schild RESERVIERT prangte. Selbstredend stand er nicht mitten im Raum oder am Eingang, wo es von der Tür her zog, sondern in einer lauschigen Ecke, beim Kamin. Sicher der bei weitem begehrteste Tisch. Und was hieß »er wies zu«? Nein, er geleitete sie hin, rückte jedem seiner Gäste den Stuhl zurecht. Besorgt besah er sich die kredenzten Flaschen und Schüsseln mit kalten Vorspeisen. Er rief eine Kellnerin herbei, damit diese die Order für die weitere Programmgestaltung des Abends entgegennahm. Bei der Zusammenstellung des Menüs wirkte er aktiv an der Ausarbeitung und Diskussion der Details mit. Schließlich zog er sich zurück, nicht ohne vorher angenehme Stunden zu wünschen. Und nicht ohne zu versichern: Sollte es an irgend etwas fehlen, er stehe bereit, Gewehr bei Fuß, gleich nebenan in seinem Büro.

Während unsere Helden sich der Tafel zuwenden, während sie die stramm gestärkten Servietten auffächern, während der »Moskowskaja«-Wodka aus der mit dem Etikett MAXI versehenen, will heißen aus der einen Dreiviertelliter fassenden Flasche eingeschenkt wird, während man »Stolitschny«-Salat vorlegt und geräucherten Stör, Pasteten mit geriebenem Käse oder anderen Füllungen sowie Tomatenschnitze naturell reicht, wollen wir geschwind einen Blick durch den Saal schweifen lassen.

Den Kern bildete die alte gotische Villa. An sie war der übrige Teil angebaut worden, der in harten, gedeckten Farben gehalten war. Über dem Saal wölbte sich eine hohe Decke, und eine Wendeltreppe führte zu einem von einer Balustrade umsäumten Balkon hinauf. Dieser diente nicht nur der Zierde des Saals, sondern erfüllte auch eine rein praktische Aufgabe: Hier waren die Toiletten untergebracht. Von Zeit zu Zeit mußte der eine oder andere Gast die Wendeltreppe erklimmen. Nun ja, sicher unbequem, aber, da werden Sie mir zustimmen, nur ein wenig. Einmal wurde der Autor dieser Zeilen Zeuge, wie ein kräftiger Kaukasier mit prachtvollem Schnurrbart seine Dame hochhob und mit der kostbaren Last auf den Armen leichten Fußes die Treppe hinaufeilte. Nachdem beide die Toilette aufgesucht hatten, trug er sie auf die gleiche Art wieder hinunter. Ein beispielhafter Fall von Höflichkeit!

Die schmalen, pfeilspitzen Fenster riefen Szenen aus alten Ritterzeiten wach, die hier sicherlich vortrefflich aufzuführen wären. Dem stand allerdings das Restaurant entgegen, das ja immerhin auch nicht gerade zu verachten war. Indes: Eingelassen zu werden war für einen Außenstehenden ein schwieriges Unterfangen. Natürlich kamen auch Außenstehende herein. Aber welche? Oh, man wies Gauner und Spekulanten durchaus nicht ab – sofern es sich nicht um irgendwelche Dahergelaufene handelte, sondern um respektable Gentlemen im maßgeschneiderten Anzug. Auch den allgegenwärtigen Handel litt man (wo gab es schließlich ein Entkommen vor diesem?), vorausgesetzt, er wurde von Personen nicht unterhalb des Direktorenrangs betrieben. Und auch…

Ach, nein, ich will mich nicht länger in grundlosen Beschuldigungen ergehen und bei meinem Leser einen falschen Eindruck erwecken. Denn meistenteils verkehrten hier tatsächlich Schriftsteller, sicher auch etliche andere Kunstschaffende, aber vor allem eben Schriftsteller.

Die hitzköpfigen Progressiven kamen ebenso wie die hartköpfigen Konservativen, die Dorfprosaiker wie die virtuosen Meister der städtischen Prosa, die Zionisten und die Adepten der russischen Idee; die Literaturkritiker begaben sich in enge geistige Umarmung mit den lebendigen Zielscheiben ihrer kritischen Pfeile und Lanzen, es fanden zueinander der Sänger des Krieges Prolasow und der kämpferische, das weibische Gesicht mit einer Brille schmückende Pazifist Saborowitsch – sie alle, die schnell etwas essen wollten oder einen angenehmen Abend zu verbringen hofften, strömten in Scharen hierher, wo die Tische nie ausreichten.

Und erst die Damen, die Damen, hol mich der Teufel! Nein, ich spreche nicht von den Schriftstellerinnen, die sind ein Thema für sich. Auch nicht von den berufserfahrenen Schriftstellergattinnen. Vielmehr spreche ich von den jungen Musen der Meister unserer russischen Literatur, von den verführerischen Teufelinnen mit wohlgeformten Beinen und Körpern, die der antiken Jagdgöttin Diana nachgebildet scheinen. Ihre Toilette? Über enganliegende Hosen aus halb durchsichtigem Stoff, über gewagte Miniröcke gedenke ich ohnehin zu schweigen. Doch wie würden Ihnen Abendkleider aus Brabanter Spitzen gefallen? Gestern noch in Paris bei einer Modenschau von Christian Dior als atemberaubende Neuheit der Saison vorgeführt, heute schon hier in Moskau an einer Besucherin zu bewundern.

Aber lassen wir es an dieser Stelle mit den Damen sein Bewenden haben, das ist ein zu weites Feld.

Was war es, was all die Genannten so unwiderstehlich anzog? Die Sorge um ihr Prestige? Durchaus. Man brauchte nur darüber zu plaudern, daß man tags zuvor im Haus der Literaten zu Abend gespeist hätte, und schon stiegen an der Moskauer Prestigebörse die eigenen Aktien im Kurs. Letztendlich dürften jedoch ganz nüchterne Beweggründe ausschlaggebend sein: Man lief hier schlicht und ergreifend nicht Gefahr, Schaden an Leib und Leber zu nehmen. Die Waren zeichneten sich durch erstklassige Qualität aus, das Essen wurde mit Butter zubereitet. Die Speisekarte bestach nicht durch Reichhaltigkeit, war aber mit aller erforderlichen Sorgfalt zusammengestellt. Zudem müssen Sie den für unsere Breitengrade außerordentlichen Service bedenken! Niemals wurde man von der Kellnerin geprellt, da Goscha gnadenlos alle einmal Überführten rauswarf. Entsprechend üppig fielen die Trinkgelder aus, diese Auszeichnungen erwiesener Aufrichtigkeit.

Doch genug davon. Mein Leser dürfte eine hinreichende Vorstellung vom Restaurant im Haus der Literaten gewonnen haben. Und somit, vorwärts!

Unsere drei Freunde hatten bereits zum ersten, zum zweiten und auch schon zum dritten Mal angestoßen. Hatten auf die Gesundheit des japanischen Gastes und die Festigung der japanisch-sowjetischen Beziehungen getrunken. Und auch noch auf etwas Drittes. Alles ging seinen Gang. Anfangs hatte der Japaner noch Saal und Publikum aufgenommen, schon bald aber von dieser Tätigkeit abgelassen, um sich uneingeschränkt Speis und Trank zu widmen. Weder litt er an Appetitlosigkeit, noch hätte man von ihm behaupten können, der Vertreter einer dem Alkohol kaum zusprechenden Nation zu sein.

Ohne weitere Aufforderung übernahm Urwanzew die Rolle des Maître de plaisir. Ununterbrochen führte er das Wort, meist auf englisch. Eigentlich ist unklar, wie er dabei noch zum Essen und Trinken kam. Er gab einige alberne Geschichten zum besten, die an seine eigenen Auslandsaufenthalte anknüpften. Sutenewskis Miene hingegen verfinsterte und verdüsterte sich zunehmend. Ihm wollte so gar nicht behagen, daß Urwanzew unter Ausnutzung seiner Englischkenntnisse das Steuer übernahm, während seine Bedeutung als Organisator der Veranstaltung verblaßte und zur reinen Hilfstätigkeit zu verkommen drohte. Vielleicht schlug sich aber auch der Vorfall im »bunten« Saal – jener taktlose Versuch Saweli Ryks und seiner Zechgenossen, ihm den Japaner abspenstig zu machen – auf den Gemütszustand des Dramaturgen nieder. Auch schien ihm die Zudringlichkeit dieser theaterversessenen Idiotin erheblich zuzusetzen. Harmlose, unbedeutende Zwischenfälle, zugegeben.

Aber so sind sie halt, die künstlerischen Naturen, so sensibel!

Wie auch immer, in Sutenewski wuchs jedenfalls eine unerklärliche Gereiztheit, die ihm völlig ungewohnte Gedanken eingab. Was mache ich hier eigentlich? fragte er sich. Wie ein kleiner Ganove sitze ich hier und gehe irgendeinem Japaner um den Bart. Warum, wofür? Um für eine läppische Woche nach Japan zu fliegen? Die wären eigentlich verpflichtet, mich einzuladen, ohne daß ich auch nur den kleinen Finger krumm mache. Die Füße sollten sie mir küssen! Es sich zur unermeßlichen Ehre gereichen lassen!

Ich möchte nicht, daß mein Leser sich ein einseitiges Bild von Sutenewski macht. Er hatte Talent, weiß der Teufel. Seine Sache verstand er wie kein zweiter, bis in die kleinsten Einzelheiten hinein. Nur mußte er sich von morgens bis abends mit allerlei Unsinn befassen. Dabei hätte er sich von Herzen gern hingesetzt und weiter an seinem vor ewigen Zeiten angefangenen Buch zur Theorie des Dramas geschrieben. Oder Stücke fürs Repertoire gesucht, auch mal von jungen Autoren. Das wäre das Richtige gewesen!

Energisch schüttelte er den Kopf, um die ungewohnten Gedanken zu vertreiben. In die harte Realität zurückgekehrt, hielt Sutenewski die Zeit für gekommen, zum geschäftlichen Teil überzugehen. Günstig erschien ihm der Zeitpunkt, wenn das Hauptgericht, das Hähnchen »Tabaka«, aufgetragen würde. Um den Japaner mit einem Streich zur Strecke zu bringen, durften ihm keine Widerstandsmöglichkeiten bleiben. So fragte er Urwanzew, ob er etwas dagegen einzuwenden habe, wenn nun das Hähnchen aufgetragen würde. Daraufhin hielt dieser nach der Kellnerin Ausschau und winkte ihr mit der Serviette zu. Die Kellnerin verstand sofort, was von ihr erwartet wurde. Sie entfernte sich kurz, um umgehend mit einem Tablett zurückzukehren, auf dem ein Arrangement aus kreuzförmig angeordneten, noch brutzelnden Hähnchenteilen an georgischen Kräutern und einer Sauce aus Kirschpflaumen seinen Platz gefunden hatte.

Natürlich mußte zunächst noch einmal angestoßen werden, diesmal auf das Hähnchen. Auf den Japaner machte die georgische Delikatesse einen starken Eindruck. Sei es, daß er in seinem Land noch nie etwas Vergleichbares versucht hatte, sei es, daß er bei uns schon völlig ausgehungert war – er nagte jedenfalls jedes Knöchelchen ab und blökte förmlich vor Vergnügen. Die Gelegenheit mußte ergriffen werden. Sutenewski beugte sich zu Urwanzew vor und tuschelte ihm leise ins Ohr: »Frag ihn, wie er dazu steht, wenn ich einfach mal zu ihm nach Japan komme? Einen Vortrag halten oder so.«

Urwanzew übersetzte. Das Lächeln des Japaners zog sich in endlose Breite. Es würde ihn freuen und sehr glücklich machen, so seine Antwort, wenn der Herr Sutenewski die Zeit erübrigen könnte, sein Land zu besuchen.

»Was, zum Teufel, soll ich mit seiner Freude?« erkundigte sich Sutenewski voller Sarkasmus bei Urwanzew. »Frag ihn geradeheraus, ob die Samurais für meine Verpflegung aufkommen oder nicht. Und hak auch noch mal beim Honorar für den Vortrag nach.«

Urwanzew machte sich erneut ans Übersetzen. Selbstverständlich nicht geradeheraus, wie es Sutenewski vorschwebte, sondern verhalten, mit diplomatischem Geschick. Nach und nach stahl sich aus dem Gesicht des Japaners das dort – wie es zumindest geschienen hatte – für alle Zeiten eingemeißelte

Lächeln. An seiner Stelle machte sich ein bemüht gelangweilter, wenn nicht gar trauriger Ausdruck breit. Habe ich mich so getäuscht? überlegte Sutenewski voller Beunruhigung, als er diese Metamorphose beobachtete. Das scheint ja ein ganz Ausgekochter zu sein, dieser Japaner.

Die Befürchtung bestätigte sich. Statt eine klare und präzise Antwort zu geben, ließ sich der Japaner darüber aus, daß er in einer erbärmlich kleinen Wohnung hause, wohingegen seine Familie riesig sei. Freilich gebe es in Tokio hervorragende Hotels. Allmählich fing Sutenewski an zu kochen.

»Was soll das, will er sich als kompletten Idioten hinstellen? Frag ihn, wer das Hotel bezahlt!«

Urwanzew hatte die Übersetzung dieser nunmehr schon ins Grundsätzliche changierenden Anfrage noch nicht zu Ende gebracht, da ertönte es laut: »Arkadi Michailowitsch!«

Sutenewski drehte sich um. An ihrem Tisch stand ein junger Mann in kurzer Winterjacke.

Der Hauerbewehrte mit dem weißen Star hatte also Wort gehalten. Um ins Haus der Literaten eingelassen zu werden, hatte Jakuschkin der hiesigen Zerberuska nur seinen Namen nennen müssen. Sie hatte ihn mit einer Notiz in einem besonderen Heft verglichen und Jakuschkin daraufhin passieren lassen. In seiner brennenden Ungeduld, Sutenewski zu sehen und ihn bei seinem gewissenlosen Auftritt zu ertappen, war Jakuschkin noch nicht einmal in den Sinn gekommen, seine Jacke abzulegen. Er hatte nur gefragt, wo das Restaurant sei, und war davongestürzt. Immerhin hatte er die Kaninchenfellmütze abgenommen, die er jetzt in der einen Hand hielt. Die andere umklammerte die orangefarbene Mappe.

»Erkennen Sie mich nicht?« fragte er Sutenewski.

Der maß ihn mit einem hochmütigen Blick über seine Brille hinweg und schüttelte den Kopf: Nein, er erkannte ihn nicht.

»Seltsam. Wir sind uns vor gar nicht langer Zeit erst begegnet…«

»Worum geht es?« wollte ein gereizter Sutenewski wissen. »Was wollen Sie von mir?«

»Ich bin Jakuschkin…«

Sutenewski zuckte mit den Schultern und rang sich eine Miene völligen Unverständnisses ab. Aber Urwanzew (vielleicht macht eben das einen politischen Kommentator aus?) hatte den Namen Jakuschkin in einem Winkel seines Gedächtnisses gespeichert. Er flüsterte mit Sutenewski. Daraufhin fiel selbst dem Dramaturgen alles wieder ein.

Vor zwei Wochen hatte ihn der Theaterkritiker Banketow angerufen und ihm von einem hoffnungsvollen jungen Autor vorgeschwärmt. Hatte ihn überredet, ihn zu empfangen, ihn kennenzulernen. Ja, nicht nur ihn, sondern auch sein »herausragendes« Werk, eine echte Entdeckung für jedes Theater. Aufgrund des ihm eigenen Leichtsinns hatte sich Sutenewski sogar darauf eingelassen – allerdings nur auf den Teil, der den Empfang des Autors betraf. Diesem hatte er versprochen, das Manuskript zu lesen, und ihn gebeten, noch einmal vorbeizukommen. Selbst Tag und Stunde hatte er genannt, was er hernach jedoch über der tagtäglichen Umhegung des nach Moskau gekommenen Japaners schlichtweg vergessen hatte. Heute, bei seinem Abstecher ins Theater, hatte er auf seinem Tisch die orangefarbene Mappe mit einem Namen entdeckt, der ihm nichts sagte. Sutenewski hatte sich nicht weiter mit ihrem Inhalt auseinandergesetzt, sondern sie ohne mit der Wimper zu zucken der bereits bekannten Zerberuska gegeben. Gleichzeitig hatte er ihr klargemacht, daß er für niemanden zu sprechen sei. Bis auf Urwanzew. Der Gerechtigkeit halber wollen wir festhalten, daß er in vergleichbarer Weise auch anderen, weniger namhaften Autoren gegenüber auftrat.

»… Sie haben mir eine Zeit genannt, ich bin gekommen, aber Sie waren nicht da. Das Manuskript haben Sie, ohne es überhaupt gelesen zu haben, der Portiersfrau übergeben«, empörte sich Jakuschkin lauthals. »Wie also soll ich Ihr Verhalten verstehen?«

»Einen Augenblick!« Sutenewski erhob sich und rückte die Brille zurecht. »Auf welcher Grundlage kommen Sie zu dem Schluß, ich hätte Ihr Manuskript nicht gelesen? Auch wenn Sie sich das kaum vorstellen können – ich habe es gelesen! Allein, das Stück erscheint mir schwach, für das Theater völlig ungeeignet. Und da ich zur Zeit bis über beide Ohren in Arbeit stecke, konnte ich Sie leider nicht noch einmal empfangen.«

»Sie lügen!« fauchte Jakuschkin. »Sie haben die Mappe nicht mal aufgemacht.«

»In diesem Fall betrachte ich unser Gespräch als beendet!« In Sutenewskis Gesicht stand tiefe Kränkung geschrieben; mit verschränkten Armen nahm er wieder Platz. Ach, hätte er sich doch nur nicht hingesetzt! Das war ein grober, ein strategischer Fehler.

»Wissen Sie, was Sie sind? Sie sind ein gemeiner, niederträchtiger Schuft!« Jakuschkin schrie es dem ganzen Saal zu.

Etliche Gäste an anderen Tischen legten ihr Besteck nieder und ließen ihre Gläser stehen, um zu lauschen und zu beobachten, was dort in der Nähe des Kamins vor sich ging. Der Japaner griff nach seiner Videokamera, die er sogleich auf Jakuschkin richtete. Er hielt ihn für eine weitere der örtlichen Sehenswürdigkeiten, die es filmisch einzufangen galt.

»Junger Mann!« Nun erhob Urwanzew seine Stimme. Als Maître de plaisir fühlte er sich für das Wahren der Ordnung an seinem Tisch verantwortlich. »Sie vergessen sich! Ich brauche nur ein Wort zu sagen, und man wird Sie hinausgeleiten.«

»Das soll nur einer versuchen!« drohte Jakuschkin.

»Ja, ja«, polterte nun auch Sutenewski los. »Man muß ihn rausschaffen. Er ist betrunken.«

»Ich soll betrunken sein? Ach, du Laus!«

Und Jakuschkin hob die orangefarbene Mappe in die Höhe, um sie mit unglaublicher Kraft auf das Haupt des Dramaturgen des bekannten Moskauer Theaters niedersausen zu lassen – und zwar nicht mit der flachen Seite, sondern mit der Kante!

Was nun geschah, ist kaum verständlich. Vom Kopf Sutenewskis stoben – als nähme man an ihm Schweißarbeiten vor – in einem satten Bündel elektrische Funken. Nicht einer der Experten, an die man sich in der Folge wandte, vermochte eine Erklärung dieses höchst eigentümlichen Phänomens zu geben. So bleibt uns nur zu vermuten, die Mappe sei nicht völlig umsonst erst in die Hände Korowjews und später in die Asasellos gelangt.

Nun, und was meinen Sie, wieviel wiegt eine solche Mappe? Tja, vielleicht fünfhundert Gramm, vielleicht ein Kilo, das hängt vom Umfang ab. Nichtsdestotrotz zeitigte der Schlag auf den Kopf des Dramaturgen einen Effekt, der nicht von schlechten Eltern war. Unter Sutenewski kippte der Stuhl weg, er selbst krachte auf den Boden. Dabei hebelte er mit seinen Beinen den Tisch um. Gläser, Flaschen, Teller und

Schüsseln mit kalten und warmen Vorspeisen hagelten zu Boden.

Alle Anwesenden im Saal riß es von den Stühlen. In Sekundenschnelle setzte man Jakuschkin fest: Ein großer, breitschultriger Kellner, der einzige Mann im hiesigen Servierkorps, sowie der seiner Selbstbeherrschung nicht verlustig gegangene Urwanzew hielten ihn gepackt. Sutenewski lag bewußtlos am Boden – die Hände seitlich von sich gestreckt, den Anzug mit der Sauce aus Kirschpflaumen und Resten des »Stolitschny«-Salats bekleckert. Vorn im Hemd stak ein noch fast unberührtes Hähnchenteil.

Eilends sprang Restaurantdirektor Goscha herbei. Unter die Schriftsteller hatte es glücklicherweise einen verschlagen, der zunächst das medizinische Institut absolviert und sich erst danach der Literatur gewidmet hatte. Von ihm hieß es, er sei der berühmteste Arzt unter den Schriftstellern und der berühmteste Schriftsteller unter den Ärzten. Er fühlte Sutenewski den Puls. Dieser ließ sich zwar nur schwach vernehmen, war aber immerhin vorhanden. Auf Geheiß des Arztes und Schriftstellers in Personalunion trugen einige Freiwillige den Dramaturgen ins Foyer, wo mehr Frischluft war, und legten ihn auf eines der Sofas, während man auf den von Goscha eigenhändig herbeigerufenen Krankenwagen wartete.

Des weiteren rief Goscha die Miliz des nahe gelegenen 83. Reviers an. Jakuschkin sollte indes in sein, Goschas, Büro gebracht werden. Der Delinquent machte allerdings keinerlei Anstalten, sich aus der Umklammerung zu befreien oder zu fliehen. Er war lediglich fürchterlich bleich und brachte kein Wort heraus. Man schloß ihn ins Büro ein.

Im Restaurant machten sich unterdessen zwei Putzfrauen mit Besen, nassen Lappen und Kehrschaufeln zu schaffen. Sie sammelten das zerschlagene Geschirr ein und wischten den Boden. Nachdem das Publikum seine Plätze wieder eingenommen hatte, begann es, den Zwischenfall aufs eifrigste zu diskutieren. Niemand hatte jedoch zuvor den unbekannten Besucher im streng geschnittenen schwarzen Anzug bemerkt, der allein, an einem Tisch in der gegenüberliegenden Ecke des Saals, getafelt hatte. Bei Jakuschkins Erscheinen hatte er sich erhoben und gezahlt. Da er im fraglichen Augenblick gerade auf dem Weg zum Ausgang war, konnte er als einer der ersten am Ort des Geschehens sein. Danach war er verschwunden. Muß wirklich noch gesagt werden, daß es sich hier um Asasello handelte? Wobei die Geschichte sich darüber ausschweigt, wie es ihm gelungen war, einen Tisch für sich allein zu bekommen.

Urwanzew fand sich bereit, den Japaner ins Hotel Budapest zu bringen, in dem er abgestiegen war. Auf dem Weg erklärte er dem Gast, der junge Mann, der sich so sonderbar aufgeführt habe, sei ein Literat in seinen ersten Anfängen. Sein Streit mit dem armen Sutenewski habe um ein rein ästhetisches Problem gekreist. In seinem Ungestüm habe jener, da den Argumenten des Gegners nicht zugänglich, zu seinen höchsteigenen Zuflucht genommen, die nicht unbedingt in direkter Beziehung zur Ästhetik standen. Der Japaner nickte wissend.

Nach seiner Rückkehr ins heimatliche Japan veröffentlichte er in einer Zeitschrift einen langen Artikel, in dem er seine Moskauer Eindrücke ausführlich beschrieb. Dabei ging er auch auf den Zwischenfall im Schriftstellerrestaurant ein. Der las sich bei ihm dann so, daß man in Rußland Fragen zu Literatur und Kunst derart heiß und stürmisch disputiere, daß man sich gelegentlich lieber gegenseitig die Köpfe einschlage, als nur einen Fingerbreit von seiner Position abzurücken.

Während man noch auf die Miliz wartete, setzte Goscha mit Hilfe der Kellnerin, die an dem unglückseligen Tisch bedient hatte, eine Schadensliste auf. In Rede standen das zerschlagene Geschirr sowie das ruinierte Essen, summa summarum der nicht gerade geringe Betrag von 412 Rubeln und 64 Kopeken, wobei ich mir nicht anmaße zu fragen, ob Goscha noch den einen oder anderen Posten zusätzlich aufgeführt hat.

Wie immer traf zunächst die Miliz und erst hernach der Krankenwagen ein. Sutenewski wurde ins Sklifossowski-Institut gebracht, wo wir ihn einstweilen der Obhut der Ärzte überlassen wollen. Die Miliz selbst konnte einem Zwischenfall dieser Art im Haus der Literaten nicht allzuviel Neues abgewinnen – außer, daß sie dergleichen eigentlich eher aus dem »bunten« Saal denn aus dem Restaurant kannte.

Die Untersuchung führten ein rotwangiger und kraftstrotzender junger Leutnant und sein Sergeant. Für die Aufnahme des Protokolls begab man sich in Goschas Büro. Jakuschkin verweigerte auf alle Fragen die Antwort. Insgesamt machte er einen völlig unzurechnungsfähigen Eindruck. Man überzeugte sich, daß er weder betrunken war noch unter Drogeneinfluß stand. Der Leutnant erklärte, es bestehe kein Bedarf an seinen Aussagen, da die Aussagen der beiden anderen Zeugen völlig ausreichten. Als Letztgenannte traten Goscha sowie die bereits erwähnte Kellnerin auf.

Nach Aufnahme des Protokolls versprach der Leutnant, man werde dem Burschen, also Jakuschkin, mindestens zwei Jahre nach Paragraph 206 aufbrummen. Je nachdem, wie gravierend Sutenewskis Verletzung sei, ließe sich aber auch noch mehr rausholen. Ach ja, und nicht zu vergessen der Schadensersatz (vergleiche die oben genannte Liste).

Nachdem die Milizionäre von Goscha als Wiedergutmachung für all ihre Unannehmlichkeiten eine Stange Java bekommen hatten, geleiteten sie Jakuschkin durch die Bar, durch den »bunten« Saal und das Foyer und traten mit ihm auf die Herzenstraße hinaus.

Ich bin nicht ganz sicher, ob Arkadi Michailowitsch Sutenewski ein weiterer Auftritt in diesem Roman bevorsteht. Wohl aber sehe ich mich in der Pflicht zu erhellen, welche Folgen sein Unfall beziehungsweise der Zwischenfall im Haus der Literaten für ihn hatte.

Nach zwei Wochen entließ man ihn aus dem Sklifossowski-Institut. Eine Zeitlang war er noch krankgeschrieben, danach kam er wieder der Erfüllung seiner beruflichen und gesellschaftlichen Verpflichtungen nach. Nachhaltige Schäden für seine Gesundheit wurden nicht festgestellt, sieht man einmal von einem leichten Stottern sowie einem unkontrollierten Zucken im rechten Auge ab. Mithin ließe sich behaupten, er sei noch einmal mit heiler Haut davongekommen. Doch gemach!

Zwei wichtige Veränderungen sollten nicht unerwähnt bleiben.

Zum einen ging Arkadi Michailowitsch erstaunlicherweise nun jedes Interesse an Auslandsreisen ab. In dieser Richtung erhob er von jetzt an weder Anspruch, noch stürzte er sich ins Gefecht. Selbst wenn man es ihm anbot, wenn es ihm sozusagen einfach zuflog, fand er jedesmal einen bestechenden Vorwand, um abzulehnen. An seiner Statt schlug er einen, wie es heute so schön heißt, alternativen Kandidaten vor. Kaum zu glauben, aber wahr!

Nun, und zum anderen fing er ebenso unvermittelt an, Nachwuchsdramatiker, ja, Schriftsteller ganz allgemein, die ihm ihre Stücke zur Bühnenbearbeitung anboten, unter seine Fittiche zu nehmen. Kaum hatte sich das in Moskau herumgesprochen, da stand man vor seiner Tür nur so an. Sutenewski las ausnahmslos alles, traf sich dann mit den Autoren, führte lange Gespräche mit ihnen und gab ihnen wertvolle Tips, wie ihr Stück zu verbessern und auszufeilen sei. Manche brachte er mit einer Hartnäckigkeit, die bisweilen an Selbstaufopferung grenzte, gar auf die Bühne.

An dieser Stelle wollen wir einen Punkt setzen. Lassen wir Arkadi Michailowitsch jetzt allein, in seinem Arbeitszimmer, hinter seinem Schreibtisch, auf dem sich ein Berg verschiedenfarbiger Mappen türmt, um uns weitaus bemerkenswerteren Ereignissen zuzuwenden.

7. KAPITEL

An den Patriarchenteichen
ist die Lage etwas vertrackter

Anderthalb Stunden vor dem skandalösen Vorfall im Restaurant im Haus der Literaten gingen ganz in der Nähe, an den Patriarchenteichen, zwei wohlbeleibte Herren mit ihren Hunden Gassi. Der Besitzer des krummbeinigen Cockerspaniels, dessen riesige Ohren über den Boden schleiften, hieß Jewdakow und war ein ziemlich hohes Tier aus dem engsten Kreis um den Präsidenten. Sie werden sich gewiß fragen, wie es ihm gelungen war, sich in solch wolkige Höhen emporzuschwingen. Ich weiß es nicht, ich weiß es nicht... In diesem Zusammenhang kann ich nur mit Gogol sprechen: »Dunkel und bescheiden ist die Herkunft meines Helden.« Im gegebenen Fall würde ich die bescheidene Herkunft indes nicht überbewerten, denn immerhin leben wir in einem Land mit proletarischer Tradition; Mama wie Papa aus der Arbeiter-und-Bauern-Klasse können ganz im Gegenteil zu einem wichtigen Plus auf dem Weg nach oben werden. Daß Jewdakows Karriere im dunkeln lag, kann jedoch unbestreitbar behauptet werden.

Als blutjunger Korrespondent verschlug es ihn in den Nahen Osten, von wo aus regelmäßig seine Artikel und Reportagen über die beängstigenden Ränke des internationalen Zionismus eintrafen. Mit zahlreichen arabischen Scheichen und Emiren stand er auf freundschaftlichem Fuß. Bis er eines Tages Hals über Kopf nach Moskau zurückkehrte. Aus irgendwelchen Gründen machte er hier seinen Doktor, dem Vernehmen nach in Geschichte, und wurde später sogar Akademiemitglied. Natürlich war danach die Empörung groß, aber das gab sich bald wieder. Wer wird hierzulande schließlich nicht alles Akademiemitglied? Dann folgte ein neuer, nachgerade übernatürlicher Sprung – direkt hinauf in die obersten Etagen von Partei und Staat. Nun wurde schon nicht mehr empört aufbegehrt, denn unterdessen waren Zeiten angebrochen, in denen ohnehin niemand mehr mit den atemberaubenden Veränderungen und dem rasanten Postenkarussell Schritt zu halten vermochte.

Sein Kompagnon beim Ausführen der Hunde und Besitzer eines Neufundländers war Matwej Illarionowitsch Schurtjajew, ein Bühnenschriftsteller. Dieser war als Dramatiker von ganz anderem Kaliber als Jakuschkin, ja, sogar als Urwanzew. Seine Stücke dürften außer in Moskau in so ziemlich jeder anderen sowjetischen Stadt und selbst hier und da im Ausland gelaufen sein. Ihrer aller Held war ausnahmslos Wladimir Iljitsch Lenin, der Gründer sowohl unserer ruhmreichen kommunistischen Partei wie auch unseres ruhmreichen kommunistischen Staates. Übrigens, das bereits erwähnte Stück, in dem die Arbeiter mit Hämmern und die Arbeiterinnen mit Kopftuch im Reigen um Lenin herummarschieren, stammte ebenfalls von Schurtjajew.

Später konnte Jewdakow nicht mehr erklären, wie er darauf verfallen war, nach seinem Arbeitstag nicht auf die Datscha – wo er sich zu jeder Jahreszeit um der

Kräftigung seiner Gesundheit willen aufhielt –, sondern in seine Stadtwohnung zu fahren. Dort erreichte ihn nämlich der Anruf Schurtjajews. Der Dramatiker bat um ein unverzügliches Treffen, denn er wünschte verschiedene Fragen zu erörtern und sich Rat zu holen. Sie verabredeten sich, gemeinsam ihre Hunde an den Patriarchenteichen auszuführen; ihre Wohnungen lagen nicht weit davon entfernt. Anmerken möchte ich noch, daß sich auch der Jewdakowsche Cockerspaniel nicht zufällig in der Stadt aufhielt, was jedoch nicht so sehr einer Grille des Autors zuzuschreiben ist als vielmehr Jewdakows Frau. Diese hatte ihn von der Datscha mitgebracht, da für den nächsten Tag das Decken einer reinrassigen Hündin anberaumt worden war.

Also dann, auf zum Ort der Handlung, auf zu den Patriarchenteichen!

Warum eigentlich »Teiche«? Warum dieser Plural, wenn es doch nur einen Teich gibt? Immerhin konnte ich herausfinden, daß es früher einmal mehrere waren; aber heute, das steht fest, ist es nur ein einziger. Im Winter lädt der zugefrorene See zum Schlittschuhlaufen ein. Am Ufer, hin zur Spiridonjewskigasse, können die Liebhaber des Eislaufs einen im Empirestil erbauten Pavillon als Garderobe nutzen. Von der gegenüberliegenden Seite grüßt das Denkmal von Väterchen Krylow herüber. Der große Dichter sitzt gedankenverloren auf einer steinernen Bank, augenscheinlich ins Abfassen einer seiner berühmten Fabeln vertieft. Den Teich säumen Linden. Die Alleen verlocken zu jeder beliebigen Jahreszeit zum Spaziergang. Eine niedrige Umfriedung schirmt diese Oase mitten im Zentrum Moskaus gegen die Straßen ab. Damit wäre auch der Handlungsort beschrieben.

Seit den unvergessenen Zeiten Bulgakows hat sich hier freilich vieles verändert. Längst poltert die Straßenbahn »Annuschka« nicht mehr über die Spiridonowka. Manche Häuser wurden zerstört. An ihrer Stelle baute man neue, die die alten an Scheußlichkeit sogar noch übertrafen. Eines kann ich Ihnen nichtsdestotrotz versichern: Auch heute noch schwebt ein geheimnisvolles Fluidum über den Patriarchenteichen und kündet von erstaunlichen Ereignissen. Vor allem in den Abendstunden ...

Aber kehren wir zu Jewdakow und Schurtjajew zurück. Ich würde nicht sagen, daß sie gute oder auch nur halbwegs gute Freunde waren. Am ehesten vielleicht gute Bekannte. Schurtjajew pflegte die Beziehung zu Jewdakow geflissentlich. Menschen seines Vertrauens versicherte er, daß er solcherart die Hand am Puls des Landes zu halten trachte. Zudem besteche Jewdakow stets durch seine guten Ratschläge. Und heute mußte Schurtjajew dringend seinen Rat in einer Sache einholen, genauer: bezüglich einer Person. Noch genauer: bezüglich Wladimir Iljitsch Lenins.

In der letzten Zeit pirschten sich die vom Hafer gestochenen Radikalen und Demokraten immer dichter an Iljitsch heran. Verschiedene höchst fragwürdige Artikel behaupteten völlig unverfroren, daß er in Wirklichkeit alles andere als ein sanfter Heiliger gewesen sei. Vielmehr sei er unglaublich hart und unbändig in die Macht verliebt gewesen. Er habe seinerzeit ganz schön gehobelt ... Und eben von ihm, nicht wahr, gehe doch wohl der Weg aus, der das Land in den heutigen beklagenswerten Zustand geführt habe.

Wie sollte man hier nicht von Unruhe erfaßt werden? Lenin war für Schurtjajew nicht einfach bloß ein Titan des Wissens und der Führer des Weltproletariats, sondern auch die Quelle beständiger Einnahmen – die, nennen wir die Dinge beim Namen, nicht gerade bescheiden waren. Und dann so etwas! Ihm, dem genialen Strategen und Taktiker, wurde zum Vorwurf gemacht, daß es heute in unseren Geschäften keine Würste oder stinknormalen Hosen zu kaufen gebe. Nach etlichen solcher Artikel würde das Publikum wohl kaum mehr ins Theater zu locken sein, um Stücke zu sehen, in denen Lenin es lehrt, wie bei Bedarf Opportunisten jeglicher Couleur zu bezwingen seien und wie überhaupt das neue Leben aufzubauen sei. Ach, wohl kaum!

In Schurtjajews Kopf keimte allerdings schon ein neuer, sehr verwegener Gedanke. Gut, Lenin hatte sich hier und da geirrt. Das mußte man zugeben, solange noch Zeit dazu war. Doch hatte nicht Lenin selbst seine Fehler rechtzeitig erkannt und sie unverzüglich korrigiert? Gewiß, unter ihm wurden auch Menschen erschossen – und nicht einmal unbedingt die, die es verdient hätten. Es gab auch Fehler strategischer Art. Daher kam es beispielsweise auch in seinem, Schurtjajews, letztem Stück *Weg ohne Ende*, dessen Premiere noch ausstand, zu folgendem beeindruckenden Dialog:

LENIN: Die Einführung des Kriegskommunismus im Jahre 1918, Nadjuscha, war ein schlimmer Fehler.

KRUPSKAJA: Wolodja! Wie kannst du so etwas nur sagen?

LENIN: Wenn es doch aber ein Faktum ist!

KRUPSKAJA: Halt ein, sei kein Opportunist!

(Lenin bedeckt das Gesicht mit den Händen, er weint.)

Nun, und der entscheidende, man könnte sagen der tragische Fehler Lenins bestand darin, das viehische Wesen seines engen Beraters Stalin nicht rechtzeitig erkannt zu haben. Als er es schließlich erkannt hatte, war es bereits zu spät. Was dem Land die unheilvollsten Folgen bescherte.

Sie werden zugeben, Schurtjajew hat das alles sehr schön hingekriegt, da ist nichts einzuwenden.

Warum aber diese Eile? Was veranlaßte ihn, Jewdakow um ein *unverzügliches* Treffen zu bitten? Auch das hatte seine Gründe.

Am nächsten Tag sollte Schurtjajew mit einer Delegation nach Brüssel fliegen, um dort am internationalen Runden Tisch zu den Problemen der Perestroika teilzunehmen. Das heißt, nicht einfach bloß teilzunehmen, sondern auch einen Vortrag zu halten. Über Lenin. Schurtjajew hatte sich vorgenommen, dort, vor den Vertretern der Weltgemeinschaft, seinen neuen, kühnen Gedanken erstmals zu erproben, wobei er natürlich auf gewaltige Resonanz zu stoßen hoffte, die seine Bedeutung sowohl daheim wie auch im Ausland erheblich steigern würde. Dabei war es aber ratsam, sich zuvor zumindest des Einverständnisses, möglicherweise gar der Unterstützung seitens der Führungsclique des Landes zu versichern. Und der gehörte auch Jewdakow an.

Schon mehrere Male hatten Jewdakow und Schurtjajew den Teich umrundet. Um einmal im Strom der bekannten naturalistischen Darstellungsmanier zu treiben, möchte ich erwähnen, daß sie häufig gezwungen waren stehenzubleiben, weil einer der Hunde – oder beide zugleich – auf die Idee kam, durch einfaches Heben des Beines einen Baum zu wässern. Im Grunde war es verboten, mit Hunden an den Patriarchenteichen Gassi zu gehen, aber, wie heißt es doch so schön, Justitia kann schon mal auf einem Auge blind sein. Die beiden Hundehalter hatten bisher nur belanglose Neuigkeiten ausgetauscht und – da sie dem gemäßigt konservativen Flügel angehörten – gegen die Demokraten gewettert. Und sie hatten die Schlittschuhläufer beobachtet, die auf dem zugefrorenen See ihre Monogramme ins Eis schrieben. Nun ging Schurtjajew jedoch zu dem Thema über, dessenthalben das Treffen überhaupt angeleiert worden war.

Sein Argument ließ sich kurz und knapp zusammenfassen: Wäre es nicht besser, teilweise von dem klassischen Bild des Führers und Denkers abzurücken, als zuzulassen, daß er vollständig zerfleischt würde? Schließlich würden die Attacken gegen Iljitsch immer wütender. Zudem ließe sich ihnen, offen gesagt, kaum etwas entgegensetzen, weshalb er selbst keinen anderen Ausweg mehr sehe.

Dieses Argument traf allerdings nicht auf das nötige Verständnis. Um der Konspiration willen nannten die Gesprächspartner Lenin nur »Lukitsch«. Und Lukitsch, das machte Jewdakow Schurtjajew unmißverständlich klar, den gäben sie nicht her, der sei ihre letzte Bastion; wenn sie die aufgäben, dann ginge einfach alles zum Teufel.

»Niemand verlangt, daß wir Lukitsch ganz aufgeben«, widersprach Schurtjajew. Ich füge ein, daß die beiden Gesprächspartner zu diesem Zeitpunkt eine Allee entlangschlenderten, die parallel zur Kleinen Bronnaja verläuft. »Wenn aber Lukitsch kein Gott ist, sondern ein Mensch aus Fleisch und Blut, und Menschen nun einmal Fehler machen, dann folgt daraus, daß auch er in der philosophischen Ausdeutung …«

Plötzlich begannen beide Hunde zugleich und aus nicht nachvollziehbaren Gründen an ihren Leinen in die entgegengesetzte Richtung zu zerren. Ihren Herrchen blieb nichts anderes übrig, als sich von ihnen mitziehen zu lassen. Da schimmerte ein Lichtstrahl auf, in den sich unversehens irgendein Individuum keilte. Die Erscheinung war von elend langem Wuchs, trug ein Barett, das keck auf ein Ohr hinuntergezogen war, so daß sie an den Komponisten Wagner erinnerte, wie er uns von dem berühmten Porträt her bekannt ist. Den Unbekannten umhüllte ein weit geschnittener Mantel; unterm Arm hielt er einen Spazierstock, dessen Knauf als Hundekopf gearbeitet war. Ehe sie sich's versahen, gesellte er sich zu ihnen und schritt auch schon an ihrer Seite die Allee entlang. Jewdakow bedachte ihn mit einem unwirschen Blick, worauf der Fremdling allerdings nur zwei Finger an das Barett legte und mit leicht ausländischem Akzent etwa folgendes sagte: »Entschuldigen Sie bitte, aber der Gegenstand Ihres gelehrten Streits interessiert mich derart, daß auch ich an ihm teilhaben möchte.«

»Mit wem habe ich die Ehre?« preßte Jewdakow zwischen den Zähnen hervor.

»We-he-he-her bin ich?« Mit einer angenehmen Baßstimme stimmte das Individuum unvermittelt eine Melodie aus der Oper *Faust* von Gounod an. In normaler menschlicher Rede fuhr der Unbekannte fort: »Ich bin ein Reisender. Aus Langeweile ziehe ich durch die weite Welt. Heute hier, morgen da. Nun habe ich beschlossen, mich ein wenig in Moskau umzutun. Wenn Sie sich überzeugen wollen, erlauben Sie ... «

Er zog aus den Seitentaschen seines Mantels eine imposante Brieftasche und aus ebendieser einen grünen Ausweis, den er Jewdakow entgegenstreckte. Der blätterte ihn durch. Das Visum war eingetragen, die Photographie stimmte mit dem Original überein, der Name lautete ... tja, der Name huschte irgendwie einfach an ihm vorbei. Etwas Deutsches oder Jüdisches, meinte er zumindest.

»Sind Sie Deutscher?« wollte Jewdakow wissen, als er das Dokument zurückgab.

»Ja, meinethalben auch Deutscher«, erklärte sich das Individuum schnell einverstanden.

Die nun schon bekannte Geschichte wiederholte sich. Weder Jewdakow, der den Ausweis mit dem klar und deutlich eingetragenen Familiennamen in Händen gehalten hatte, noch Schurtjajew, der doch, sei's drum, immerhin Schriftsteller war, erkannten in ihrem Gegenüber den Bulgakowschen Voland! Um genau den aber handelte es sich hier. Um ihn und niemanden sonst! Nach all den Jahren war er in eigener Person an die Patriarchenteiche zurückgekehrt.

»Nun, und was wollen Sie uns bitte mitteilen?« verlangte Jewdakow mit möglichst strenger Stimme zu wissen.

»Ich erlaube mir anzumerken, daß Sie der Wahrheit weit näher sind als Ihr Opponent. Lenin – oder Lukitsch, wie Sie ihn nennen – war der größte aller Revolutionäre. Es ziemt sich einfach nicht, an ihn gewöhnliche Maßstäbe anzulegen. Und ihm irgendwelche Fehler nachweisen zu wollen ist einfach lächerlich. Nicht mehr und nicht weniger als zwölf Millionen Menschen hat er in seiner Güte ins Jenseits befördert...«

»Sie messen die großen Revolutionäre an der Zahl der Toten?« kreischte Schurtjajew. »Welch eigentümliche Sichtweise!«

»Ja, aber auch die gibt es«, erwiderte Voland mit einem traurigen Seufzer. »Und ich kann sie mit Fug und Recht vertreten, war ich doch selbst Zeuge von Oktoberrevolution und Bürgerkrieg. Auch Lukitsch habe ich wiederholt getroffen, in Petrograd, im Smolny, hier, in Moskau, in seinem Arbeitszimmer im Kreml…«

»Sie haben den lebenden Lenin gesehen?!« entfuhr es Schurtjajew, womit es denn auch mit der kindischen Konspiration vorbei war.

»Wie jetzt Sie.«

»Aber wie alt, um Himmels willen, sind Sie denn dann?«

Statt die perfide Frage zu beantworten, zog Voland abermals seine Brieftasche hervor, der er diesmal eine im Lauf der Jahre vergilbte Photographie entnahm. Er reichte sie Schurtjajew, der sie im Licht einer Laterne besah. Die Photographie zeigte verschiedene Personen, die sich in drei Reihen aufgestellt hatten. Hier trug einer ein Jackett, dort einen halbmilitärischen Feldrock, hier war man mit Lederjacke angetan, dort standen Bartträger. In der untersten Reihe in der Mitte schielte Lenin, aus der obersten Reihe, ganz rechts, blickte Voland in die Kamera – das Barett übrigens schon damals keck auf ein Ohr hinuntergezogen. So viele Jahren auch vergangen waren, er selbst war kein bißchen gealtert!

»Das ist eine Gruppe von Delegierten der Dritten Internationale«, erläuterte Voland, um dann fortzufahren: »Übrigens habe ich Lenin bei unseren persönlichen Begegnungen mehr als einmal gesagt: *Sie haben schon verdammt viele Menschen umgebracht.* Worauf er antwortete: *Ach, das ist nicht so schlimm, das Proletariat wird uns neue gebären, das kann es ja ganz gut.* Ja, das war seine Logik.«

Ein vollends erschütterter Schurtjajew reichte die Photographie an Jewdakow weiter. Auch dieser suchte nun Lenin und Voland auf ihr zu entdecken. Eine ganz ausgebuffte Montage, dachte er bei sich. Wie werden wir diesen Typen bloß wieder los?

»Sie glauben vermutlich, die Photographie sei gefälscht?« erriet Voland seine Gedanken. »Wenn Sie wollen, können wir ja um eine Million Dollar wetten. Lassen Sie das Photo ruhig im Institut für Marxismus und Leninismus untersuchen. Ich nehme doch an, dort wird man Ihnen solch eine kleine Gefälligkeit nicht abschlagen, verehrter Nikolai Pawlowitsch.«

»Woher kennen Sie meinen Namen?« verwunderte sich Jewdakow.

Voland lächelte und holte aus der Tasche seines schier unerschöpflichen Mantels die neueste Nummer der *Prawda*. Er tippte mit dem Finger auf einen Artikel auf der ersten Seite, in dem es um den jüngsten Besuch eines arabischen Scheichs in Moskau ging. Einer der führenden Politiker des Landes, eben Nikolai Pawlowitsch Jewdakow, hatte ihn gestern empfangen. Den Artikel illustrierte eine Aufnahme, auf der der Scheich in exotischem Gewand und Jewdakow in Zivil einen freundschaftlichen Händedruck tauschten.

Jewdakow gab die Photographie mit den Worten zurück, er sehe von einer Wette ab, da er keine Veranlassung habe, an der Authentizität des Bildes zu zweifeln.

»Soll mir auch recht sein«, meinte Voland konziliant, während er die Photographie wieder in seine Brieftasche steckte. »Schließlich bin ich nicht so ein amerikanischer Gauner wie beispielsweise dieser Hammer[5]. Der kommt hierher, nicht wahr, zeigt irgendwelche fragwürdigen Photos und Briefe von Lenin herum, erschleicht sich das Vertrauen Ihrer Regierung, nur um sie dann mächtig übers Ohr zu hauen. Es gelingt ihm, absolut verheerende Verträge abzuschließen, haufenweise wertvolle Bilder und Schmuck außer Landes zu schaffen... Dergleichen habe ich nun wahrlich nicht nötig. Denn was könnte es Schöneres geben, als in Erinnerungen an alte Zeiten zu schwelgen, mit den richtigen Gesprächspartnern ein wenig zu disputieren...«

Derweil hatten die beiden Hunde Voland schon eine ganze Zeit beschnuppert. Offenbar genügte er ihren Ansprüchen, wedelten sie doch nun freundlich mit den Schwänzen. Voland faßte die vormaligen Opponenten unterm Arm und zog sie weiter die Allee entlang. Der geplante Spaziergang mit den Hunden wurde fortgesetzt, nunmehr allerdings mit Volands Beteiligung.

Jewdakow und Schurtjajew waren beide durchtrieben genug, zunächst einmal zu schweigen. Voland ritt schon wieder sein Steckenpferd und führte den bereits vorgebrachten Gedanken weiter aus, daß sich an große Revolutionäre keine normalen Maßstäbe anlegen ließen. Seinen Worten zufolge verwandelte sich jeder von ihnen – ausnahmslos jeder, wen auch immer man herausgriff –, unverzüglich in einen Despoten und Tyrannen, einen Bluthund und Mörder, sobald er erst einmal an der Macht war. Insofern sei es in der Tat lächerlich und nachgerade absurd, zu versuchen, ihnen akribisch auch noch die kleinsten Fehler nachzuweisen. Schließlich spräche man ja auch nicht über die »Fehler« der anderen Tyrannen, die leider keine Revolutionäre waren. Man brauche nur einmal an Nero zu denken! Oder an den russischen Zaren Iwan den Schrecklichen! Oder an den englischen König Heinrich VIII.! Auf der anderen Seite hätte der Führer der englischen Revolution, Oliver Cromwell, oder der der Französischen, Maximilien de

Robespierre, erst einmal an die Macht gelangt, ebenfalls etliche Menschen um die Ecke gebracht. Auch in ihrem Fall wäre es lächerlich, ihnen ein Vorwurf daraus zu machen, wie das manche Historiker täten, denn das Wesen jeder Revolution bestehe nun einmal im Massenmord. Obzwar natürlich weder Cromwell noch Robespierre Lenin das Wasser reichen könnten, hätten sie doch sicher ungleich weniger Menschen ausgerottet.

»Nun mal halblang!« Schurtjajew blieb stehen und befreite seinen Arm. »Woher, um alles in der Welt, nehmen Sie diese vermaledeiten zwölf Millionen? Und auf welcher Grundlage lasten Sie sie ausschließlich Wladimir Iljitsch an?«

»Einzig und allein auf gesetzlicher Grundlage, hochverehrtester Matwej Illarionowitsch.« Im Vorgriff auf Schurtjajews Frage, woher er seinen Vor- und Vatersnamen kenne, förderte Voland aus seiner Manteltasche eine weitere Zeitung zutage, nämlich die *Literaturnaja* vom vergangenen Mittwoch. Sie hatte unter der Überschrift »Lenin im Fokus der Perestroika« ein Interview mit dem Dramatiker abgedruckt. »Und wem sonst sollten diese Millionen angelastet werden?« nahm Voland den Faden wieder auf. »Lenin hat offen zum Bürgerkrieg aufgerufen, ihn sogar selbst organisiert. Und meine Zahlen, da können Sie mir vertrauen, stammen aus absolut zuverlässigen Quellen.«

»Ich möchte Sie dabei nur auf eines hinweisen«, brachte Schurtjajew hervor, wobei er einen Fuß vorschob. »Ob Lenin nun zum Bürgerkrieg aufgerufen hat oder nicht, er hätte sich so oder so kaum vermeiden lassen. Die Gemüter waren derart erhitzt, daß...«

Voland unterbrach seine Tirade. Unter fröhlichem Gelächter erklärte er, daß weder Geschichte noch Wissenschaft den Konjunktiv duldeten. Sie stünden in der Pflicht, allein das einer Betrachtung zu unterziehen, was war, und nichts anderes. Was wäre gewesen, wenn Cäsar nicht den Rubikon überschritten hätte? Wenn Napoleon bei Waterloo keine Niederlage erlitten hätte? Und wenn Lenin nicht zum Bürgerkrieg aufgerufen hätte? Es stehe einem ausgewiesenen Historiker nicht zu Gesicht, in solchen Konstellationen zu denken.

»Das heißt, Sie sind Historiker?« mischte sich Jewdakow ein.

»Unter anderem beschäftige ich mich auch mit Geschichte«, antwortete Voland, um dann noch hinzuzufügen: »Heute abend wird an den Patriarchenteichen eine interessante Geschichte passieren!«

Die berühmte Bulgakowsche Replik rauschte unerkannt an den Ohren der beiden vorbei. Schurtjajew ließ nun alle Vorsicht außer acht und drang unverfroren in Voland, um in Erfahrung zu bringen, wie denn, seiner Meinung nach, die zwölf Millionen Opfer zusammenkämen? Voland führte seelenruhig seine Berechnungen vor: Gefallene im Bürgerkrieg, von Hunger und Krankheit Dahingeraffte, bei Säuberungen erschossene Zivilisten...

»Ich hab doch gewußt, daß die Rede noch auf die Zivilisten kommt!« rief Schurtjajew mit triumphierendem Blick aus, während er Jewdakow verständnisinnig zunickte. »Wir weisen jegliche Phantasiegespinste der feindlichen Propaganda kategorisch zurück! Unter Lenin wurden keine Zivilisten gefangengenommen! Man ging gegen Verschwörer und Konterrevolutionäre vor, die mit der Waffe in der Hand gestellt wurden. Aber die Bolschewiki haben sich niemals an der friedlichen Bevölkerung vergriffen.«

»Meinen Sie?« Voland kniff die Augen zusammen.

»Ja, das meine ich, und ich bin bereit, dies von den höchsten Tribünen herab zu verkünden.«

»Aber doch sicher nicht von denen in Brüssel?« In der Entgegnung Volands schwang eine gewisse Hinterhältigkeit mit.

Woher weiß der von Brüssel? schoß es Schurtjajew voller Panik durch den Kopf. Sogleich fiel ihm jedoch ein, daß er mit der Interviewerin von der *Literaturnaja* über seine Pläne gesprochen hatte, am Runden Tisch in Brüssel teilzunehmen – was in dem Artikel nachzulesen war.

»Selbstverständlich auch in Brüssel!« blies Schurtjajew zum Kampf.

»Das wird Ihnen nicht gelingen.« Voland schüttelte den Kopf.

»Und warum nicht?« setzte Schurtjajew das Gefecht kühn fort. »In meiner Tasche habe ich schon das Flugticket, das Visum liegt bereit, auch das Hotel ist reserviert.«

»Das alles hat nicht das geringste zu bedeuten.« Voland maß den Dramatiker mit einem kurzen, aber stechenden Blick. »Man wird Sie verhaften.«

»Mich? Wer? Die belgische Polizei?«

»Die belgische Polizei hat mit dem Ganzen nichts zu tun. Sie werden von den Tschekisten verhaftet werden.«

»Sie wollen sagen, vom KGB?« Schurtjajew brach in ein gekünsteltes Lachen aus und bedeutete Jewdakow mit einem Blick, in seine Heiterkeit einzustimmen. Da, schau, was für ein Spaßvogel unser neuer Bekannter sein kann!

»Ich habe genau das gesagt, was ich sagen wollte«, ließ sich Voland im Brustton der Überzeugung vernehmen. »Die Tschekisten werden Sie gefangennehmen und bei einem Fluchtversuch erschießen.«

»Sie sind ja völlig verrückt.« Jewdakow vermochte nicht länger an sich zu halten. »Warum sollten unsere Tschekisten Matwej Illarionowitsch verhaften? Das ist doch lächerlich ...«

»In welchem Sinne, bitte, bin ich verrückt?« begehrte Voland zu wissen.

»Im ganz eigentlichen Sinne. Ihre Psyche zeigt allem Anschein nach gewisse Abweichungen.«

Voland nickte zustimmend, womit er zu verstehen gab, daß dies keinesfalls auszuschließen war. Laut tat er dann aber kund, daß die menschliche Psyche etwas sehr Fragiles sei. Und entscheiden, ob es nun Abweichungen gebe oder nicht, könne nur ein qualifizierter Spezialist.

»Übrigens«, fügte er noch hinzu, »scheint Ihre Psychiatrie, wie mir zu Ohren gekommen ist, mit mancherlei Kuriosem aufzuwarten. Ich habe sagen hören, daß zuweilen selbst völlig normale Menschen ins Irrenhaus gesteckt werden.«

»Diese Praxis gehört bei uns ein für allemal der Vergangenheit an«, gab Jewdakow ihm scharf zur Antwort. »Das ist auf höchster internationaler Ebene bestätigt worden.«

»Wunderbar!« entzückte sich Voland. Sodann stellte er Jewdakow die völlig unpassende Frage: »Sie halten sich selbst also für psychisch gesund?«

»Unbedingt.«

»Und dabei werden Sie noch heute in eine psychiatrische Heilanstalt gebracht werden.«

»Nun hört sich aber alles auf!« empörte sich Jewdakow, wobei er sich an dem Zorn, der ihn jäh gepackt hatte, fast verschluckte.

»Doch, doch! In dem Zusammenhang noch eine Frage, Nikolai Petrowitsch. Gibt es eigentlich bei Ihnen Irrenhäuser gehobenen Typs? Für die Elite? Für die Regierungsclique?«

Sie werden zustimmen, das ging einfach zu weit. Jeder Spaß hat irgendwo seine Grenzen. Schurtjajew bat Voland, ihm ein kurzes Tête-à-tête mit Jewdakow nachzusehen. Während Schurtjajew Jewdakow zur Seite zog, ließ Voland sich, offenkundig mit dem bisherigen Gesprächsverlauf vollauf zufrieden, auf einer Bank nieder. Die Beine übereinandergeschlagen, spielte er mit seinem Spazierstock.

»Kolja!« flüsterte Schurtjajew mit heißem Atem in Jewdakows Ohr, wobei er unvermittelt zum Du überging. »Weißt du, was das für einer ist? Das ist nicht irgendein Ausländer! Das ist ein baltischer Extremist, das sag ich dir! Der Akzent verrät ihn...«

Nachdem er eine Unmenge Speichel heruntergeschluckt hatte, bekundete Jewdakow seine Zweifel. »Meinst du?«

»Ganz bestimmt! Weißt du, was ich jetzt mache? Ich renne los, um wen anzurufen. Die sollen bloß schnell kommen. Paß auf meinen Hund auf, ich lauf fix um die Ecke.«

Er drückte Schurtjajew, der etwas schwer von Begriff schien, die Leine seines Neufundländers in die Hand und eilte die Allee hinunter in Richtung Spiridonjewskigasse.

»Matwej Illarionowitsch!« Die Stimme Volands drang in sein Ohr. »Ein letztes Mal noch gebe ich Ihnen die Gelegenheit einzugestehen, was Ihnen nur allzu bekannt ist. Geben Sie zu, daß die Bolschewiki auf direkten Befehl Lenins mehrere tausend Zivilisten gefangengenommen und erschossen haben! Ich bitte Sie dringend, es zuzugeben!«

Schurtjajew hielt kurz inne, drehte sich um und schaute mit wildem Blick zurück; die Antwort blieb er ihm schuldig. Sein Herz krampfte sich für einen Augenblick zusammen, Arme und Beine wurden taub. Indes, das Schwächegefühl verflog schnell wieder. Gierig sog er die eisige Luft in die Lungen, um sodann seinen Weg fortzusetzen.

»Sollten Sie in diesem Fall nicht besser den Regisseur Karnauchow anrufen und die Probe für Ihr Stück *Weg ohne Ende* verschieben? Wegen Ihrer Abwesenheit?!« Das waren die letzten Worte Volands, die Schurtjajew noch vernehmen konnte.

Das Stück *Weg ohne Ende* hatte Schurtjajew bislang schon einigen Kummer bereitet. Ungeachtet aller kühnen neuen Gedanken, die er eingebaut hatte, hatte Sutenewski, der ganz auf Radikalen und Demokraten machte, es entschieden zurückgewiesen. Von irgendeinem Lenin wollte er fürderhin nichts mehr hören. Schurtjajew war es jedoch geglückt, das Stück dem Chefregisseur Karnauchow persönlich in die Hände zu spielen, dem er für die Inszenierung nie dagewesenen Ruhm verhieß. Und Karnauchow ließ sich umspinnen, fiel auf die Geschichte herein. Die erste Probe war für den Tag nach Schurtjajews Rückkehr aus Brüssel angesetzt. Woher weiß dieser Balte nun schon wieder von der Probe? überlegte Schurtjajew. Das ist doch noch streng geheim!

Unterdessen lief er nicht mehr, sondern rannte, wobei er unbeholfen mal zur einen, mal zur anderen Seite wankte. Kalter Schweiß lief in Strömen an ihm herab. Hatte er...? Ja, er hatte die geheime Telephonnummer eines alten Freundes von der Lubjanka dabei, Oberst Sergej Mitrofanowitsch! In früheren Zeiten hatte Schurtjajew verschiedene Informationen an ihn weitergegeben – sowohl auf Bitten Sergej Mitrofanowitschs wie auch auf eigene, staatsbürgerliche Initiative hin. Na, dachte er, ob mir das jetzt was bringt? Diese Perestroika! Ach was! Ich versuch's mit der Nummer! Sergej Mitrofanowitsch gibt das Kommando, und, schwupp, sind die Jungs auch schon hier, um den elenden Schurken festzunehmen, ihn da hinzubringen, wo er hingehört, und alles aus ihm herauszubekommen. Und bei Sergej Mitrofanowitsch, Freundchen, wirst du mit den Märchen über deine Treffen mit Lenin nicht so einfach durchkommen, dem gehst du nicht durch die Lappen!

Als es nur noch fünfzig Meter, nicht mehr, bis zur Ecke waren, geschah etwas Ungewöhnliches. Ringsumher erloschen mit einem Schlag alle Laternen. Auch die Fenster der umliegenden Häuser verdunkelten sich. Kurzum, eine umfassende Dunkelheit senkte sich herab. Schurtjajew hielt inne. Er wollte es nicht riskieren, sich bloß auf seinen Tastsinn zu verlassen. Auf dem glatten, schneebedeckten Asphalt würde er sich in dieser Finsternis über kurz oder lang nur die Beine brechen. Und in dem Fall käme er ganz gewiß nicht nach Brüssel!

In der plötzlich eingetretenen Dunkelheit spürte Schurtjajew aber auch, daß ihm noch etwas anderes, ausgesprochen Merkwürdiges widerfuhr. Etwas, das schwer zu erklären war. Ihm war, als fände er sich in einer Straßenunterführung wieder. Was war das nur? War er in die Erde eingebrochen? Oder von Feinden in diesen Tunnel verschleppt worden? Es sollte an dieser Stelle nicht unerwähnt bleiben, daß Schurtjajew Straßenunterführungen und Tunnel möglichst zu vermeiden suchte. In der Stadt bewegte er sich ausschließlich im eigenen Mercedes. Bisweilen mußte er dabei komplizierte Manöver und kilometerlange Umwege in Kauf nehmen, um an sein Ziel zu gelangen, ohne dabei durch irgendwelche Tunnel fahren zu müssen. Seine Freunde foppten ihn gern mit der Frage, ob er auch in die öffentliche Toilette, die seinem Haus gegenüber lag, mit dem Mercedes fahre. Der Spaß war reichlich fehl am Platz und weit von der Realität entfernt – immerhin gab es in der Wohnung Schurtjajews für alle Fälle zwei Toiletten.

Doch jetzt... war diese Straßenunterführung nicht merkwürdig lang, als ob sie nie enden wollte, wie ein richtiger Tunnel gar? Schurtjajew trieb es weiter und weiter. Mal flammte hier und da Licht auf, mal war es ganz dunkel. An einer Wand prangte plötzlich ein Plakat, ein halbvergessenes Bild aus längst vergangenen Zeiten, das einen lächelnden Stalin mit Seehundschnauzer zeigte. Der Führer aller Völker hielt das usbekische Mädchen Mamlakat auf dem Arm, das sich bekanntermaßen in der Baumwollernte durch besondere Leistungen hervorgetan hatte. Warum jetzt Stalin? wunderte sich Schurtjajew. Den haben wir doch nun endgültig vom Sockel gestoßen.

Mit einem Mal trug es ihn wundersamerweise zurück an die Oberfläche. Die Laternen spendeten wieder Licht, und Schurtjajew stellte voller Erstaunen fest, daß er noch immer an den Patriarchenteichen war, genau an der Stelle, wo ihn der Stromausfall überrascht hatte. Hatte er sich diese Straßenunterführung womöglich nur eingebildet? Wie auch das Plakat mit dem schnauzbärtigen Führer aller Völker? Seltsam! Nie zuvor war ihm so etwas passiert. Wenn ich aus Brüssel zurück bin, muß ich wirklich mal einen Arzt konsultieren, beschloß er. Dann erinnerte sich Schurtjajew, weshalb und wohin er unterwegs war. Der seltsame Balte und Sergej Mitrofanowitsch fielen ihm wieder ein. Zugleich zwang ihn irgend etwas, sich umzuschauen, und er gewahrte, daß sich die Umgebung beachtlich verändert hatte.

An der Stelle der altvertrauten Häuser standen nun nie gesehene Bauten mit spitzen Türmchen. Die Schlittschuhläufer vom See schienen wie vom Winde verweht. Der See selbst lag nicht frei da, sondern verschwand unter ungeheuren Schneemassen. Die Umgebung war freilich nur eine Sache; eine andere waren die plötzlich zugeschalteten Geräusche in Form von peitschenden Gewehrschüssen. Von der Twerskaja her ratterte ein Maschinengewehr – tra-ta-ta-ta-ta! Über die Alleen und die Kleine Bronnaja rannten Menschen in Stiefeln und Lederjoppen. »Stehenbleiben!« schrie eine aufgeregte Stimme. »Oder ich schieße!« Der herzzerreißende Schrei einer Frau war zu hören, danach, ganz in der Nähe, ein Schuß.

Unmittelbar vor Schurtjajew baute sich ein langer, bärtiger Soldat in einem epaulettenlosen Mantel auf. Auf dem Rücken trug er einen Tornister, über einer Schulter hing ein Gewehr vom Kaliber .30 mit aufgepflanztem Bajonett. In den Händen hielt der Soldat eine blecherne Teekanne. Was sich in das Bild, das er abgab, jedoch überhaupt nicht fügen wollte, war der bekannte Tschechowsche Zwicker am Band, der auf seine Nase gepfropft war. Mein treuer Leser wird bereits erraten haben, daß es sich um niemand anderen als Korowjew handelte.

»Mein Hochverehrtester!« wandte sich der sonderbare Soldat an Schurtjajew. »Wo kann man denn wohl bei Ihnen etwas heißes Wasser auftreiben? Es verlangt mich einfach über alle Maßen nach einem Tee.«

Entsetzt wandte Schurtjajew sich ab, um schweren Schritts davonzueilen. Jedes Vermögen, die Ereignisse zu erklären und zu beurteilen, war ihm abhanden gekommen. Ein einziger Wunsch erfüllte ihn – diese schreckliche Gegend möglichst weit hinter sich zu lassen.

»Und für so einen habe ich nun literweise Blut vergossen!« schrie ihm der revolutionäre Soldat Korowjew hinterher. »In den Schützengräben sind die Insekten über mich hergefallen! Und ihm tut's ums heiße Wasser leid! Ansonsten überhaupt kein Mitgefühl! Eindeutig – ein Bourgeois!«

»Wo ist ein Bourgeois? Wo?« schrie jemand. »Haltet ihn!« Von der Kleinen Bronnaja her sprang ein bäuerlich aussehender stämmiger Matrose in offener Seemannsjacke und in unglaublichen Schlaghosen über die Umfriedung auf die Allee. Irgendwie erinnerte er mit seinen Augen und der runden Schnauze ungemein an einen Kater. An seinem Gürtel baumelte eine Mauserpistole in einem hölzernen Halfter. Er blieb stehen, die Arme ausgebreitet, die Beine weit gespreizt, und versperrte Schurtjajew den Weg. Als der dicht genug an ihn herangekommen war, knallte ihm der Matrose die Hand auf die Schulter.

»Du bist ein Bourgeois?! Gib's zu!«

»Ich bin kein Bourgeois, ich bin ein sowjetischer Dramatiker«, antwortete Schurtjajew mit vor Angst zitternder Stimme.

»Du lügst! Deine Kleidung verrät den Bourgeois! Also, gehn wir!«

Und der Matrose packte den unglücklichen Bühnenschriftsteller am Kragen und schleifte ihn zu jener Ecke, zu der es diesen ohnehin gedrängt hatte.

Nur daß da, in der Ecke, jetzt kein Telephonhäuschen mehr zu finden war. Vielmehr stand dort ein vorsintflutlicher Lastwagen, wie man ihn in alten Filmen über die Revolution zu sehen bekommt. Der Motor lief, der Wagenkasten barst schier vor Menschen. Die Männer mit steifen Hüten und dreiklappigen Pelzmützen, in Mänteln mit Schalkragen, die Frauen in Mänteln aus echtem Pelz und mit Tüchern, die sie noch über die Mützen geschlungen hatten. Alle hatten sie bleiche Gesichter, in aller Augen spiegelte sich Entsetzen.

»Kommissar! Koschkin!« rief der katzenhafte Matrose. »Hier ist noch ein Bourgeois. Nimm ihn! Den hab ich gefangen!«

Hinter der Tür des Fahrerhauses tauchte ein schnurrbärtiger Kopf mit lederner Schirmmütze auf. Das eine Auge hatte den weißen Star, unter der Oberlippe ragte ein Hauer hervor.

»Alle Achtung, Genosse Behemoth!« lobte der schnurrbärtige Kopf den Matrosen. Dann befahl er Schurtjajew: »Klettern Sie in den Wagenkasten, Bürger, Sie sind verhaftet.«

Schurtjajew klaubte die letzten Reste seiner Selbstbeherrschung zusammen und fragte: »Auf welcher Grundlage?«

»Im Namen der Revolution!« Die klare und deutliche Erklärung kam von Kommissar Koschkin. Schurtjajew schaute zu den entsetzten Menschen im Wagenkasten hinüber. Nein, da wollte er nicht hinaufklettern. Er blieb stehen und verlagerte das Gewicht bald auf das eine Bein, bald auf das andere.

»Was fackelst du so lange mit dem herum?«

mischte sich nun auch der herbeigeeilte Soldat Korowjew ein. »Der hat nicht mal heißes Wasser für mich übrig gehabt, Genossen. Eine miese Type ist das, ein Konterrevolutionär, nichts anderes!«

»Einen Bourgeois, den erkenn ich, da habe ich ein geübtes Auge!« Der Matrose Behemoth stellte sein Licht nicht unter den Scheffel. »Ein Auge, unfehlbar wie eine Wasserwaage, könnte man sagen!«

»Bürger, Sie halten uns auf!« bellte Kommissar Koschkin. »Klettern Sie jetzt ohne jedes weitere Gerede auf den Wagen. In der Tscheka wird man sich dann schon mit Ihnen befassen...«

Bei dem Wort »Tscheka« durchlief Schurtjajew eine neue, diesmal unbezwingbare Welle der Angst. Ohne weiter nachzudenken, wirbelte er herum und rannte los. Nicht zurück zur Allee, sondern die Kleine Kosichinskigasse hinunter, die in die Kleine Bronnaja mündet. Er rutschte, stolperte, fiel, erhob sich wieder, rannte weiter...

Ach, Schurtjajew, Schurtjajew! Hatte Voland dich nicht gewarnt? Hatte er nicht gesagt, du würdest bei einem Fluchtversuch erschossen werden? Warum hast du bloß nichts darauf gegeben? Nun, Freundchen, so geschieht es dir denn ganz recht!

Hinter ihm erklangen Schreie: »Stehenbleiben! Oder ich schieße!«

»Er entkommt, Freunde! Verflixt, er entkommt!«

Ein Schuß krachte. Noch einer. Weitere Schreie: »Nimm dein Gewehr und knall ihn ab! Knall ihn ab!«

Den dritten Schuß hörte Schurtjajew nicht. Wer ihn abgab, ist nicht sicher. Vielleicht der Matrose Behemoth, vielleicht der revolutionäre Soldat Korowjew. Möglicherweise aber auch Kommissar Koschkin höchstselbst, in dem der verehrte Leser sicher schon eine gewisse Ähnlichkeit mit Asasello entdeckt hat. Irgend etwas Geheimnisvolles riß Schurtjajew mit fürchterlicher Kraft in die Luft, schleuderte ihn herum, so daß er auf den Rücken fiel, die Arme weit von sich gestreckt und die Finger vor Schmerz gekrümmt. Das letzte, was er sah, war ein Transparent aus rotem Kattun, das quer über die Kleine Kosichinskigasse gespannt war und die Parole »Proletarier! Auf die Pferde!« verkündete. Ihr Urheber war übrigens nicht Lenin, sondern ein anderer bolschewistischer Führer: Lew Dawydowitsch Trotzki.

Der Rest war vollständige Dunkelheit, war das Nichts.

Unterdessen saß Jewdakow in Gesellschaft Volands und der beiden Hunde auf der Bank unweit des Krylow-Denkmals. Die Hunde verhielten sich zwar friedlich, gleichwohl hielt Jewdakow sie an der Leine. An dieser Stelle sollte unbedingt erwähnt werden, daß der Stromausfall, die nachfolgende Verwandlung der Umgebung sowie die Rückkehr in unsere ruhmreiche revolutionäre Vergangenheit mit ihrem Kesseltreiben gegen die Bourgeoisie und anderem Teufelswerk offenkundig allein dem Unglücksraben Schurtjajew zuteil geworden war. Dagegen ging für Jewdakow das Leben an den Patriarchenteichen unverändert seinen ruhigen, gelassenen Gang. Nach wie vor flanierten Rentner und einzelne Liebespärchen über die Allee. Junge Mütter schoben ihre Kinderwagen, unermüdlich gravierten die Schlittschuhläufer, junge wie alte, auf ihren Kufen der Eisdecke des Sees ihre verschnörkelten Monogramme ein oder zogen ihre endlosen Kreise.

So verging die Zeit. Je weiter sie verstrich, um so

stärker keimte in Jewdakow Sorge auf. Eine ungute Vorahnung beschlich ihn. Wo Schurtjajew nur blieb? Warum tauchte er denn nicht wieder auf? Nein, die Idee, einen Anruf zu tätigen, war schon ganz richtig, aber wo, in drei Teufels Namen, steckte er jetzt?

Der komplizierte Cocktail aus Gedanken und Gefühlen entfaltete schließlich ein Bouquet außerordentlicher Griesgrämigkeit. Was hatte er sich bloß gedacht? Warum war er in der Stadt geblieben? Er hätte jetzt, ganz Herr seiner selbst, auf seiner Datscha in Shukowka sitzen können, am Kaminfeuer, das der treue Jegor entfacht hatte. Er hätte die letzte Nummer des *Playboy* mit seinen absolut hochwertigen Photographien nackter Schönheiten durchblättern können (Jewdakow war voller Leidenschaft hinter diesen Photographien her). Des weiteren hätte er ein Gläschen des hervorragenden spanischen Portweins genießen können, den der russische Botschafter in Spanien ihm völlig selbstlos als Geschenk hatte zukommen lassen. Doch statt sich all diesen Wonnen zu überlassen, saß er nun wie der letzte Idiot hier an den Patriarchenteichen, zusammen mit zwei Hunden, um einen dahergelaufenen Balten zu bewachen ...

Übrigens hatte sich das Verhalten dieses Balten stark verändert. Seitdem Schurtjajew weggegangen war, hatte er noch nicht ein Wort gesagt, sondern sich ganz in die *Literaturnaja* vertieft. Auf alle Versuche Jewdakows, das Gespräch fortzusetzen, antwortete er ausgesprochen einsilbig. Oder gab nur ein kurzes Brummen von sich. Oder würdigte ihn noch nicht einmal eines solchen. Ja, dieser Balte war schon ein arger Sonderling, ohne Zweifel.

Plötzlich hob der Schurtjajewsche Neufundländer Tscharri, der im Ruf stand, ein wohlerzogener und braver Hund zu sein, seine kurze schwarze Schnauze, um zunächst kläglich zu winseln, gleich darauf aber in ein langes, anhaltendes Geheul zu verfallen. So heulen Hunde, wenn ihr Herr nicht mehr da ist, wenn er stirbt oder sie vertreibt. Jewdakow wollte den Hund beruhigen, kraulte ihn hinter den Ohren, doch nun fiel aus reiner Solidarität auch noch sein eigener Cockerspaniel ein – wenngleich in einer anderen Tonart, etwas höher. Mit den beiden heulenden Hunden fertig zu werden war schlechterdings unmöglich. Die Passanten machten augenscheinlich einen Bogen um die Bank. Eine ältere Dame von wenig intelligentem Äußeren meinte sogar: »Selbst nichts zu futtern, aber Hunde haben…«

Da Jewdakow vollauf damit beschäftigt war, die Hunde zu beruhigen, entging ihm, daß in der Allee, von der Spiridonowka kommend, Korowjew und Behemoth auftauchten. Korowjew, schon längst kein revolutionärer Soldat mehr, trug das Äußere zur Schau, mit dem er sich Jakuschkin auf dem Boulevard gezeigt hatte – ein Touristenkäppi mit einem Kunststoffschirm und der Aufschrift »Jalta« sowie einen leichten, hellen Mantel. Und natürlich war auf die Nase der Zwicker gepfropft. Behemoth bestach ebenfalls durch einen sonderbaren Aufzug. Er war mit einem knielangen Mantel russischer Produktion angetan, dessen braunen Synthetikpelz er nach außen gekehrt hatte. Seinem Kopf hingegen gereichte eine teure Mütze aus grauem Persianer zur Zierde, die im Iwan-Zarewitsch-Stil gearbeitet war. Hierzulande tragen solche Mützen ausschließlich erfolgsverwöhnte Händler sowie die Heereselite einschließlich des Präsidenten selbst. Wo Asasello abgeblieben war, weiß ich ehrlich gesagt nicht.

Kaum hatten Korowjew und Behemoth die Bank erreicht, erhob sich Voland, um sich den beiden anzuschließen.

»Wohin gehen Sie denn?« Jewdakow wollte ihn nicht ziehen lassen. »Es ist noch früh am Tag. Setzen Sie sich doch wieder, unterhalten wir uns noch ein bißchen...«

Darauf zuckte Voland nur kalt die Achseln und murmelte: »Nicht verstehn... russisch... schlecht...«

»Ach, nicht verstehn? Bis eben noch verstehn, aber jetzt nicht verstehn?« Der stets zurückhaltende und korrekte Jewdakow (ein solches Verhalten diktierte ihm seine jetzige Tätigkeit, im Grunde hatte es aber auch die frühere schon getan) berauschte sich am Geschmack eines zügellosen Zorns, in dem man sich, sind erst einmal alle Hemmungen abgeschüttelt, einfach alles erlauben kann. »Los, du Schweinehund, sag schon!« schrie er. »Wer du bist! Los...«

Er hatte sich heruntergebeugt und hielt die beiden Hunde nun nicht mehr an der Leine, sondern am Halsband. Die Spannung erreichte ihren Höhepunkt, um es einmal mit dieser bei manchen Klassikern so beliebten Wendung auszudrücken. Die Hunde, die den Ernst der Lage witterten, hatten ihr Geheul eingestellt und schienen einzig auf den Befehl »Faß!« zu lauern.

Es war an Korowjew, nun zu handeln. Er trat vor Voland, woraufhin dessen Gestalt hinter ihm nicht mehr auszumachen war. Dann streckte er die Arme himmelwärts und verkündete gleich einem Schauspieler, der in einer antiken Tragödie einen letzten Monolog vor seinem Tod deklamiert, mit seiner brüchigen Stimme: »Landsleute! Brüder und Schwestern! An euch wende ich mich, meine Freunde! Schaut alle her! Uns beehrt ein vornehmer Ausländer mit seinem Besuch, der sich an den hiesigen Sehenswürdigkeiten zu delektieren wünscht. Er hat einen ganzen Koffer voller Devisen dabei, mit denen er für gehobenen Service zu bezahlen gedenkt. Aber ein kümmerlicher Spekulant und kriecherischer Devisenhändler...«, in gerechtem Zorn wies Korowjew fuchtelnd auf Jewdakow, »... will ihm völlig unverfroren gesetzwidrige Geschäfte aufdrängen. Völlig zu Recht hat der Ausländer von ihnen Abstand genommen, und nun ist dieser Mann, der die Unterminierung unserer Ökonomie betreibt, willens, auf ihn, den Ausländer, seine grausamen Schäferhunde zu hetzen.«

Warum Korowjew die Hunde, deren Rasse dem verehrten Leser bekannt ist, »grausame Schäferhunde« nannte, entzieht sich meiner Kenntnis.

»Wer soll hier ein Spekulant und Devisenhändler sein? Ich?« Vor Jewdakows Augen verschwamm alles. Immerhin fand er noch die Kraft, seine Empörung in Worte zu kleiden. »Was erlauben Sie sich eigentlich!«

»Meinen Sie etwa uns, ihn und mich?« Korowjew deutete auf Behemoth, der sofort eine gewichtige Miene aufsetzte. »Wir beide kennen Brieftaschen voller Dollars nur aus dem Fernsehen... Wie lange sollen wir eigentlich noch hinnehmen, daß sich Parasiten wie Sie am gesunden Körper unserer Nation laben?«

Publikum lief zusammen. Man fragte einander, was los sei. »Man hat einen Spekulanten geschnappt«, erklärte voller Autorität ein stattlicher alter Herr, dessen äußere Erscheinung ganz an einen Schauspieler in der Rolle eines Vaters aus dem Adelsstand erinnerte. Daraufhin erging er sich in Einzelheiten, die allein ihm bekannt waren. Plötzlich jedoch geschah etwas Unvorhergesehenes.

Möglicherweise erschlafften Jewdakows Hände ja ob der Anspannung und unverdienten Kränkung, möglicherweise ließ er die Halsbänder aber auch absichtlich los – jedenfalls schossen mit einem Mal beide Hunde davon. Es hätte nicht viel gefehlt, und sie hätten sich auf... Nein, nicht auf diesen von Jewdakow so gehaßten Balten Voland gestürzt, denn der hatte sich unbemerkt davonstehlen können. Und auch nicht auf den Provokateur und Lügenbold Korowjew. Nein, auf Behemoth! Vermutlich hatten sie das Katzenhafte in ihm gewittert, und das Verhältnis von Hund und Katze ist ja hinlänglich bekannt.

Behemoth, auch nicht dumm, war mit einem enormen Satz hochgesprungen, um den Ast einer Linde zu packen, von dem er nun mit baumelnden Beinen herabhing. Obwohl die Hunde ein ohrenbetäubendes Gebell aufführten, sich auf die Hinterbeine stellten und mit den Vorderpfoten am Baum kratzten, fruchteten all ihre Versuche, Behemoth zu erwischen, nicht das geringste.

Der Radau schwoll unfaßbar an. Behemoth hangelte sich gleich einem Affen (der Lieblingsfigur von Väterchen Krylow) von Ast zu Ast und sprang von Baum zu Baum. Mal entfernte er sich weiter von der zusammengelaufenen Menschenmenge, mal näherte er sich ihr wieder. Korowjew ließ das Thema des Spekulanten samt gesetzwidrigen Devisengeschäften fahren, um nunmehr eine Predigt über Hunde vom Stapel zu lassen. In der Hauptstadt, so führte er aus, lungerten unzählige dieser Tiere herum. Allein für *ihre* Nahrung müßte in etlichen landwirtschaftlichen Regionen hart gearbeitet und eine riesige Flotte von Fischfangtrawlern bemannt werden. Im Publikum fanden sich selbstredend auch Fürsprecher »unserer kleinen Freunde«, die sogleich eine Diskussion mit Korowjew anfingen. Jewdakow aber war nur noch imstande, sich auszustrecken, so daß er mehr auf der Bank lag als saß. Ihm fehlte einfach die Kraft, noch ein einziges Wort von sich zu geben.

»Ende der Vorstellung!« ließ sich plötzlich eine nicht sehr laute, aber gleichwohl gebieterische Stimme vernehmen.

Alle, selbst Jewdakow, drehten sich ruckartig um. Am Eingang zur Allee in der Sholtowskistraße war eine silbern schimmernde Kutsche aufgetaucht, vor die sechs Pferde gespannt waren. Der Schlag war halb geöffnet. Neben ihm stand Voland, jedoch nicht mehr auf seinen Stock, sondern auf einen Degen gestützt.

Unverzüglich riß Korowjew sich das Touristen-käppi vom Kopf und brachte dem Publikum eine tiefe Verbeugung dar. Sodann lief er schnellen Schrittes auf die Kutsche zu. Behemoth, der sich immer noch von Baum zu Baum hangelte, eilte ihm hinterher. Mit einem letzten, man könnte sagen, verlängerten Sprung landete er neben der Kutsche und huschte zur Tür hinein. Voland und Korowjew folgten ihm. Der Schlag wurde den rasenden Hunden direkt vor der Nase zugeknallt. Der Kutscher ohne Gesicht, aber mit Dreispitz gab den Pferden einen Peitschenhieb, die daraufhin in vollen Galopp fielen. Die Kutsche fuhr die Sholtowski Richtung Wspolnygasse hinunter, in die sie bekanntlich mündet.

Das Publikum war verständlicherweise starr vor Schreck. Bis auf die Hunde. Die nämlich machten sich an die Verfolgung der Kutsche, wobei ihre Leinen nutzlos hinter ihnen her schleiften. Schon bald kehrten sie jedoch zurück, mit beschämt eingezogenen Schwänzen und heraushängenden Zungen.

Ein bärtiger junger Mann zeigte sich überzeugt, daß hier ein Film gedreht würde (schon wieder die Filmleute!) und die Versammelten völlig unentgeltlich die »Masse« gegeben hätten. Die Erklärung wurde freundlich zurückgewiesen, waren doch nirgendwo Filmkameras noch Scheinwerfer zu entdecken.

Dem Publikum blieb somit allein Jewdakow. Man näherte sich ihm, tadelte ihn lauthals einen Spekulanten und Devisenhändler, schalt ihn, weil er den ausländischen Gast so bedrängt hatte. Der habe schließlich einen ausgesprochen passablen Eindruck gemacht, ein älterer Herr schon, und er erlaube sich so etwas! Jewdakow harrte nach wie vor in halb liegender Position auf der Bank aus, mit weit aufgerissenen Augen und herabhängendem Unterkiefer. Das Auftauchen der obskuren Kutsche hatte ihm den Rest gegeben.

Am Ende kam sogar die Miliz samt Abschnittsbevollmächtigtem. In dem wilden Durcheinander forderte man die Umstehenden auf, das Vorgefallene zu schildern. Der Abschnittsbevollmächtigte verstand nicht allzuviel, fing aber immerhin die Wörter »Spekulant« und »Devisenhändler« auf. Er zog Jewdakow am Mantelkragen hoch und wollte ihn aufs nächste Revier bringen. Jewdakow indes war nicht mehr in der Lage zu gehen, seine Beine versagten ihm den Dienst. Ein Miliztransport mußte angefordert werden. Zusammen mit Jewdakow wurden auch die beiden Hunde weggebracht.

Im 83. Revier erlangte Nikolai Pawlowitsch die Gabe der Rede wieder. Mehr noch, er schwatzte sogleich einigen Unfug daher. Obendrein verlangte er, unverzüglich mit dem Präsidenten verbunden zu werden, da nicht nur ihrem Land, sondern der ganzen Weltgemeinschaft eine schreckliche Gefahr seitens baltischer Extremisten drohe, die bereits in Moskau eingedrungen seien … Nun, eine klare Sache, Fieberwahn. Die Milizionäre verfielen darauf, seine Tasche zu filzen, und fanden das rote Büchlein mit dem goldgeprägten Staatswappen, in dem schwarz auf weiß geschrieben stand: »Berater des Präsidenten.« Oder zumindest etwas in der Art. Nun war die Reihe an ihnen, vor Schreck zu erstarren. Ihr Vorgesetzter rief in der Zentrale an und legte dar, wen sie aufgegriffen hätten.

Schon nach kürzester Zeit stürmte ein Milizgeneral ins Revier, nebenbei bemerkt ebenjener, der Iwan Stepanowitsch Peretjatko den Weg in die hohe Literatur geebnet hatte. Von einer Beschreibung des Rüffels, den er den Milizionären erteilte, wollen wir hier absehen. Begnügen wir uns damit zu erwähnen, daß die Angehörigen des 83. Reviers sich noch lange an diesen Dezemberabend erinnerten.

Der Milizgeneral höchstselbst fuhr Jewdakow zusammen mit den beiden Hunden in seine Moskauer Wohnung, wo er ihn der Pflege seiner Gemahlin überließ. Nachdem er inständig um Verzeihung für die Anmaßung seiner Untergebenen gebeten hatte, fuhr er von dannen. Ein glückliches Ende? Leider nicht ganz.

Denn Jewdakow, kaum zu Hause, rief als erstes über Direktwahl den Präsidenten an. Verhängnisvollerweise kam die Verbindung zustande, was, wie Sie wissen werden, alles andere als einfach ist, selbst für einen persönlichen Berater. Abermals trug Jewdakow – nun per Telephon – das ganze ungereimte Zeug von baltischen Extremisten vor, die in unglaublicher Zahl in Moskau eingedrungen seien und wer weiß was alles vorhätten, von Terroristen, die auf Bäume spréngen, von einer Kutsche, in der sie ungestraft durch die Gegend zögen, von der Entführung des Bühnenschriftstellers Schurtjajew... Natürlich hörte sich der Präsident diesen Unsinn nicht bis zum Ende an, sondern legte einfach den Hörer auf.

Aber Jewdakow ließ nicht locker. Er rief den Vorsitzenden des KGB an, um seine Geschichte Wort für Wort für ihn zu wiederholen. Im Unterschied zum Präsidenten hörte der KGB-Vorsitzende sie sich bis zum Schluß an und stellte sogar einige präzisierende Fragen. Er versprach, sich mit der Angelegenheit zu beschäftigen und entsprechende Maßnahmen zu ergreifen.

Die Maßnahmen wurden ergriffen.

Etwa eine halbe Stunde später fand sich in der Wohnung Jewdakows eine Brigade von Kreml-Ärzten ein. Sie verpaßten ihm mit einiger Gewalt eine Beruhigungsspritze. Danach brachten sie ihn nach unten, setzten ihn in einen Wagen und fuhren ihn ins Krankenhaus in der Rublewskojechaussee. Dort wurde umgehend ein Konsilium einberufen, das aus medizinischen Koryphäen unterschiedlicher Fachrichtungen, vor allem aber aus Psychiatern bestand.

Wozu viele Worte machen! Die Spezialisten kamen unisono zu ihrem Befund: Nikolai Pawlowitsch Jewdakow leide an starker psychischer Zerrüttung, plus Halluzinationen, plus Verfolgungswahn, kurzum, an Schizophrenie. Sein derzeitiger Zustand sei auf die unmenschliche Belastung zurückzuführen, unter der er bei Ausübung seiner hohen Pflicht zu leiden habe. Deshalb wurde eine Intensivtherapie unter Verwendung der besten ausländischen Medikamente und Präparate eingeleitet.

An dieser Stelle möchte ich noch einmal auf Volands Frage zurückkommen, ob es hierzulande

Irrenhäuser gebe, die auf die Behandlung der regierenden Elite spezialisiert seien. Meines Wissens gibt es sie nicht. Zumindest wurde Jewdakow in das Allgemeine Krankenhaus in der Rublewskojechaussee eingeliefert. Dort aber immerhin in ein besonderes Zimmer, dessen Fenster nicht vergittert waren, wiewohl ihr Glas unzerbrechlich war. Für die Aufsicht und Pflege rund um die Uhr war ausschließlich medizinisches Personal männlichen Geschlechts zuständig.

Bevor sich nun der Vorhang senkt und die Szene an den Patriarchenteichen zu Ende ist, möchte ich noch einige Worte über den Dramatiker Schurtjajew verlieren. Genauer gesagt, über sein rätselhaftes Verschwinden.

Man bemerkte sein Fehlen erst am nächsten Tag, als er nicht am Flughafen Scheremetjewo erschien, als er weder seine Dokumente zur Kontrolle vorlegte noch in das Flugzeug stieg, das nach Brüssel flog. Ein ums andere Mal klingelte in seiner Wohnung das Telephon, der Schriftstellerverband und verschiedene andere Organisationen, die hierzulande für internationale Kontakte zuständig sind, riefen an. Es war, da werden Sie mir zustimmen, kein Fall, wie er sich alle Tage ereignet. Seine Ehegattin, das heißt, nicht ganz seine Gattin, sondern eine junge kleine Ballettänzerin aus dem Bolschoi-Theater, die offiziell als Großnichte das Quartier mit ihm teilte, konnte nichts Erhellendes zu seinem Verschwinden beitragen. Sie gab lediglich an, Schurtjajew habe letzte Nacht nicht zu Hause geschlafen; zudem sei zusammen mit ihm auch sein geliebter Hund, ein Neufundländer, verschwunden. Zugegeben, der Hund fand sich schon bald wieder, Jewdakows Frau hatte sich seiner angenommen. Doch der Hund, obschon außergewöhnlich verständig, konnte ebenfalls nicht erklären, wo sein Herrchen abgeblieben war.

Wie üblich, wurde erst einmal ein Strafverfahren eingeleitet. Man schaltete den KGB ein. Schurtjajew war natürlich von anderem Kaliber als Jewdakow, aber immerhin war auch er eine namhafte Persönlichkeit, zudem international bekannt. Jewdakows Frau erinnerte daran, daß ihr Eheliebster neben anderen Phantastereien auch von einer Entführung des Dramatikers durch baltische Extremisten gesprochen habe. Diese Erklärung schien auf den ersten Blick logisch. Mehr als einmal hatte Schurtjajew in Zeitungsartikeln gegen hemmungslosen Extremismus, Separatismus und andere negative Erscheinungen in verschiedenen Republiken der Union, darunter auch den baltischen, gewettert. Dem stand freilich entgegen, daß in ganz Moskau keine zwielichtigen Gäste aus dem Baltikum zu finden waren.

Die Ermittler wollten sich Jewdakow zum Verhör vorknöpfen. Möglicherweise ließen sich ja ein paar wichtige Details aus ihm herausbringen. Da die Ärzte jedoch abermals Halluzinationen und Fieberphantasien befürchteten, wiesen sie eine Befragung aufs entschiedenste zurück. Daraufhin wurden die Ermittlungen vertagt. Nach und nach verstummten die Gerüchte. Schurtjajew mochte zwar eine namhafte Persönlichkeit sowie einer der führenden Baumeister der Perestroika sein, gleichwohl war er weder der erste noch der letzte, dem so etwas widerfuhr. Außerdem – wann gab es denn in Moskau einen Tag, an dem nicht irgendwelche Leute spurlos verschwanden? So waren sie nun einmal, die Zeiten, die angebrochen waren.

8. KAPITEL

Wundersame Rettung

Was aber geschah unterdessen mit Jakuschkin? Der Autor wird doch nicht, völlig in die Betrachtung der Szene an den Patriarchenteichen versunken, das Schicksal seines Helden aus den Augen verloren haben? Weit gefehlt! Und schon beeile ich mich zu erzählen, welchen Ausgang die Geschichte nahm. Sozusagen im wortwörtlichen Sinne.

Die Milizionäre führten Jakuschkin aus dem Haus der Literaten hinaus auf die Herzenstraße. Den Wagen, mit dem sie gekommen waren – ein UAS oder, wie er im Volksmund hieß, ein Ziegenbock –, hatten sie nicht direkt vor dem Eingang abstellen können, wo die Autos der Schriftsteller alles versperrten, sondern ein Stück weiter weg, in Richtung Platz des Aufstands, wohin sie nun gingen. Um sofort auf… ja, auf wen wohl zu stoßen? Natürlich auf Korowjew!

Er war nicht allein, sondern in Begleitung eines kapitalen schwarzen Katers, der zur Rasse der sibirischen Katzen zählen mochte. Korowjew hatte seine langen Arme ausgebreitet und fuchtelte mit ihnen herum, als wollte er die Milizionäre einladen, mit ihm Fangen oder ein anderes, ähnlich wildes Kinderspiel zu spielen.

»Hochverehrteste Hüter der Ordnung!« sprach Korowjew sie an. »Was haben Sie denn da für ein Bürschchen? Wo schleppen Sie den denn hin?«

»Gehen Sie aus dem Weg!« entgegnete der Leutnant kurz und knapp.

Ob Jakuschkin in dieser Situation seinen alten Bekannten vom Boulevard wiedererkannte, vermag ich nicht mit Sicherheit zu sagen. Auszuschließen ist es nicht. Er befand sich allerdings in einem Zustand völliger Gleichgültigkeit allem und jedem gegenüber. Das Vorgefallene bedauerte er in keiner Weise, im Gegenteil, er verspürte sogar eine gewisse Befriedigung. Geschieht dem Schurken ganz recht, dachte er über den von ihm zu Fall gebrachten Sutenewski. Jetzt wird er wissen, was es heißt, Leute hinters Licht zu führen! Die Drohung des Leutnants, man werde ihm mindestens zwei Jahre aufbrummen, beeindruckte ihn nicht im geringsten. Ihm fielen die Worte ein, die einst eine kluge Persönlichkeit formuliert hatte: »Wer nie Gefängnis oder Krieg gekostet hat, hat nicht richtig gelebt.« Sicher, für Lena tat es ihm leid und für den Kleinen… Ach was, vielleicht lassen sie mich am Ende ja laufen, beruhigte sich Jakuschkin.

»O eitles Tu-hu-hu-hun!« hub Korowjew zum großen Lamento an und heftete sich dem Konvoi an die Fersen. »Ich kenne diesen Jungen und weiß ihm nur das schmeichelhafteste Zeugnis auszustellen. Wenn er wirklich etwas Dummes gemacht hat, tadeln Sie ihn halt, meinethalben lassen Sie ihn auch ruhig eine Arbeit verrichten, damit er zur Einsicht gelangt. Aber doch nicht gleich abführen! Stellen Sie sich vor, er hat mir einen ganzen Rubel seiner kargen Geldmittel geopfert. Sagen Sie selbst, wo gibt es heute denn noch so etwas, daß man jemandem einfach so einen Rubel abknöpfen kann?«

»Da scheint jemand Interesse an der Ausnüchterungszelle zu haben«, sagte der Leutnant zu seinem Sergeanten, wobei er vielsagend zwinkerte.

»Wer will hier in die Ausnüchterung? Ich?« empörte sich Korowjew. »Ich, der ich Ehrenmitglied der antialkoholischen Assoziation bin? Beschweren werde ich mich über Sie, an entsprechender Stelle, jawohl!«

Die Drohung zeitigte offenbar Wirkung – die Milizionäre hatten wohl beschlossen, sich nicht mit einem Mitglied der antialkoholischen Assoziation anzulegen. Und so ging der Leutnant schnurstracks zum Wagen, schloß die Tür auf und setzte sich hinters Steuer. Jakuschkin sollte auf dem Beifahrersitz Platz nehmen, der Sergeant stieg hinten ein. Korowjew winkte traurig.

Da sprang – gleichsam aus dem Nichts kommend – ein Kater auf die Motorhaube des UAS, mit der offenkundigen Absicht, es sich auf dem warmen Plätzchen wohlergehen zu lassen. Zunächst einmal versperrte er dem Leutnant aber die Sicht und schaute ihn streng und feindlich durch die Windschutzscheibe an.

»Hau ab!« schrie dieser, wobei er sich zum Seitenfenster hinauslehnte.

Der Kater zögerte, sprang dann aber folgsam auf den Gehsteig.

»Diese hartherzigen Menschen!« lamentierte Korowjew. »Da verweigern sie einem Haustier das bißchen Wärme! So ein Tier kann sich doch auch erkälten! Und dann ist das Geschrei groß.« Korowjew nahm den Kater auf den Arm und ging mit ihm zu den Tafeln, an denen das Kinoprogramm angeschlagen war, das zu studieren er vorgab.

Der Leutnant drehte den Zündschlüssel herum, doch im UAS tat sich nichts. Er wiederholte den Versuch, das Ergebnis blieb das gleiche. Noch einmal – noch einmal nichts. Gott und die Welt verfluchend, stieg der Leutnant aus, öffnete die Motorhaube und schaute hinein.

»Da krepiert der Funke im Vergaser«, vernahm er eine unbekannte Stimme.

Der Leutnant hob den Kopf. Korowjew rückte sich den Zwicker zurecht und studierte wie gehabt das Kinoprogramm. Den Kater hielt er schon längst nicht mehr auf dem Arm. Neben dem Auto stand jedoch ein kleiner, rundgesichtiger Dicker in Lederjacke und mit lederner Schiebermütze. Er war es, der die Vermutung geäußert hatte, der Funke krepiere im Vergaser.

»Verstehst du etwa was davon?« verlangte der Leutnant mißtrauisch zu wissen. Er selbst konnte lediglich aufs Gaspedal treten und das Steuer halten.

»Möchte man meinen, Chef! Zwanzig Jahre hinterm Lenkrad und noch sieben Jahre als Mechaniker, das dürfte wohl reichen, was?«

Voller Zweifel schaute der Leutnant den Dicken an, der gerade mal wie dreißig wirkte. Wollte er vielleicht behaupten, er sei schon im Windelalter Auto gefahren?

»Setz dich ans Steuer!« befahl der Dicke.

Der Leutnant setzte sich wieder hinters Steuer, während der Dicke einen Schraubenschlüssel aus seiner Jackentasche hervorholte und am Motor herumzufummeln begann. Dabei mußte er irgend etwas abgeschraubt haben, denn plötzlich roch es unangenehm scharf nach Benzin. An anderer Stelle zog er eine Schraube an, auf wieder andere klopfte er mit seinem Schraubenschlüssel.

»Start mal!« schrie er.

Der Motor heulte wie verrückt auf. In diesem Augenblick stand Korowjew auch schon neben dem Wagen. Er riß die rechte Tür auf und zog Jakuschkin heraus. Der Dicke ließ die Motorhaube zuknallen und sprang überraschend behende auf den Gehsteig. Der Leutnant schrie Korowjew an: »Was machst du denn da, du Ganove?« Er streckte sich nach Jakuschkin und versuchte, ihn am Arm zu packen. Bei diesem Versuch drückte sein Fuß dummerweise das Gaspedal herunter. Der Wagen machte einen Satz, gewann schnell an Fahrt und schoß die Herzenstraße Richtung Stadtzentrum hinunter.

Schon sehr bald stellte sich heraus, daß der UAS (der schließlich auch ein Ziegenbock ist) jeglichen Gehorsam verweigerte. Der Leutnant trat mit aller Kraft auf die Bremse – woraufhin die Geschwindigkeit noch zunahm. Er schaltete die Zündung aus – der Motor lief noch stärker auf Hochtouren. Es blieb nur eins – sich mit der Lage abzufinden und unablässig das Lenkrad herumzureißen, um sich durch die anderen Autos zu lavieren, ihnen bald links, bald rechts auszuweichen, aber auch schon mal auf die Gegenfahrbahn rüberzufahren. Ohne Zweifel, der dicke Mechaniker mit seiner langjährigen Berufserfahrung hatte den Motor in Gang gebracht!

Der Leutnant saß, das Lenkrad fest umklammernd, mehr tot als lebendig auf dem Fahrersitz, der Sergeant im Fond war der Gabe zu reden verlustig gegangen. Der UAS kam am Manegeplatz heraus. Der Leutnant legte sich derart rasant in die linke Kurve, daß es einem Rennfahrer von Weltruf zur Ehre gereicht hätte. Sie sausten am Lenin-Museum vorbei, von wo das Auto in Richtung Dsershinskiplatz fuhr, um Kurs auf den Eisernen Felix zu nehmen, den die Moskauer Spaßbolde schon seit langem »den Halbliter« nennen, womit sie zum Ausdruck bringen wollen, daß das Denkmal, mit gebührendem Abstand betrachtet, unwahrscheinliche Ähnlichkeit mit einer Flasche Wodka hat.

In der Moskauer Zentrale der Straßenverkehrspolizei hagelte es nur so von Meldungen verschiedener Posten bezüglich eines wild gewordenen UAS. Man versuchte Funkkontakt aufzunehmen, war der UAS doch immerhin mit diesem Gut gesegnet. Man wollte wissen, was los sei, wo es brenne. Oder ob sie jemanden verfolgten. Einen Verbrecher vielleicht. Die Antwort des Leutnants war unzusammenhängend und ausgesprochen konfus. Daraufhin wurde an alle Posten das Kommando *Aufhalten!* ausgegeben.

Leicht gesagt! Jeder nur verfügbare Straßenverkehrspolizist – die Lieblingsfigur aus den Erzählungen Iwan Stepanowitsch Peretjatkos – sprang aus seinem Häuschen. Konfus, wie die Milizionäre waren, pusteten sie in ihre Pfeifen und schleuderten ihre aufgerüsteten, will heißen leuchtenden Stöcke in die Luft. Den UAS ließ das alles völlig kalt. Er raste und raste, zuerst mit 150 Stundenkilometern, dann mit 180, umfuhr jedes andere Verkehrsmittel, vollführte einfach phantastische Manöver und blieb doch jedesmal heil und unversehrt.

Unter dem UAS schwand die Taganka dahin. Das Auto schoß am Stadttor Krestjanskaja vorbei, um dann in die Rjasaner Chaussee zu entschlüpfen. Auf dieser Strecke gab es weniger Verkehr, und der Leutnant fand sich schließlich uneingeschränkt mit der Situation ab. Nun endete die Stadt, sie ließen den Stadtring hinter sich und nahmen Kurs auf Rjasan.

Immer und immer wieder rasten die Straßenverkehrspolizisten die Chaussee mit ihren nutzlosen Pfeifen und Stöcken hinunter. Der UAS führte in dieser Dezembernacht das eigene milizionäre Fleisch und Blut weiter und weiter aus der Stadt hinaus.

Leutnant und Sergeant kamen bald in Dörfer und in Siedlungen – anfangs in der näheren Umgebung Moskaus, später gar im weiteren Umkreis –, sie kamen nach Lytkarino, Bronnizy, Kolomna…

Freilich, früher oder später findet bekanntlich alles sein Ende. Die Stunde des irrsinnigen Rasens verstrich, klang aus. Das Benzin ging zu Ende. Der Motor fing zu stottern und zu husten an. Die Geschwindigkeit nahm rapide ab. Schließlich blieb der UAS stehen.

Lange wagten sich die beiden entkräfteten Milizionäre nicht aus dem Auto. Der Leutnant verharrte auf seinem Sitz, den Kopf aufs Lenkrad gebettet. Beide waren außerstande zu glauben, daß sie wohlbehalten und unverletzt waren. Nach einer Weile stiegen sie aus dem UAS, um sich zum nächsten Posten der Straßenverkehrspolizei zu schleppen. Von dort wurden sie unverzüglich zurück nach Moskau in die Zentrale der Straßenverkehrspolizei gebracht, wo sie ebenso unverzüglich vernommen wurden. Der Leutnant tischte den Ermittlern verschiedene Märchen à la Charles Perrault auf, faselte etwas von einem schwarzen Kater von unfaßbarer Größe, von seinem sonderbaren Herrchen mit nie dagewesenem Zwicker am Band, von einem durchgehenden UAS und dergleichen mehr. Der Sergeant, ein gebürtiger Jakute, sagte immer wieder nur: »Und wenn Sie mich erschießen, ich weiß nichts…«

Noch am selben Tag machte man sich daran, den UAS durchzuchecken, den die beiden auf der

Zufahrtsstraße nach Rjasan stehengelassen hatten. Man füllte Benzin in den Tank, startete, fuhr ein wenig – doch es ließ sich nichts Übernatürliches feststellen. Ein Auto wie jedes andere auch, vielleicht, daß der Motor ein bißchen klopfte.

Interessant ist aber noch ein anderes Detail. Das Protokoll, das alle Einzelheiten des frevelhaften Jakuschkinschen Auftritts im Schriftstellerrestaurant festhielt, war spurlos verschwunden. Der Leutnant schwor, er habe es in seine Manteltasche gesteckt, wo aber kein Protokoll zu finden war, das mußte er unumwunden zugeben.

Ebenso hatte sich die an das Protokoll geheftete Schadensauflistung in Luft aufgelöst. Als einige Tage später der dem Leser bereits bekannte Goscha im zuständigen 83. Revier anrief, um in Erfahrung zu bringen, auf welche Art die finanzielle Entschädigung erfolgen werde, traf er auf völliges Unverständnis.

Goscha schwante, daß es keinen Schadensersatz geben würde, daß alle Zeichen auf Ebbe standen, und versuchte sich mit Urwanzew wenigstens über eine Vergütung des Abendessens zu einigen. Da war freilich nichts zu wollen. Der politische Kommentator legte eine völlig unerwartete Entschlossenheit und Hartnäckigkeit an den Tag, indem er erläuterte, es sei nur recht und billig, wenn nicht er, sondern derjenige, der an dem Vorfall die Schuld trage, das Essen bezahle.

Auf welche Weise Goscha den Schaden kompensiert hat, vermag ich bei Gott nicht zu sagen. Ich weiß lediglich von einer radikalen Veränderung in seinem Auftreten Urwanzew gegenüber zu berichten. Goscha stufte ihn fortan in die Klasse der zweitrangigen Schriftsteller ein – und vorbei war es mit den lauschigen Tischchen und anderen Zeichen erhöhter Aufmerksamkeit.

Urwanzew hatte mithin Grund genug, einer ordentlichen Gefühlszerrüttung anheimzufallen. In dieser Situation wurde Sutenewski aus dem Krankenhaus entlassen, der ihm auch noch kurzerhand sein Stück zurückgab. Er legte ihm dar, von einer Inszenierung könne überhaupt keine Rede sein, da die Bühnentauglichkeit des Stücks, gelinde gesagt, arg zu wünschen übriglasse.

Am Ende gelang es Urwanzew allerdings doch noch, dem Stück den Weg auf die Bühne freizuschaufeln, und zwar in einem erbärmlichen Saal in der Nähe des Stadtrings. Zur Premiere war der Saal sogar halbvoll. Obendrein bewerkstelligte Urwanzew es sogar, daß die *Prawda* eine wohlwollende Rezension abdruckte. Gleichwohl kamen in den nächsten drei Vorstellungen, sosehr man es auch zu erzwingen versuchte, nicht mehr als fünfzehn Personen. Das Stück flog ohne langes Federlesen aus dem Repertoire, was Urwanzews Leidenschaft für die Bühnenschriftstellerei vollends erkalten ließ. Im weiteren verschrieb er sich mit nunmehr ungeteilter Aufmerksamkeit der Lobpreisung unserer weisen und friedliebenden Außenpolitik.

Die Geschichte der beiden Milizionäre, die zu unschuldigen Opfern von Korowjew und Behemoth wurden, ist indes noch nicht zu Ende erzählt.

Dem Sergeanten gestattete man, seinen Dienst auch weiterhin zu versehen, wohingegen man den Leutnant aus den Organen des Innenministeriums entließ. Jemand, der einen verhafteten Randalierer entkommen lasse und sich der leichtsinnigen Fahrweise in einem Wagen der Miliz schuldig mache, habe nicht länger das Recht, Amt und Würde eines sowjetischen

Milizionärs zu genießen. Nach dieser Nacht ging dem Leutnant jedoch alles, mit Verlaub, ziemlich am Rükken vorbei. Statt womöglich klein beizugeben oder sich die Haare zu raufen, ging er ins private Unternehmertum. Bald schon stand er tagein, tagaus am Nordausgang der U-Bahn-Station Babuschkinskaja, wo er Schaschliks feilbot. Ich selbst habe einmal seine Ware versucht und kann nur beteuern, daß es sich um Schaschliks bester Qualität gehandelt hat.

Nachdem Korowjew Jakuschkin aus dem UAS gezogen hatte, stellte er ihn zuallererst richtig auf die Füße. Behemoth hatte sich aus einem dicken Mechaniker wieder in einen Kater verwandelt. Auf den Hinterbeinen stehend, zupfte er Jakuschkin fürsorglich Schal und Jacke zurecht. Dann trat er einige Schritte zurück, um ihn überkritisch von oben bis unten zu mustern wie ein Kostümbildner, der einen Operntenor für den Bühnenauftritt ausstaffiert. Noch einmal trat er an Jakuschkin heran, hauchte ein unsichtbares Stäubchen von seiner Schulter und setzte ihm die Mütze schräg aufs Ohr. Da endlich kam Jakuschkin die Erleuchtung.

»Sind Sie nicht der Kater Behemoth?« fragte er. »Dann müßten Sie Korowjew sein?«

»Zu Ihren Diensten!« frohlockte Korowjew und verbeugte sich.

»Zwei zu null für Sie!« pflichtete ihm Behemoth bei.

»Ich hätte nie gedacht, daß Sie wirklich existieren!«

»Warum sollten wir nicht existieren?« verwunderte sich Korowjew. »Was sollen wir denn sonst sein, tote Seelen oder was?«

Und er hub an, die Geschichte vom Direktor eines,

seinen Worten zufolge, Moskauer Vorzeigebetriebs zu erzählen, den er persönlich gekannt habe, mit dem er sich aber aufgrund unüberbrückbarer Meinungsverschiedenheiten entzweit habe. Auf Befehl des Direktors trug der Chefbuchhalter nämlich regelmäßig tote Seelen in die Lohnliste ein, zum Beispiel eigentlich nicht existente Ingenieure und Techniker, aber auch Angehörige der Arbeiterklasse. Der Direktor und der Chefbuchhalter rissen sich die ausgezahlten Löhne unter den Nagel und machten dann halbe-halbe.

»Mit so etwas wollen Sie uns doch wohl nicht vergleichen«, schloß Korowjew.

»Sie haben mich völlig falsch verstanden«, beeilte Jakuschkin sich zu rechtfertigen. »Ich habe Sie beide für eine Halluzination von mir gehalten.«

»Na, das ist ja noch schöner!« rief Behemoth voller Zorn aus. »Schon wieder werde ich zur Halluzination erklärt. Wie oft denn eigentlich noch?«

»Und das ist wohl auch eine Halluzination, wie?« fragte Korowjew, als er eine Einrubelmünze aus seiner Tasche zog. »Mit bestem Dank zurück. Sie haben mich aus einer wirklich heiklen Lage gerettet.«

In diesem Augenblick fuhr die bereits bekannte Kutsche vor. Der Schlag öffnete sich, das Trittbrett wurde heruntergelassen.

»Ah! Da sind ja die Unsrigen!« rief Korowjew aus.

Jakuschkin erblickte den Kutscher mit Dreispitz, aber ohne Gesicht, und die Negerlakaien hinten auf dem Wagentritt. Inzwischen hatte er es aufgegeben, sich noch über irgend etwas zu wundern. Korowjew schob ihn mit sanftem Druck hin zur Kutsche.

»Überlegen Sie gut, wie Sie sich jetzt verhalten«, flüsterte er ihm zu. »In Ihrem eigenen Interesse ...«

Jakuschkin ahnte bereits, daß ihm ein Treffen mit

Voland bevorstand. Er stieg in die Kutsche; ihm folgten erst Korowjew, dann Behemoth. Der Kater beschirmte zuvor noch wie ein waschechter Verschwörer das Gesicht mit der Pfote und spähte mit zusammengekniffenen Augen die Herzenstraße hinunter, um sich zu vergewissern, daß sie nicht beobachtet wurden. Die Straße war leer. Selbst der Milizionär, der eine in der Villa gegenüber untergebrachte ausländische Botschaft bewachte, war verschwunden. Der Schlag fiel zu, die Kutsche zuckelte los.

Das Innere der Kutsche kam Jakuschkin weitaus geräumiger vor, als ihr Äußeres vermuten ließ. Schwere, in dunklen Farben gehaltene Vorhänge zierten die Wände. Über einen Tisch mit geschwungenen Beinen war eine Decke gebreitet. Auf dem Tisch brannten drei Kerzen in einem Kandelaber. Zudem standen einige Sessel, Stühle und Hocker im Raum. In einem Sessel mit hoher Rückenlehne, der vor einen brennenden Kamin gerückt war, saß Voland.

Als Jakuschkin eintrat, drehte Voland sich um. Er war nunmehr mit einem kirschfarbenen Wams bekleidet, dessen Schlitze ein heller Stoff unterfütterte. Dazu trug er hohe Kanonenstiefel. Über die Armlehne bauschte sich der Saum seines dunklen Umhangs, dessen Futter in leuchtenden Rottönen changierte. Beide Hände ruhten auf dem Griff seines langen Degens, der mit der Spitze im Kutschboden stak.

Eine mit nichts zu vergleichende Aufregung bemächtigte sich Jakuschkins. Er hatte keinerlei Vorstellung, welches Verhalten sich gegenüber dem Teufel geziemte. Wie sollte er ihn begrüßen? Sollte er »Sei gegrüßt« oder »Guten Tag« sagen? Einstweilen zog er es vor, sich wortlos zu verbeugen, was Voland mit einem kurzen Nicken erwiderte.

»Nur ruhig, nur ruhig!« zirpte ihm der herbei-
gesprungene Korowjew ins Ohr. »Jetzt trinken wir
erst einmal ein Gläschen Wodka auf die Begegnung,
sozusagen ganz menschlich.«

Er brachte ein Tablett mit gefüllten Gläsern und
achtete gleich einem versierten Kellner auf einem
Linienschiff darauf, daß trotz des Rüttelns der Kutsche – die unterdessen nämlich weiterfuhr – nichts
überschwappte. Von draußen drangen das rhythmische Klacken der Pferdehufe auf dem Asphalt sowie
das Knarzen der Wagenfedern herein. Wohin die Kutsche aber fuhr, war nicht auszumachen – die Fenster
waren dicht verhangen.

Obwohl Behemoth sich schon auf dem marmornen
Kaminsims ausgestreckt hatte (Sie werden bemerkt
haben, daß Kater sich mit Vorliebe die wärmsten
Plätze suchen), sprang er noch einmal behende hinunter, um zwei Gläser vom Tablett zu nehmen, eins
für Voland, eins für sich. Als Voland sein Glas in Händen hielt, forderte er Jakuschkin mit einem Zeichen
auf, dem Beispiel zu folgen, was dieser auch sogleich
tat. Korowjew stellte das Tablett auf den Tisch und
gesellte sich ebenfalls mit einem Glas in der Hand zu
den anderen.

»Auf die Gesundheit unseres Gastes«, brachte
Voland einen Toast aus. Alle stießen frohgemut an und
kippten den Inhalt ihrer Gläser hinunter.

Der Wodka erschien Jakuschkin außerordentlich
stark, war zugleich aber auch märchenhaft weich. Er
verströmte einen Geruch nach unbekannten Kräutern.
Sein Lebtag hatte er keinen vergleichbaren Wodka
getrunken. Im Nu breitete sich eine wohlige Wärme
in seinem Körper aus, ihm wurde leicht und ruhig
zumute.

»Wie geräumig Sie es haben!« tat er sein Erstaunen kund.

»Viele wundern sich darüber«, bestätigte Korowjew. »Dabei ist es eigentlich gar nicht erstaunlich. Wir nutzen schlicht und ergreifend die wertvolle und einschlägige Erfahrung Ihrer allseits bekannten Größen aus Staat und Partei. Stellen Sie sich doch nur mal vor, daß einer von denen eine neue Wohnung bekommt. Für sich oder vielleicht auch für seine Tochter. In der Wohnungszuweisung stehen genau fünfundzwanzig Quadratmeter, auf keinen Fall mehr. Um die jeweilige Bescheidenheit und die Geringschätzung aller irdischen Güter herauszustellen. Natürlich hat die Wohnung aber eigentlich neunzig, wenn nicht hundert Quadratmeter, und das alles ohne Lug und Trug. Der Flächenzuwachs kommt allein durch die Nebenräume zustande, die in den fraglichen Wohnungen einfach nicht in die Gesamtfläche einberechnet werden. In die Zuweisung schreibt man keine Nebengelasse rein, das ist strengstens verboten. Von den unzähligen Kämmerchen und Zwischengeschossen ganz zu schweigen. Wir haben es bloß ganz genauso gemacht, haben die Innenfläche der Kutsche vermittels der Nebengelasse erweitert.«

»Worum wollten Sie mich bitten?« wandte sich nun Voland an Jakuschkin.

»Um gar nichts!« Jakuschkin zuckte erstaunt die Achseln.

»Messere!« mischte sich Korowjew ein. »Worum kann ein Schriftsteller schon bitten? Selbstredend um die Herausgabe seiner Werke, zudem in möglichst hoher Auflage!«

Behemoth hob die Pfote, um eine Korrektur des Gesagten anzumelden. Er meinte nämlich, einem dramatischen Schriftsteller schwirrten etwas andere Ideen im Kopf herum. Freilich, kam er möglichen Einwänden zuvor, ließe sich in gewisser Weise jeder Schriftsteller als mehr oder minder dramatisch bezeichnen. Doch er persönlich ziele an dieser Stelle einzig auf diejenigen, die Dramen und Komödien wie auch Tragödien und Farcen abfaßten, kurzum, die Dramatiker. Jeder einzelne von ihnen träume davon, daß sein Stück auf einer der hauptstädtischen Bühnen zur Aufführung gelange, ja, und danach in rund hundert Theatern in der Provinz. Könne man sich etwas Schöneres vorstellen, als dann in der Datscha auf der Veranda zu sitzen, Tee zu trinken, dazu etwas Konfitüre zu naschen, in der Zeitung die lobenden Rezensionen zu lesen, während das Geld fließt und fließt und …

»Sie sind also Schriftsteller?« Voland betrachtete Jakuschkin mit offenkundigem Interesse.

»Was soll ich schon für ein Schriftsteller sein?« entgegnete Jakuschkin mit wenig nachvollziehbarem Frohsinn. »Ich bin weit davon entfernt, ein Schriftsteller zu sein. Ich bin einfach ein Nichts, mehr nicht.«

»Woher diese befremdliche Selbstunterschätzung?«

»Ein Schriftsteller ist er, ein Schriftsteller«, mischte sich Korowjew abermals ein. »Ich habe sein Werk selbst gelesen, sogar mit großem Vergnügen.«

»Ich auch!« schlug Behemoth in dieselbe Kerbe. »Eine derartige Wonne, daß ich heulen mußte!«

Jakuschkin äußerte diesbezüglich erhebliche Zweifel. Bislang habe er noch fast gar nichts veröffentlicht. Und die paar Sachen, die er tatsächlich irgendwo untergebracht habe, seien bei weitem nicht das Beste, was er geschrieben habe.

»Und trotzdem!« ließ Behemoth nicht locker. »Es gibt da so manchen, und mich im besonderen, der hat ein feines Näschen für Talent. Nennen Sie mir einen beliebigen Autor aus einem beliebigen Land, und ich sage Ihnen, was er taugt!«

»Genug, Behemoth«, unterbrach ihn Voland und wandte sich erneut an Jakuschkin. »Meiner Ansicht nach ist ein Schriftsteller jemand, der etwas von Bedeutung schreibt. Ob er nun schon verlegt wurde oder nicht, spielt dabei eine untergeordnete Rolle. Mir war es schon einmal vergönnt, diese einfache Wahrheit einem Menschen darzulegen ...«

Einem Stromschlag gleich durchfuhr Jakuschkin eine Vermutung.

»Ich weiß!« rief er aus. »Ich weiß, wen Sie meinen! Und ich flehe Sie an, auf Knien, wenn es sein muß, aber sagen Sie ... dieser Mensch ... also dieser Schriftsteller ... hat der euch nicht alle erfunden?«

Das Gespräch erstarb. Die glühenden Holzscheite im Kamin knisterten stärker. Eine Flammengarbe schoß funkenstiebend nach oben. Doch sofort – als hätte er einen geheimen Befehl bekommen – beruhigte der Kamin sich wieder, um mit ruhigen Flammen weiterzubrennen.

»Er hat uns nicht erfunden, sondern mit verblüffender Genauigkeit *erraten*. Wofür ihm die gebührende Behandlung zuteil wurde«, antwortete Voland.

»So ist es!« bestätigte auch Korowjew. »Selbst meinen gesprungenen Zwicker hat er mit aller Genauigkeit beschrieben. Ich habe dann in einem kleinen Geschäft in Amsterdam ein neues Glas einsetzen lassen.«

So wurde der kleine Streit, der noch auf der Straße angefangen hatte, beigelegt. Jakuschkin drängte es natürlich, weitere Einzelheiten über die Zusammenhänge zu erfahren, die ihm soeben eröffnet worden waren.

»Und wie genau sah die gebührende Behandlung für diesen Schriftsteller aus?« wollte er von Voland wissen. Der setzte ein sardonisches Lächeln auf und meinte: »Das werden Sie erfahren, wenn es an der Zeit ist.«

Erneut trat Stille ein, die Korowjew jedoch mit weitläufigen Darlegungen darüber unterbrach, was echte Literatur sei und was nicht und wie die eine von der anderen unterschieden werden könne. Behemoth stieß ins gleiche Horn und führte weitere Argumente zur Erhärtung der Korowjewschen Thesen an. Voland hörte ihnen bloß gelangweilt zu, derweil er mit dem Griff seines Degens spielte.

»Grau, teurer Freund«, unterbrach er die selbsternannten Literaturwissenschaftler, »ist alle Theorie. Und grün des Lebens goldner Baum.«

»Das ist Goethe, oder?« schaltete sich Jakuschkin wieder ein. Voland nickte bestätigend.

»Überlassen wir also die Theorie den gelehrten Laffen, denn sie ist ihr täglich Brot. Sie wären alle miteinander schon längstens den Hungertod gestorben, gäbe es auf der Welt nicht die unterschiedlichsten Theorien. Nehmt nur einmal die Philosophen. Bis heute weiß nicht einer von ihnen eine Antwort auf die so simple Frage, was denn nun eher da war, die Materie oder der Geist.«

»Selbstverständlich die Materie«, brachte Behemoth seine Auffassung im Brustton der Überzeugung vor. »Ich selbst bin übrigens erklärter Materialist. In dem Zusammenhang folgender Beweis: Sobald es in den Geschäften Materie gibt, sinkt der Geist der Bevölkerung katastrophal. Das gleiche passiert, wenn in Lebensmittelläden Wurst auftaucht, die ebenfalls als Materie zu betrachten ist.«

»Schweigst du jetzt wohl stille, du Schlingel!« fuhr ihn Voland mit einem Lächeln an.

»Kein Wörtchen darf man hier sagen«, murmelte Behemoth. »Was für ein Despotismus!«

Sie wissen ganz gut darüber Bescheid, was bei uns los ist, dachte Jakuschkin. Was wäre wohl, wenn ihr jetziger Besuch in Moskau hieße, daß... Doch Voland unterband die aufkeimende Erleuchtung.

»Geben Sie es mir!« sagte er zu Jakuschkin und streckte die Hand aus.

Voller Unverständnis zog Jakuschkin die Schultern hoch. Was, um alles in der Welt, konnte Voland von ihm wollen?

»Geben Sie mir Ihr Werk, das Sie so gekonnt in eine Waffe nur allzu gerechter Vergeltung zu verwandeln verstanden haben. Ich möchte es gern kennenlernen.«

Mein Gott! Wo ist die Mappe? dachte Jakuschkin voller Entsetzen. Wo habe ich sie nur gelassen? Im Restaurant? Oder im Wagen der Miliz? Eine Katastrophe, eine echte Katastrophe!

In diesem Punkt unterschied Jakuschkin sich in nichts von anderen namenlosen Autoren – auch er fürchtete nichts mehr, als daß sein Manuskript in die Hände von gewissenlosen Leuten fallen könne. Kurzum, von Gaunern, die es überall wie Sand am Meer gab. Würden die ihm nicht einfach seinen Plot stehlen? Oder sich gleich das ganze Werk unter den Nagel reißen, um es dann unter eigenem Namen zu veröffentlichen? Hatte es solche Fälle nicht schon gegeben? Dann beweise aber erst einmal, daß...

»Ich habe die Mappe verloren!« hauchte Jakuschkin, indem er sämtlichen Anwesenden einen verzweifelten Blick zuschickte.

Korowjew stöhnte vor Kummer auf und faßte sich

an die Wange, als hätte ihn plötzliches Zahnweh befallen. Auch Behemoth saß da wie ein Häufchen Elend.

»Und wofür bin ich da, hm?« erklang da eine neue Stimme, die Jakuschkin vage bekannt vorkam.

Asasello erschien auf der Bildfläche. Er trug kein Jackett, sondern nur eine Weste sowie die unvermeidliche Krawatte und wirkte recht verschlafen. Vielleicht hatte er sich ja nach des Tages heiligen Mühen in einem der Nebengelasse aufs Ohr gelegt.

»Was glaubt ihr denn, warum ich mich in das Restaurant im Haus der Literaten geschleppt habe?« fuhr Asasello fort. »Als ob ich nichts anderes zu tun hätte! Ja, und da habe ich das hier vom Boden aufgelesen.«

Er zeigte allen die bekannte orangefarbene Mappe und überreichte sie sodann Jakuschkin, der ihm seine tiefe Dankbarkeit aussprach. Kaum hatte er das Wort Dankbarkeit vernommen, bemerkte Asasello, daß er, obwohl er der Welt der Literatur und des Theaters natürlich fernstehe, die Vermutung hege, man müsse, wenn alle Bühnenschriftsteller anfingen, diesen… wie hießen sie noch…

»Dramaturgen«, soufflierte Korowjew.

»… diesen Dramaturgen ihre abgelehnten Stücke über den Schädel zu ziehen, wahrscheinlich die Leute mit der Lupe suchen, die den Job überhaupt noch machen wollen. Was aber soll dann aus den Theatern werden?« fragte Asasello abschließend.

Korowjew erklärte, auch ohne Dramaturgen drohe den Theatern kein großes Unheil, denn der Posten sei eh ein zweitrangiger und keinesfalls von zentraler Bedeutung. Gleichwohl sei auch er kein Anhänger der Idee, jenem Personenkreis die abgelehnten Stücke über den Schädel zu ziehen. Im Unterschied zu diesen beiden unterstützte Behemoth die Tat Jakuschkins ohne jeden Vorbehalt. Er nannte Sutenewski einen Konjunkturritter und Wendehals, der nichts anderes verdient habe.

»Kann ich mir jetzt vielleicht endlich mal Ihr Stück ansehen?« fragte Voland ungehalten.

»Es ist nicht unbedingt ein Stück… das heißt, es ist unbedingt kein Stück…« Jakuschkin verhaspelte sich und errötete. Alle Anwesenden bedachten ihn mit erstaunten Blicken.

»Kein Stück?« wollte Voland wissen. »Dann verstehe ich gar nichts mehr. Was soll es denn dann sein?«

»Es ist ein Roman, der *Beerdigung eines Jägers* heißt.« Es sei dahingestellt, ob Jakuschkin mit dieser Aussage zur Erhellung oder zur weiteren Verwirrung beitrug. »Ich habe ihn an verschiedene Zeitschriften geschickt, aber überall wurde er in der Luft zerrissen… also abgelehnt. Und dann hat Banketow…«

»Wer ist Banketow?«

»Ein Literatur- und Theaterkritiker in Personalunion. Er hat mich unter seine Fittiche genommen und mir gesagt, daß ich durchaus was kann…«

Und Jakuschkin erzählte, wie alles angefangen hatte. Banketow hatte den Roman gelesen, der ihm gefallen habe. Zu versuchen, ihn in Zeitschriften unterzubringen, sei derzeit vergebene Liebesmüh, so seine Worte, denn alle Welt drucke nur noch Emigranten. Es sei aber nicht ganz aussichtslos, den Roman einem Theater anzubieten, denn er sehe in ihm förmlich das fertige Stück. Der Text müßte also nur noch in Dialoge umgeschrieben und um einige überflüssige Passagen gekürzt werden. In seiner Anwesenheit habe Banketow Sutenewski angerufen, um ihn zu überreden, das Manuskript zu lesen und sich mit dem Autor zu treffen. Aber Sutenewski …

»Das wissen wir, das wissen wir!« Behemoth winkte mit der Pfote ab.

Voland meinte, für ihn habe es keine Bedeutung, welches Genre ein Werk repräsentiere. Mit diesen Worten nahm er Jakuschkin die Mappe mit dem Manuskript aus der Hand, löste die Schnüre und versenkte sich in die Lektüre. Er las mit unglaublicher Schnelligkeit, die Seiten flogen nur so auf, um sich hernach eine nach der anderen in einem akkuraten Stapel auf dem Boden zu sammeln. Behemoth kehrte auf seinen Lieblingsplatz, den Kaminsims, zurück und setzte sich eine Brille auf. Dann nahm er sich gleich einen ganzen Schwung Blätter vom Stapel und las nun parallel zu Voland, hinter dessen Tempo er keinesfalls zurückblieb. Korowjew hingegen erklärte, er habe die Kunst des rasanten Lesens nicht erlernen können. Daher werde er den Roman später lesen, in seiner Freizeit. Daraufhin zog er sich zusammen mit Asasello zurück.

Voller Ungeduld harrte Jakuschkin des Urteils, das Voland über seinen Roman abgeben würde. Die Kerzen knisterten, während die Flammen im Rhythmus der fahrenden Kutsche auf und ab tanzten. Der Kamin gab ein gleichmäßiges Pfeifen von sich, und wie zuvor waren das Klacken der Hufe sowie das Knarzen der Wagenfedern zu hören. Die Kutsche setzte ihre Fahrt ins Unbekannte fort.

9. KAPITEL

KOMPHYG! KOMPHYG!
Auszüge aus dem Roman Jakuschkins.
Mit Anmerkungen des Autors
des vorliegenden Romans

Aufgrund gewisser Umstände, die ich erst später beleuchten werde, ist es mir geglückt, zumindest an einen kleineren Teil von Jakuschkins Manuskript zu gelangen. Genauer gesagt, einige Kladden. Ihre Entzifferung dauerte ein Weilchen, hat Jakuschkin doch eine nahezu unleserliche Handschrift. Weitere Einzelheiten des Plots konnte ich in Erfahrung bringen, als ich Jakuschkin in… Doch auch davon später mehr. Einstweilen möchte ich einige Auszüge aus seinem Roman der Aufmerksamkeit meines Lesers empfehlen. Sie wurden von mir geringfügig redigiert; weiterhin habe ich sie so angeordnet, wie es mir am überzeugendsten erschien, und habe ausgewählte Stellen mit einem Kommentar versehen. Also…

»… Damit, meine verehrten Damen und Herren, möchte ich schließen. Ich danke Ihnen für Ihre Aufmerksamkeit.«
Üppige barfüßige Frauen in gewagten Gewändern – waren das Musen, Nymphen oder antike Göttinnen, die ich während des Vortrags bisweilen mit Blicken gestreift hatte – hatten sich unversehens aus dem himmelblauen, von schneeweißen Plusterwolken

durchzogenen Plafond herausgeschält, um über mir ihren wilden, wirbelnden Tanz zu vollführen. Die Marmorwände des riesigen Saals erbebten. Über sie rankten sich vom Boden bis zur Decke bunte Lichterketten. Da zerriß ein Beifallsausbruch die tödliche Stille.

Die unerwartete Akklamation hätte mich zu Fall gebracht, wenn es mir nicht gelungen wäre, mich am Rand der Bühne festzuhalten. Kaum hatte ich wieder festen Stand gefunden, steckte ich das Kaninchen, das soeben seinen Auftritt vor einem erlesenen wissenschaftlichen Forum gehabt hatte, schnell in seinen geflochtenen Korb zurück. Mit einem möglichst unzugänglich und hochmütig wirkenden Habitus ging ich von der Bühne in den Saal ab. Im Nu war ich von Reportern umzingelt. Blitzlichter flammten auf. Da ich dergleichen nicht gewohnt war, kniff ich die Augen zusammen, obwohl es angenehm war. Teuflisch angenehm! »Das ist kein Erfolg mehr, das ist ein wahrer Triumph!« raunte mir Bur-Sakejew ins Ohr, der Gott weiß woher aufgetaucht war. Sicher hätte er diesen Gedanken weiter ausgeführt, wenn die Reporter ihn nicht sofort zur Seite gedrängt hätten.

Ach, diese Reporter! Sie quetschten mich in ihre Mitte, jeder stieß mir ein Aufnahmegerät vors Gesicht. »Mister Kapersow! Mister Kapersow!« Die Betonung auf der letzten Silbe machte selbst den abgebrühtesten Kerlen zu schaffen.

Unterdessen schwoll der Beifall im Saal weiter an, man wechselte zu Standing ovations. Alle stimmten ein, sowohl die welken Altvordern wie die hochmütigen Angelsachsen und die Professoren – übrigens durch die Bank Nobelpreisträger, die zwar total klapprig waren, nicht wahr, aber dennoch von einem

Kongreß zum nächsten hetzten. Und auch die weißzahnigen Schwarzen in langen Gewändern und runden Käppchen fielen ein. Ja, selbst die Japaner mit ihrer erschreckenden, rätselhaften Höflichkeit.

Der Vorsitzende, eine getreue Kopie unseres Institutspförtners Ochromejew (daß ihn ein ebensolcher Schnurrbart zierte, mochte ja noch angehen, aber wo in aller Welt hatte er bloß den Frack aufgetrieben?), drückte voller Verzweiflung auf einen Klingelknopf und versuchte, das Publikum zu beruhigen. Ein vergebliches Unterfangen! Mit ungebrochener Hartnäckigkeit skandierte der Saal: »Bravo, Kapersow!«

Wie aus dem Nichts tauchte vor meinen Augen das schweißglänzende Gesicht Furkassows auf, der aussah, als käme er gerade aus dem Dampfbad. Der unverfrorene Kerl schickte sich an, an meiner Stelle zu antworten. Wie kann er es nur wagen! Das ist mein Auftritt!

Anmerkung: Der gewitzte Leser wird bereits ahnen, womit er es hier zu tun hat. Für alle anderen möchte ich erklären, daß es sich hier um die Beschreibung eines Traums handelt, den der Protagonist des Romans, Kapersow, gehabt hat, aus dessen Perspektive die Handlung auch erzählt wird.

Vor drei Jahren schloß ich mein Studium an der Biologischen Fakultät der Lomonossow-Universität in Moskau ab; im Anschluß wurde mir ein Platz in einem akademischen Institut zugewiesen, im Labor von Professor Bur-Sakejew, dem berühmten Entdecker der KOMPHYG.

Für alle Uneingeweihten: Die Abkürzung KOMPHYG steht für *Kom*bination *phy*sischer Generationen.

Bitte welcher? werden Sie fragen. Nun, aller möglichen. Grüne Heupferde, zum Beispiel, behandelt Bur-Sakejew nacheinander mit erstens Röntgenstrahlen, zweitens Ultraschall, drittens der Zentrifuge, viertens mit Laserstrahlen, fünftens ... nun ja, noch mit etlichen anderen Methoden, die an dieser Stelle nicht alle aufgezählt werden können. Sie werden einwenden, das alles habe es doch schon gegeben. Das sei Schnee von gestern. Nicht so voreilig! Das Innovative an der KOMPHYG und zugleich ihre einzigartige wissenschaftliche Bedeutung bestehen in der besonderen Wechselwirkung der verschiedenen Behandlungsformen, die an den biologischen Objekten vorgenommen werden, eben in ihren kompliziertesten Kombinationen. Oder, wie sich Bur-Sakejew auszudrücken beliebt, in der Verbindung des Unverbindbaren.

In der Breshnew-Ära wurde unser Professor ziemlich an die Kandare genommen. Die akademischen Würdenträger zuckten nur verständnislos mit den Achseln: Wir können nicht erkennen, welches Potential diese KOMPHYG haben soll. Eine völlige Ignoranz wissenschaftlicher Fakten! Denn sie, das heißt die Fakten, sahen so aus:

Ich habe zuvor schon die grünen Heupferde erwähnt. Ein solches Heupferd, das, beachten Sie diesen Umstand, in den Überschwemmungswiesen bei Kostroma eingefangen wurde, zeigte nach einer Behandlung mit KOMPHYG plötzlich ein deutlich gesteigertes Sprungvermögen. Es sprang fast doppelt so weit wie vor der Behandlung! Bur-Sakejew, der durchaus zu einer gewissen Humorigkeit neigte, gab ihm dem Namen Beamon. Zu Ehren des Olympiasiegers und Weltrekordhalters im Weitsprung.

Nach Beamon kamen andere Heupferde, bei denen

eine Behandlung mit KOMPHYG annähernd den gleichen Effekt zeigte. Aber natürlich konnte bis auf den heutigen Tag keiner die Leistung Beamons überbieten (ebendarum war es Beamon!).

Eine Veröffentlichung dieses frappierenden wissenschaftlichen Faktums in der Zeitschrift *Erfolge der Biologie* traf nur auf Gleichgültigkeit und konnte die an sie geknüpften Erwartungen nicht erfüllen. Bei den nächsten Wahlen in die Akademie mußte Bur-Sakejew eine fulminante Niederlage einstecken.

Als dann die Perestroika losdonnerte, änderte sich die Situation von Grund auf. Des weiteren dürfte der Moskaubesuch des renommierten australischen Wissenschaftlers Doktor Atkins eine entscheidende Rolle gespielt haben. Darüber, wie es Bur-Sakejew gelungen ist, ihn zu uns zu locken, schweigt sich die Geschichte aus, bezeugen kann ich jedoch: Atkins kam auf ein Stündchen zu uns ins Labor. Ja, nicht nur das, Bur-Sakejew fuhr den Australier sogar in das nahe Moskau gelegene Dorf Jelykajewo, wo ihm Sprungversuche der mit KOMPHYG behandelten Heupferde vorgeführt wurden. Die Versuche wurden auf einer Wiese durchgeführt, die von der örtlichen Kolchose *Vorwärts* abgemietet worden war. Der Name dieser Kolchose korrespondierte nebenbei gesagt vorzüglich mit dem kühnen Charakter der wissenschaftlichen Forschung.

Beim Abschiedsessen im Haus der Wissenschaftler ließ sich der australische Gast in den höchsten Tönen über Bur-Sakejew und die von ihm durchgeführten Untersuchungen an den Heupferden aus. Selbst auf einem internationalen Kongreß in Palma de Mallorca, wohin er direkt im Anschluß fuhr, zollte er unserem Chef und seiner KOMPHYG Tribut. Im gleichen Atemzug erwähnte er, daß diese fortschrittliche wissenschaftliche Richtung hierzulande bislang noch nicht die ihr gebührende Entfaltung erfahren habe. Mit anderen Worten, man unterdrücke sie – wie üblich.

Unverzüglich bot eine ultraprogressive Zeitschrift Bur-Sakejew die Möglichkeit, auf ihren Seiten seine Auffassungen zu verkünden. Und der Chef ging in die vollen! Den Kreis seiner titelführenden Widersacher verspottete er als den reinsten Kindergarten, und sich selbst stellte er als eines der Opfer der Breshnew-Ära dar. Die KOMPHYG schilderte er in den lebhaftesten Farben. So ein Heupferd sei zwar klein, aber oho! Und Beamon sei erst der Anfang. Der Übergang zu höheren biologischen Objekten würde Ergebnisse bringen, die einfach atemberaubend wären. Rasanter Anstieg der Milchleistung bei einer Kuh, die mit KOMPHYG behandelt worden ist! Beschleunigte Zucht bei Flußgründlingen und Karpfen in künstlich angelegten Wasserreservoirs. Neue, hocheffiziente Arten von Schweinen, Schafen und Ziegen. Und alles, alles dank KOMPHYG, KOMPHYG!

Die Skeptiker und Kleingläubigen gerieten ins Grübeln. Wer wollte schon gern als Widersacher des Fortschritts zu trauriger Berühmtheit gelangen? Hat man einmal nicht erkannt, was die Stunde geschlagen hat, bleibt man bis zum Ende seiner Tage ein Ausgestoßener. Die Herren der Akademie gingen von Kälte zu Warmherzigkeit über. Bei den nächsten Wahlen wurde Bur-Sakejew korrespondierendes Mitglied.

Der Personalbestand des Labors wurde beträchtlich aufgestockt. Sicher, nach wie vor erforschten wir nur Heupferde – da wir, wie Bur-Sakejew erklärte, Kräfte sammelten, um beherzt in die Offensive zu gehen. Wo immer möglich, fing man Heupferde; die monatliche

Fangnorm pro Mitarbeiter wurde angepaßt und jedem ein persönlicher Kescher ausgehändigt.

Auch in Jelykajewo gingen bedeutende Veränderungen vor sich. Auf der vom Kolchos *Vorwärts* übernommenen Wiese richtete man ein Versuchsgelände zur Messung des Sprungvermögens der Heupferde ein. Voller Eifer wurde auch der Bau eines Forschungslabors begonnen, das jedoch nie über das Fundament hinauswuchs.

Bur-Sakejew fuhr nun häufig ins Ausland, zu wissenschaftlichen Kongressen, Symposien und Konferenzen, meist im Rahmen von Austauschprogrammen mit Vertretern wissenschaftlicher Delegationen aus befreundeten wie auch nicht ganz so befreundeten Ländern. Zudem trat er einer Unzahl von Komitees und Kommissionen bei, deren Themenspektrum von Kontakten zu außerirdischen Zivilisationen bis hin zur Problematik von Geburten bei Minderjährigen reichte. Verständlich, daß er unter diesen Umständen nur mehr selten im Labor auftauchte. Die Organisation der anstehenden Arbeiten lag bei seinem Stellvertreter Iwan Iwanowitsch Furkassow, der gleichzeitig seine rechte Hand war.

Etwa zwei Wochen vor den geschichtsträchtigen Ereignissen fiel ein ganzer Trupp von Baubrigaden in Jelykajewo ein. Sie brachten teure Technik mit, ebneten einen holprigen Feldweg von anderthalb Kilometern Länge ein, der sich von der Chaussee zum Tor des Versuchsgeländes zog, und asphaltierten ihn auch gleich. Ich schrieb diesen Anschluß an die Zivilisation der wachsenden Autorität Bur-Sakejews und seiner jetzigen gesellschaftlichen Bedeutung zu. Auch Furkassow bestätigte dies: Ja, genau so sei es.

Und dabei trieb Iwan Iwanowitsch schon damals sein doppeltes Spiel! Oh, und wie er es trieb!

Außerdem stattete uns auch noch ein schwarzer Wolga seinen Besuch ab, der zwei blonde Burschen brachte, die, ungeachtet der dreißig Grad Hitze, dunkle Anzüge und Krawatten trugen. In Begleitung Furkassows gingen sie das Versuchsgelände ab. Dabei richteten sie ihr Augenmerk insbesondere auf die Umfriedung aus Stahlbeton, in der sie auch gleich einen gehörigen Spalt entdeckten. Wir selbst machten uns dieses Loch regelmäßig zunutze, um den Weg zur Chaussee beziehungsweise zur Haltestelle des Überlandbusses abzukürzen. Sie verlangten den Leutnant der Baubrigade zu sprechen, dem sie befahlen, den Spalt zu schließen – was unverzüglich geschah. Bevor die beiden in dem schwarzen Wolga wieder abfuhren, tuschelten sie noch kurz mit Furkassow. Auf meine Frage, wer das gewesen sei, brummelte er etwas Unverständliches und fuhrwerkte unbestimmt mit der Hand in der Luft herum.

In den nächsten Tagen kamen weitere Gäste, die ebenfalls sehr förmlich gekleidet waren. Auch sie überprüften die Zuverlässigkeit und Solidität der Umfriedung. Mußte da nicht unwillkürlich der Verdacht aufkommen, eine Bande von Extremisten unklarer politischer Ausrichtung habe die Absicht, unser Versuchsgelände zu überfallen?

Schließlich fuhr ein Planwagen vor. Die mit ihm gekommenen Lastwagenfahrer luden ein zusammenbaubares Sonnendach aus gelbem Plastikglas sowie zwei Dutzend Sessel ab. Das Sonnendach wurde auf dem Versuchsgelände montiert, an einer Stelle, die Furkassow bestimmt hatte. In seinem Schutz wurden die Sessel aufgestellt. Dies ließ sich kaum noch mit der Hypothese eines drohenden Überfalls seitens der Extremisten in Verbindung bringen. Am Tag zuvor hatte allerdings im Labor – nicht in Jely-kajewo, sondern in der Hauptstadt – das Gerücht die Runde gemacht, heute abend werde Bur-Sakejew von einem Kongreß in Mar del Plata zurückkehren. Gegen Ende des Arbeitstages rief mich Furkassow zu sich...

Iwan Iwanowitsch Furkassow war das, was man gemeinhin einen alten Armeeknochen nennt, genauer ein Major a. D. Was ihn zu uns ins Labor verschlagen hatte, kann ich bei Gott nicht sagen.

Mißgünstige merkten seine völlige Inkompetenz in allen Fragen der Biologie, aber auch in anderen wissenschaftlichen Disziplinen an. Dagegen pfleg-ten seine Verteidiger und Gesinnungsgenossen seine außerordentlichen organisatorischen Fähigkeiten her-auszustellen. Wenn man ihn darauf ansprach, hatte er fast immer einen Katastrophenplan parat – mochte es nun um Obstplantagen oder Fragen der Völkerfreund-schaft gehen.

Sein Steckenpferd war die Arbeitsdisziplin. Mit Argusaugen registrierte er jede Verspätung. Den Überführten ließ er eine Erklärung schreiben, die er allerdings nie in Umlauf brachte, sondern offensicht-lich hortete. Ihn um die Erlaubnis für einen Biblio-theksbesuch oder einen anderen Gang zu bitten war die reinste Strafe. Mit hundertprozentiger Sicherheit stimmte er ein großes Lamento an, warum das unbe-dingt jetzt sein müsse und ob der Gang nicht auf den nächsten Tag verschoben werden könne. Zwar ver-weigerte er die Erlaubnis nur in Ausnahmen, aber, da werden Sie mir beipflichten, die Situation war nicht gerade angenehm. Dagegen Bur-Sakejew! Man hatte den Mund noch nicht aufgemacht, da hieß es auch schon: Geh nur, mein Täubchen, wohin dein Herz dich trägt.

Seinem berühmten Chef gegenüber legte Furkassow allerdings nur größte Ehrfurcht an den Tag. Er war ihm so treu ergeben wie ein alter Wachhund.

Nun also rief mich Furkassow zu sich. *Zu sich* meint ins Arbeitszimmer Bur-Sakejews, das er jedesmal okkupierte, sobald der Chef das Gebäude verlassen hatte.

»Morgen wird in Jelykajewo ein hoher Gast erwartet«, eröffnete mir Furkassow, wobei er die Betonung auf das Wörtchen »hoher« legte. »Wir wollen ihm die mit KOMPHYG behandelten Heupferde vorführen. Sie haben die ehrenvolle Pflicht, die Springversuche durchzuführen. Samopalow wird Ihnen zur Seite stehen. Das ist alles.«

Nachdem ich ihm für das in mich gesetzte Vertrauen gedankt hatte, wollte ich gehen. Doch »alles« hieß bei weitem nicht »alles«.

»Ich bitte darum, sich nicht zu verspäten«, fuhr Furkassow fort, »das erstens. Zweitens...« Hier drehte er sich um und stellte sich vors Fenster. »Bestimmen Sie aus unseren Beständen anderthalb Dutzend der sprungstärksten Heupferde.«

Auch für diese Aufgabe bekundete ich meine uneingeschränkte Bereitschaft. Keine Frage, ich würde einfach die ausgewachsenen Tiere nehmen. Die kleinen Pferdlein springen kaum, bei denen kann selbst KOMPHYG nichts ausrichten. Außerdem verlangte Furkassow noch, ich solle bei der Wirtschaftslaborantin Lukinitschna vorbeigehen und sie um einen neuen weißen Kittel bitten. Ich versuchte zu widersprechen:

Draußen sei es so heiß, daß es fast angebrachter wäre, den Versuch nicht im Kittel, sondern in der Badehose durchzuführen ...

»Waren Sie in der Armee?« unterbrach Furkassow mich.

»Nein.«

»Dann machen Sie, was man Ihnen sagt.«

Eine sonderbare Logik: In der Armee hatte ich nicht gedient, und trotzdem sollte ich ...

»Befehl – Ausführung! Befehl – Ausführung!« Furkassow klopfte mir auf die Schulter, woraufhin ich ungewollt eine Habachtstellung einnahm und die Hacken zusammenschlug. Seltsam, was für eine Wirkung sein Verhalten auf mich hatte!

Abschließend verlangte Furkassow noch, ich möge ihm auf einem Blatt Papier die Nummern der Heupferde auflisten, die ich ausgewählt hätte, mit anderen Worten ihm die sogenannten Indexziffern aufstellen. Die Nummern würde er dann in das Protokoll für den morgigen Versuch eintragen, zusammen mit der bisher festgestellten Sprungweite der Insekten, das heißt, mit der Weite vor der Behandlung mit KOMPHYG. Furkassow war ständig mit der Aufstellung solcher Protokolle beschäftigt, wobei er stets erklärte, er könne eine für die weitere Entwicklung der Wissenschaft derart wichtige und verantwortungsvolle Aufgabe niemand anderem anvertrauen. Den Container, ein Metallgehäuse mit je einer Zelle pro Heupferd, sollte ich Furkassow ebenfalls so schnell wie möglich übergeben. Bur-Sakejew und er würden ihn im Dienstwagen nach Jelykajewo bringen.

Ich führte alles bis auf die kleinste Kleinigkeit genau aus.

»Ihren Passierschein!«

Am Tor des Versuchsgeländes in Jelykajewo stand ein Pförtner des Instituts, der Schnurrbartträger Ochromejew. Offenbar war er eigens aus Moskau hierherbestellt worden. Derartiges hatte es noch nie zuvor gegeben – tagsüber war das Tor immer offen, nachts wurde es mit einem Vorhängeschloß zugesperrt, dessen Schlüssel man unter einen Stein legte.

»Bist du übergeschnappt oder was?« Mit einer leichten Schulterbewegung wollte ich das schwächliche Großväterchen Ochromejew wegschubsen. Da tauchte plötzlich wie aus dem Nichts einer dieser beiden Blondlinge auf, die für die Inspektion der Umfriedung gekommen waren.

»Was ist los?« fragte er streng – nicht mich, sondern Ochromejew.

»Ich sag: ›Ihren Passierschein!‹ – und der benimmt sich wie der letzte Halbstarke«, verleumdete er mich.

Der Blondling schaute mich so durchdringend an, daß meine Hand automatisch in der Tasche nach dem Passierschein angelte. Nur gut, daß ich ihn dabei hatte. Der Blondling grapschte nach dem Dokument, öffnete es und machte sich an ein aufmerksames Studium desselben. Eine Weile pulte er mit dem Nagel am Photo herum und verglich es mit meinem Äußeren. Schließlich gab er mir den Passierschein zurück, wobei er mit deutlichem Unwillen hervorbrachte: »Gehen Sie durch!«

Die blonden Burschen, die einander zum Verwechseln ähnlich sahen, hatten bereits an verschiedenen Punkten des Versuchsgeländes Posten bezogen. Mitten unter ihnen wandelte Bur-Sakejew, der Furkassow untergehakt hatte, auf und ab. Zwischen die Pfeiler des Sonnendachs war Draht gespannt, an dem dicke

Blätter mit verschiedenfarbigen Tabellen und Skizzen hingen – Bühne und Requisiten für einen wissenschaftlichen Vortrag.

»Wer ist das?« fragte der Professor, wobei er auf mich deutete. Bur-Sakejew gehörte jetzt dem ganzen Land, möglicherweise sogar der ganzen fortschrittlichen Menschheit. Wie, um alles in der Welt, hätte er da noch den Personalbestand seines Labors im Kopf haben sollen?

»Das ist Ihr Mitarbeiter Kapersow«, setzte ihn Furkassow in Kenntnis. Und fügte noch hinzu: »Nicht zu verwechseln mit Kapern, was Beeren oder so sind.«

»Soll das etwa heißen, Sie sind ein Früchtchen?« alberte Bur-Sakejew, als er mir die Hand reichte.

»Ja, ein Früchtchen!« stimmte ihm Furkassow erheitert zu. »Und was für eines!«

»Sie glauben wohl, ich kenne keine Kapern?« Bur-Sakejew breitete das Thema weiter aus, indem er die Geschichte zum besten gab, wie der Chefkoch im Haus der Wissenschaftler ihn beinahe auf Knien angefleht hätte, aus dem Ausland wenigstens ein Kilo Kapern mitzubringen. Ohne die könne er nie und nimmer die Spezialität des Hauses, Ente Singapur, kochen.

»Ich würde gern etwas mit Ihnen besprechen«, bat ich schüchtern.

»Später! Später!« Furkassow wedelte mit beiden Händen. »Kommen Sie uns jetzt bloß nicht mit irgendwelchen Albernheiten!«

Mit »Albernheiten« wollte ich wahrlich niemandem kommen. Nicht Bur-Sakejew, der ohnehin schwer zu fassen war, und nicht Furkassow. Nein, der baldige Übergang zu größeren biologischen Objekten wühlte meine Phantasie von Tag zu Tag mehr auf.

Einmal waren Furkassow und ich zusammen

im Dienstmoskwitsch von Jelykajewo nach Moskau zurückgefahren. Als wir von dem Feldweg auf die Chaussee einbogen und nicht länger durchgerüttelt wurden, hustete ich verhalten in die Faust, um dann vorzupreschen: »Nun, wie wär's, Iwan Iwanowitsch, wenn wir uns mal was Größeres vornähmen?«

Furkassow saß neben dem Fahrer, ich hinten. Er drehte sich zu mir um, kniff die Augen zusammen und suchte mein Gesicht nach einem wenn auch noch so kleinen Anhaltspunkt ab. Danach wollte er wissen, was ich damit meinte.

»Sagen wir mal, Kaninchen.«

Furkassow stöhnte auf und fragte, was wir denn in einem solchen Fall mit den Heupferden machen sollten. Nichts, antwortete ich, sollen sie doch einfach fliegen und hüpfen.

»Das heißt, bei den Heupferden ist Ihnen schon alles klar?«

»Im großen und ganzen ...«

»Ja, da haben wir's mal wieder, im großen und ganzen!« Furkassow hob den Zeigefinger. »Aber Klarheit muß lückenlos sein!«

Dem hielt ich den, wie mir schien, überzeugenden Einwand entgegen: Die Zeit vergehe wie im Fluge, und von uns würden schließlich Ergebnisse erwartet, die für das ganze Land von Bedeutung seien.

»Die Versuche mit den Heupferden sind Ihrer Meinung nach also sinnlos?« wollte mich Furkassow festnageln.

Ich lachte auf und fing an, mich zur Wehr zu setzen. Natürlich seien die Versuche mit den Heupferden auch sinnvoll, sinnvoller gehe es gar nicht, aber gleichzeitig ... Furkassow unterbrach dieses Plädoyer zu meiner Verteidigung.

»Was für ein Volk!« merkte er streng an. »Wie soll man damit die Wissenschaft voranbringen? Wollen alle gleich ein zweiter Einstein, Charles Darwin oder Kulibin sein.«

Warum er den russischen Autodidakten und Mechaniker Kulibin nannte, weiß ich nicht. An diesem Punkt endete unser Gespräch.

Hinterm Tor erscholl auf einmal lautes, aufgeregtes Stimmengewirr. Und auch ein Schrei. Die Mannschaft der Blondlinge brachte es über sich, zum Ort des Geschehens hinzurennen. Auch Bur-Sakejew, Furkassow und ich gingen nachsehen, was da hinterm Tor passiert war.

Unseren Augen bot sich ein schreckliches Bild. Vor uns auf dem Boden lag unser wissenschaftlicher Assistent Samopalow. Ein blonder Bursche (der, der meinen Passierschein kontrolliert hatte) saß rittlings auf ihm. Das war nicht nur schrecklich, sondern obendrein auch erstaunlich.

Sind Ihnen schon einmal Leute begegnet, die Walnüsse knacken, indem sie sie eine nach der anderen in der Faust zerdrücken? Oder die es fertigbringen, in der Ödnis einen festgefahrenen Shiguli aus dem ärgsten Schlamm zu ziehen? Dabei leben solche Leute friedvoll mitten unter uns. Und einer von ihnen ist Samopalow! Er ist nicht einfach bloß wissenschaftlicher Assistent, sondern seines Zeichens auch Meister im Gewichtheben. Nun gut, kein berühmter, kein internationaler, aber immerhin ein Meister im Sport.

Jetzt lag Samopalow also auf dem Boden, die Nase in den Staub gedrückt, und der blonde Passierscheinkontrolleur, äußerlich wahrlich kein Kraftmeier, hatte ihm ohne viel Federlesens die Hände auf den Rücken gedreht.

»Ich sag: ›Ihren Passierschein!‹ – darauf der: ›Verpiß dich!‹« empörte sich lautstark Großväterchen Ochromejew.

»Ihr Mitarbeiter?« fragte der Blondling, nachdem er unserem ganzen Stolz im Feld von Leibesertüchtigung und Sport eins verpaßt hatte.

»Unserer!« bestätigte Furkassow.

Der Blondling gab Samopalow trotzdem nicht gleich frei. Er verständigte sich zunächst durch Blickkontakt mit einem seiner Kollegen, anscheinend dem Leiter oder Chef. Erst als dieser nickte, stand er auf und klopfte sich den Staub von der Hose.

Furkassow nahm Samopalow zur Seite, um ihn für sein mehr als unüberlegtes Verhalten zu rügen.

Am nächsten Tag kam Samopalow zu mir und hielt mir folgenden Vortrag:»Glaubst du, daß er stärker ist als ich? Ja, ich habe meine Linke sprechen lassen, das geb ich offen zu! Aber er ist ein… (nicht druckfähiges Substantiv)… der kämpft mit faulen Tricks, ein… (nicht druckfähiges Adjektiv)… Karatefritze. Ohne seine Tricks werde ich dieses… (nicht druckfähiges Substantiv plus Verb)… daß ihm Hören und Sehen vergeht!«

Ich sprach ihm mein aufrichtiges Mitgefühl aus. Zweifelsohne sei er auf die faulen Tricks hereingefallen, die die Blondlinge nun einmal allesamt beherrschten. Mit denen legte man sich besser gar nicht erst an…

Die Zeit verstrich, doch der hohe Gast kam und kam nicht. Samopalow legte sich ins Gras und schlief sofort ein, womit er die außergewöhnliche Stärke seines Nervensystems unter Beweis stellte. Wann hatte es das schon gegeben, daß jemand gerade noch im Staub lag, ihm die Arme auf den Rücken gerissen wurden – und er im nächsten Moment engelsgleich schlief?! Die Blondlinge wanderten auf dem Versuchsgelände umher. Bur-Sakejew und Furkassow hatten es sich in den Sesseln unter dem Sonnendach bequem gemacht, wo sie sich leise miteinander unterhielten. Ich gebe im folgenden den Teil des Gesprächs wieder, dem ich noch lauschen konnte:

FURKASSOW: Der Kongreß war okay?

BUR-SAKEJEW: Alles in Ordnung.

FURKASSOW: Das Kulturprogramm?

BUR-SAKEJEW: Diesmal bescheidener. Ein Segeltörn. Eine Exkursion in die Berge. Auf Maultieren. Der Empfang à la fourchette.

FURKASSOW: Wie wurde denn Ihr Vortrag aufgenommen?

BUR-SAKEJEW: Hat Furore gemacht wie noch nie. Das Publikum raste. Die Reporter waren völlig aus dem Häuschen. Ich mußte mich vor ihnen ins Hotelzimmer flüchten. Einer ist dann sogar durch den Kamin gekrochen. Als er auftauchte, war er rußschwarz...

Ermattet von der Hitze, nickte auch ich ein, nachdem ich es mir beim Container mit den Grashüpfern ein wenig gemütlich gemacht hatte. Als ich wieder aufwachte, waren die beiden immer noch in ihr Gespräch vertieft, doch ging es mittlerweile um eine andere Auslandsreise.

BUR-SAKEJEW: ... und zum Essen gab es ausschließlich reine Galapagos-Küche. Als Vorspeise ein Süppchen aus Haifischflossen, als Hauptgericht Meeresschildkrötenfleisch mit jungen Bambussprossen...

»Sie kommen!« Der Führer der Blondlinge ließ sich

zwar nicht sehr laut, aber dennoch verständlich vernehmen. Mir fiel auf, daß er ein Walkie-Talkie bei sich hatte. Unverzüglich verwuchs ein Teil seiner Leute mit ihren Posten innerhalb des Versuchsgeländes, während der andere sich im Geschwindschritt zum Tor begab. Auch Bur-Sakejew und Furkassow eilten dorthin, derweil sie noch ihre Jacketts glattstrichen und die gelösten Knoten ihrer Krawatten festzurrten. Ich schloß mich ihnen an.

Auf das Versuchsgelände rollte eine ganze Wagenkolonne zu. Vorweg fuhr ein Mercedes der Straßenverkehrspolizei mit Blaulicht auf dem Dach. Dem Mercedes folgte ein schwarzer Wolga mit einem wahren Antennenwald. Schließlich kam der SIL der Regierung. Er zog einen ellenlangen Schwanz aus Wolgas hinter sich her.

Die Wagenkolonne fuhr vor. Aus dem SIL sprang schwungvoll der Beifahrer – ein weiterer Blondling und der letzte in dieser Zählung. (Mein Gott, wie viele mochten es insgesamt wohl sein?) Er riß die rechte Hintertür auf und blieb beflissen neben dem geöffneten Schlag stehen. Aus der Tür lugten zunächst die Beine, dann auch der Rest eines untersetzten, rundlichen älteren Herrn hervor. Sein Gesicht kam mir bekannt vor. Es war oft im Fernsehen zu sehen, vor allem in der Nachrichtensendung *Wremja*, aber auch in anderen Sendungen. Den exakten Posten, den dieser Herr bekleidet, vermag ich jedoch nicht zu nennen. Ständig geraten mir die Ämter in unserem Staats- und Parteiapparat durcheinander. Das einzige, was ich mit Sicherheit sagen kann, ist, daß die Anwesenden ihn mit Jewgraf Syssoitsch ansprachen.

Den Wolgas entstiegen die, wie es in der Presse heißt, »Vertreter der Ministerien und Behörden«, allesamt ausgesucht unförmige und grobschlächtige Personen. Aus einem weiteren Wolga fischten zwei junge Brillengezierte unsere akademische Führung, einen bejahrten Akademiesekretär, den sie gleich unterhakten. Bur-Sakejew zauberte ein freudiges Lächeln auf sein Antlitz und ging auf Jewgraf Syssoitsch zu. Um den hatten die Bodyguardblondlinge allerdings schon einen Ring bilden können. Für einen Augenblick tat sich der Ring aber noch einmal auf, und unser Professor verschwand in seinem Inneren. Furkassow blieb in einiger Entfernung stehen, mich aber ritt der Teufel – ich wollte Bur-Sakejew hinterher. Im selben Moment heulte ich schon vor Schmerz auf. Einer der Blondlinge hatte mir – sozusagen rein zufällig – auf den Fuß getreten. Sie kennen also noch andere faule Tricks!

Um Jewgraf Syssoitsch wuselte ein kahlschädeliger Referent mit Rauchglasbrille. Er übernahm es, unseren Professor vorzustellen.

»Genosse Bur-Sakejew, Xaweri Igorjewitsch«, sagte er, den Blick unablässig in sein aufgeschlagenes Notizbuch geheftet.

»Wie, wie?« fragte Jewgraf Syssoitsch verwundert und, wie mir schien, gar verängstigt zurück.

Der Referent wiederholte.

»Was ist das, sind Sie jüdischer Nationalität, oder was?« wollte Jewgraf Syssoitsch wissen, streckte aber desungeachtet die Hand aus.

»Aber ich bitte Sie!« protestierte unser Professor. »Ich bin ein Russe reinsten Blutes.«

»Ach, so bin ich nun mal, rede, ohne viel nachzudenken.« Jewgraf Syssoitsch streifte die Anwesenden mit einem verschmitzten Blick. Die Gesichter aller klarten auf, manche nahmen einen einfach rührenden Ausdruck an. »Mir doch egal, welche Nationalität

Sie haben«, legte der hohe Gast weiter seine Position offen. »Hat doch nichts zu sagen!«

»Mein Großvater war zudem ein rechtgläubiger Priester.«

»Ah, aha, nun, das ist natürlich sehr schön... Nun, wie wurden Sie...«

»Xaweri Igorjewitsch«, warf der Referent schnell ein.

»Wie ist es also, Igoritsch, füttern wir das Land? Füttern wir das Volk?«

Bur-Sakejew gab mit seinem gesamten Äußeren zu verstehen, er sei bereit, sowohl das Land wie auch das Volk zu füttern.

»Ich reise jetzt viel durch die einzelnen Regionen«, sagte Jewgraf Syssoitsch. »Und wissen Sie, die Überzeugung wächst...«

Plötzlich erhob sich ein freundliches Gemurmel.

Ganz eigenständig, ohne die beiden Brillengezierten, drängte sich das bejahrte Akademiemitglied zu Jewgraf Syssoitsch durch.

»Professor Bur-Sakejew führt hochinteressante Versuche durch«, fistelte das zahnlose Akademiemitglied. »Er trifft auf breite Resonanz im Ausland...«

»Was kommen Sie mir damit – Ausland, Ausland!« fiel ihm Jewgraf Syssoitsch vehement ins Wort. »Glauben Sie, das Ausland füttert uns? Eben, da haben Sie's.« Und er zeigte die Feige[6], um mit ihr einen großen Bogen zu beschreiben und allen Anwesenden zu demonstrieren, wie uns das Ausland füttere. »Oder füttern uns vielleicht die Demokraten, verflucht noch eins? Nein!« Die Feige wurde aufgegeben, statt dessen hob sich der Zeigefinger. »Hier muß die Wissenschaft aktiv tätig werden. Alles andere ist einen Dreck wert!«

Etliche der Anwesenden wechselten Blicke und streckten ebenfalls den Zeigefinger in die Höhe.

»Genug. Kommt!« befahl der hohe Gast Bur-Sake-jew. »Zeigt uns mal, was ihr geschaffen habt, was ihr entdeckt habt...«

Mit seinen weit auseinanderstehenden, kurzen und steifen Beinen trippelte Jewgraf Syssoitsch zum Tor. Der Pförtner Ochromejew nahm Haltung an, salutierte unbeholfen und schrie: »Wünsch 'nen schönen Tach!« Er wurde mit einem milden Nicken bedacht. Jewgraf Syssoitsch schirmten seine Bodyguardblondlinge ab. Ihnen folgten die Vertreter der Ministerien und Behörden.

Als ich als einer der letzten das Versuchsgelände betrat, saß Jewgraf Syssoitsch bereits im Sessel unter dem Sonnendach. Auch seine Gefolgschaft hatte Platz genommen – bis auf die Blondlinge allerdings, die hinter der zu bewachenden Person stehengeblieben waren. Furkassow hatte eine Beschäftigung für sich entdeckt und trug Flaschen mit gekühlten Getränken herbei, die er kurzerhand gleich noch öffnete. Bur-Sakejew trat mit einem Zeigestab in der Hand vor die aufgehängten Plakate und bat um die Erlaubnis, mit seinem Vortrag beginnen zu dürfen.

Den Vortrag werde ich an dieser Stelle nicht wiedergeben. Unser Professor würzte seine Rede genauso großzügig mit wissenschaftlichem Kauderwelsch, wie ein Bauer Salz in die Schinkenwurst gibt. Aber wenn Sie unbedingt darauf bestehen, so will ich Ihnen einige Auszüge nicht vorenthalten: »Die Approbation der Innovation sensibilisiert den Algorithmus der Irregularitäten... Die frühzeitige Korrektur ist vor allem unter dem Aspekt der Stabilisierung und Polarisierung anstrebenswert... Die ambivalente Intrusion verursacht eine folgenschwere Interferenz...«

Das erstaunlichste war, daß Jewgraf Syssoitsch

offenbar alles verstand. Zumindest gab er ab und an ein »Soso« oder ein »Interessant, Teufel aber auch!« von sich, was sein Referent umgehend in seinem Notizbuch festhielt. Auch die extrem aufmerksamen Mienen der Anwesenden drückten Verstehen aus. Und dabei handelte der Vortrag die verzwickte Theorie der KOMPHYG ab.

»Schön, schön!« ließ sich Jewgraf Syssoitsch vernehmen, nachdem Bur-Sakejew allen Anwesenden für ihre Aufmerksamkeit gedankt hatte. Dann klatschte Jewgraf Syssoitsch sich auf die Knie und fragte: »War das alles?«

»Aber wo denken Sie hin! Das Interessanteste kommt doch erst noch!« versprach Bur-Sakejew. »Ihnen werden jetzt unsere Heupferde vorgeführt, wahre Hochleistungsspringer und das erste echte Ergebnis der KOMPHYG.«

Als unser Professor erst einmal zu normaler menschlicher Rede zurückgefunden hatte, konnte er recht anschaulich und verständlich darlegen, was das Wesen des Experiments ausmachte. Ich stand am Container, der mit einem schneeweißen Tuch verhüllt war, und hielt mich bereit, jede Minute anzufangen. Auf Befehl des Chefs hatte ich den Container zu öffnen, das erste Heupferd aus seiner Zelle zu nehmen und vorsichtig zu einer Anlage zu tragen, die einer Federwaage vergleichbar war und von uns Katapult genannt wurde. Man drückte ein Pedal, und das Heupferd wurde in die Luft geschleudert, wo es in den horizontalen Flug überging. Samopalow hatte die Aufgabe, es am Landepunkt wieder aufzunehmen, indem er seinen Kescher über das Tier stülpte. Aber, Teufel auch, wo steckte Samopalow?

Ich ließ meinen Blick schweifen und entdeckte

schließlich voller Schrecken, daß er immer noch im Gras unweit des mutmaßlichen Landepunkts ratzte. Immerhin gut, daß er dort lag, denn ebenda sollte er jetzt ja auch sein! Aber nicht schlafend, sondern in höchster Einsatzbereitschaft, jederzeit in der Lage, seinen Kescher über ein landendes Heupferd zu stülpen. Warum hatten die Blondlinge ihn denn nicht geweckt? Na, prost Mahlzeit, was das wohl geben würde! Natürlich hatten die Blondlinge auch ganz andere Aufgaben.

Bur-Sakejew kam mit der Beschreibung des bevorstehenden Experiments zum Ende. Jeden Augenblick würde das Startkommando erfolgen. Ich konnte mich nicht dazu entschließen, meinen Platz zu verlassen. Der einzige, der die Lage noch retten konnte, war Furkassow. Der allerdings war mit dem Entkorken von Flaschen mit gekühlten Getränken beschäftigt, nach denen angesichts der brütenden Hitze eine enorme Nachfrage bestand. Ich fing ganz offen an, ihm Zeichen zu geben. Das Wunder geschah, ich hatte Erfolg. Furkassow wandte mir den Blick zu. Meinen verzweifelten Gesten entnahm er, daß etwas nicht stimmte. Ich deutete auf Samopalow. Er faßte sich an den Kopf, ließ Flaschen Flaschen sein, rannte los und schaffte es, ihn ruckzuck zu wecken. Samopalow erhob sich zu seiner vollen hünenhaften Größe. Geräuschvoll reckte er sich. In diesem Augenblick verkündete Bur-Sakejew:

»Und jetzt kommen wir zum eigentlichen Experiment. Es wird von meinem Mitarbeiter Kapersow und seinem Assistenten Samopalow durchgeführt.«

Nachdem ich mich verbeugt hatte, öffnete ich den Container, um das erste Heupferd herauszunehmen, das ich in die Schale des Katapults setzte.

»Exemplar Nummer eintausendzweihundertsiebenundsechzig!« verkündete ich mit lauter Stimme.

»Allez!« rief Bur-Sakejew, gerade so wie der Chef einer Akrobatengruppe im Zirkus vor einer atemberaubenden Nummer.

Ich drückte mit dem Fuß das Pedal. Das Heupferd wurde in die Luft geworfen, um dann in Samopalows Richtung zu fliegen. Kaum landete es im Gras, stülpte Samopalow behende seinen Kescher über das Tier. Der Landepunkt wurde mit einem im Vorfeld bereitgestellten Fähnchen markiert. Jewgraf Syssoitsch beobachtete alle Schritte mit einem Feldstecher. Samopalow brachte mir in seinem Kescher das Heupferd, das ich sofort wieder in die Zelle im Container setzte. Mit einem Maßband stellten wir beide dann die Weite des Flugs oder Sprungs (wie Sie wollen) fest.

»Siebenunddreißig Meter und einundfünfzig Zentimeter!« gab ich das erste ermittelte Ergebnis kund.

»Vor der Behandlung mit KOMPHYG sprang dieses Heupferd nur genau einundzwanzig Meter«, kommentierte Bur-Sakejew das Ergebnis, während er das von Furkassow vorbereitete Protokoll herumzeigte. »Hier hat alles seine Ordnung. Jeglicher Zweifel kann also fahrengelassen werden.«

Beifallsrufe wurden laut. Die Zeremonie wiederholte sich mit jedem weiteren Sprung. Nach Abschluß des letzten Versuchs erklärte Bur-Sakejew, die Insekten würden jetzt im Moskauer Labor einer eingehenden und umfassenden Untersuchung sowohl ihrer zellularen wie auch molekularen Struktur unterzogen, von der man sich erhoffe, daß sie Licht in einige bislang unaufgeklärte Geheimnisse und Rätsel der KOMPHYG brächte.

Nachdem Jewgraf Syssoitsch einen Blick mit seinem

Referenten gewechselt hatte, wandte er sich an Bur-Sakejew: »Wirklich beeindruckend. Ich weiß nicht, wie es den anderen geht, aber mir persönlich hat die Sache gefallen. Wann darf man denn in der Landwirtschaft mit einer Einführung dieser… Ihrer…«

»KOMPHYG«, soufflierte der Referent.

Anmerkung: Jakuschkin berichtete mir, Voland habe sich genau an dieser Stelle genötigt gesehen, seine Lektüre zu unterbrechen. Warum? Das nächste Kapitel mag es erklären.

▾10. KAPITEL▾

Eine unverzeihliche Nachlässigkeit

Plötzlich hielt die Kutsche an. Unmittelbar zuvor war von der Straße her das Gebrüll einer aufgebrachten Menge hereingedrungen, das selbst das Klacken der Pferdehufe wie das Knarzen der Wagenfedern übertönte.

»Stehengeblieben! Stehengeblieben, hast du nicht gehört!«

Die Kutsche hatte kaum angehalten, als es ohne weitere Vorankündigung gegen den Schlag donnerte.

»Aufgemacht! Aufgemacht, verdammt noch mal!«

Jemand rüttelte an der Tür. Steine flogen gegen die Fenster, doch die Scheiben hielten stand und zerbrachen nicht.

Voland riß sich vom Manuskript los und hob verdattert den Kopf. Behemoth, der sich auf dem Kaminsims ausgestreckt hatte, um sich gleichfalls der Lektüre hinzugeben, nahm die Brille ab und stellte sich auf die Pfoten.

Korowjew erschien. Er lüpfte den Vorhang an einem der Fenster, spähte hinaus – und fuhr zurück. Sein Gesicht spiegelte echte Furcht und unverfälschten Schrecken wider.

»Messere!« kreischte er. »So Sie es für richtig halten, können Sie Behemoth und mir eine ganz und gar grausame Strafe zukommen zu lassen! Wir hätten es verdient!«

»Warum mir?« empörte sich Behemoth. »Kaum ist etwas im argen, heißt es gleich – Behemoth!«

Es mag seltsam anmuten, doch Jakuschkin beschlich keinerlei Angst. Im Gegenteil, ihn erfaßte eine völlig unverständliche Heiterkeit.

Indessen schwankte die Kutsche weiter unter den Stößen und Schlägen hin und her. Die flackernden Flammen der Kerzen warfen bizarre Schatten auf die Vorhänge. Korowjew verlor sich, statt irgend etwas zu unternehmen, in weitschweifigen Erklärungen. Behemoth und er hätten, so führte er aus, nachdem sie von Voland den Befehl erhalten hatten, wie sie mit Schurtjajew verfahren sollten, also…

Schurtjajew? schnappte Jakuschkin den Namen auf. Hm, den Namen hab ich doch schon mal gehört. Ach ja, der bekannte Dramatiker. Stücke über Lenin. Die Spielpläne sind voll davon…

Korowjew erging sich noch immer in seinen Ausführungen. Behemoth und er hätten einen Tunnel durch die Zeitschicht gebohrt. Durch diesen sei der Bühnenschriftsteller in die von ihm so vergötterte revolutionäre Vergangenheit, genauer in das Jahr 1918, geschafft worden. Dort (oder besser – damals) hätten ihn die Tschekisten bei einem Fluchtversuch über den Haufen geschossen. Genau so, wie Voland es ihm prophezeit hatte.

Danach sei Behemoth eine völlig simple Aufgabe übertragen worden, nämlich den Tunnel fest zu verschließen. Diese Aufgabe habe Behemoth offenbar nicht zufriedenstellend bewältigen können. Er habe, schlicht gesagt, gepfuscht. Der Tunnel weise noch verschiedene Spalten auf, durch die nun die Volksmassen des Jahres 1918 in unsere Gegenwart eindrängen.

»Wer sind diese Leute, und was wollen sie?« fragte Voland.

»Russische Sansculotten«, erklärte Korowjew. »Der Hunger hat sie in die Zukunft getrieben, obwohl man hier und jetzt auch nicht viel zu beißen bekommt. Deshalb proben sie den Aufstand.«

Behemoth brummte Korowjew an, es wäre ja wohl an ihm gewesen zu kontrollieren, ob es nicht noch Spalten gäbe, schließlich sei er zum Leiter der Operation ernannt worden. Daraufhin sprang er zu Boden und schritt mit stolz erhobenem Schwanz davon.

»Nur keine Sorge, wir werden sie ganz flott wieder zur Vernunft bringen«, versprach Korowjew und verschwand ebenfalls.

»Ich bin weit davon entfernt, mir Sorgen zu machen«, gab Voland mit einem Schmunzeln zu. »Trotzdem müssen die beiden Schelme die Verantwortung für diesen Lapsus und ihre Nachlässigkeit übernehmen.«

Bereits im nächsten Augenblick waren Korowjew und Behemoth wieder da, beide als dem Leser bereits bekannte Gestalten – Korowjew mimte den Soldaten im Kampf gegen den Imperialismus, Behemoth den revolutionären Matrosen. Der Ernst der Situation hatte Behemoth veranlaßt, sich außer der Mauserpistole samt hölzernem Halfter noch einige Handgranaten an den Gürtel zu hängen. Zusammen mit ihnen erschien auch Kommissar Koschkin, also Asasello. Jakuschkin erkannte in ihnen mühelos die Lieblingsfiguren des sowjetischen Theaters wieder.

Korowjew entriegelte die Tür und stieß sie weit auf. Auf dem Trittbrett klebten Leute. Mit dem Ausruf »Im

Namen der Revolution!« machte sich Korowjew daran, sie runterzustoßen, wobei er seinen Gewehrkolben geschickt einzusetzen wußte. Jakuschkin zog die Vorhänge zurück und preßte das Gesicht ans Fenster. Er sah, wie zwei Gestalten im Schafspelz auf den Kutschbock kletterten, eindeutig in der Absicht, sich den Kutscher mit Dreispitz (aber ohne Gesicht) zu schnappen und ihn vom Bock zu werfen. Der Kutscher ließ seine Knute auf die Rücken der Angreifer knallen, was diese jedoch nicht davon abhielt, ihre Versuche unverdrossen fortzusetzen. Unzählige Hände versuchten, die Negerlakaien hinten vom Wagentritt herunterzuzerren, und grapschten nach ihren weißbestrumpften Beinen. Die Neger hielten sich jedoch tapfer. Sie verstanden es ihrerseits, sich mittels ihrer Beine zur Wehr zu setzen. Insgesamt hatten sie, wie man sich heutzutage auszudrücken beliebt, die Situation unter Kontrolle.

Schließlich war das Trittbrett wieder freigelegt. Der Kutscher und die Negerlakaien hielten weiterhin stand. Wer einmal den Kolben des Korowjewschen Gewehrs kennengelernt hatte, sah von weiteren Versuchen ab, das Trittbrett zu erklimmen. Korowjew sprang mutig hinunter und gab Kommissar Koschkin ein Zeichen, der daraufhin ebenfalls zu der Menge herunterkletterte. Nur Behemoth blieb vernünftigerweise auf dem Trittbrett stehen.

»Was soll der Lärm?« verlangte Koschkin alias Asasello zu wissen.

Schlagartig beruhigte sich die Menge, man ließ vorübergehend vom Kutscher und den Negerlakaien ab. Nun konnte Jakuschkin die Gesichter erkennen, übermüdete, schrecklich ausgemergelte, mal von Zorn, mal von Verzweiflung gezeichnete Gesichter. Männer wie

Frauen, alle unsagbar zerlumpt. Hier und da zeigten sich Soldatenmäntel, Matrosenjacken …

»Was soll der Lärm, Bürger?« wiederholte Kommissar Koschkin seine Frage.

Erneutes Gemurmel und Stimmengewirr wurden laut. Ein unglaublicher Koloß zwängte sich nach vorn, ein zerzauster Kerl mit viehischem Gesicht. Verblüffenderweise trug er jedoch einen Zylinder sowie einen epaulettenlosen Offiziersrock, diesen allerdings auf der nackten Haut. Klare Sache, ein Anarchist.

»Wen fährst du da?« schrie er Koschkin alias Asasello an. »Raus mit der Sprache, sind es Bourgeois? Los, laß uns das bourgeoise Fleisch mal kosten!«

In der Menge brodelte es, Schreie waren zu vernehmen. »Die fahren Bourgeois! Auf sie! Macht sie kalt! …« Kommissar Koschkin zog seinen kurzläufigen Revolver und gab einige Schüsse in die Luft ab.

»Ruhig, Bürger!« rief er in die eintretende Stille hinein. »Glaubt diesem Anarchisten nicht! In der Kutsche sind weder Bourgeois noch andere Ausbeuter! Diese Kutsche hier ist auf Befehl des Revolutionskomitees bei dem Blutsauger und zaristischen Speichellecker Graf Bobrinski beschlagnahmt worden. Der Graf selbst wurde erschossen. Die Kutsche benutzen wir, um unsere revolutionären Aufträge zu erfüllen, um nach Konterrevolutionären und bourgeoisen Elementen zu suchen. Das sage ich euch, Kommissar Koschkin!«

»Wir glauben es! Wir glauben es!« erklangen die Rufe. »Es lebe Kommissar Koschkin!«

»Und wozu der Kutscher mit Hut? Und die Neger in Livree hinten auf dem Wagentritt?« bohrte der hünenhafte Anarchist (der möglicherweise auch ein Terrorist war) weiter. »Versuch nicht, uns hinters Licht zu führen!«

Ohne auch nur mit der Wimper zu zucken, parierte Korowjew den perfiden Angriff. Bei dem Kutscher, so erklärte er, handle es sich um den einstigen gräflichen Kutscher. Er sorge, wie eh und je, für die Pferde und die Kutsche, wenn auch jetzt im Dienste des Revolutionskomitees, wofür er seine Rationen zugeteilt bekomme. Auch im Falle der Neger könnten ihnen keinerlei Vorwürfe gemacht werden. Bei ihnen handle es sich um ganz gewöhnliche Arbeitsneger. Einst von Graf Bobrinski geknechtet, seien sie jetzt frei, basta. Auch sie stünden nun im Dienste des Revolutionskomitees. Bei der Fahrt durch die Stadt spürten sie jedes bourgeoise Element und jeden Konterrevolutionär auf, da diese ihnen von ihrer früheren Tätigkeit beim Grafen her nur zu bekannt seien.

»Und die Livreen und der Hut...«, kam Korowjew zum Schluß, »woher, Bürger, sollen sie denn andere Sachen nehmen? Könnt ihr mir das vielleicht mal sagen?«

Doch der anarchistische Koloß zeigte sich weiterhin dickköpfig. »Erzähl uns keine Märchen!« schrie er. »Zeig uns deine Vollmacht!«

Kommissar Koschkin kramte ein gefaltetes Blatt Papier aus seiner Jackentasche. Der anarchistische Koloß streckte die Hand aus, um es an sich zu nehmen, aber ihm kam ein alter Arbeiter mit aschgrauem Schnauzer zuvor, der eine ebensolche lederne Schirmmütze trug wie Koschkin alias Asasello. Er nahm das Papier, entfaltete es, setzte eine eisengerahmte Brille auf und fing an zu lesen.

»Die Vollmacht ist echt!« verkündete der Arbeiter, während er Koschkin das Dokument zurückgab. Darauf verschwand der anarchistische Koloß in der Menge.

»Lang lebe unser ruhmreicher Führer Genosse Trotzki!« schleuderte Koschkin alias Asasello einen Ruf in die Menge.

Diese antwortete mit einem freundschaftlichen Hurra. Die Gesichter aller klarten bis zur Freude auf.

»Lang lebe der große Führer des Weltproletariats Genosse Lenin!« trug Korowjew sein Scherflein zur Hebung der allgemeinen Begeisterung bei.

Ein ungleich mächtigeres, vielstimmigeres und anhaltenderes Hurra rollte über die Menge hinweg. Unzählige Hände streckten sich Korowjew und Koschkin alias Asasello entgegen. Die beiden schafften es kaum, sie alle zu ergreifen. Behemoth kam nun auch herunter, um die Hände der Menge zu drücken. Frauen, die mit ihren Kindern gekommen waren, fragte er, wie alt die Kleinen seien und wie sie hießen. Die Kinder selbst kniff er in die Wange. Schließlich verschwanden alle drei wieder in der Kutsche. Der Schlag fiel zu, die Kutsche setzte ihren Weg fort, begleitet von den Jubelschreien der Menge. Schon bald kehrte wieder Stille ein; wie zuvor waren nur mehr das rhythmische Klacken der Hufe auf dem Asphalt und das Knarzen der Wagenfedern zu vernehmen.

»Was wird denn jetzt aus den Leuten?« wollte Jakuschkin wissen.

»Nichts weiter«, antwortete Korowjew mit größter Unbekümmertheit. Alle drei hatten wieder ihr vorheriges Aussehen angenommen.

»Ach, zu blöde, daß ich diesen anarchistischen Schweinehund nicht mit der Mauser abgeknallt habe!« wehklagte der Kater Behemoth, der den Zusammenstoß mit den revolutionären Massen noch nicht mit Gleichmut betrachten konnte. »Dabei ist er direkt vor meinem Visier herumgetanzt!«

Mit einem spitzbübischen Seitenblick auf Voland setzte Korowjew Jakuschkin auseinander, der Tunnel, der durch die Zeitschicht gebohrt worden war, um Schurtjajew in die Vergangenheit zu transportieren, tauge nur zur individuellen Nutzung. Eine andere Sache sei es, wenn er in die entgegengesetzte Richtung, also in die Zukunft genutzt werde. In diesem Fall könnten mal tausend, mal ein Dutzend Personen gleichzeitig durch den Tunnel gelangen. Jakuschkin selbst sei ja Zeuge gewesen, wie viele Menschen am Ende zusammengekommen waren. Sie jetzt einzeln in das Jahr 1918 zurückzuschicken überstiege alle Kräfte. Sollten die Menschen aus dem Jahr 1918 also ruhig in ebender strahlenden Zukunft leben, die sie einstmals in ihrem revolutionären Eifer angestrebt hatten.

»Was soll man nur mit diesen durchtriebenen Burschen machen?« fragte Voland Jakuschkin mit einem Lächeln auf den Lippen.

»Messere! Sie haben völlig falsche Vorstellungen von uns. Wir geben uns doch alle Mühe. Und hier liegt die Schuld wirklich nicht bei uns. Die ganze Sache ist einfach ein Unglück.« Wie es sich für einen revolutionären Soldaten geziemte, gab Korowjew nicht auf, sondern kämpfte bis zum letzten.

»Da wird wohl die Moskauer Miliz alle Hände voll zu tun haben«, bemerkte Behemoth mit unvermuteter Hintergründigkeit.

Er sollte sich nicht täuschen. Neben anderen Plagen, die der Stadt zu schaffen machten, bevölkerten nun auch noch unzählige Obdachlose Moskau – und zwar Obdachlose, wie sie zuvor noch nie dagewesen waren. Derart arm und zerlumpt, daß man allein bei ihrem Anblick tiefes Mitleid mit ihnen empfand. In der letzten Zeit hatte es zwar bereits etliche

Obdachlose gegeben, diese aber… und in so kolossaler Zahl!

Sie tauchten überall auf, vor allem aber im Zentrum. Einige mischten sich in die hitzigen politischen Diskussionen ein, die nahezu rund um die Uhr am Puschkinplatz vor dem Redaktionsgebäude der progressiven Zeitung *Moskowskije nowosti* geführt wurden. Die frisch aufgetauchten Agitatoren vertraten unverblümt bolschewistische Ansichten. Sie riefen zur Ausrottung der bourgeoisen Elemente und überhaupt aller Reichen auf. Die Forderung traf auf Verständnis und fand, ungeachtet der ein wenig altmodischen Terminologie, Unterstützung. Als »bourgeoise Elemente« definierte man die habgierigen Privatunternehmer, vor denen man sich kaum noch retten könne. Als die Prediger der sozialen Gleichheit anfingen, Hochrufe zu Ehren der Genossen Uljanow alias Lenin und Trotzki auszubringen, mußten sie allerdings um ihre Haut fürchten.

All dies floß in den Bericht des KGB-Mitarbeiters ein, der abgestellt war, um diesen besonderen politischen Zirkel zu beobachten. Übrigens vermerkte eine Amtsperson höchsten Ranges auf dem Bericht folgende Schlußfolgerung: »Eindeutig vorsätzliche Provokation. Möglicherweise baltischer Hintergrund. Überprüfen.«

Derweil trieb die Situation weitere Blüten. Manch Obdachloser ging vom Wort zur Tat über, um genau zu sein, zur gesetzwidrigen Tat. Wiederholt kam es zu Raubüberfällen auf offener Straße. Jemand trat, um nur ein Beispiel zu nennen, aus einem Laden, in dem es noch irgend etwas zu kaufen gab, vielleicht einen Laib Brot oder eine gefrorene Makrele. Der Obdachlose stellte sich ihm in den Weg, angetan mit

all seinen phantastischen Lumpen, um ihm zu erklären, der Nahrungsmittelüberschuß unterliege der
Konfiszierung. Sodann riß er ihm die Tasche aus der
Hand, wobei er es nicht einmal für nötig hielt davon-
zurennen. Voller Gier verschlang der Schurke auf
der Stelle das Brot. Auch vor der gefrorenen Makrele
ekelte er sich nicht. Was, ausgehungert wie er war,
wohl verständlich ist. Aber feine Manieren sind das
nicht gerade, oder?

Auf der Twerskaja stürzte sich genau vor dem Moskauer Sowjet der dem Leser bereits bekannte anarchistische Koloß mit Zylinder auf einen Bürger, und zwar
aus Motiven, die bar jedes Nahrungsmittelzusammen-
hangs waren. Wie sich herausstellte, handelte es sich
bei dem Bürger um den Direktor des sowjetisch-ita-
lienischen Unternehmens *Pizza napoletana*. Mit dem
Schrei »Verfluchter Bourgeois!« fiel der anarchistische
Koloß über den erfolgsverwöhnten Geschäftsmann
her, um ihm den Ledermantel mit echtem Pelzfutter
vom Leib zu reißen, den er, wie sonderbar aber auch,
im sonnigen Italien erworben hatte, wohin er zwecks
Präzisierung der Rezeptur für die Pizza napoletana
gefahren war.

Glücklicherweise war Miliz in der Nähe. Der
Ledermantel konnte zurückerobert und seinem Besitzer zurückgegeben werden. Der anarchistische Koloß
wurde auf das bereits mehrfach erwähnte 83. Revier
gebracht. Natürlich hatte der Festgenommene keinen
Personalausweis, sondern nur eine Bescheinigung mit
Stempel, die von irgendeinem Hauskomitee ausgestellt worden war.

Aus dieser Bescheinigung ging hervor, daß sein
Besitzer in der Spassopeskowskigasse Nr. 17, Eingang
im Hof, wohne. Im Laufe der Untersuchung konnte

sehr schnell eruiert werden, daß es ein solches Haus in der Spassopeskowskigasse gar nicht gab, wie im übrigen nahezu die ganze Gasse nicht mehr existierte, die im Fieber der städtebaulichen Erneuerung weitgehend der Begradigung des Kalininprospekts zum Opfer gefallen war. Wenn heute jemand in der Spassopeskowski wohne, die nunmehr von einem einzigen Haus eingenommen werde, dann sei das der amerikanische Botschafter.

Man besah sich die Sache genauer. Verflixt aber auch! Die Bescheinigung datierte aus dem Jahr 1918! Das Dokument war eindeutig abgelaufen. Auf sämtliche Nachfragen antwortete der anarchistische Koloß lediglich mit Aufrufen zur Liquidierung des Privateigentums in allen seinen Formen und Erscheinungen, Ledermäntel inklusive. Daraufhin wurde beschlossen, ein gerichtspsychiatrisches Gutachten über ihn einzuholen. Über das weitere Schicksal des anarchistischen Kolosses vermag ich keine Auskunft zu geben.

Ich möchte auch noch erwähnen, daß zwei minderjährige und fürchterlich verdreckte Diebe den Passanten am Theaterplatz die Frage stellten, wo die Kessel zum Schmelzen des Asphalts abgeblieben seien, in denen sie normalerweise nächtigten. Die Passanten konnten ihnen keine Erklärung für deren Verschwinden geben, rieten ihnen aber, zwecks Übernachtung zum Kasaner Bahnhof zu fahren, der schon seit langem für seine reiche und bunte Mischung an Obdachlosen, Rubelprostituierten und anderen dubiosen Gestalten berühmt war.

Der KGB verfolgte im Zusammenhang mit der Invasion der Obdachlosen hartnäckig und zielstrebig die baltische Spur. Man versuchte, ihr Auftauchen mit dem mysteriösen Verschwinden Schurtjajews in

Verbindung zu bringen, was an und für sich nicht unlogisch ist. Schon bald sollte es in Moskau freilich zu Ereignissen kommen, die einen verschwundenen Schurtjajew und auftauchende Obdachlose weit in den Schatten stellten.

»Ich gehe jede Wette ein, daß Korowjew und Behemoth den Trick mit den Menschen, die aus der Vergangenheit in die Zukunft sickern, extra einstudiert haben«, sagte Voland, wobei er sich abermals an Jakuschkin wandte.

Darauf zuckte Korowjew zusammen, allem Anschein nach ohne jede Verstellung.

»Messere!« empörte er sich, und in seiner Stimme schwang deutlich die empfundene Kränkung mit. »Wie können Sie sich nur erdreisten, dergleichen von uns zu behaupten? Sie haben uns vor unserem Gast tödlich beleidigt!«

Aus seiner Tasche zog er ein durch und durch schmutziges Tuch, mit dem er die aus seinen Augen schießenden Tränen wegwischte und in das er mehrere Male laut hineinschneuzte. Auch Behemoth schaute finster drein, um seine extreme Unzufriedenheit mit den Worten Volands zum Ausdruck zu bringen. Immerhin gab er zu, den Tunnel in schrecklicher Eile zugemacht zu haben, da er sich ja für die Befreiung Jakuschkins unverzüglich zum Haus der Literaten hatte begeben müssen...

Sollte das heißen, sie wußten im voraus, was im Haus der Literaten passieren würde? Und welches Ende das Ganze nehmen würde? überlegte Jakuschkin. Aber das konnte doch nicht sein!

»... und da ist nicht ausgeschlossen«, fuhr Behemoth fort, »daß im Tunnel hier und da ein Spalt offengeblieben ist. Nur liegt es halt nicht an diesen Spalten, wenn so viele Leute in die Zukunft einbrechen. Das liegt an etwas ganz anderem. Die vom revolutionären Eifer erfaßten Massen, die einer strahlenden Zukunft entgegenstreben, sind nämlich nicht nur in der Lage, durch Spalte zu kriechen, nein, sie können auch jede Hürde niederreißen. Und Voland, der diesen Umstand nicht zur Gänze verstanden hat, beschuldigt uns hier völlig zu Unrecht.«

Asasello, der aus irgendwelchen Gründen über jeden Verdacht erhaben war, schwieg die ganze Zeit und ließ nur ab und an ein leises Lachen hören.

»Nun gut!« In Volands Stimme schwangen versöhnungsbereite Untertöne mit. »Was geschehen ist, ist geschehen, daran läßt sich jetzt nichts mehr ändern.«

Friede und Eintracht waren wiederhergestellt. Aber Voland wie Behemoth drängte es nun nicht mehr allzu arg, die durch den Überfall auf die Kutsche unterbrochene Lektüre wiederaufzunehmen. Jakuschkin hatte sich vollends mit der Situation abgefunden und fühlte sich so, als wäre er nicht in Begleitung des Teufels selbst unterwegs, sondern befände sich beispielsweise im Waggon eines ganz gewöhnlichen Schnellzugs. Seine Mitreisenden im Abteil und er hatten sich einander längst vorgestellt, man hatte erfahren, wer woher komme und was beruflich mache. Nun erging man sich in einem zwanglosen Gespräch über Gott und die Welt. Nicht nur, um die Zeit herumzubringen, sondern auch, um die eigenen Vorstellungen über das Leben und die Menschen zu erweitern.

»Klasse, wie Ihnen das gelungen ist!« sagte Jakuschkin zu Korowjew. »Sie waren einem antiimperialistischen Soldaten wirklich wie aus dem Gesicht geschnitten!«

»Kleinigkeit«, antwortete Korowjew, »ein Soldat

oder sonst jemand. Man muß nur den einen oder anderen Helden kennen, am besten einen aus Fleisch und But, der Rest ist dann Technik.«

Jakuschkin wollte wissen, wo es Korowjew gelungen sei, seinen Helden zu beobachten. Doch sicher nicht im Theater? Darauf sagte dieser, daß er, wenn er auch alles andere als ein begeisterter Theatergänger sei, immerhin ein Stück mit einem revolutionären Soldaten gesehen habe. Allerdings gab er nicht an, in welchem Theater.

»Und ich habe meinen Matrosen gleich aus mehreren Stücken kopiert«, beeilte sich Behemoth hinzuzufügen. »Auf diese Weise ist es mir gelungen, das Bild unseres revolutionären Freundes in viel stärkerem Maße zu verallgemeinern. Ohne falsche Bescheidenheit erachte ich das als eine beträchtliche schöpferische Leistung.«

Hier kam Jakuschkin die Erleuchtung.

»Aber das ist ja phantastisch!« rief er aus. »Sie können also jede Figur aus einem Stück weiterleben lassen, aus Dramen, Komödien und sogar Tragödien. Natürlich nur, wenn sie nicht tot ist, wie Hamlet oder die Larissa aus *Mädchen ohne Mitgift*[7]. Ich habe immer davon geträumt zu erfahren, was aus Chlestakow[8] oder den drei Schwestern[9] geworden ist.«

»Warm! Warm!« gab sich Asasello geheimnisvoll.

Voland bedachte ihn mit einem unzufriedenen Blick. Daraufhin zog Asasello sofort einen kleinen runden Spiegel hervor, um sich schönzumachen sowie den Knoten seiner Krawatte zu richten.

»Wir können nicht nur die Helden aus Stücken weiterleben lassen. Warum sollten wir schließlich die Prosa beleidigen?« fragte Voland. »Ich habe Ihnen schon gesagt, daß das Genre für mich keine Bedeutung hat.«

»Sie haben, wie immer, auf geniale Weise recht, Messere!« lobte ihn Behemoth. »Ich habe mir schon lange das Ziel gesetzt, mich in den *Ritter des Goldenen Sterns*[10] zu verwandeln. Nur zu gern möchte ich das. Es ist mein sehnlichster Wunsch!«

Indes, Voland betrübte Behemoth, indem er sagte, das übersteige selbst seine Kräfte, der er immerhin das unübertroffene As jedweder Verwandlung sei. Denn soweit er sich erinnere, spiele die Handlung des Romans unter vollkommen irrealen Bedingungen. Und auch die Helden seien von lebenden Menschen weit entfernt…

»Als ob es über Ihre Kraft ginge, auch irreale Bedingungen zu schaffen«, erkühnte sich Jakuschkin einzuwenden. »Meiner Meinung nach machen Sie so etwas mit links.«

»Ganz kalt!« erklang die Stimme von Asasello.

»Schweig!« schrie ihn Voland an. Jakuschkin antwortete er jedoch wie folgt: Beliebige Bedingungen zu schaffen, Ort und Zeit einer Handlung nachzugestalten, sei natürlich nicht schwierig, selbst wenn es um die Steinzeit oder das alte Römische Reich ginge. Selbst einige Planeten oder Galaxien, die von Science-fiction-Schriftstellern ersonnen worden seien, bereiteten keine Probleme. Dagegen sei unter *irrealen* Bedingungen eine bewußte Verzerrung der Wirklichkeit zu verstehen, die vom Autor des Werks entweder um der Zensur willen oder auf eigene Initiative, also um eigennütziger Ziele willen, vorgenommen worden sei. Solche *Bedingungen* werde, mit Verlaub, niemand wiederherstellen können, ebensowenig wie ihre Helden. Da sei nichts zu wollen.

»Aber wir verlieren uns schon wieder in der Theorie«, schloß Voland. »Und dabei habe ich noch nicht einmal Ihren Roman zu Ende gelesen.«

Korowjew und Asasello baten um die Erlaubnis, sich zurückziehen zu dürfen. Voland nahm einen weiteren Stoß der Manuskriptseiten Jakuschkins in die Hand. Behemoth sprang auf den Kaminsims, um seinem Beispiel zu folgen.

11. KAPITEL

Das Kaninchen Kusja
Abschließende Auszüge aus dem Roman Jakuschkins

Nachdem Jewgraf Syssoitsch einen Blick mit seinem Referenten gewechselt hatte, wandte er sich an Bur-Sakejew: »Wirklich beeindruckend. Ich weiß nicht, wie es den anderen geht, aber mir persönlich hat die Sache gefallen. Wann darf man denn in der Landwirtschaft mit einer Einführung dieser … Ihrer …«

»KOMPHYG«, soufflierte der Referent.

Ohne mit der Wimper zu zucken, antwortete Bur-Sakejew, von ihm aus gleich morgen! Er sei bereit, sich großes Hornvieh vorzunehmen, Schweine, Schafe und Ziegen oder auch Hühner. Aber leider gebe es noch gewisse Schwierigkeiten. Vor allem und am entscheidendsten – die Bauarbeiter hätten ihr Versprechen nicht gehalten: Bis heute sei hier, in Jelykajewo, noch kein Forschungslabor errichtet worden.

Bur-Sakejew zeigte auf das Fundament, in dem stellenweise schon Unkraut wucherte und das teilweise sogar eingestürzt war. Wenn das Versuchsgelände aber erst einmal überdacht wäre, ließe sich die Versuchsreihe mit den Heupferden wesentlich schneller abschließen, da die Tests dann zu jeder Jahreszeit und bei jedem Wetter durchgeführt werden könnten.

»Schon wieder Heupferde!« murrte ein Vertreter der Ministerien und Behörden.

»Ja, schon wieder!« bestätigte Bur-Sakejew, wobei er den erbärmlichen Skeptiker auszumachen suchte. »Solange wir nicht gründlich über die Heupferde Bescheid wissen, ist der Übergang zu großen biologischen Objekten unmöglich. Das möchte ich mit aller Entschiedenheit betonen. Ich bin schließlich nicht irgendein Glücksritter!«

Seine Augen brannten vor Zorn und Kränkung, was auch noch den letzten Verdacht ausräumte, er könne gar wie ein Bruder Leichtfuß handeln.

»Wer ist bei uns für den Bau zuständig?« wollte Jewgraf Syssoitsch in strengem Ton wissen.

Aus einem der Sessel erhob sich ein Mann, der allem Anschein nach noch dicker als die übrigen war, um sich sogleich vorzustellen: »Filimonow von der Hauptverwaltung.«

»Was ist das für ein Spiel, Genosse Filimonow, das Sie da mit uns treiben?«

Weiß Gott, Filimonow wäre am liebsten in Grund und Boden versunken. Seine kummervolle Haltung drückte tiefe Schuldgefühle aus. Er fand aber auch Worte zu seiner Verteidigung: Es gebe kein Baumaterial, alle Kontingente seien ausgeschöpft, es fehle an Werkzeugen und Maschinen …

»Versuchen Sie nicht, vom Thema abzulenken!« schrie ihn Jewgraf Syssoitsch an. »Glauben Sie vielleicht, jetzt, wo wir die Demokratie haben, könne jeder so arbeiten, wie es ihm gefällt? Notieren Sie!« wies er seinen Referenten an. »Übergabe des Gebäudes in drei Monaten!«

»Oi! Das schaff ich nicht!« stöhnte Filimonow.

»Das ist für uns von nur geringem Interesse. Wenn

Sie nicht wollen, können Sie ja eine gottverfluchte schriftliche Eingabe machen!«

Irgendwer stieß Filimonow einen Ellenbogen in die Seite.

»Wir werden uns bemühen!« rief er mit wieder zuversichtlich klingender Stimme.

»Das hört sich doch schon ganz anders an!« lobte Jewgraf Syssoitsch. »Aber sagen Sie mal«, wandte er sich erneut an unseren Professor, nachdem das Problem des Baus nunmehr gelöst war, »wie stellen Sie sich selbst alles weitere vor? Heupferde sind eine Sache, Kühe und Schafe dagegen eine ganz andere...«

Mit einem traurigen, zugleich aber auch weisen Lächeln, das seine Anerkennung für die nicht nur angemessene, sondern auch sehr präzise Frage zum Ausdruck brachte, antwortete Bur-Sakejew, man könne sich hier voll und ganz auf Mutter Natur verlassen, denn sie sei letztendlich so eingerichtet, daß alles einem einzigen Gesetz folge. Und das habe nicht irgendwer erkannt, sondern Friedrich Engels höchstselbst! (Bei der Erwähnung des Begründers des dialektischen Materialismus nickte Jewgraf Syssoitsch zufrieden.) Wenn also die Anwendung der KOMPHYG bei einer biologischen Gattung, in unserem Fall bei den Insekten, zu effizienten Mutationen führe, so Bur-Sakejew weiter, könne man diese mit Fug und Recht auch bei jedem anderen Lebewesen erwarten.

»Nein, nein, sag doch einfach mal, wie du dir das vorstellst«, insistierte Jewgraf Syssoitsch. Sein Übergang zum Du schien mir ein gesteigertes Maß an Wohlwollen Bur-Sakejew gegenüber auszudrücken. »Nehmen wir zum Beispiel mal eine Herde Kühe...«

»Kolchoskühe«, warf jemand ein.

»Seit ich denken kann, kenn ich keine anderen Kühe! Also, wie gedenkst du deren Milchertrag zu steigern?«

Bur-Sakejew schilderte unverzüglich seine Visionen. In zwei, drei Jahren würde nahezu jede Kolchosfarm mit einer Anlage für die KOMPHYG ausgestattet sein (auf das Wort »Kolchosfarm« legte er besondere Betonung). Mit diesen Anlagen würde die entsprechende Behandlung der Kühe zum Zweck der Milchertragssteigerung durchgeführt. Analoges erwarte die Ochsen, Schafe, Schweine und anderen Kolchostiere, hier allerdings mit dem Ziel, die Fleischversorgung der Bevölkerung sicherzustellen.

»Die KOMPHYG ist nicht nur eine wissenschaftliche Methode, sie ist unser Schicksal!« bediente sich Bur-Sakejew einer seiner Lieblingsformulierungen. Seiner Meinung nach, fuhr er fort, stehe die KOMPHYG heute für die Zukunft des Landes! Ihm sei klar, daß er an epochemachenden oder, wie es jetzt heiße, an schicksalsträchtigen Ereignissen teilhabe…

»Teufel aber auch!« Jewgraf Syssoitsch kratzte sich mit dem kleinen Finger im Nacken. »Und wie weiter? Diese… wie heißen sie noch… diese Hippohypnotiseure haben wir damals auch nicht ernst genommen. Wir haben sogar mal eine Direktive geschrieben, daß diesen Spießgesellen des perfiden Idealismus Einhalt geboten werden muß. Und jetzt! Selbst im Fernsehen wird man heutzutage von allen möglichen Krankheiten geheilt… Einfach so, ohne jedes Gesundheitsministerium! Ich selbst hatte vor gar nicht langer Zeit fürchterliche Kreuzschmerzen. Ich hab meinen Arzt gerufen. Der betastet mich. Dann sagt er zu mir, ich müßte zur Beobachtung ins Krankenhaus. Darauf ich: Mach bloß, daß du wegkommst! Wie kann ich ins

Krankenhaus, wo das Land einen derart gewaltigen Umbruch erlebt?«

»Nur kein Selbstmitleid!« ließ sich eine hartherzige Stimme vernehmen.

»Kurzum, ich habe den Mediziner zum Teufel gejagt! Abends sitz ich dann gemütlich vor dem Fernseher. Da tritt so ein Hypnotiseur auf. Vielleicht sollte ich dem mal mein Kreuz zeigen, denk ich mir. Ich sitz also fünfzehn Minuten mit dem Rücken zum Fernseher. Danach ruft der Generalsekretär an, ich bin abgelenkt… Ich geh ins Bett, schlaf bis zum Morgen durch – und da… keine Kreuzschmerzen mehr. Wie weggeblasen!«

Nachdem sich die begeisterten Ausrufe angesichts der wundersamen Heilung Jewgraf Syssoitschs gelegt hatten, ergriff Bur-Sakejew wieder das Wort und ließ sich darüber aus, daß das, was er mit der KOMPHYG schon erlebt habe, selbst einem Hypnotiseur im Traum nicht einfallen würde. In kritischen Momenten hätten ihn allein Ausdauer und sein angeborener Optimismus gerettet. Ja, und der Glauben an den Triumph der gerechten Sache!

»Aber jetzt sag mal«, kehrte Jewgraf Syssoitsch zum Hauptthema zurück, »braucht das Vieh denn mit deiner KOMPHYG nicht noch mehr Futter? Ehrlich gesagt, steht es mit Futter bei uns nicht gerade zum besten.«

Wie aus der Pistole geschossen erklärte Bur-Sakejew, von einer Erhöhung der Futtereinheiten könne wahrhaftig nicht die Rede sein. Im Gegenteil, die Futterrationen für die Tiere dürften sogar ein wenig gesenkt werden.

»Genau das brauchen wir!« rief Jewgraf Syssoitsch frohgemut aus und wies den Referenten an, die Presse zu informieren. Das Volk sollte davon unterrichtet werden, welche Perspektiven am Horizont der Nahrungsmittelfront lockten ...

Sie spielen nicht zufällig Karten? Préférence? Poker? Oder wenigstens Siebzehn und Vier? Denn wenn Sie Karten spielen, werden Sie wissen, was *Heuernte* ist. Wenn einem der Spieler am Tisch das Glück aus vollem Halse lacht, während ein anderer mit einem Seufzer *Heuernte* ausruft. Und das Glück lächelt, lacht und juchzt weiter – aber nur für den einen.

Mit jemandem zu spielen, der gerade *Heuernte* hat, ist vollkommen aussichtslos. Er versteigt sich zu den unglaublichsten Kombinationen – und gewinnt tatsächlich jedesmal!

So war das auch mit unserem Bur-Sakejew, dessen Stunde anscheinend gekommen war. Ohne sich um die Folgen zu kümmern, versprach er bedenkenlos das Blaue vom Himmel und fiel doch immer wieder auf die Füße. Was heißt, er fiel auf die Füße? Er sahnte ab! Ohne Ende! Über alles andere kann man sich später den Kopf zerbrechen ... Aber wer zerbricht sich denn überhaupt noch über etwas den Kopf in diesem hektischen, schnellebigen Dasein?

Ach, wann wird nur meine Stunde, meine *Heuernte* kommen? Um ebenfalls abzusahnen, ohne Ende abzusahnen!

Jewgraf Syssoitsch verabschiedete sich. Samopalow und ich wurden eines Händedrucks für würdig befunden. Umkreist von seinen Blondlingen, stieg der hohe Gast in den SIL ein. Kaum saß er, drohte er Filimonow aus der Hauptverwaltung mit der Faust. Der ließ sich zu einem schiefen Lächeln hinreißen. Darüber hinaus beschattete er mit der Hand sein Gesicht, sei es, um sich gegen die Faust Jewgraf Syssoitschs zu feien, sei es, um sich vor dem unerträglichen Glanz zu schützen, der von seiner Person ausging.

Der Mercedes der Straßenverkehrspolizei fuhr an, und die Wagenkolonne machte sich auf den Rückweg.

Anmerkung: Nach Informationen, die ich von Jakuschkin erhalten habe, gelang es Kapersow mittels einiger spitzfindiger Winkelzüge, von der Leitung die Erlaubnis zu bekommen, Versuche mit Kaninchen aufzunehmen. Genauer, mit einem einzigen Chinchillakaninchen. Kapersow gab ihm den Namen Kusja.

In bester Tradition unseres Labors wie auch vieler anderer Labors und sogar ganzer Institute hatte ich keine präzise Vorstellung davon, was ich eigentlich mit meinen Versuchen erreichen wollte. Natürlich war es am erstrebenswertesten, wenn das Kaninchen Kusja nach der Behandlung mit KOMPHYG schnell an Gewicht gewinnen würde. Wenn es in nur wenigen Tagen auf die Größe eines Kalbs anwachsen würde. Doch wer kann schon das Endergebnis voraussehen?

Nehmen wir nur einmal an, ich würde keine phantastische Gewichtszunahme hinbekommen. Dann wäre immerhin nicht ausgeschlossen, daß das behandelte Kaninchen, ähnlich wie das Heupferd Beamon, mit einem Mal eine ganz unglaubliche Sprungkraft entwickeln würde. Das wäre doch auch schon was (wenn auch kein Fleisch). Oder sein Fell würde wachsen und buschig wie Mohair werden. Es gibt also eine ganze Reihe effektiver Mutationsmöglichkeiten, mit denen gerechnet werden muß. Ein echter Wissenschaftler ist wie ein Jäger, der aller Müdigkeit zum Trotz auf der Suche nach Wild durch die Wälder streift. Auch er kann nicht im voraus wissen, auf was er trifft. Mal ist er einer Füchsin auf der Spur und erlegt ein Haselhuhn. Er verfolgt einen Bären und trifft einen Eber. Entscheidend ist doch nur, daß einem etwas über den Weg läuft. Man legt an, zwei Schüsse, baff, baff! Genau das lehrte niemand anders als Bur-Sakejew höchstselbst!

Anmerkung: Als Assistent wurde für Kapersow der bereits erwähnte Samopalow bestimmt. Eine große Hilfe war er nicht. In der entscheidenden Versuchsphase machte er sich schnöde zu den russischen Meisterschaften im Gewichtheben davon.

Bereits die KOMPHYG-Behandlung von Kaninchen, das muß man sagen, ist eine ungeheuer kräftezehrende Angelegenheit. In der Anlage BURSAK[11] (eine Bezeichnung zu Ehren Bur-Sakejews) arbeitet in der Regel eine ganze Brigade. Ich aber mußte allein schuften, weshalb ich Tag und Nacht im Labor war.

Nach dem üblichen Durchlauf (Röntgen, Ultraschall und anderes) versuchte ich zu ermitteln, ob das Kaninchen Kusja irgendwelche Veränderungen zeigte. Vielleicht sogar eine der erhofften Mutationen? Ich konnte jedoch noch nichts Auffälliges feststellen. Das Kaninchen verhielt sich friedlich. Die Behandlung mit KOMPHYG hatte es kein bißchen verändert. Auch sein Appetit war noch nicht zurückgegangen. In der vorgesehenen Futterzeit stürzte es sich gierig auf Kohl und Mohrrüben.

Ein Versuch folgte dem nächsten. Vor mir lag der letzte Schritt, der Test in der Zentrifuge. Anhand verschiedener Berechnungen hatte ich ermittelt, daß das

Kaninchen maximal zwei Stunden zentrifugiert werden konnte. Mehr würde es nicht aushalten.

Für meine zukünftigen Biographen sei angemerkt: Den abschließenden Versuch nahm ich genau um neun Uhr abends in Angriff. Noch einmal hielt ich Kusja kurz im Arm, küßte es zum Abschied auf das Näschen und setzte es dann in die Trommel. Ich schloß die Luke und legte den Hebelschalter um. Mit einem leisen Heulen setzte sich die Zentrifuge in kreisende Bewegung. Ich stellte eine Betriebszeit von zwei Stunden ein. Nach Ablauf dieser Zeit würde sich die Zentrifuge von selbst ausschalten. Anschließend machte ich mich in einem Sessel ans Warten.

Außer mir befand sich noch die Lukinitschna im Raum, die Wirtschaftslaborantin und nebenamtliche Putzfrau. Grimmig schrubbte sie den Boden mit einem über eine Bürste geworfenen klatschnassen Lappen, wobei sie ununterbrochen vor sich hin brummte: »Wir halten hier alles sauber, dafür kriegen wir Mittel aus dem Lager. Die Leitung zahlt uns 'ne Prämie. Und für die Prämie kaufen wir ein Geschenk für den Enkel. Aufopfern soll ich mich für das Institut, aber das ist nicht drin. Seit einunddreißig Jahren bin ich jetzt ununterbrochen im Dienst der Biologie...«

Derweil forderte die Müdigkeit ihr Recht, die sich in den letzten Tagen bei mir angestaut hatte. Unter dem monotonen Gebrummel der Lukinitschna schlief ich ein.

Es gibt Träume, die bleiben einem lange im Gedächtnis. Damals hatte ich den folgenden Traum.

In einem mit heller Eichentäfelung ausgekleideten Saal geriet unter mir ganz von selbst eine Teppichbrücke in Bewegung. Weit hinten, am anderen Ende des Raums, saß an einem riesigen, glänzend polierten Tisch ein Mann, in dem ich Jewgraf Syssoitsch erkannte.

Voller Wucht setzte der *Fliegermarsch* ein, *höher und immer höher* … Ich schritt über die Brücke durch den Saal, wobei ich versuchte, den Takt der Musik zu halten. Jewgraf Syssoitsch kam hinter dem Tisch hervor und machte einige Schritte auf mich zu.

»Schön, daß wir uns kennenlernen!« sagte er und streckte die Hand aus (als ob wir uns nicht schon in Jelykajewo begegnet wären). »Sind ja noch ganz jung. Also, ich gratuliere Ihnen, in meinem Namen und im Namen und Auftrag des Generalsekretärs und des Präsidenten.«

Er bat mich, Platz zu nehmen, und ich versank in einem kühlen Ledersessel.

»Wir hatten gerade eine Besprechung«, setzte mich Jewgraf Syssoitsch in Kenntnis, während er seine Fingernägel studierte, »und da kam folgende interessante Überlegung auf. Warum richten wir Ihnen nicht ein eigenes Labor ein, damit sich alles in wünschenswerter Weise entwickelt?«

Ich versprach sogleich, es werde sich alles bestens entwickeln. Darauf könnten sie sich verlassen!

»Wir haben noch einen anderen kleinen Punkt diskutiert«, fuhr Jewgraf Syssoitsch mit einem zufriedenen Nicken fort, »und haben uns folgendes gedacht. Wollen Sie nicht einen Monat nach Afrika fliegen, um dort die Wissenschaft ein wenig in Schwung zu bringen?«

Selbstverständlich war ich bereit, jede Aufgabe für mein Vaterland zu erfüllen.

»Eine andere Antwort habe ich von Ihnen auch nicht erwartet. Auf dem Weg dorthin können Sie noch einen Abstecher zum Kongreß in Nizza machen.«

Jewgraf Syssoitsch erhob sich, ging über die Brücke, drehte sich plötzlich aber noch einmal um. »Haben Sie eine persönliche Bitte?«

Ich wurde ganz verlegen. Zunächst sagte ich, ja, habe ich. Dann schüttelte ich verneinend den Kopf. Am Ende platzte ich heraus: »Also, wenn Sie vielleicht ein paar Karten für Tony Marciano hätten?«

Anmerkung: Für alle Uneingeweihten möchte ich erklären, daß Tony Marciano ein bekannter Rocksänger ist. Er hat in Moskau einige Konzerte gegeben, mit denen er einen unglaublichen Rummel ausgelöst hat. Kapersow selbst konnte dieser Tony Marciano, mit Verlaub, durchaus gestohlen bleiben, aber Alissa, in die er verliebt war, wollte schrecklich gern ins Konzert.

Jewgraf Syssoitschs Gesicht verfinsterte sich.

»Ausgerechnet mit Marciano ist es nicht ganz einfach. Sie verstehen, ein weltbekannter Sänger«, druckste er herum, wobei er genant zur Seite blickte.

Nun aber legte ich einige Hartnäckigkeit an den Tag.

»Ich würde Sie niemals mit einer solchen Bitte belästigen, aber, wissen Sie, meine Freundin ...«

Daraufhin lächelte Jewgraf Syssoitsch verschmitzt und zwinkerte mir zu.

»Ach, glückliche Jugend! Was soll ich nur mit Ihnen machen? Gut, so soll's denn sein ... Wenden Sie sich in meinem Namen an die Regierungskasse.«

Nachdem ich mich aus dem Sessel herausgearbeitet hatte, bat ich um die Erlaubnis, mich zu entfernen.

»Warten Sie«, hielt mich Jewgraf Syssoitsch zurück. Er drückte einen Knopf an seiner Telephonanlage und befahl: »Bringen Sie den Genossen Kapersow nach Hause. Wie es sich gehört. Im SIL, mit Motorrad-eskorte.«

Danach geriet alles durcheinander. Die Teppich-brücke verschwand, der Saal mit Eichentäfelung, Jewgraf Syssoitsch samt poliertem Tisch. Irgendwann merkte ich, daß ich im SIL saß; vorneweg fuhr ein Wagen der Straßenverkehrspolizei mit Blaulicht, und rechts und links flankierten uns Motorradfahrer, die undurchdringliche Gesichter aufgesetzt hat-ten, behelmt und ganz in schwarzes Leder gekleidet waren. Im Wagen der Straßenverkehrspolizei ging eine Sirene los und ... ich wachte auf.

Draußen brannte bereits die Morgensonne. Was da heulte und sich überschlug, war keinesfalls die Sirene der Miliz, sondern ein Alarmsignal. Später stellte sich heraus, daß im Motor der Zentrifuge von der langen Betriebsdauer die Spulen durchgebrannt waren. Die automatische Zeiteinstellung, auf die ich mich leicht-sinnigerweise verlassen hatte, hatte versagt, die Zentri-fuge sich nicht rechtzeitig, also nach zwei Stunden, ausgeschaltet. Sie hatte ununterbrochen die ganze Nacht rotiert und mit ihr das arme Kaninchen Kusja!

Ich sprang aus dem Sessel und riß den Hebel-schalter herum. Ohne abzuwarten, bis die Zentrifuge vollends zum Stillstand kam, hantierte ich schon an der Luke rum. Ich machte mich auf das Schlimmste gefaßt.

Nachdem ich die Erlaubnis für die Versuche mit dem Kaninchen durchgeboxt hatte, war mir auf-gefallen, daß Furkassow meiner Person gesteigerte Aufmerksamkeit zuteil werden ließ. Er hatte es sich angewöhnt, mindestens zehnmal pro Tag in meinem Zimmer vorbeizuschauen. Niemals stellte er Fragen, stets gab er sich den Anschein, völlig unbeteiligt zu sein. Stand einfach da, summte eine Tangomelodie vor sich hin und ging wieder. Mit Sicherheit wartete er darauf, daß ich einen Fehler machte. Nun schien es, daß er lang genug gewartet hatte.

Ich löste die letzte Schraube und öffnete den Deckel der Luke. Unwillkürlich kniff ich die Augen zusammen, mit unglaublicher Kraft zwang ich mich, sie wieder zu öffnen und ... o Wunder! Das Kaninchen Kusja lebte! Es le-he-heheb-te! Als ob nichts geschehen wäre, saß es im Behälter der Zentrifuge und legte mit den Hinterpfoten einen Trommelwirbel hin. Übermannt von Zärtlichkeit, streckte ich die Hand nach ihm aus und wollte es streicheln. Aber das Kaninchen, ob Sie's nun glauben oder nicht, gab einen seltsamen Laut von sich. Als ob es irgendein Kinderlied sänge. Es bleckte die Oberlippe, so daß die gelblichen Schneidezähne zu sehen waren – mit denen es mir kräftig in den Finger biß. Um ganz exakt zu sein: in den Zeigefinger der rechten Hand!

Ich sprang zurück. Ein feiner Blutstrom rann über den malträtierten Finger. Mir wurde schwindelig, die Gegenstände um mich herum verschwammen und verloren ihre Konturen. In meinen Augen loderten und drehten sich mit unsagbarer Schnelligkeit grelle, regenbogenfarbene Reifen. Und jeder einzelne rahmte eine aufgerissene Kaninchenschnauze!

»Hilfe!« rief ich mit schwacher Stimme.

Der Schrei wurde gehört. Einige Labormitarbeiter kamen ins Zimmer gerannt. Die regenbogenfarbenen Reifen mit der aufgerissenen Kaninchenschnauze in der Mitte verschwanden aber noch immer nicht, obgleich ich energisch den Kopf schüttelte und sie so zu vertreiben versuchte. Ist es schon schwer, meinen Zustand zu erklären, so ist eine Beschreibung nahezu unmöglich. Alles in mir brodelte, Zorn und Wut suchten ein Ventil – das sie auch fanden! Plötzlich verspürte ich den unbestimmten Wunsch, all meine Sünden öffentlich zu beichten.

»Ihr seid gekommen?« Ich lachte kurz auf. »Dann hört zu! Und sagt hinterher nicht, ihr hättet nichts gehört! So fragt nur! Stellt mir doch, wenn ihr euch traut, die Frage, warum ich mich auf dieses unheimliche Abenteuer eingelassen habe! Warum ich die ganze Zeit das arme Kaninchen martere und quäle? Aus wissenschaftlichem Interesse?« An dieser Stelle brach ich in satanisches Gelächter aus. »Weit gefehlt! Ich will schlicht und einfach berühmt werden. Ich habe gedacht, vielleicht mach ich ja irgendeine Entdeckung, mag sie auch noch so klein sein! Hauptsache, die Zeitungen schreiben darüber, alles andere ist egal!«

Während ich immer wieder »Egal, egal!« rief, verfiel ich in einen Tanz. Ich stieß irgendwo an und fiel hin. Ich stand auf und fing wieder an zu tanzen, einen Zigeunertanz in eigener Interpretation. Nach Aussagen der Augenzeugen paßten aber die Figuren, die ich darbot, und die Schritte, die ich machte, viel eher zum Säbeltanz von Chatschaturjan als zu einem Zigeunertanz.

In der Tür erschien Furkassow. Seine Lippen hatten sich zu einer Grimasse der Verachtung verzogen. Mit vor der Brust verschränkten Armen blieb er stehen.

»Weil alles andere dann ganz von alleine kommt«, stimmte ich völlig außer Atem meine Beichte wieder an. »Und was da noch alles kommt! Symposien und Kongresse in den nobelsten Orten im Ausland! Schmeichelnde Aufmerksamkeit seitens der Landesregierung und der Weltgemeinschaft! Vergünstigungen, von denen ihr noch nicht einmal träumt! Auf Schritt und Tritt mein Portrait en face und im Profil – wobei ich im Profil besser rauskomme!«

Ich geriet ins Stocken, meine Phantasie war erschöpft. Furkassow nutzte diesen Umstand unverzüglich aus.

»Alles klar«, sagte er mit einem Seufzer. »Zusammenbruch des Glücksritters, der zudem ein Schizophrener ist. Ruft 03 an, die sollen sich beeilen!«

Er gab zwei getreuen Gefolgsleuten ein Zeichen. Darauf packten die beiden mich und schleppten mich zum Sessel. Dort beruhigte ich mich allmählich. Der heiße Drang zu beichten war inzwischen verflogen. Wie eine glitschige Schlange umringelte mich ein feiger Gedanke: Was habe ich nur getan? grämte ich mich und fing leicht zu zittern an.

Furkassow übernahm die Ermittlungen.

»Wer hat ihn zuletzt gesehen?« fragte er.

Die Lukinitschna trat vor.

»Ich!« verkündete sie stolz. »Wer schuftet denn hier immer noch bis spätabends? Wer räumt denn allen den Müll hinterher? Gestern abend sag ich noch zu ihm: ›Du solltest nach Hause gehen.‹ Und er: ›Ha, ha, ha!‹ Packt das Kaninchen an den Ohren und setzt dieses Teufelsvieh in die Maschine.«

Die Lukinitschna trat an die geöffnete Zentrifuge heran und schaute in die Luke hinein.

»Es lebt ja noch!« rief sie aus. »Gut so! Mit einem richtigen Namen ruft er es! Kusmaja! Die Lukinitschna hat alles gehört! Ich hatte mal einen Mann, Kusma Stepanowitsch. Wie der auf der Mandoline gespielt hat, ganz fabelhaft, und zocken konnte er …«

Die Lukinitschna steckte die Hand in die Zentrifuge, weil sie den Anwesenden das Kaninchen zeigen wollte. Schon im nächsten Augenblick schrie sie vor Schmerz auf. Das Kaninchen Kusja hatte auch den Finger der Lukinitschna erwischt!

Unsere verdiente Wirtschaftslaborantin und Putzfrau im Nebenberuf taumelte durchs Zimmer.

»Gute Leute!« heulte sie mit schrecklicher Stimme auf. »Was ich alles auf dem Kerbholz habe! Was aber auch alles! Halte ich denn Ordnung, wie es die Vorschrift verlangt? Ich schiebe den Müll einfach in die Ecken, und fertig! Genug der Liebesmüh!«

Vom Temperament der Darbietung her dürfte die Lukinitschna mich in den Schatten gestellt haben. Sie fiel auf die Knie, um mit erhobenen Händen auf Furkassow zuzukriechen.

»Aber es geht nicht nur um den Müll!« zählte sie ihre Vergehen weiter auf. »Wenn es doch bloß der Müll wäre! Ich schleppe alles nach Hause, was nicht niet- und nagelfest ist. Erinnert ihr euch noch, wie der Exsikkator verschwunden ist? Ein schönes, großes Glas. Ich hab's geklaut. Für die eingelegten Gurken. Und wieviel Spiritus ich rausgetragen habe! Kaum bekomm ich ihn aus dem Lager, füll ich eine Flasche für mich zu Hause ab. Fesselt mich Halunkin nur, und dann ab zur Miliz!«

Zwei unserer älteren Labordamen zogen die Lukinitschna in die Höhe und führten sie hinaus in den Flur. Wie sich später herausstellte, versuchten sie, ihr Baldrian einzuflößen. Die Lukinitschna tobte aber weiter. Der einen Dame zerriß sie die Jacke, der anderen knallte sie eine. Sie bestand darauf, unverzüglich zur Miliz gebracht zu werden. Nach einer Weile beruhigte sie sich schließlich und ließ sich sogar in ihre kleine Kammer bringen. Dort schlief sie ein.

»Der reinste Massenwahn!« murmelte Furkassow verzweifelt.

Nein, verehrter Iwan Iwanowitsch, das ist alles andere als Wahnsinn! Aber was es ist, weiß nur ich allein! Die geniale Vermutung traf mich wie ein sauberer Stoß mit einem Dolch. Schon entwarf ich in fieberhaftem Tempo einen Handlungsplan, als... Samopalow zu uns stieß. Er kam gerade von den russischen Meisterschaften im Gewichtheben.

»Ihr könnt mir gratulieren!« verkündete er fröhlich. »Ich habe einhundertzweiundfünfzigeinhalb gerissen und einhundertachtzig gestoßen. Genau wie mit Karamsin, meinem Trainer, geplant.«

Stolz zeigte er eine Medaille, die an einem Band um seinen Stiernacken hing.

Ich schnellte aus dem Sessel. Riß mich von den Furkassowschen Helfershelfern los und trat zu Samopalow.

Kurz vor der Abfahrt zu den Meisterschaften hatte Samopalow damit geprahlt, daß er im Konzert von Tony Marciano gewesen sei. Das Konzert hatte ihn vollauf begeistert. Seinen Worten zufolge wurde hier erstmals eine völlig neue Form des Rocks präsentiert. Kein Heavy metal, sondern Metal mit einer Spur von Hell, was Englisch sei und Hölle heiße! Man könnte davon für den Rest des Lebens ertauben! Auch die Lichtschau sei phänomenal gewesen – ein einziges Feuerwerk!

Mich hatten diese Einzelheiten kaum interessiert. Allein der Gedanke, mit wem er bei dem Konzert gewesen war, hatte mich gepeinigt. Doch wohl nicht mit Alissa?

Der Eifersuchtsanfall hatte durchaus stimulierend gewirkt: Noch wütender hatte ich mich an die Vorbereitung der Versuche mit dem Kaninchen Kusja gemacht.

»Samopalow!« rief ich jetzt aus, wobei ich mich auf die Zehenspitzen stellte, um ihn auf die Wange zu küssen. »Du bist unser ganzer sportlicher Stolz! Aber auch die Wissenschaft kommt ohne dich nicht aus. Wie hab ich auf dich gewartet! Jetzt komm mal gleich hierher.«

Woher ich nur die Kraft nahm! Ich zog Samopalow, der völlig ahnungslos war, zur Zentrifuge. Ich hängte mich an seinen gewaltigen Arm und steckte diesen bis zum Ellenbogen in die Luke. Noch im selben Augenblick stieß Samopalow einen jämmerlichen Schrei aus. Mit hoch erhobenem blutigem Finger taumelte er, wie erst ich und dann auch die Lukinitschna, durch den Raum.

Die Samopalowsche Beichte war sportlich gefärbt. Zunächst zitierte er seinen Trainer Karamsin, der ihm ständig vorhielt: »Disziplin, Samopalow, eiserne Disziplin!« Aber er hatte sie gebrochen, mit Alissa, unserer ehemaligen Sekretärin. Falls ich also tatsächlich noch Zweifel gehabt hätte, waren sie nun beseitigt.

»Was für ein elender Schuft ich bin!« klagte sich Samopalow weiter an. »Sind wir zu Tony Marciano gegangen? Wir sind! Haben wir danach in einem Eiscafé Portwein getrunken? Wir haben! Haben wir danach im Aufgang rumpossiert? Wir haben!«

Ich war schon auf die Beschreibung wüster Sex-szenen gefaßt. Aber nein, über die Umarmungen im Aufgang war die Sache nicht hinausgegangen. Doch waren diese Umarmungen, so Samopalow, nichts anderes als eine himmelschreiende Verletzung der sportlichen Disziplin. Und das am Vortag vor den russischen Meisterschaften! Das Ergebnis – nur die Bronzemedaille. Während der Trainer und er doch auf die Goldmedaille aus gewesen waren.

Jemand empfahl Samopalow kurz angebunden, sich zu beruhigen und dem nicht allzuviel Bedeutung beizumessen. Doch ihm war nicht beizukommen, denn jetzt tobte er erst richtig los! Er machte sich daran, an der Wand die staatseigenen Stühle zu zerschlagen. Als kein einziger mehr übrig war, hämmerte er mit seinem Kopf gegen die Wand.

Nun hatte ich keine Zweifel mehr. Nein, nicht was die Durchtriebenheit Alissas anging, sondern was den ungewöhnlichen Charakter des Kaninchens Kusja betraf. Ein Biß von ihm – und jeder Mensch fördert ohne Ende alles zutage, was ihm auf der Seele lastet. Da war sie also, die heißersehnte Entdeckung! Dagegen waren die springenden Heupferde ein Dreck! Und diese Entdeckung hatte ich gemacht, der wissenschaftliche Assistent Kapersow! Ich und niemand sonst!

»Was geht hier vor?« war plötzlich eine bekannte samtweiche Baritonstimme zu hören.

Später konnte niemand erklären, was Bur-Sakejew dazu gebracht hatte, zu so früher Stunde im Labor aufzukreuzen.

»Dort! Dort!« Das war alles, was ein verschreckter Furkassow noch hervorbringen konnte, während er auf die Zentrifuge zeigte.

Ich fühlte mich vollkommen als Herr der Lage, ging zu Bur-Sakejew und machte einen Kratzfuß, so als wäre er eine junge Frau, die ich um einen Walzer bitten wollte. In diesem Moment führte Samopalow einen letzten, besonders gewaltigen Schlag mit seinem Kopf gegen die Wand aus. Mehr hatte er dann offenbar nicht vor. Einem treuen Sportsfreund gelang es, ihn in einen Sessel zu setzen, der glücklicherweise noch ganz geblieben war, obwohl er auch den gegen die Wand geschleudert hatte. Im Sessel kam Samopalow zur Ruhe.

»Seien Sie gegrüßt!« sagte ich in überbordender Ungezwungenheit. »Wir haben hier herumexperimentiert und dabei eine einfach unglaubliche Mutation entdeckt.«

»Was für eine Mutation?« In Bur-Sakejews Augen glomm der Jagdinstinkt auf.

Ich faßte den Professor um die Taille und führte ihn durchs Zimmer, als schritten wir den Mittelgang einer Kirche entlang. Währenddessen setzte ich ihm etwa folgendes auseinander: »Wissen Sie, es ist nur eine Kleinwinzigkeit, genauer ein regelrechter Firlefanz (der Lieblingsstil Bur-Sakejews). Im Vergleich zu den Heupferden hat die Anwendung der KOMPHYG bei einem Kaninchen ergeben: erstens erhöhte Aktivität, zweitens Relaxation der biochemischen Energie, drittens spürbare Annihilation der Reflexe ...«

Aber man kennt unsere Leute. Sie sind auch nicht von gestern!

»Im höchsten Maße interessant«, brummelte Bur-Sakejew, wobei er zu Furkassow hinüberschielte. Der gab hektische Warnzeichen von sich.

»... ferner Infiltration, Kavernation und Prostration.« Ich drehte den Professor so, daß er mit dem Rücken zu Furkassow und mit dem Gesicht zur Zentrifuge stand. »Das ist also unser Versuchskaninchen, Name Kusja. Sie können es ruhig berühren, auf den Arm nehmen ...«

»Zurück!« erklang der verzweifelte Schrei Furkassows. Aber es war schon zu spät ...

Die Jahre werden vergehen. Ich werde älter werden. Werde ein renommierter Wissenschaftler sein. Penibel werde ich die Zeiten für Arbeit und Erholung einhalten. Am Abend werde ich einen Spaziergang machen und, bevor ich mich zu Bett lege, unbedingt ein Glas Kefir trinken. Regelmäßig werde ich ein Kardiogramm erstellen lassen. Ich werde Enkelsöhne und Enkeltöchter haben und ihnen voller Wonne ihr lockiges Haar zerzausen. Aber niemals, das können Sie mir glauben, niemals werde ich den gruseligen Anblick des tropfenden Bluts und die Beichte Bur-Sakejews vergessen können.

Die Reaktion setzte augenblicklich ein. Wie ein Tiger, der im Uferdickicht eines tropischen Flusses gelauert hatte, stürzte er sich mit Gebrüll auf seinen treuen Mitkämpfer, auf Furkassow! Dem gelang es, auf wundersame Weise auszuweichen und in den Flur hinauszustürzen. Daraufhin bedachte Bur-Sakejew alle Anwesenden mit einem flammenden Blick und stieß hervor: »Eine Stenographin her! Aber flott! Damit alles in der nötigen Form dokumentiert wird!«

Unter den Mitarbeitern des Labors raunte es: »Eine Stenographin! Eine Stenographin!«

Wir hatten keine Stenographin. Da war nichts zu machen, sie war im Personalbestand nicht vorgesehen. Eine junge, magere und bebrillte Praktikantin wurde vorgeschubst. Sie setzte sich mit einem Bleistift an den Tisch, in wacher Bereitschaft, das Diktat aufzunehmen. Ihre einmaligen Mitschriften sind bejammernswerterweise spurlos verschwunden, aber ich kann Ihnen versichern, daß sich jedes einzelne Wort meinem Gedächtnis eingeprägt hat.

»Schreiben Sie!« Bur-Sakejew begann das Diktat. »Die sogenannte KOMPHYG ist nichts anderes als aufgeblasene Warmluft und gurgelndes Hirn! Plus Fälschung wissenschaftlicher Fakten! Furkassow senkt in den Protokollen heimlich die Sprungweite der frisch eingefangenen Heupferde ...«

Darum vertraut dieser Schuft also niemandem die Abfassung der Protokolle an, sondern setzt sie immer selbst auf! schoß es mir durch den Kopf.

»Nach der Behandlung im BURSAK springen die Heupferde verständlicherweise weiter. Angeblich aufgrund der Behandlung mit KOMPHYG. Dabei wird nur die Sichtweise verschoben. Ich bin alles andere als ein Wissenschaftler. Ein Scharlatan bin ich, wie ihn die Welt noch nicht gesehen hat!«

Ich zerbrach mir bis dorthinaus den Kopf über die Worte des Professors, knüpfte logische Ketten, die aber nie hielten. Wenn die KOMPHYG reine Scharlatanerie war, warum hatte dann das nach ihren Vorgaben behandelte Kaninchen Kusja diese erstaunliche Eigenschaft entwickelt, die es zuvor nicht besessen hatte? Warum fing ein von ihm gebissener Mensch an, all seine Todsünden frei von der Leber weg zu beichten? Das schaffte ja nicht mal ein erfahrener Ermittler in der Petrowka! Auf der einen Seite war die KOMPHYG reine Scharlatanerie (Geständnis Bur-Sakejews), auf der anderen Seite aber auch wieder nicht? Wo lag hier die Wahrheit?

Natürlich kann man nicht ausschließen, daß das Kaninchen Kusja von Geburt an so war und die KOMPHYG mit all dem nichts zu tun hat. Aber warum hatte es diese Eigenschaft dann nicht schon an den Tag gelegt, bevor ich es in die Zentrifuge gab?

Eine Antwort auf all diese Fragen habe ich nie gefunden.

»Und was ist mit Beamon?« fragte jemand in schroffem Ton.

»Beamon?« Bur-Sakejew lachte bitter auf. »Bea-

mon hat Mutter Natur einen begnadeten Springer
sein lassen. Einen zweiten dieser Art kann man lange
suchen! Ganz Rußland kann man da abgrasen, die
mittelasiatischen und kaukasischen Republiken!
Sicher hat der Australier Atkins eine Rolle gespielt, der
für Beamon Reklame gemacht hat. Und damit auch
für mich! Aber warum lange drum herumreden? Ein
Pimpf bin ich, eine aufgeblasene Nummer! Wenn da
nur ein Gedanke im Kopf wäre!« Bur-Sakejew tippte
sich mit der Fingerspitze gegen die Stirn. »Aus meinem Studium habe ich alles erfolgreich vergessen! In
Mar del Plata wurde ich auf dem Kongreß mit Fragen
überschüttet – und konnte mich kaum aus der Affäre
ziehen! Ich wollte ja etwas für meine Bildung tun, aber
wann? Sagt, wann? Allein die Komitees, nicht weniger
als siebzehn, wenn die Kommissionen dazugezählt
werden. In Moskau rumzuspringen ist ja die reinste
Erholung! Die Auslandsreisen… Was hätte ich eurer
Meinung nach tun sollen? Sie ablehnen?«

Darauf folgten zusammenhanglose und wenig verständliche Ausführungen.

»Den Kopf zerbrochen, um die Datscha aufzustok-
ken… Meine Frau ist die reinste Blutsaugerin. Mit der
ersten… das heißt nicht mit der ersten, sondern mit
der zweiten, die erste zählt nicht… war es etwas ein-
facher… Aber die Alimente bringen mich um! Dann
noch die Frau in einem Vorort… wie heißt sie doch…
Natalija, kurzum. Die mußt du schließlich auch auf
die Rechnung setzen, wenn der Kleine erst ein Jahr
alt ist. Huäh! Huäh!« Bur-Sakejew führte vor, wie er
den Kleinen eigenhändig in den Schlaf wiegte. »Du
mußt zusehen, daß du immer einen hübschen Vorrat
an modischem Zeugs hast! Fährst du mal ins Ausland,
geht's schnurstracks in den nächsten Supermarkt,

immer auf der Jagd nach Sonderangeboten. Eine ellenlange Liste mußt du abarbeiten! Und Schuhe? Du kaufst sie mit zitternden Händen. Im ganzen kapitalistischen Lager bringst du die Größen durcheinander, 39 für 37, da wirst du doch verrückt im Kopf! Und was haben wir schließlich von all dem? Einen Morgenmantel von Christian Dior, den wir um die Ohren geknallt bekommen! Das haben wir schließlich von alldem!«

Auf einmal geriet er ins Stocken. Er schickte allen Anwesenden einen verwunderten Blick zu, als fragte er sie: Was, Freunde, ist los mit mir? Dann krachte er über dem im Sessel sitzenden Samopalow zusammen. In Null Komma nichts war unser Professor in seiner unbequemen Lage erstarrt und fing laut an zu schnarchen, wobei er im Schlaf die Lippen bewegte.

Diejenigen, die das Kaninchen Kusja gebissen hatte (und es waren ihrer am Ende eine ganze Menge), teilte ich in zwei mehr oder weniger gleich große Gruppen ein. Die einen schliefen nach ihrer Beichte ein. Die anderen (wie Samopalow oder ich) blieben wach. Doch sowohl die einen als auch die anderen bestritten später rundweg die Tatsache der Beichte. Mit anderen Worten, die Anfälle von Offenheit und menschlichem Gewissen erwiesen sich bedauerlicherweise bei allen Betroffenen ausnahmslos als rein temporäre Erscheinung.

Die Beichte Bur-Sakejews machte einen gewaltigen Eindruck. Die Labormitarbeiter standen wie versteinert da, niemand war in der Lage, auch nur ein einziges Wort zu sagen.

Plötzlich öffnete sich die Tür, und es kamen drei Männer in weißen Kitteln herein.

»Wer von Ihnen ist der Schizophrene?« fragte der

Arzt mit einem Notfallköfferchen in der Hand und einer Kippe im Mundwinkel. Auf den Anruf hin war nicht der normale Krankenwagen gekommen, sondern bereits einer mit dem Zusatz »spezieller«.

»Ich wiederhole meine Frage: Wer von Ihnen ist der Schizophrene? Wen sollen wir mitnehmen?« Während der Arzt sprach, ließ er die erloschene Kippe von einem Mundwinkel zum anderen wandern.

Hinter ihm tauchte Furkassow auf. Er nahm den Arzt beiseite und versuchte ihn zu überzeugen, daß er niemanden mitnehmen müsse, alle seien gesund und munter, es handle sich hier um ein festgefügtes Kollektiv. Die beiden Pfleger in Begleitung des Arztes setzten furchterregende Mienen auf. Aufmerksam studierten sie die Mitarbeiter des Labors. Allem Anschein nach wollten sie sich den Schizophrenen unter uns ausgucken. Der Arzt bestand weiterhin auf einer Einweisung desjenigen, der ihm noch zu zeigen sei. Doch Furkassow blieb fest und weigerte sich, den Schizophrenen zu nennen.

»Das heißt also, der Anruf war falscher Alarm?« fragte der Arzt. »Dafür wird man Sie noch belangen!«

»Soll man mich ruhig belangen!« erwiderte Furkassow konziliant, während er den Arzt um die Schultern faßte, als wären sie alte Bekannte, um ihn auf den Flur hinauszugeleiten.

Es gingen Gerüchte, Furkassow habe die Auseinandersetzung mit dem Mediziner mittels eines Fünfundzwanzigrubelscheins beigelegt. Ich selbst bezweifle, daß ein derartiger Geizhals auch nur einen halben Rubel rübergereicht hätte. Geholfen haben wahrscheinlich andere Argumente. Darüber wird bislang allerdings noch geschwiegen …

Wie auch immer, der Krankenwagen mit dem

Zusatz »speziell« fuhr – Furkassows Erfolg! – leer wieder davon. Nachdem Furkassow ins Zimmer zurückgekommen war, wandte er sich mit einer kleinen Rede an alle Anwesenden, in der er uns etwa folgendes mitteilte: »Schreibt euch das hinter die Ohren: In diesem Raum wurde nie etwas gesagt, und ihr habt nie etwas gehört.«

Es fanden sich einige Freidenker, die vorschlugen, eine Kommission einzuberufen, die den Vorfall untersuchen solle. Sie müsse, wie es sich gehöre, in geheimer Wahl zusammengestellt werden. Furkassow hielt die Zügel weiterhin fest in der Hand und erklärte, es werde keine Kommission geben. Sollte jemand darauf bestehen, könne er gleich sein Entlassungsgesuch einreichen. Vor allem, da ihnen ohnehin eine Kürzung des Personalbestands drohe… Daraufhin verstummten die Freidenker sofort und hielten ihre Zunge fortan im Zaum.

Die Praktikantin, die Bur-Sakejews Worte mitgeschrieben hatte, trat an Furkassow heran. Sie zeigte ihm die Blätter und fragte kokett, ob sie sie abtippen solle. Furkassow riß ihr die Seiten aus der Hand, betonte, ein Abtippen sei nicht vonnöten, und stopfte sie sich in die Tasche. In der Folge unternahm ich noch nicht einmal den Versuch, ihn um Einsichtnahme in diese einmalige Mitschrift zu bitten. Ich hatte begriffen, daß es aussichtslos war.

Auf Befehl Furkassows kehrten alle Mitarbeiter an ihre Arbeitsplätze zurück. Im Zimmer blieben nur er und ich, unser schlafender Professor sowie Samopalow, der sich unterdessen unter seinem Chef hervorgearbeitet hatte, sogar ohne ihn dabei zu wecken. Wie gehabt saß auch das unvermeidliche Kaninchen in der geöffneten Zentrifuge.

»Was machen wir mit ihm?« fragte Furkassow und deutete auf den schlafenden Bur-Sakejew. »Wär' schade, ihn zu wecken, wo er so süß schläft. Vielleicht dislozieren wir ihn in sein Arbeitszimmer?«

Samopalow meinte, für ihn sei das keine große Sache. Ohne Mühe hob er den Sessel mit dem schlafenden Professor an und lud ihn sich auf den Rücken, um ihn aus dem Zimmer hinauszutragen. Ich kann Ihnen sagen, das war ein Bild! Gemeinsam stolzierten wir durch den Flur, vorneweg Samopalow mit seiner kostbaren Last, hinterdrein Furkassow und ich. Der Teufel muß mich geritten haben, sie zu eskortieren! Wäre ich doch in meinem Zimmer geblieben, dann wäre alles ganz anders gekommen!

Samopalow trug den Sessel ins Arbeitszimmer und stellte ihn ab.

»Ihr könnt gehen, merci«, sagte Furkassow, worauf Samopalow und ich uns entfernten.

Just in dem Moment fiel mir das Kaninchen wieder ein. Hals über Kopf rannte ich zu meinem Zimmer. Ich stürmte hinein… Selbst jetzt, nach all der Zeit, überkommt mich allein bei der Erinnerung noch das Gefühl jener gruseligen Vorahnung! Was bin ich für ein Narr gewesen!

Ich schaute in die Zentrifuge – die leer war! Das Kaninchen war weg! Ich durchwühlte die Überreste der von Samopalow zerschlagenen Stühle. Vielleicht hatte es sich ja dazwischen versteckt? Nein! Mit einem verzweifelten Aufschrei rannte ich auf den Flur hinaus. Alle, die ich traf, bestürmte ich mit der Frage, ob sie nicht ein graues Kaninchen gesehen hätten. Voller Schrecken wich man vor mir zurück, drückte sich an die Wand.

Ich raste die Treppe hinunter, suchte im Geschwindschritt den Korridor im Erdgeschoß ab – ohne Erfolg. Schließlich gelangte ich in die Pförtnerloge.

»Ochromejew!« schrie ich den an der Drehtür duselnden Pförtner an. »Ist hier zufällig ein Kaninchen vorbeigerannt?«

»Ja, klar!« gab der Schnurrbartträger Ochromejew mit leiser Freude Auskunft. »Ich sag: ›Wo willst du denn hin, ohne Passierschein?‹ Und das Vieh… springt einfach über die Absperrung!«

Ich rannte aus dem Gebäude hinaus. Die mit einer gewaltigen Feder versehene schwere Tür schlug mir ins Kreuz, die grelle Sonne stach mir schmerzhaft in die Augen. Ich blinzelte. Als ich die Augen wieder öffnete, war das erste, was ich sah, das Kaninchen. Es saß mit untergeschlagenen Pfoten an der Gehsteigkante. Offenbar wartete es auf grünes Licht, um über die Straße zu hoppeln. Die Passanten schenkten ihm keine Aufmerksamkeit. Nur ein kleines Mädchen zupfte an der Hand der Frau, die mit ihm unterwegs war, und rief: »Guck mal, Mama, ein Kaninchen!«

Worauf die Frau mürrisch antwortete: »Hör auf mit dem Unfug! Wir kommen noch zu spät.«

Obwohl ich mich voller Vorsicht an das Kaninchen heranpirschte, drehte es sich trotzdem irgendwann um und erblickte mich. Darauf stieß es sich mit allen vier Pfoten kräftig ab, um auf den Fahrdamm zu springen. Bremsen quietschten. Ein salatgrünes Taxi hätte es fast erwischt. Der Taxifahrer schob den Oberkörper zum Fenster heraus und schrie wütend: »Soll ich dich überfahren, oder was?«

Bald blieb das Kaninchen Kusja stehen, um die Autos vorbeizulassen, bald schlängelte es sich durch sie hindurch – und entfernte sich immer weiter. Mitunter verschwand das Tier völlig aus meinem Blickfeld, dann tauchte es wieder auf. Die Ampel schaltete soeben auf Gelb, als ich es zum letzten Mal sah. Es saß auf einer weißen Fahrbahnmarkierung. Ein Lieferwagen mit dem kursiven Schriftzug *Möbel* an der Seite fuhr auf das Kaninchen Kusja zu, das sich daraufhin in die Luft katapultierte und auf dem Dach des Lieferwagens landete. Der Fahrer gab noch einmal Gas, donnerte bei Gelb über die Ampel und fuhr mein kostbares Kaninchen von dannen...

Anmerkung: An dieser Stelle enden die Aufzeichnungen, diesmal endgültig. Aus den wirren Äußerungen Jakuschkins reimte ich mir zusammen, was im Roman weiter passierte. In die Freiheit entsprungen, bewegte sich das Kaninchen Kusja ungehindert durch Moskau und biß etliche ganz unterschiedliche Menschen. Mal für Mal folgten darauf Enthüllungen der hier geschilderten Art. Jakuschkin selbst meinte, dieser Teil sei ihm nicht gelungen. Aus dem Grund bedauere er es auch kein bißchen, daß die *Beerdigung eines Jägers* nicht gedruckt worden war. Das dürfte wohl alles sein, was ich meinem Leser im Augenblick zu diesem Thema mitteilen kann.

12. KAPITEL

Der Vertrag

Die tropfenden Kerzen waren fast vollständig niedergebrannt, es war schummerig geworden. Korowjew
war mehrere Male erschienen. Er war auf Zehenspitzen hereingekommen, einen Finger auf den Lippen.
Nachdem er einen Blick auf Voland und Behemoth
geworfen hatte, die beide in ihre Lektüre versunken
gewesen waren, war er lautlos hinter den dunklen
Vorhängen verschwunden. Von fern erklang der
modulierte Schrei einer Frau. Irgendwer schaltete ein
Radio ein. Durch das Geknister der elektrischen Ent-
ladung hindurch drangen Musikfetzen und die aufgeregte Stimme eines ausländischen Radiosprechers.
Danach herrschte wieder Stille, die einzig von dem
gleichmäßigen Klacken der Hufe sowie dem Knarzen
der Wagenfeder zerrissen wurde.

In Jakuschkin machte sich Schwermut breit. Eine
Schwermut, daß man sich am liebsten erhängt hätte.
Eben noch hatte er verhältnismäßig sorglos und in heiterem Frieden vor sich hin gelebt, und nun... Obendrein erfaßte ihn Sorge. Nein, nicht um ihn, sondern
um Lena und den kleinen Mischka. Was würde aus
ihnen werden? Was hatten sie zu erwarten?

Kurz bevor er sich auf den Weg ins Theater zu seinem Treffen mit Sutenewski gemacht hatte, das in dieser Weise ja nicht stattgefunden hatte, war Lena nach Hause gekommen. Sie hatte in einem Laden angestanden, um Milch zu kaufen, die dann ausgerechnet in dem Moment ausgegangen war, als Lena an der Reihe gewesen war.

Lena hatte die Fassung verloren, war zusammengebrochen. So etwas war ihr noch nie zuvor passiert, diese Tränen, diese Hysterie... Nein, sie war ein tapferer Mensch und wußte sich zu beherrschen. Nur hatten wahrscheinlich auch ihre Tapferkeit und Selbstbeherrschung eine Grenze. Der Grund lag natürlich nicht in diesem unglückseligen Liter Milch. Mischka würde keinen Hunger leiden müssen, sie hatten immer noch ihre eisernen Vorräte an Päckchen mit Kindernahrung, sie konnten also Kascha kochen. Und der Grund lag auch nicht im Geldmangel, der leider schon chronisch zu nennen war. Er lag noch nicht einmal darin, daß im Nebenzimmer anstelle der – vor kurzem verstorbenen – ruhigen Alten Marija Wikentjena (die ruhig gewesen war, weil sie lange Jahre im Lager hinter sich gehabt hatte) nun der Packer eines Geschäfts lärmte, der unerträgliche Kolywanow. Jakuschkin hatte alles versucht, damit der Vollzugsausschuß ihnen das Zimmer zuwies. Dann hätten sie ihre eigene Wohnung gehabt, einfach ein Wunder! Er hatte dem Vollzugsausschuß verschiedene Bescheinigungen, Anträge und »Beziehungen« präsentiert. Die Sache war aber, mit Verlaub, in die Hose gegangen. Man hatte ihm gesagt, daß man ihren Bedarf nicht sähe. Fortan mußten sie die Suppe, die sie sich nicht einmal selbst eingebrockt hatten, selbst auslöffeln. Kein Tag verging, an dem Kolywanow nicht irgendeine Party gegeben hätte. Seine abgerissenen Freunde kamen zu Besuch – und jede Ruhe war dahin. Geschrei, derbe Trinklieder, allerlei Treiben auf dem Klo …

Lena war zusammengebrochen, weil sie in diesem ganzen Alptraum kein Licht mehr am Ende des Tunnels erkennen konnte.

Nun, und was macht er, Jakuschkin, in dieser Situation? Rennt mit seinen Manuskripten durch Moskau, trägt sie von Redaktion zu Redaktion, nur um sie wieder vor den Latz geknallt zu kriegen. Das aber nicht mal sofort, sondern erst nach mehrtägigem Warten, nach Telephonaten und dringendem Flehen, die Texte um Christi willen zu lesen. Ein Ende all dessen war nicht abzusehen.

Freilich wäre folgendes Ende ebenfalls nicht ausgeschlossen: Auch er könnte zusammenbrechen. Was dann käme, war klar – das Irrenhaus. Er wäre nicht der erste.

Gewisse Symptome hatten sich schon gezeigt. Lena sagte, er würde fast jede Nacht im Schlaf sprechen. Letzte Nacht hatte er sogar unbeschreibliche Fieberphantasien gehabt. Hatte halluziniert: Korowjew, Behemoth, Voland, der sein Manuskript liest …

Halt! Das Restaurant im Haus der Literaten mit dem von ihm zu Boden gestreckten Dramaturgen Sutenewski und die Miliz – das waren doch keine Fieberphantasien? Und hatte ihn nicht auch jemand aus den Händen der beiden Milizionäre gerettet?

»Warum sind Sie so bedrückt?« drang die Stimme Volands an sein Ohr, der unterdes die Lektüre beendet hatte. Nach wie vor saß er in dem Sessel am Kamin und hielt seinen langen Degen in der Hand. Behemoth hingegen lag nun nicht mehr auf dem Kaminsims, sondern saß auf ihm und ließ die Hinterpfoten baumeln. Er hatte die Seiten des Manuskripts eingesammelt, in die orangefarbene Mappe gelegt und diese verschnürt, um sie Jakuschkin mit einer dankbaren Verbeugung zu überreichen. Außerdem hatte er die Brille abgenommen, die ihm jetzt an einer Kette um den Hals hing, was er mit den Worten erklärte, er brauche sie ausschließlich zum Lesen.

»Meiner Meinung nach haben Sie keinerlei Grund, Trübsal zu blasen«, fuhr Voland fort. »Ihr Roman hat einen günstigen Eindruck auf mich gemacht. Allerdings möchte ich noch nicht über Geschäftliches reden. Lassen Sie uns zunächst zu Abend essen. Eine Stärkung im Schriftstellerrestaurant war Ihnen doch nicht vergönnt, oder? Wenn Sie mir also die Ehre erweisen wollen …«

In diesem Augenblick tauchte Korowjew auf. In seiner üblichen Manier fuchtelte er mit den Armen und erging sich unversehens in Ausführungen darüber, daß es doch auf der Welt nichts Schöneres gebe als ein Abendessen in kameradschaftlicher Atmosphäre und angenehmer Gesellschaft. Ferner betonte er, sie führten die Essens- und Getränkevorräte gewöhnlich mit, da sie sich auf die Schenken am Wegesrand nicht verlassen wollten. Wegen des schlechten Essens dort ließen nämlich Verdauungsstörungen nicht lange auf sich warten, und obendrein würde man auch noch geprellt.

Er brachte neue Kerzen, die er in den Kandelaber steckte, nachdem er die Stummel der alten mit angelecktem Finger gelöscht hatte. Die Holzscheite im Kamin, die bislang nur schwach geglüht hatten, loderten nun in lustigen Flammen auf. Im Kamin ertönte ein gleichmäßiges Pfeifen, Wärme wogte durch den Raum. Es wurde taghell.

»Gella!« rief Voland. »Deck den Tisch!«

Die Dienerin Gella erschien mit einem Tablett mit unzähligen silbernen Töpfen, Saucieren sowie Schüsseln mit Deckeln. Aus der Entfernung wirkte das Gebilde mit seinen Bastionen und Türmen wie eine Sandburg oder ein Spielzeugschloß. Wie es sich für eine Kellnerin gehörte, trug Gella ein Spitzenhäubchen, und aus den Taschen ihrer Schürze lugten Messer, Gabeln und Löffel. Im Laufe des ganzen Abends – oder besser der ganzen Nacht – sprach sie kein einziges Wort, sondern begnügte sich damit, in einem fort voller Freundlichkeit zu lächeln.

Korowjew, das völlige Gegenteil, salbaderte ohne Punkt und Komma. Bald hierhin, bald dorthin wuselnd, half er, kalte wie warme Vorspeisen auf den Tisch zu bringen. Er drehte die gestärkten Servietten zu spitzen Kegeln, polierte die Gläser aus schwerem Kristall und prüfte hernach ihren Glanz im Licht. An einem bestimmten Punkt schlug er sich gegen die Stirn, als hätte er etwas Wichtiges vergessen. Sodann verschwand er, um mit einigen Flaschen zurückzukehren, von denen er den Staub abwischte, damit er Jakuschkin die ausgefallenen fremdländischen Etiketten präsentieren konnte. Hierbei erläuterte er, den Weißwein trinke man zu Fisch, wohingegen der Rote besser zu Fleischgerichten munde. Zum Dessert, hauchte er, werde Ananas in Madeira gereicht, es gäbe aber auch Kaffee. Auf Wunsch schwarz oder mit Sahne, gern auch mit Cognac oder Likör. Er selbst sei ein großer Verehrer von Likören.

Als letzter erschien Asasello, der einen schwarzen Abendanzug trug und lediglich seinen gelangweilten Blick über den gedeckten Tisch wandern ließ – durch und durch ein Lebemann, dem nichts in stärkerem Maße zuwider war als sein eigenes Lebemanndasein.

»Zu Tisch!« rief Korowjew, wobei er mehrmals in die Hände klatschte.

Jakuschkin blieb nichts anderes übrig, als auf dem Stuhl Platz zu nehmen, den Korowjew ihm als traditionellen Gästestuhl zugewiesen hatte. Bis auf Voland und Gella nahmen auch die übrigen Platz. Voland blieb in seinem Sessel am Kamin sitzen, und Gella stand in einiger Entfernung bereit, um rasch jeden neuen Befehl oder jede neue Bitte erfüllen zu können.

»Auf unseren Gast!« brachte Voland den ersten Toast aus, nachdem er von Korowjew einen schweren geschliffenen Pokal entgegengenommen hatte, dessen Rubine in den Flammen der Kerzen funkelten. Er prostete Jakuschkin zu. Nach ihm hob Korowjew voller Schwung und Übermut sein Glas, woraufhin ein wenig Wein überschwappte. Behemoth beschrieb mit der Tatze einen formvollendeten Bogen, Asasello führte sein Glas ohne jedes Geräusch an das andere heran.

Korowjew kümmerte sich voller Aufmerksamkeit um den Gast, indem er ihm zunächst die Vorspeisen vorlegte. Zu jeder Speise kredenzte er eine Erklärung, die er kräftig mit Folklore würzte. »Möchten Sie nicht vielleicht der französischen Küche zusprechen? Junges Lamm an Sauce Rossini. Der Komponist war ein exzellenter Gastrosoph… Hier haben wir Zander à la Plattensee. Das Rezept gilt als verschollen… Austern aus Ostende. Vor einer halben Stunde aus dem Meer geholt… Trüffeln, wie sie schon Puschkin besungen hat.«

»Trüffeln sind meine Schwäche!« verkündete Behemoth. »Ich kann sie nur nachdrücklichst empfehlen!«

Er band sich die Serviette um den Hals und türmte sich einen ganzen Berg verschiedener Vorspeisen auf den Teller, die er alle kunterbunt durcheinander aß, wobei stets beide Backen reichlich gefüllt waren.

»Ah, und da kommt auch die Haifischflossensuppe auf Galapagosart!« verkündete Korowjew, während er Gella einen neuen Topf abnahm und den Deckel lüpfte. »Ein Duft ist das, ein Duft! Das ist das Süppchen aus Ihrem Roman, Sie haben es gekonnt beschrieben!«

Gleich geriet er darauf ins Stocken und legte die Hand vor den Mund.

Was lügt dieser Schuft denn da zusammen? dachte Jakuschkin. Hat er nicht gesagt, er werde den Roman erst noch lesen, in seiner Freizeit? Er wird es doch wohl nicht fertiggebracht haben, auf dem Boulevard, in den paar Sekunden, in denen er die Mappe in Händen hielt, etwas davon mitzubekommen?

Jakuschkin aß fast gar nichts, sondern stocherte meist nur mit der Gabel im Essen herum. Am Wein nippte er bloß. All das entging der Aufmerksamkeit Volands keineswegs.

»Warum essen Sie nichts?« wollte er wissen. »Oder sind die Speisen nicht nach Ihrem Geschmack? Dann bestellen wir sogleich etwas anderes!« Er gab Gella ein Zeichen.

»Nein, nein! Das ist nicht nötig, ich bitte Sie!« hielt Jakuschkin Gella zurück. »Ich habe einfach keinen Appetit...«

Behemoth riß sich die Serviette herunter, wischte sich damit über den Bart und ging zu Voland. Die beiden tuschelten, dann riefen sie Asasello, um zu dritt das Geflüstere fortzusetzen.

»Ich eile«, sagte Asasello laut. Als er den fragenden Blick Jakuschkins auffing, erklärte er nebulös: »Nicht weit, im Handumdrehen bin ich wieder da...« Und schon war er verschwunden.

Am nächsten Morgen begab sich Jakuschkins Frau
Lena zum Kühlschrank, in dem sie einen kümmer-
lichen Rest Butter in einer Butterdose sowie die bereits
bekannten Päckchen mit Kindernahrung wußte. Sie
öffnete ihn – und wäre fast in Ohnmacht gefallen.
Der Kühlschrank war bis oben hin mit Lebensmitteln
vollgestopft. Und mit was für welchen! Hauchzarter
Schinken ohne jedes Fett. Zervelatwurst. Schwarzer
und roter Kaviar. Gedörrter Störrücken sowie vier
Sorten Käse, darunter sogar Parmesan. Woher dieser nie gesehene Reichtum kam, war ein Rätsel. Im
hungrigen Moskau warteten selbst Devisenläden
nicht mit einem derart breitgefächerten Sortiment auf.
Wir dürfen daher wohl annehmen, daß Asasello hier
seine Finger im Spiel hatte. Der kehrte übrigens schon
bald wieder in die Kutsche zurück. Seine Abwesenheit
hatte in der Tat nicht lang gewährt.

Korowjew zauberte eine weitere Flasche herbei, die
kleiner als die anderen war. Mit den Worten »Wenn
selbst dieses Mittelchen nicht hilft, weiß ich auch
nicht…« entkorkte er sie. Schwungvoll kippte er den
Wein Jakuschkins über seine Schulter aus, um das
Glas geschwind bis an den Rand mit dem anderen
Getränk zu füllen. Darauf flößten Behemoth und er
Jakuschkin die Flüssigkeit förmlich mit Gewalt ein,
wobei Korowjew gebot: »Trinken Sie bis zur Neige!
Trinken Sie bis zur Neige!« Die Arznei stellte sich als
schwerer und dickflüssiger Wein heraus, der recht
kräftig war und herb roch. Abermals durchströmte
Jakuschkins Körper Wärme, wohingegen Schwermut
und Sorge wie weggeblasen waren. Er lächelte schuld-
bewußt.

»So ist es gut!« lobte ihn Korowjew. »Sonst hätten
wir auch nicht gewußt, was wir mit Ihnen machen sol-

len. Wann kommen wir schließlich schon mal in den Genuß, mit jemandem in gelöster Atmosphäre einen netten Abend zu verbringen? Essen Sie nur, essen Sie!«

Jakuschkin verspürte mit einemmal entsetzlichen Hunger. Gierig machte er sich über das Essen her und wußte das ungewöhnliche Angebot nun auch in vollem Maße zu schätzen. Als er satt war, meinte Voland, jetzt könne man wohl über Geschäftliches reden.

Er betonte noch einmal, der Roman habe ihm rundum gefallen, eine Veröffentlichung wäre wünschenswert. Jakuschkin möge nur eine Zeitschrift oder einen Verlag wählen und alles andere seine, Volands, Sorge sein lassen.

»Ach, diese Schurken! Ach, diese Schufte!« empörte sich Korowjew. »Warum nur haben sie diesen vorzüglichen Roman bislang nicht veröffentlicht? Oder ihn wenigstens auf die Bühne gebracht...«

Behemoth schloß sich der günstigen Bewertung des Romans mit aller Entschiedenheit an. Das Gelesene, so betonte er, wirke noch immer in stärkster Weise auf ihn.

»Doch gestatten Sie mir noch einige Anmerkungen dazu«, setzte Voland seine Ausführungen fort.

Also hat selbst der Teufel Anmerkungen zu machen, dachte Jakuschkin bei sich. Allerdings ohne irgendwie verdrossen oder gekränkt zu sein.

Was es mit diesen Anmerkungen auf sich hatte, wußte er aus eigener Erfahrung nur zu genau. In der Redaktion einer Zeitschrift, die übrigens auch Beziehungen zum Theater hatte, wollte man einmal eine seiner Erzählungen begutachten. Nach langer und kräftezehrender Belagerung, nach unzähligen Telephonaten und Besuchen in der Redaktion war es Jakuschkin gelungen, den Stellvertreter des Chefredakteurs zu erwischen. Der war alles andere als eine Bulgakowsche Lapschonnikowa, die ja, wie Sie sich erinnern werden, vom ständigen Lügen für immer einwärts schielte. Außerdem bekleidete die Lapschonnikowa einen niedrigeren Rang, sie war lediglich Redaktionssekretärin.

Der Stellvertreter des Chefredakteurs, ein jungenhafter, quirliger Mensch mit zartem Hals und früher Glatze, hatte nämlich ehrliche und aufrichtige Augen. Mit ihnen schaute er einen direkt an und wich dem Blick nicht aus, wodurch er jede Wachsamkeit einschläferte. Er war ausnehmend freundlich. Jedesmal sagte er: »Ich danke Ihnen für Ihren Anruf.« Oder: »Wie schön, daß Sie vorbeigekommen sind, gerade haben wir …«

Der jungenhafte Quirl hatte Jakuschkin mitgeteilt, seine Erzählung habe ihm gefallen. Nur hätte er hier und da noch ein paar winzige Anmerkungen. Ja, und leicht gekürzt müsse sie auch noch werden.

Jakuschkin hatte ein oder zwei Wochen gebraucht, um im Schweiße seines Angesichts die Anmerkungen in den Text einzuarbeiten. Er hatte die Erzählung gekürzt, wo es nur ging. Die überarbeitete Version hatte er sodann zur Redaktion gebracht. Nach einiger Zeit hatte ihm der Quirl mit den ehrlichsten Augen der Welt mitgeteilt, von einer Veröffentlichung müsse leider abgesehen werden, da die Zeitschrift bereits mit anderen Texten mehr als gefüllt sei. Dabei hatte er nicht vergessen hinzuzufügen: »Wie schön, daß Sie vorbeigekommen sind …« Kurzum, er hatte ihn nach Strich und Faden verhöhnt.

»Bis zu dem Moment, wo das Kaninchen in die Freiheit entspringt, ist alles hervorragend ausgedacht und geschrieben. Aber danach...« Voland fing an zu erklären, was ihm in der zweiten Hälfte nicht gefiel.

Das Kaninchen beiße zunächst die Mitarbeiter des Labors und diesen professoralen Hochstapler, was sich, so Voland, aus dem Aufbau des Plots erkläre. Wie gehe es dann aber weiter? Das Kaninchen falle einen Verkäufer in einem Möbelgeschäft an, der daraufhin zugebe, sich von seinen Kunden für besonders gefragte Möbel regelmäßig etwas »auf die Kralle« geben zu lassen. Das nächste Opfer des Tiers sei die Kassiererin bei Aeroflot. Für einen in den Ausweis eingelegten Zehner stelle sie ein Ticket für jede Strecke aus, sogar nach Sotschi. Darauf nehme sich das Kaninchen einen Bauleiter vor, der von der Baustelle Fußbodenplatten und Zinkweiß klaue. Schließlich gestehe der gebissene Direktor eines Vorzeigebetriebs, wiederholt unrechtmäßige Prämien eingestrichen zu haben, denen entsprechend frisierte Berichte vorausgegangen seien.

»Ist das nicht alles viel zu belanglos für ein so bemerkenswertes Kaninchen?« fragte Voland am Ende.

»Sollen sie denn ewig weiter klauen?« brach es aus Jakuschkin heraus. »Diese Gauner graben uns doch das Wasser ab!«

Wie viele Bürger der Sowjetunion war Jakuschkin der Ansicht, man brauchte auf die Posten all dieser Gauner nur ehrliche Menschen zu setzen, und das Leben würde sich sofort zum Besseren wenden.

»In einem Staat, in dem Lüge und Betrug in den Rang der hohen Politik erhoben wurden, kann es nicht anders sein«, lautete Volands Antwort.

Korowjew gab einen ausführlicheren Kommentar ab. Anstelle des verurteilten Verkäufers, Gauners und

Bestechungsgeldempfängers würde in dem Möbelgeschäft wieder genau so ein Typ angestellt werden. Die Kassiererin käme noch einmal davon – indem sie die Miliz bestäche. Der dank einer Bürgschaft seines Arbeitskollektivs freigesetzte Dieb und Bauleiter hielte sich eine Zeitlang zurück, nur um dann noch schamlosere und raffiniertere Diebstähle zu begehen. Über den Direktor des Vorzeigebetriebs würden hohe Freunde ihre schützende Hand halten, die ihn dann in einem anderen Betrieb unterbrächten, auf dem gleichen Posten, wo er sich weit schadloser halten würde.

»Dann ist es Ihrer Meinung nach also aussichtslos, gegen diese Gauner vorzugehen?« fragte Jakuschkin empört. »Gibt es denn gar nichts, was man tun kann?«

»Warum nicht? Man kann durchaus etwas tun«, antwortete Voland.

Darauf driftete er in tiefe Nachdenklichkeit ab. Das im Kamin lodernde Feuer warf ein rötliches Licht auf sein Gesicht, so daß das scharfe Profil klar hervortrat. Es herrschte Schweigen. Korowjew hatte sich in seinem Stuhl zurückgelehnt. Behemoth hatte sich auf dem Kaminsims zusammengerollt. Offenbar war er eingeschlummert. Asasellos Miene war wie üblich undurchdringlich. Gella räumte lautlos das Geschirr ab.

»Lassen Sie uns das Thema wechseln«, schlug Voland vor und beendete so die lang währende Stille. »Ich möchte Sie in ein Geheimnis einweihen... Sie selbst haben es übrigens schon fast erraten...«

»Fast gilt aber nicht«, warf Asasello ein.

Jakuschkin fielen seine Worte von vorhin wieder ein. Zunächst *Warm! Warm!* und dann *Ganz kalt!*. Hatte er am Ende etwa ein Spiel mit ihm gespielt?

»Literatur und Kunst eignet ein besonderer Charakter«, sagte Voland. »Sobald ein Autor den letzten Punkt gesetzt hat, führen die Figuren seines Werks ihr Leben eigenständig weiter. Dabei spielt es keine Rolle, ob ihr Autor sie hat sterben lassen oder nicht, da sie nämlich alle in eine *andere* Dimension eintreten.«

Natürlich wollte Jakuschkin wissen, was genau es mit dieser anderen Dimension auf sich habe. Daraufhin entgegnete ihm Voland, diese Frage lasse sich nicht so leicht beantworten, selbst eine Vorlesung könne da nicht Abhilfe leisten. Er müßte schon einen ganzen Kurs geben. Gleichwohl solle Jakuschkin keine Zweifel daran hegen, daß diese andere Dimension existiere. Und zwar unter mannigfaltigsten historischen, geographischen, klimatischen und anderen Bedingungen. Dort sei alles exakt so eingerichtet wie auf der Erde in den unterschiedlichen zeitlichen Epochen.

Behemoth erwachte und tat sich augenblicklich mit einer Geschichte hervor. Er habe nämlich, so seine Erzählung, einmal die andere Dimension besucht und dort Chlestakow getroffen, an den Jakuschkin selbst vor kurzem erinnert habe. Daher sei er, Behemoth, aufs beste darüber informiert, was mit diesem geschehen sei, nachdem er aus der Stadt, in der er für einen Revisor gehalten wurde, vertrieben worden war. Das Geld, das er von den aufgeschreckten Beamten erhalten hatte, habe er in der erstbesten Schenke verpraßt, genauer, beim Spiel an einen Rittmeister der Husaren verloren. In seiner Verzweiflung habe er den Rittmeister überreden wollen, ihn als Husaren aufzunehmen, was dieser jedoch abgelehnt habe. Nur mit äußerster Mühe sei es Chlestakow gelungen, sich bis zum Dorf seines Vaters durchzuschlagen.

Dort habe sich sein Leben wie folgt gestaltet:

Sein Vater habe ihn an die Tochter des benachbarten Gutsherrn verheiratet, die Chlestakow mit seinen Erzählungen über das Petersburger Leben und den hauptstädtischen Schick und Glanz schlichtweg bezaubert hatte. Nach der Hochzeit sei er für einige Zeit zur Ruhe gekommen und habe ein stilles Leben geführt, habe sich um den Hof gekümmert, die Heumahd und das Dreschen überwacht. Bald habe er allerdings wieder angefangen, Karten zu spielen. Nach und nach sei er zudem dem Alkohol verfallen. Schulden hätten sich angehäuft. Das Besitztum, das er als Mitgift erhalten hatte, sei gepfändet worden.

Behemoth war Chlestakow im Gouvernementsrat für Vormundschaftsfragen begegnet, wo er wegen irgendeiner Bescheinigung schnell mal vorbeigeschaut hatte. Chlestakow hatte sich äußerlich extrem verändert, das heißt, er war dick und schlaff geworden, mit Tränensäcken unter den Augen, die Haare stark gelichtet, obgleich er noch immer versucht hatte, sie zu einer Tolle zu frisieren. Geldnot hatte ihn dorthin getrieben, er hatte das Gut noch einmal verpfänden wollen. Deshalb hatte er versucht, die Mitglieder des Vormundschaftsrats von seinen weitreichenden Verbindungen in Petersburg zu überzeugen, von seiner engen Freundschaft mit Senatoren und Kammerherren, die ihm bedenkenlos eine Million in Papiergeld leihen würden. Woraufhin ihm angeraten worden war, sich doch nach Petersburg zu begeben, statt den hiesigen Vormundschaftsrat zu behelligen… Das weitere Schicksal Chlestakows war Behemoth leider nicht bekannt.

»Übrigens ist das Geheimnis, das ich Ihnen verraten will, eigentlich gar kein Geheimnis«, meinte Voland, nachdem Behemoth seine Geschichte zu Ende

gebracht hatte. »Sie brauchen nur an Ihren Lieblings-
roman zu denken. Trifft da am Ende der Meister nicht
auch seinen Helden?«

»Sie meinen Pontius Pilatus? Aber der ist doch
schließlich eine historische Persönlichkeit!«

»Historisch oder nicht, was hat das in dem Fall
schon für eine Bedeutung?« grummelte Voland. »Ich
kann nur noch einmal wiederholen: Ist eine Figur erst
einmal geschaffen, heißt das, sie existiert. Etwas anderes ist die Frage nach dem Wo. Oh, immer diese Mate-
rialisten!«

»Existieren denn etwa auch die Helden meines
Romans?« rief Jakuschkin aus.

»Ja, was denn sonst?« mischte sich Korowjew ins
Gespräch. »Daran kann nicht der geringste Zweifel
bestehen. Es wäre wirklich sehr sonderbar, wenn sie
nicht existieren würden!«

»Ach, wie gern würde ich sie einmal sehen!« In
Jakuschkin kroch eine Vorahnung herauf, daß bald
etwas ausgesprochen Ungewöhnliches geschehen
würde – die Fahrt in der Kutsche in Begleitung des
Teufels schien ihm inzwischen schon etwas völlig All-
tägliches zu sein.

»Tut mir leid, aber das wird Ihnen nicht gelingen«, wies ihn Voland in seine Schranken. »Erstens
ist das ohnehin nicht gerade einfach – jemanden aus
der anderen Dimension zu holen und auf die Erde zu
schaffen. Und zweitens... Wie Sie sich erinnern werden, wurde der Roman des Meisters nicht gedruckt.
Zumindest nicht zu seinen Lebzeiten. Ich habe Ihnen
aber bereits versprochen, daß Ihr Roman veröffentlicht
wird. Die Menschen werden ihn lesen. Aus diesem
Grund wird es Ihnen nicht vergönnt sein, Ihre Helden
mit eigenen Augen zu sehen. So sind die Regeln.«

»Seien Sie nicht traurig«, wollte Korowjew Jakuschkin aufmuntern. »Was wollen Sie sie denn schon begaffen – Ihre Helden?«

Und Korowjew fing an, Jakuschkin verschiedene Bilder zu entwerfen, eines verlockender als das andere. Wie sein Roman herausgegeben würde. Wie er eine schöne Stange Geld verdienen würde, da es ganz sicher zu Neuauflagen kommen werde. Auch die Theater, das stünde außer Frage, würden sich auf den Roman stürzen und ihn auf die Bühne bringen. Dort würden ausländische Gäste auf ihn aufmerksam werden. Sie würden den Roman in ihre Sprachen übersetzen und in ihren Ländern, also im Ausland, herausbringen. Mithin würde es auch noch Devisen regnen. Er könnte sich einen Mercedes kaufen.

Dieser Schuft Korowjew will mich in Versuchung führen, dachte Jakuschkin. Aber warum, mit welchem Ziel?

»Sagen Sie, was ich machen muß«, wandte sich Jakuschkin schließlich mit einem Zittern in der Stimme an Voland.

»Später«, antwortete dieser. »Ich habe Ihnen mein Wort gegeben, und ich pflege mein Wort zu halten.«

Korowjew hörte abrupt damit auf, Jakuschkin die Herausgabe seines Romans und den nie dagewesenen Reichtum, der in Bälde über ihn hereinbrechen würde, schmackhaft zu machen. Statt dessen rang er nun die Hände und jammerte los: Warum nur hätte denn Jakuschkin nicht eher gesagt, daß er den dringenden Wunsch hege, seine Helden zu schauen? Denn wenn das Kind erst einmal in den Brunnen gefallen sei… Nun, aber er sei doch wohl kein Wendehals, oder?

Behemoth streckte sich und bog den Rücken durch. Sachte kratzte er mit seinen Krallen am Kaminsims.

Nachdem er ein letztes Mal ordentlich gegähnt hatte, sprang er zu Boden. Sodann tänzelte er auf seinen Hinterpfoten vor und zurück, lockerte die Vorderpfoten mit verschiedenen gymnastischen Übungen und machte sogar ein paar Kniebeugen. Nach dem kurzen Nickerchen erachtete er augenscheinlich ein Aufwärmtraining für notwendig. Nur Asasello saß starr und schweigend mit gelangweiltem Blick da.

»Übrigens, wenn Sie selbst freiwillig von jedem Versuch, Ihren Roman zu veröffentlichen, Abstand nehmen wollten ...«, ließ sich Voland unerwartet vernehmen.

Nach diesen Worten setzte in Jakuschkin gleichsam etwas aus. Wie von der Tarantel gestochen, fing er an, durch die Kutsche zu rennen, und rempelte dabei gar Behemoth an, während dieser sich noch seinen Leibesertüchtigungen hingab. Korowjew nahm Jakuschkin bei der Hand und versuchte, ihn zur Räson zu bringen, indem er ihm riet, zunächst alles reiflich zu erwägen, damit ihn später keine Gewissensbisse plagten. Doch Jakuschkin schüttelte den frechen und wendigen Hallodri ab, während er in seiner Raserei schrie, es sei ihm absolut egal, ob sein Roman veröffentlicht werde oder nicht! Das einzige, was ihn interessiere, sei, seine Helden mit eigenen Augen zu sehen und zu erfahren, was mit ihnen geschehen sei, nachdem er sich von ihnen getrennt habe.

»Und wen genau wollen Sie sehen?« unterbrach ihn Voland. »Den professoralen Hochstapler? Samopalow? Oder möglicherweise die Lukinitschna?«

Jakuschkin erstarrte.

»Das Kaninchen!« verkündete er dann voller Bestimmtheit. »Das Kaninchen Kusja!«

»Bravo!« begrüßte Korowjew seine Wahl. »Dieser Ihrer Helden ist bei weitem mehr wert als alle anderen.«

»Gut, ganz wie Sie wollen…«, stimmte Voland nach einer sekundenkurzen Pause zu. »Nur daß Sie sich hinterher nicht beklagen.«

Er gab Behemoth ein Zeichen, worauf dieser seine Gymnastik unterbrach und die berühmte orangefarbene Mappe vom Stuhl nahm. Da Jakuschkin nicht gewußt hatte, wohin mit ihr, hatte er während des ganzen Abendessens auf ihr gesessen. Behemoth gab ihm die Mappe, wobei er sich abermals feierlich verbeugte. Jakuschkin verstand, was von ihm verlangt wurde, worauf alle warteten. Indes regten sich unversehens Zweifel in ihm.

»Welche Garantie habe ich?« fragte er unsicher.

»Eine Garantie können wir nicht geben«, entgegnete Voland scharf.

Natürlich mußte auch hier Korowjew seinen Senf dazugeben. Er fing an, sich darüber zu verbreiten, daß Garantien »in unserer stürmischen Zeit« wenig Bedeutung zukäme. So hätte zum Beispiel ein guter Bekannter von ihm… Welche guten Bekannten kann ein Teufel schon haben? dachte Jakuschkin. Diesem Korowjewschen Bekannten also, einem verdienten Arbeitsveteranen, wurde, als er in Rente ging, zur Erinnerung ein Geschenk gemacht – eine supermoderne Uhr. Selbstredend mit Garantie. Am nächsten Tag sei die Uhr stehengeblieben. Der Bekannte habe mit ihr an den Rand des Universums fahren müssen, wo die Vertragswerkstatt lag. Bald nach der Reparatur sei die Uhr erneut stehengeblieben. Abermals habe er in die Vertragswerkstatt fahren müssen, sich anstellen… Das habe sich unzählige Male wiederholt. Am Ende habe der verdiente Arbeitsveteran und

Rentner für das Taxi doppelt soviel hingeblättert, wie die Uhr eigentlich wert gewesen sei. Obendrein habe er in der Folge noch mit Bluthochdruck zu kämpfen gehabt, worunter er niemals zuvor gelitten habe. Er habe sich teure ausländische Medikamente besorgen müssen, an die selbst bei einem Aufpreis nicht leicht zu gelangen war. Am Ende habe er die Uhr, eingewikkelt in die Garantie, vom Balkon seiner Wohnung im fünften Stock geworfen. Andernfalls hätte wohl niemand sagen können, wie sich diese Geschichte noch ausgewachsen hätte. Es wäre immerhin nicht auszuschließen, daß er in einem kardiologischen Krankenhaus oder gar im Irrenhaus gelandet wäre.

Ob nun das Korowjewsche Märchen Wirkung zeitigte oder ob die Vorbehalte bezüglich der Garantie von selbst verflogen, sei dahingestellt. Zumindest holte Jakuschkin weit aus und schleuderte die orangefarbene Mappe in den brennenden Kamin!

Zuvor hatte Voland seinen Sessel vom Kamin weggerückt. Nun saß er da, das Gesicht mit der Hand bedeckt. Bis auf ihn verfolgten alle mit ungeteilter Aufmerksamkeit, wie die Mappe, als lebe sie, sich im Feuer bog und wand, wie ihre Farbe zunächst nur am Rand und sodann überall von Orange in Schwarz überging. Das Band riß, die Seiten flogen auf. Gierig griff das Feuer nach ihnen. In wenigen Sekunden wurde das Manuskript in Asche verwandelt, die sich mit den Kohlestückchen der verbrannten Holzscheite vermengte.

»Wenn Sie so freundlich wären!« Wie im Traum vernahm Jakuschkin eine Stimme.

Er riß den Blick vom Kamin los. Neben ihm stand Asasello. Mit beiden Händen hielt er einen fulminanten Stoß von Blättern, voll mit maschinengeschriebenem Text. Jakuschkin betrachtete die oberste Seite – es waren die restlichen Exemplare seines Romans. Das Original hatte die Runde durch die Redaktionen gemacht, wohingegen die übrigen ungenutzt bei ihm zu Hause gelegen hatten. Allem Anschein nach war Asasello nicht bloß zum Auffüllen des Kühlschranks in Jakuschkins Wohnung gewesen!

Jakuschkin gab ihm ein Zeichen, er möge auch diese Exemplare in den Kamin werfen. Wenn man köpft, achtet man nicht auf die Haare!

»Ach nein, das machen Sie besser selbst«, meinte Asasello. »Das ist Ihre persönliche Aufgabe. Sonst gibt es nachher noch Beschwerden.«

Daraufhin nahm Jakuschkin Asasello den Stoß ab. Im Unterschied zum ersten Exemplar übergab er sie mit einer sonderbaren Unruhe den brennenden Holzscheiten. Binnen einer Minute war alles vorbei.

Voland erhob sich aus dem Sessel, stellte sich aufrecht hin, eine Hand auf den Degen gestützt.

»Behemoth!« rief er. »Nun ist die Reihe an dir.«

Behemoth machte einen Sprung und landete gut fünf Meter vom Kamin entfernt auf seinen vier Pfoten. Unter dumpfem Knurren verwandelte er sich von einem Kater in einen anderen Vertreter der Katzenfamilie, in einen schwarzen Panther. Er holte Schwung, gab einen markerschütternden Maunzer von sich, bildete sekundenlang einen schwarzen Bogen in der Luft und flog dann in den Kamin!

Jakuschkin entfuhr ein Schrei des Entsetzens. Es stank nach verbranntem Fell. Behemoth hüpfte unerschrocken über die lohenden Holzscheite und durchwühlte sie mit seinen Pfoten. Offenkundig suchte er etwas. Nach kurzer Zeit arbeitete er sich wieder aus dem Kamin heraus. Sein Fell brannte an einigen Stellen, und Wolken stinkenden Rauchs umhüllten seine Gestalt.

Korowjew riß das Tischtuch vom Tisch. Der Kandelaber samt Kerzen fiel zu Boden. Mit jammervollem Klirren fielen die Gläser hinunter, die Gella noch nicht abgeräumt hatte. Ungeachtet der Proteste Behemoths wickelte Korowjew ihn fest in die Tischdecke ein. Er wartete ein wenig, bis die Flammen erstickt waren. Als er das Tischtuch wegzog, konnte Jakuschkin im Halbdunkel erkennen, daß der tapfere Kater ein graues Knäuel in Händen hielt. Asasello hob den Kandelaber vom Boden auf und stellte ihn wieder auf den Tisch. Es wurde hell wie zuvor. Nun sah Jakuschkin, daß Behemoth ein graues Chinchillakaninchen an den Ohren gepackt hielt. Da verließen ihn die Kräfte, und er sank ohnmächtig zu Boden.

»Was sind wir doch nervös und leicht zu beeindrucken!« drang die brüchige Stimme Korowjews an sein Ohr. »Wenn Sie Schriftsteller sein wollen und sich zudem phantastische Plots ausdenken, müssen Sie auch auf alles gefaßt sein!«

Jakuschkin lag am Boden. Asasello hatte seinen Kopf ein wenig angehoben, während Korowjew ihm unter Beigabe verschiedener Redensarten ein Glas des bereits bekannten Weins einflößte. Dann setzten sie Jakuschkin zu zweit auf einen Stuhl.

Voland stand ein wenig abseits. Der Degen, von dem er sich zuvor nicht hatte trennen wollen, ruhte auf den Armlehnen des Sessels. In seinen Armen saß das Kaninchen.

»Und welche Sicherheit habe ich, daß es echt ist?« stammelte Jakuschkin. »Das heißt, ich wollte sagen… das, was ich mir ausgedacht habe?«

»Schon wieder bezichtigen Sie uns der Unredlichkeit!« schmollte Korowjew. »Es ist Ihres, Ihres, bis ins kleinste Detail! Was denn nun noch alles!« Voller Ärger klatschte er sich auf die Schenkel.

»Soweit käme es noch, daß ich wegen irgendeines gewöhnlichen Kaninchens in den Kamin springe«, stieß Behemoth ins gleiche Horn. Sein Fell war wie durch ein Wunder völlig glatt und wies keinerlei versengte Stellen mehr auf. In der Kutsche roch es nicht einmal mehr verbrannt, die Luft war sauber und frisch.

Jakuschkin wurde verlegen, wollte sich schon entschuldigen.

»Kommen Sie mal her!« rief Voland. Mit kräftigem Schwung zog er den Vorhang vom Fenster zurück. »Schauen Sie!«

Schon zuvor, als Jakuschkin wieder zu sich gekommen war, hatte er bemerkt, daß weder das Klacken der Hufe noch das Knarzen der Wagenfedern zu hören waren. Er erhob sich, um sich zum Fenster zu begeben.

Zunächst sah er nichts als den schwarzen Himmel und einsame Sterne. Die Kutsche fuhr mittlerweile nicht mehr auf der Erde, sondern hatte sich unbegreiflicherweise in die Lüfte erhoben. Jakuschkin blickte nach unten – dort lag Moskau. Er erriet die vertrauten Straßen und Prospekte, die eine Punktlinie aus Laternen säumte. Hell leuchtete der Kreml mit seinen spitzen Türmen, Ziegelmauern voller Rauhreif und den goldenen Kuppeln seiner Kirchen. Mal verharrte die Kutsche über der Moskwa, mal zog sie gemächlich über sie hinweg. Zur Linken lag Lushniki, zur Rechten die Sperlingsberge, die Komponisten in ihren Liedern auch als Leninberge besingen.

»Was für eine riesige Stadt!« sagte Voland gedankenverloren. »Sie wurde natürlich gehörig verschandelt, seit ich sie das letzte Mal besuchte. Doch ist sie noch immer schön. Und die Moskauer... Nun, was sind sie schon, diese Moskauer? Gewöhnliche Menschen halt. Wie einst quält sie die Wohnungsfrage, treibt sie die Sorge ums tägliche Brot um...«

»Die treibt nicht alle Moskauer um, Messere«, meldete Korowjew eine Korrektur an. »Es gibt auch einen Haufen durchtriebener Lumpen, die in Saus und Braus leben.«

Mit diesen Worten begann sich alles ein wenig zu lichten – der Plan Volands, das Spiel, das er und seine Gefährten mit Jakuschkin angefangen hatten. Und vielleicht hätte sich sogar alles vollständig gelichtet. Was hätte es Jakuschkin beispielsweise gekostet zu fragen, was das für ein Haufen durchtriebener Lumpen sei? Seine Gedanken jedoch kreisten jetzt allein um eine Sache, um das Kaninchen! Nachdem er das nächtliche Moskau ein Weilchen aus der Vogelperspektive betrachtet hatte, erbat er von Voland die Erlaubnis, das Tierchen zu berühren. Er wollte sich überzeugen, daß Kusja keine Halluzination war, daß es existierte. Voland bettete ihm das Tier in die Armbeuge. Jakuschkin fing an, es zu streicheln und an den Ohren zu kraulen. Das Kaninchen ließ die Liebkosung geduldig über sich ergehen und schielte lediglich mit einem Auge nach seinem Bild, das sich in der Regenbogenhaut seines Schöpfers spiegelte.

Behemoth eilte mit einem Teller geputzter Mohrrüben herbei. Jakuschkin setzte das Kaninchen auf den Boden, wo es sich sofort über die Möhren hermachte. Es klaubte sich eine nach der anderen vom Teller, um sie geräuschvoll zu mümmeln. Behemoth lobte den Appetit des Kaninchens, der, so seine Worte, nachgerade wölfisch sei. Doch verbesserte er sich sogleich: Nein, der Vergleich sei nicht ganz treffend, denn Wölfe würden um nichts in der Welt Möhren essen.

»Was passiert nun weiter mit ihm?« wollte Jakuschkin von Voland wissen. »Ich kann gar nicht abwarten, das zu erfahren. Und Sie haben versprochen...«

»Ich hoffe, Sie sind nun überzeugt, daß ich meine Versprechen halten kann?« unterbrach ihn Voland. »Hätten Sie auf einer Veröffentlichung Ihres Romans bestanden, wäre er selbstverständlich gedruckt worden. Nun aber...« Voland lachte erneut auf. »Nun wird er Ihnen noch etliche Überraschungen bereiten. Genau wie einst einem Meister ein Roman eine Überraschung bereitete, obwohl er, wie auch Ihr Roman, verbrannt wurde. Und nicht nur ihm allein. Sondern auch denen, die ihn verbieten wollten. Ich kann nur daran erinnern: Manuskripte brennen nicht...[12] Aber die Geschichte ist ja bekannt.«

Korowjew gesellte sich zu ihnen, um Jakuschkin zu dem Kaninchen zu beglückwünschen, das er ersonnen habe. Ihm, Korowjew, genüge ein flüchtiger Blick, um zu erkennen, wie fabelhaft und einzigartig es sei. Solche Tiere habe die Welt noch nicht gesehen.

»Ach, und erst der Nutzen, der Nutzen, den es bringen wird!« frohlockte Korowjew. »Was mußte man sich doch plagen, was mußte man sich doch einfallen lassen, um auch nur einen einzigen Schurken zu überführen! Und nun ein schlichter Biß in den Finger – und die Sache ist geritzt! Uneingeschränktes Bereuen aller Sünden und Vergehen, einschließlich solcher im Amt! Das nenn ich eine vehemente Erhöhung der Arbeitseffizienz sowie einen Übergang zu fortschrittlicher Technologie!«

»Das Bereuen an sich ist gar nicht so wichtig, wichtig sind die Folgen«, korrigierte Voland seinen Gefährten.

In dem kurzen Meinungsaustausch der beiden schimmerten klar die sich nun eröffnenden Perspektiven durch. Doch Jakuschkin ließ auch diese Anspielungen unbeachtet an seinem Ohr vorbeiziehen, derweil er unbeirrt das Kaninchen betrachtete.

Unterdessen setzte die Kutsche zur Landung an, was ein wenig aufs Trommelfell drückte. Nach ein paar Minuten kamen die Räder sanft auf der Erde auf. So landet ein Passagierflugzeug, das von einem meisterhaften Piloten geflogen wird. Wie es schien, war auch der geheimnisvolle Kutscher ohne Gesicht, aber mit Dreispitz ein Meister seines Fachs.

Asasello rannte hinaus, um jedoch gleich darauf zurückzukehren, wie üblich nicht in Plauderlaune, sondern in eifriger Geschäftigkeit. Er brachte einen geflochtenen Korb mit dazugehörigem Deckel. In einem Ton, der keinen Widerspruch duldete, sagte er, das Tier brauche Ruhe und Erholung. Mit diesen Worten nahm er Jakuschkin das Kaninchen ab, setzte es in den Korb und trug es fort. Aller Wahrscheinlichkeit nach in eines der Nebengelasse.

In diesem Augenblick hielt die Kutsche an. Jakuschkin schaute aus dem Fenster und erkannte in einer Tür, deren zerbrochenes Glas durch Sperrholz ersetzt war, den Eingang des vierstöckigen Hauses, in dem er wohnte. Er begriff, daß für ihn die Fahrt in der Kutsche zu Ende war – womit er recht hatte.

»Auf Wiedersehen!« sagte Voland mit unvermuteter Kälte in der Stimme. »Ich rate Ihnen, vorerst niemandem ein Wort zu sagen. Es würde Ihnen sowieso keiner glauben.«

»Sehe ich Sie denn nicht wieder?« fragte Jakuschkin voller Verzweiflung. »Und das Kaninchen auch nicht?«

»Ich habe nicht gesagt: *Leben Sie wohl!*, ich habe *Auf Wiedersehen* gesagt.« Volands Stimme wurde etwas weicher. »Haben Sie keine Sorge, Sie werden schon bald gebraucht. Einstweilen erholen Sie sich nur im Kreise Ihrer Familie!«

Korowjew öffnete mit ausgesuchter Beflissenheit den Schlag und ließ das Trittbrett herunter. Er blinzelte, schüttelte energisch den Kopf und wünschte Jakuschkin »Alles, aber auch alles…«. Behemoth hob die Tatze, ohne ein Wort zu sagen. Ein letztes Mal erschien auch Asasello, der ihm ein knappes »Ciao!« zuwarf, somit den italienischen Klang seines Namens rechtfertigend.

Jakuschkin war kaum ausgestiegen, als die Tür zufiel und die Kutsche losfuhr. Sie verschwand hinter der Ecke des Hauses. Nachdem er noch einmal tief durchgeatmet hatte, ging er zur Haustür.

In der Wohnung war alles ruhig. Nur das Gluckern des kaputten Toilettenspülkastens erfüllte den Korridor – freilich untermalt vom lauten Schnarchen des Mitmieters, Krakeelers und Saufbolds Kolywanow. Auf Zehenspitzen ging Jakuschkin in sein Zimmer. Lena schlief. Auch Mischka schlief, wiewohl unruhig, in seinem Bettchen. Das ständige Herumfuchteln mit seinen kleinen Händchen hatte dazu geführt, daß er ganz entblößt dalag. Vorsichtig deckte Jakuschkin ihn wieder zu.

Eine fürchterliche Müdigkeit erfaßte ihn. Ohne sich auszuziehen – nur die Schuhe streifte er von den Füßen – streckte er sich neben seiner Frau auf der Liege aus. Und schlief sofort ein.

In den Straßen zeigten sich bereits die ersten Passanten. Sie hatten die Köpfe tief in die hochgestellten Krägen von Mantel oder Jacke versenkt, um sich vor dem durch Mark und Bein gehenden Wind zu schützen, der bereits in der gestrigen Wettervorhersage angekündigt worden war. Die Fußgänger schleppten sich durch die über Nacht gewachsenen Schneewehen. Sie schlitterten, fielen und standen wieder auf, wobei sie Flüche an die Adresse der Stadtherren losließen. In Moskau hatte man es in diesem Jahr völlig aufgegeben, sich um die Schneebeseitigung zu kümmern. Die Gesichter der Menschen waren düster und verdrossen. Sie eilten zur Autobushaltestelle, um in den Betrieb, in ihre Behörde oder ihr Institut zu fahren oder sich schon frühzeitig vor einem der Lebensmittelläden anzustellen. Für niemanden hielt der Tag eine besondere Freude bereit – sei diese unverhofft oder von der Sowjetmacht geplant. Aschgraues Dämmerlicht legte sich über Moskau.

ZWEITER TEIL

1. KAPITEL

Jakuschkin verzweifelt gesucht

Die alten Griechen glaubten, das Urchaos habe alles Sein geboren. Das Chaos von Gedanken und Gefühlen hingegen gebiert das Buch. Oder auch der Schmerz, den man für sein unglückliches Land, für sein von einer bigotten und grausamen Macht unterjochtes Volk hegt.

Doch wollen wir uns nicht weiter in den hohen Gefilden der Zivilisation ergehen. Bescheiden wir uns damit, en passant zwei, drei Worte über die Technik des Schreibens zu verlieren.

Ein Schriftsteller gleicht einem Feldherrn. Er führt seine Schlachten, jedoch nicht um Territorien, nicht um Städte und Länder, sondern um Kopf und Herz der Leser. Wie ein Feldherr, der frische Reserven ins Schlachtfeuer schickt, läßt er auf den Seiten seiner Erzählung neue Helden erscheinen. So werde auch ich es jetzt halten, werde schlankweg…

Hat mein Leser eine Neigung für Statistisches, so wird ihm das deutliche Übergewicht der Figuren männlichen Geschlechts in diesem Roman bereits aufgefallen sein. Weder Jakuschkins Frau Lena noch die Zerberuska aus dem Theater, Peretjatkos leichtsinnige Eheliebste Walentina oder die schweigsame

Teufelin Gella haben Entscheidendes zur Handlung beigetragen. Dahingegen wird die Frau, deren Auftritt nunmehr vorbereitet wird, für die nachfolgenden Ereignisse eine wichtige Rolle spielen. Bei ihr handelt es sich um Walerija Grjashskaja, die künstlerische Leiterin des Dramatischen Theaters »Zum Roten Tor«, Volksschauspielerin und Trägerin unzähliger Preise.

An ebenjenem Morgen, als der unglückselige Schriftsteller Jakuschkin von der nächtlichen Kutschfahrt nach Hause zurückkehrte, wurde Walerija vom Läuten des Telephons geweckt. Ohne die Augen aufzutun, tastete sie neben ihrer Liege auf dem Fußboden nach dem Telephonhörer.

»Was ist, du Murmeltier, ratzt du noch?« kam eine Stimme aus dem Hörer, die dem Theaterkritiker Banketow gehörte.

»Ach, und du leidest wohl an Schlaflosigkeit?« parierte Walerija den Angriff. »Du mußt von allen guten Geistern verlassen sein, in einer solchen Herrgottsfrühe anzurufen!«

»Morgenstund hat Gold im Mund.«

Walerija bat ihn, in einer Stunde noch einmal anzurufen, dann würde sie zu sich gekommen sein. Daraufhin entgegnete Banketow, die Sache, die er mit ihr besprechen wolle, lasse sich ohnehin kaum am Telephon abwickeln. Wenn Walerija eine vage Ahnung habe, wann sie ihn im Theater empfangen könne, werde er dort vorbeikommen. Walerija dachte einen Moment lang nach, um Banketow dann zu sagen, er solle in drei Stunden vorbeischauen, was beide sogleich festklopften.

Die Augen nach wie vor geschlossen, versuchte Walerija sich die Ereignisse der vergangenen Nacht in Erinnerung zu rufen. Vor kurzem hatte Walerijas letzten Mann – ich will hier nicht präzisieren, der wievielte er war – sein Schicksal ereilt: Sie hatte ihn rausgeschmissen. Von all ihren Männern hatte sie sich stets kurz entschlossen getrennt. Es brauchte bloß einer auf die Idee zu kommen, ihr Moralpredigten zu halten, ihr gegenüber besondere Rechte geltend zu machen oder ihr einfach zum Halse rauszuhängen – und schon flog er samt seiner eiligst zusammengerafften Habe zur Tür hinaus. Selbst im ehelichen Bunde ließ sie sich von keinem an die Kandare nehmen. Hatte sie aber erst einmal auch kraft Gesetz ihre Freiheit wiedererlangt, war ihr gar nicht mehr beizukommen.

Den gestrigen Tag hatte sie ausschließlich in ihrem Theater verbracht. In *Mädchen ohne Mitgift* war eine unvorhergesehene Neubesetzung notwendig geworden. Die Schauspielerin, die bisher – und ohne daß es für die Rolle eine Zweitbesetzung gegeben hätte – die Larissa gespielt und ihre Aufgabe, das mußte man sagen, aufs zauberhafteste bewältigt hatte, hatte zur Überraschung aller geheiratet. Und zwar nicht irgendeinen bejammernswerten Karandyschew, wie dies ihrer unglückseligen Heldin beschieden war, sondern einen vermögenden schwedischen Kaufmann. Nun war sie nach Schweden abgeschwirrt, angeblich für die Flitterwochen und mit dem nebulösen Versprechen, »in ein paar Wochen« wiederzukommen.

Die Neubesetzung der Rolle mit einer jungen Debütantin war vollauf zufriedenstellend. Nach der ersten Vorstellung hängte sich Walerija ans Telephon, um reihum ihre Bande, wie sie ihre Freunde und Bekannten nannte, anzurufen. Allen versprach sie vorbeizukommen, und überall wurde diese Neuigkeit mit Begeisterung aufgenommen. Durchgemachte Nächte, um das einzuflechten, waren für Moskauer wie überhaupt für alle Bohemiens gang und gäbe.

Die Gepflogenheiten der Boheme waren jedoch nicht der Grund für die nächtlichen Streifzüge, die Walerija immer öfter unternahm. Man täte ihr auch großes Unrecht, wollte man den Grund in einer der üblichen Trennungen von einem Mann vermuten. Nein, Walerija durchlitt in diesem Monat vielmehr etwas, was man gemeinhin als Schaffenskrise zu bezeichnen pflegt.

Von außen betrachtet, stand bei ihr alles zum besten. Die Vorstellungen im Theater »Zum Roten Tor« waren ausverkauft wie eh und je. Die Presse, die linke, die rechte und jede andere, geizte nicht mit Lobeshymnen auf Premieren sowie auf ihre, Walerijas, meisterliche Regieleistung.

In Künstlerkreisen gibt es indes neben den Punkten und Noten, die die Presse verteilt, noch, modern ausgedrückt, das Rating. Und da fiel Walerija unerbittlich nach unten.

Walerija brachte es nicht fertig, sich diesen Abstieg schönzureden. Ob sie sich nun einen Klassiker vornahm, an ein modernes Stück ging oder auch an ein übersetztes – jedesmal spürte sie, daß ihr etwas nicht richtig gelang. Nicht richtig! Nur zu gut waren ihr noch die Erfolge ihrer Jugend in Erinnerung, als sie aller Mäkelei der Zensur zum Trotz jede Vorstellung zu einem Ereignis gemacht hatte! Das Glühen der Leidenschaft, die Spekulationen – werden sie das Stück verbieten, oder werden sie es nicht verbieten? Die Freudentränen in den Augen der dankbaren Zuschauer! Die opulenten Blumensträuße, gekauft für das letzte Geld! Und das Publikum, das ihren Auftritt nach der Premiere erwartete... Wohin war das alles entschwunden?

In der letzten Nacht hatte Walerija wieder einmal einen ihrer Streifzüge unternommen.

Überall hatte man etwas für sie vorbereitet, hier einen Stegreifimbiß, dort eine solide Mahlzeit. Einmal wurde bei ihrem Erscheinen sogar eine mit Äpfeln gefüllte gebratene Gans aus dem Backofen gezaubert. Allerorten sprach Walerija dem Cognac oder Likör zu, hörte sich atemberaubende Neuigkeiten an und verbreitete die eigenen, von denen sie sich einen gewissen Vorrat angelegt hatte. Nirgends hielt sie sich lange auf, sondern verabschiedete sich stets bald von ihren Gastgebern und zog weiter.

Bei einem bekannten Filmregisseur am Kutusowskiprospekt war ein intellektueller Leckerbissen vorbereitet, bei dem ein Volksdeputierter sowie ein Astrologenehepaar mitsamt Stör und ähnlich exquisiten Gaumenfreuden lockten. Der Deputierte wie die Astrologen wetteiferten darin, dem Land für die nahe Zukunft die unglaublichsten Katastrophen zu prophezeien. Dabei stützte sich der Deputierte auf allein ihm bekannte Informationen aus streng geheimen Quellen, wohingegen die Astrologen mit Namen von Planeten und Sternen nur so um sich warfen, deren ungünstige Konstellationen sie nicht oft genug betonen konnten.

Der von den düsteren Vorhersagen aufgewühlte Hausherr brachte endlich die wohlgehütete Flasche französischen Cognac auf den Tisch. Doch dieser Cognac sollte eine verhängnisvolle Rolle spielen. Nach drei Gläsern wurde es Walerija reichlich blümerant. In solchen Fällen konnte sie sich jedoch hundertprozentig auf ihren Selbsterhaltungsinstinkt verlassen. Sie schlich sich zum Korridor hinaus, kramte in dem Berg aus Mänteln und Jacken nach ihrem Schafspelz und empfahl sich auf französisch.

Auf dem Heimweg hatte sie dann an der Kreuzung Kutusowskiprospekt und Sadowojering eine merkwürdige Erscheinung: Sie sah eine silbern schimmernde Kutsche, vor die sechs Pferde gespannt waren – was Walerija als Alarmsignal wertete: Es war höchste Zeit, mit dem Trinken aufzuhören. Noch an Ort und Stelle schwor sie sich, es bleiben zu lassen.

»Laima!« rief Walerija nun mit schwacher Stimme.

In dem abgedunkelten Schlafzimmer erschien Laima Karlowna, eine hagere bejahrte Lettin, die zu jeder Tages- und Nachtzeit akkurat frisiert war und als Wirtschafterin und Haushälterin bei Walerija lebte. Laima Karlowna hielt in der einen Hand ein Glas Wodka, in der anderen einen Teller mit einer hauchzart geschnittenen eingelegten Gurke. Selbstverständlich hatte sie keine Ahnung von dem Schwur, den Walerija vor sich selbst geleistet hatte. Dahingegen wußte sie vortrefflich, was ihre leichtblütige Herrin jetzt mehr als alles andere brauchte.

Walerija strich sich eine Haarsträhne aus dem Gesicht und setzte sich auf ihrer Liege auf. Das morgendliche Glas, so entschied sie kurzerhand, zählte nicht, da es der Wiederherstellung diente. In einem Zug kippte sie es herunter und atmete geräuschvoll aus. Während sie die Gurke knabberte, belauschte sie sorgenvoll die Prozesse, die in ihren inneren Organen abliefen.

Die Prozesse entwickelten sich in die richtige Richtung. Die Gegenstände im Raum gewannen an Kontur, wirkten nicht mehr so verschwommen. Walerija hörte sich die Vorhaltungen Laima Karlownas bezüglich ihres verwerflichen Lebens gar nicht erst bis zum Ende an, sondern verschwand gleich ins Bad.

Während sie duscht und sich schminkt, während sie, schon ausgehfertig, hastig den starken Kaffee hinunterstürzt, den Laima Karlowna nach einem besonderen Rezept mit Zimt und Nelken zubereitet hat, und während sie den Lagebericht entgegennimmt – wer angerufen und was zu übermitteln gebeten hat –, erlaube ich mir, den Menschen zu beschreiben, der mit seinem Telephonanruf Walerijas Schlaf gestört hat: Banketow.

Nein, noch sind die anständigen Leute in unserem Vaterland nicht ganz ausgestorben – und der alte Banketow ist einer von ihnen. Mir ist natürlich klar, wie schwer es ist, sich einen Theaterkritiker vorzustellen, den niemand vor seinen Karren gespannt hat, der nicht rekrutiert wurde und der demgemäß auch nicht korrumpiert werden kann. Da ist es ja noch leichter, sich einen orthodoxen Geistlichen vorzustellen, der hingebungsvoll einen erotischen Lambada tanzt. Oder einen Kannibalen, der den Vegetarismus predigt. So kann ich den Leser nur inständig bitten, ein Auge zuzudrücken und dem Autor zu vertrauen.

Zu allen Zeiten stand die Unabhängigkeit des Urteils hoch im Kurs, obgleich sie nie besondere Einkünfte einbrachte. Kaum tauchte an der Moskauer Theaterbörse ein neues Stück auf, kaum feierte man seine Premiere, interessierten sich kundige Leute zuallererst dafür, was Banketow gesagt hatte. Und zwar tatsächlich ›gesagt‹, denn gedruckt wurde er nur selten. Ja, ihm haftete sogar der Beiname Akyn[13] an, mit dem zynisch zum Ausdruck gebracht werden sollte, worin sein Schicksal lag – nämlich ausschließlich im mündlichen Werk.

Zwar schrieb Banketow bisweilen Artikel, Rezensionen und theaterwissenschaftliche Aufsätze, doch standen sie stets unter einem schlechten Stern. Mal war der Schauspieler ein Held der sozialistischen Arbeit, mal, im Gegenteil, einer der Führer der demokratischen Bewegung, doch Banketow wusch dem einen wie dem anderen den Kopf und tadelte ihn wortgewaltig für seine Stümperei und oberflächliche Interpretation der Rolle. Natürlich bat man den Autor, mildere Töne anzustimmen oder brisante Passagen ganz zu streichen. In solchen Fällen zeigte Banketow dem selbstherrlichen Korrektor nur stumm die Feige. Und mit diesem Menschen führte das Schicksal eines Tages Jakuschkin zusammen! Oder treffender gesagt, Ihre Majestät der Zufall …

Jakuschkin lief an jenem Tag gerade die Petrowka entlang. Nach einem kurzen Tauwetter hatte es über Nacht wieder gefroren, so daß man in Moskau mancherorts nur noch auf Schlittschuhen vorankam. Reihum gerieten die Passanten ins Schlittern oder purzelten zu Boden, einige brachen sich sogar Arm oder Bein. Die Leidtragenden wurden ins Sklifossowski-Institut gebracht, wo wie am Fließband Gipsverbände angelegt werden mußten. An der Ecke zur Stoleschnikowgasse kam direkt vor Jakuschkin ein korpulenter Mann auf dem aufgeblähten Oberflächeneis ins Rutschen und fiel hin, obwohl er verzweifelt mit den Armen in der Luft ruderte. Jakuschkin eilte zu ihm, um ihm beim Aufstehen zu helfen. Sogar – das reinste Märchen – ein Taxi hielt. Na prima, jetzt fahr ich schon das fünfte Mal ins Sklifossowski, verflucht aber auch!, beglückwünschte sich der Taxifahrer mit einem verrückten Glanz in den Augen. Auf dem Weg ins Krankenhaus stellte sich der Unglücksrabe als Banketow vor.

Jakuschkin wartete noch die Röntgenergebnisse des alten Herrn ab. Glücklicherweise wurde kein Bruch, sondern nur eine starke Prellung festgestellt. Er erbot sich, Banketow nach Hause zu begleiten. Vor der Wohnungstür wollte er sich empfehlen, doch Banketow lud ihn ein hereinzukommen. Mit einem Gläschen stießen sie auf den glücklichen Ausgang an. Banketow wollte nun wissen, was Jakuschkin beruflich mache. Kaum hatte er erfahren, dieser versuche sich als Schriftsteller, äußerte er den Wunsch, eines seiner Werke kennenzulernen. So gelangte die *Beerdigung eines Jägers* in Banketows Hände. Alles weitere ist meinem Leser bekannt.

Doch halt, vielleicht ist ihm doch nicht alles bekannt.

Banketow wäre nämlich fast zum Zeugen des Skandals geworden, den Jakuschkin im Restaurant der Schriftsteller inszenierte, wo auch er, Banketow, sich eine Stunde später einfand. Warum, werden Sie fragen? Nun, einfach um sich – wie er es gern nannte – die Kehle ein wenig zu schmieren.

Als er das Foyer betrat, erblickte er Jakuschkin, der gerade von zwei Milizionären zum Ausgang geführt wurde. Der Schreck fuhr Banketow derart in alle Glieder, daß er noch nicht einmal dazu kam, die Milizionäre zu fragen, was sie von dem Jungen wollten.

Dieses Versäumnis machte er jedoch unverzüglich wett, indem er sich an den Arzt und Schriftsteller in Personalunion wandte, der tatsächlich Licht in die Angelegenheit bringen konnte, hatte er sich doch um den verletzten Sutenewski gekümmert, solange man noch auf den Krankenwagen gewartet hatte. Banketow kannte diesen schriftstellernden Arzt persönlich, und das nicht nur flüchtig. Diesem war das Theater nämlich auch nicht fremd, und nachdem er dort erst einmal Fuß gefaßt hatte, verstand er es recht gut, ausländische und russische Prosa in Stücke zu verwandeln. Banketow beobachtete die Form des Recyclings, die der schriftstellernde Arzt betrieb, mit genau der gleichen Geduld, mit der er jede Art saisonaler Tätigkeit verfolgte.

Der Arzt und Schriftsteller in Personalunion strich sich über das Spitzbärtchen und legte nur allzugern dar, was sich im Restaurant zugetragen hatte, und zwar bis in die winzigste Kleinigkeit, bis hin zu einer Beschreibung der orangefarbenen Mappe, die Jakuschkin auf Sutenewskis Schädel hatte niedergehen lassen – während Banketow im Geiste das herausfilterte, was den Kern des Konflikts ausmachen mochte.

Zweifelsohne hatte sich Sutenewski gegenüber Jakuschkin, dessen er, Banketow, sich angenommen hatte, häßlich benommen. Es geschah ihm nur recht, wenn ihm jemand mal eins überzog. Aber wie konnte er seinem Schützling helfen?

Banketow faßte blitzschnell einen Plan. Der Vorfall mußte für Jakuschkin einfach von einem Minus in ein Plus umgewandelt werden. Zunächst einmal, wer war denn Sutenewski schon? Ein Mann Karnauchows. Er zog am gleichen Strang wie der Chefregisseur. Folglich mußte man sich nun auf die Opponenten und Konkurrenten Karnauchows in der Moskauer Theaterlandschaft konzentrieren. Auf wen genau? Auf Walerija Grjashskaja!

Vor ewigen Zeiten war Karnauchow mit ihr verheiratet gewesen; gemeinsam hatten sie das Theater »Zum Roten Tor« geleitet. Böse Zungen behaupteten, Walerija habe Karnauchow mit einer blutjungen

Schauspielerin in der Garderobe erwischt, obwohl, der offiziellen Version zufolge, die Trennung allein aus unterschiedlichen ideellen und ästhetischen Auffassungen resultierte. Wie auch immer, Walerija und Karnauchow hatten zumindest einmal das eheliche Bett miteinander geteilt. Walerija hatte sich mit der Scheidung allein nicht begnügt, sie hatte Karnauchow auch noch hochkant aus dem Theater gejagt. Die ministerielle Führung hatte ihm jedoch nicht erlaubt, völlig von der Bildfläche abzutreten. Immerhin war er der unübertroffene Regisseur von Stücken mit Iljitsch im Mittelpunkt. Als dann im Akademietheater eine Stelle vakant war, überdies sogar eine bessere, wurde Karnauchow als Chefregisseur verpflichtet.

Zwischen den beiden Theatern, dem von Walerija Grjashskaja und dem von Karnauchow, herrschte in diesem Jahr eine exquisite Feindschaft. Man machte sich gegenseitig die Schauspieler abspenstig und schnappte sich die neuen Stücke, die einen durchschlagenden Erfolg versprachen, vor der Nase weg. Selbst das Korps der Theaterkritiker spaltete sich in zwei Lager. Die einen lobten Karnauchow über den grünen Klee, wohingegen die anderen Loblieder auf Walerija Grjashskaja sangen und Karnauchow in Grund und Boden stampften. Das alles begründete man mit der Freiheit von Ansichten und Geschmäckkern, ohne die das Theater sich nicht entwickeln könne.

Die Empfangssekretärin Walerija Grjashskajas strickte und telephonierte gleichzeitig, wobei sie den Hörer zwischen Ohr und Schulter geklemmt hatte.

»Da können Sie nicht rein«, rief sie empört, wobei sie von den beiden anderen Tätigkeiten abließ und auf das Büro zeigte. »Walerija Stepanowna ist nicht zu sprechen.«

»Wie kommen Sie darauf, daß ich da nicht rein kann?« wunderte sich Banketow und zog die Tür auf.

Durch das Büro hallte ein lauter Schrei. Wer da aufkreischte, war die Schauspielerin Daschnakowa, eine kleine Frau mit ewig erschrockenem Blick. Sie zog gerade an Walerija, die mit hoch erhobenen Armen auf dem Tisch stand, ein Kleid glatt.

»Was kreischst du so, dumme Trine?« fragte Walerija. »Das ist doch nur Banketow.«

»Ich kreische, weil Sie nackt sind«, erklärte die Daschnakowa.

»Und sonst sehe ich ja keine nackigen Frauen«, lachte Banketow. »Und vor allem nicht solche wie Walerija!«

Darauf ließ er sich in den Drehsessel fallen, um der Zimmerherrin demonstrativ das Gesicht zuzuwenden.

Gewöhnlich gab die Daschnakowa die vom Schicksal oder der Sowjetmacht betrogene Frau. Dieser Rolle wurde ihr hilfloses Äußeres vollauf gerecht, denn wie keine andere konnte sie die Zuschauer zu Tränen rühren. Darüber hinaus hatte sie jedoch noch einen weiteren Beruf: Sie ging »unter den ihren« stets mit verschiedenster Importware hausieren, wobei niemand so genau wußte, wie sie eigentlich an sie herankam. Walerija räumte sie in der Regel einen geringfügigen Preisnachlaß ein.

»Nun, wie gefällt dir der Stoff?« wollte Walerija von Banketow wissen.

Der erhob sich, um auf Walerija zuzugehen. Genüßlich betastete er ihren mächtigen Busen, der in himmelblauen, silbrig glänzenden Stoff gehüllt war, und nickte.

»Wie du das nur anbekommen hast? Das nächste Mal wird es mit Sicherheit platzen.«

»Das brauchen Sie gar nicht zu denken«, verteidigte die Daschnakowa das Kleid. »Walerija Stepanowna sieht darin ganz allerliebst aus. Die Männer werden direkt Schlange stehen«, fügte sie noch hinzu, während sie sich die Lippen leckte.

Doch Valerija hatte ihre Entscheidung getroffen.

»Nimm es«, sagte sie zu der Daschnakowa. Sie verrenkte sich geradezu, um den Reißverschluß auf dem Rücken herunterzuziehen. »Ich sehe in diesem Kleid wirklich aus wie eine Bahnhofshure. Nichts für die verschiedenen Auslandsbotschaften, die mich eingeladen haben.«

Die Daschnakowa packte das Importstück wieder in eine Plastiktüte. Bevor sie das Büro verließ, teilte sie Banketow noch mit, von Theaterkritikern gehe keinerlei Stimulans mehr aus, sondern einzig satte Enttäuschung.

»Laß uns erst mal etwas trinken«, schlug Walerija vor, während sie Pullover und Rock wieder anzog. Sie holte aus dem Wandschrank eine angebrochene Halbliterflasche, Gläser und Schokoladenkonfekt. Der nächtliche Schwur wurde auf bessere Zeiten verlegt, momentan waren die Umstände einfach zwingend. Banketows Besuch stufte Walerija durchaus als eine solche Form höherer Gewalt ein.

Sie tranken Wodka und aßen dazu das Konfekt. Banketow packte den Stier gleich bei den Hörnern.

»Walerija«, fragte er, »möchtest du Karnauchow und Sutenewski mal ordentlich die Hölle heiß machen?«

»Wann möchte ich das nicht«, antwortete Walerija, nachdem sie ein Stück Konfekt heruntergeschluckt hatte. »Laß hören!«

Banketow gab unter Hinzufügung schnell gefundener schillernder Details den gestrigen Vorfall im Restaurant der Schriftsteller zum besten. Walerija hörte ihm mit stummer Begeisterung zu.

»Ich hab mich schon immer gefragt, ob nicht irgendwann mal jemand Arkaschka eins über die Rübe zieht«, meinte sie, nachdem Banketow seine Erzählung beendet hatte. »Gott sei's gepriesen, da hat sich also einer gefunden.«

Der Anfang schien geglückt, weshalb Banketow unverzüglich auf den Inhalt des Jakuschkinschen Romans zu sprechen kam, wobei er besonders herausstellte, wie gut er sich als bittere Satire auf die heutige Zeit lese.

»Und was schlägst du vor?« unterbrach ihn Walerija. »Soll ich ihn etwa bringen?«

»Genau! Aber ich werde derweil auch nicht untätig sein, sondern überall verlauten lassen, wie schändlich diese Trouvaille von Sutenewski in Tateinheit mit seinem nichtsnutzigen Patron abgelehnt wurde.«

»Oi, ich weiß nicht, was ich dazu sagen soll.« Voller Zweifel schüttelte Walerija den Kopf. »Im Moment sehe ich nur männliche Rollen. Aber meine Damen muß ich ständig beschäftigen. Die Jungs sind gerade ruhig. Aber die Mädels – wahre Bestien. Wenn du ihnen keine Rolle gibst, fressen sie dich mit Haut und Haaren. Oder noch schlimmer, sie verlassen das Theater. Und find erst mal eine zweite Daschnakowa!«

Diesen in der Tat bedenkenswerten Einwand versuchte Banketow zu entkräften, indem er darauf hinwies, daß die Umwandlung des Romans in ein Stück ohnehin bei einem dieser Recyclingspezialisten in Auftrag gegeben werden müsse. Von ihm aus auch bei diesem schriftstellernden Arzt. Den müßte man nur bitten, gleich noch einige Männerrollen in Frauenrollen umzuarbeiten.

»Gut«, sagte Walerija, »gib mir den Roman, dann werde ich ihn lesen. Ich werde die Sache nicht auf die lange Bank schieben. Morgen rufe ich dich an und sage dir definitiv ja oder nein.«

Einen Augenblick lang war Banketow völlig perplex. Zum ersten Mal seit dem gestrigen Abend, als er seinen großartigen Plan entworfen hatte, fiel ihm ein, daß er den Roman nicht mehr hatte! Und er wußte nicht, wo Jakuschkin wohnte. Doch Banketow wäre nicht Banketow gewesen, wenn er an diesem Punkt kapituliert hätte.

»Weißt du, die Sache ist die, daß es nicht leicht ist, an den Roman heranzukommen«, sagte er mit einem traurigen Lächeln. »Der Autor ist verhaftet...«

Diese Information riß Walerija förmlich von ihrem Stuhl und ließ sie aufgewühlt durch ihr Büro tigern.

»Warum hast du mir das nicht gleich gesagt?« rief sie. »Schwatzt hier irgendwelches Zeugs über ein Kaninchen daher! Kannst du dir vorstellen, was sich daraus machen läßt? Der Autor wurde auf Geheiß des lieben Sutenewskis verhaftet, und wir bringen sein Stück! Ganz Moskau wird uns die Türen einrennen, darauf können wir uns schon jetzt einstellen!«

Viele Menschen, die Walerija Grjashskaja kannten, verglichen sie mit einem Panzer oder Bulldozer. Für sie gab es keine Hindernisse. Je schwieriger die Hürden waren, mit um so größerer Energie riß sie sie nieder.

Walerija stürmte kurz ins Vorzimmer, um der Sekretärin zuzuschreien: »Bassawljuk zu mir! Tot oder lebendig!«

Danach teilte Walerija den Rest Wodka auf. Nachdem sie noch einmal ihr Glas geleert hatten, erläuterte sie, Bassawljuk sei der Hauptadministrator des Theaters. Und wenn jemand in der Lage sei, zum Häftling Jakuschkin vorzudringen und an das Stück zu gelangen, dann er!

Binnen weniger Minuten betrat ein Mann mittleren Alters, angetan mit einer Lederjacke, schwungvoll und lächelnd das Büro. Es war kein Geringerer als Bassawljuk.

2. KAPITEL

Der Hinterhalt in der Ostoshenka

Walerija Grjashskaja hegte keine Zweifel daran, daß Bassawljuk ein Mann der Lubjanka war. Woher sie ihre Sicherheit nahm? Zumal sich in der Praxis ja häufig nicht gerade diejenigen als »Leute von der Lubjanka« herausstellten, auf die man getippt hatte… Aber mit Bassawljuk hatte es eine besondere Bewandtnis.

Was auch immer man ihm auftrug – vom Abtrotzen eines Waggons für die Dekoration vor einem auswärtigen Gastspiel bis hin zur Reparatur des theatereigenen Wolgas –, alles erledigte er prompt, exakt und in höchstem Maße zufriedenstellend. Und das unter den heutigen Bedingungen, wo einzelne Schrauben im Staatsapparat derart lose waren, daß niemand mehr in der Lage schien, sie überhaupt noch anzuziehen! Insofern mußte die Gewitztheit des einen oder anderen Kollegen zwangsläufig den üblichen Verdacht auf den Plan rufen.

»Bist du eigentlich von dort?« wollte Walerija nicht nur einmal von Bassawljuk wissen. »Na, wenn Sie es sagen!« gab dieser scherzbereit Antwort.

Bassawljuk setzte sich auf einen Stuhl. Er trieb aus seinem Gesicht das Lächeln fort, mit dem er Walerija und Banketow zuvor bedacht hatte, und zog einen

Notizblock aus der Tasche. Walerija umriß in knappen Worten die Situation: Im Haus der Literaten sei wegen einer läppischen Rangelei ein gewisser Jakuschkin verhaftet worden. Den aber gelte es unbedingt ausfindig zu machen, Kontakt mit ihm aufzunehmen und sich von ihm seinen Roman *Beerdigung eines Jägers* zur Lektüre aushändigen zu lassen. Dieses Manuskript sei Walerija unverzüglich zu überbringen.

Bassawljuk stellte keinerlei Fragen. Er machte sich eine Notiz in seinem Block und versprach, sich umgehend an die Erledigung der Aufgabe zu machen.

Walerija erbot sich, Banketow nach Haus zu fahren. Danach ging sie in die Sauna beim Olympiaschwimmbecken, zu dem sie Zutritt hatte. Zu Beginn der Abendvorstellung wollte sie wieder im Theater sein.

Bassawljuk ging hinunter in sein Zimmer im Erdgeschoß. In kürzester Zeit brachte er telephonisch heraus, daß das Haus der Literaten, wenn man es so sehen wollte, vom 83. Revier der Miliz betreut wurde. Daraufhin setzte er sich in seinen Shiguli, um in die Schtschussewstraße zu fahren.

Im Revier herrschte ein wildes Tohuwabohu. Der Leiter lag mit einem Herzanfall zu Hause, den er nach dem schlimmen Rüffel erlitten hatte, der ihm vom Milizgeneral wegen der Festnahme des Präsidentenberaters Jewdakow durch seine Schutzbefohlenen erteilt worden war. Sein Vertreter war zu einer Besprechung in die Petrowka einbestellt worden. Der diensthabende Hauptmann wollte, statt Bassawljuk Auskunft darüber zu geben, wo sich der festgenommene Randalierer namens Jakuschkin befinde, seinerseits wissen, was ihn, Bassawljuk, mit diesem verbinde. Als er erfuhr, Bassawljuk sei »ein guter Bekannter«, sah er von einem weiteren Gespräch ab.

Mithin war ein Anruf in der Lubjanka unumgänglich geworden. Natürlich nicht vom Revier aus, sondern gemäß den Anweisungen von einer Telephonzelle. Der Anruf galt übrigens ebenjenem Sergej Mitrofanowitsch, den am Vortag bereits der unglückselige Schurtjajew nach seinem überstürzten Aufbruch anrufen wollte, um ihn vom Auftauchen eines rätselhaften Balten an den Patriarchenteichen in Kenntnis zu setzen. Sergej Mitrofanowitsch reagierte auf die Bitte Bassawljuks, ihm behilflich zu sein, ausgesprochen verständnisvoll. Er versprach, sich umgehend mit dem 83. Revier in Verbindung zu setzen, so daß Bassawljuk dort alle notwendigen Informationen erhalten werde.

Und genau so war es. Als Bassawljuk ins Revier zurückkehrte, unterließ der diensthabende Hauptmann das Blindekuhspiel, um unumwunden zu erklären, der verhaftete Jakuschkin sei seinen Bewachern entschlüpft und spurlos verschwunden. Entzückend! konnte man da nur sagen.

Ein anderer an seiner Stelle hätte nun sicher den Mut verloren, doch nicht Bassawljuk! Er witterte förmlich, daß hier mehr dahintersteckte. Seine Überlegungen waren dabei folgende: Die Initiative, sich mit Jakuschkin in Verbindung zu setzen, ging von Banketow aus, darüber konnte es gar keinen Zweifel geben. Wofür hätte er denn sonst ins Theater kommen sollen? Wer aber, bitte schön, war dieser Banketow? Ein eingefleischter Demokrat. Gerade bei seiner letzten Instruierung hatte Sergej Mitrofanowitsch erklärt, Demokraten seien letztendlich wie kleine Kinder. Ständig müsse man ein Auge auf sie haben, sonst stellten sie noch wer weiß was an.

Und was hieß hier, Jakuschkin sei spurlos verschwunden? Das mochte es für die Miliz geben, spurlos verschwunden, aber nicht für die Organe der Staatssicherheit. Wenn es wirklich nötig war, würde man ihn schon finden! An diesem Punkt rief Bassawljuk abermals Sergej Mitrofanowitsch an, diesmal, um ihn um eine dringende Audienz zu bitten. Erneut zeigte sich Sergej Mitrofanowitsch gefällig. Bassawljuk sollte sich in dem bekannten Zimmer im Hotel Budapest – der KGB hatte es eigens für Treffen mit freiwilligen Mitarbeitern angemietet – in einer Stunde einfinden.

Bassawljuk hatte noch nicht wieder aufgelegt, als mit einemmal aus dem Hörer, unterlegt vom Freizeichen, eine andere Stimme drang; eine brüchige und unsagbar widerwärtige Stimme, die folgende Frage stellte: »Bassawljuk?«

»Am Apparat«, antwortete der Administrator mit leichter Verwunderung.

»Hör jetzt gut zu! Du wirst noch nicht einmal daran denken, zu dem Treffen mit Sergej Mitrofanowitsch zu fahren. Du kehrst sofort ins Theater zurück. Der Grjashskaja sagst du, du schaffst es nicht, ihr Problem zu lösen. Hast du verstanden?«

»Ver-verstanden«, brachte Bassawljuk hervor. Doch gleich darauf hatte er sich wieder in der Hand und meinte: »Und mit wem, wenn ich fragen darf, spreche ich?«

»Sagen wir, mein Name ist Korowjew. Ist das für dich so wichtig?«

»Und Sie sind wer, Bürger Korowjew?«

Eine Antwort blieb aus, nur die Pieptöne wurden lauter.

Obwohl Bassawljuk sicherlich nicht als schreckhaft galt, zitterten ihm die Hände. So etwas hatte es ja noch nie gegeben! Ein Telephongespräch mit der

Lubjanka – und abgehört! So weit war es also schon gekommen! Was wollten sich diese Demokraten eigentlich noch alles erlauben! Wenn das keine regelrechte Unterminierung der Behörde war, die für die staatliche Sicherheit verantwortlich war!

Nun gab es für Bassawljuk kein Halten mehr. Nicht im Traum dachte er daran, auf diesen Schuft, der sich Korowjew nannte, zu hören. Im Gegenteil, der Besuch im Hotel Budapest gewann dadurch eine ganz besondere Note. Sergej Mitrofanowitsch und er würden die Sache gemeinsam durchkauen und einen Handlungsplan entwickeln. Allem Anschein nach war hier eine gewaltige rechtswidrige Aktion im Gange. Das mußte unterbunden, die Anstifter unschädlich gemacht werden. Und seine persönliche Tapferkeit und Wachsamkeit würde man voller Dankbarkeit in einem Zirkular erwähnen, wenn nicht gar mit einer hohen Regierungsauszeichnung würdigen!

Kurzum, Bassawljuk stieg wieder in seinen Shiguli und machte sich auf den Weg.

Während er aber auf das Nikizkijetor zufuhr, fiel ihm eine Angelegenheit rein persönlichen – ich würde sogar sagen: egoistischen – Charakters ein. Gestern abend hatte ihn der Fleischer Wassili aus dem Lebensmittelladen in der Ostoshenka angerufen und für heute zu sich bestellt, auf daß er Fleisch abholte. Bassawljuk hielt das Auto an und dachte nach.

Den Sorgen um die Sicherheit des Landes war ohne Wenn und Aber Priorität einzuräumen. Gleichwohl, mußte nicht auch die Fleischversorgung seiner Familie sichergestellt werden? Zumal Bassawljuks Familie nicht gerade klein war: er, seine Frau, zwei kleine Kinder, Schwiegervater und Schwiegermutter. Kam überhaupt mal Fleisch in die Läden, war es nur

Fett und Knochen. Gute Ware kriegte man allein am Hintereingang, von einem befreundeten Fleischer… Bis zu dem Treffen mit Sergej Mitrofanowitsch blieb Bassawljuk noch rund eine Stunde. Er konnte also erst in aller Ruhe die Sache mit dem Fleisch erledigen, um sich dann ins Hotel zu begeben. So bog er denn statt nach links mit Kurs aufs Hotel Budapest nach rechts ab und fuhr Richtung Ostoshenka.

An der Glastür des äußerlich recht unansehnlichen Ladens hing ein Schild *Wegen Inventur geschlossen.* Das konnte Bassawljuk allerdings nicht aufhalten. Lässig mit seinen Schlüsseln spielend, trat er ein. Der Verkaufsraum war leer, es gab hier weder Waren noch Verkäufer. Nur die Putzfrau Faina saß auf einem hohen Hocker und qualmte eine Papirossa.

An dieser Stelle muß ich kurz abschweifen. Denn Faina, das kann ich Ihnen versichern, war keine Frau wie jede andere. In ihrer Jugend, hieß es, drehte sich jedermann nach ihr um. Sie arbeitete als Sekretärin für verschiedene Chefs, denen sie, so die Gerüchte, auch manchen Dienst erwies, der nicht im Arbeitsplan vorgeschrieben war. Nichts vergötterte sie mehr als ein schönes Leben mit Restaurants, Picknicks im Grünen oder einer Woche Urlaub in Sotschi. Die unerbittliche Zeit sowie die Vorliebe für alkoholische Getränke hatten an Faina jedoch ihr zerstörerisches Werk betrieben. Mit fünfzig und ein paar Zerquetschten sah sie wie eine Greisin aus. Ihre schillernde Karriere beschloß sie als Putzfrau in einem Lebensmittelladen. Auch hier trat sie freilich, langjährigen Gewohnheiten treu, stark geschminkt auf, zog sich die Augenbrauen nach und malte sich die Lippen rot. Um diese Zeit war Faina leicht beschwipst, ernsthaft trank sie für gewöhnlich erst am Abend.

»Noch ein Falke, der uns beehrt«, leierte Faina, wobei sie sich die heruntergefallene Asche vom Bein strich. »Ein Unglück kommt halt selten allein!«

Hätte Bassawljuk hier die Ohren spitzen sollen? Schwer zu sagen. Jedenfalls hörte er der angeheiterten Putzfrau gar nicht zu, sondern ging stolzen Blicks in den Hinterraum, das Reich des Fleischers Wassili.

Bassawljuk und Wassili verbanden rein geschäftliche Beziehungen. Wassili, der eine solide philologische Bildung aufwies, war leidenschaftlicher Theatergänger. Bassawljuk versorgte ihn regelmäßig mit Karten für spektakuläre Stücke. Im Gegenzug hielt Wassili für den Administrator Fleisch zu einem nur bescheidenen Aufpreis bereit.

Indes, im Hinterraum war jetzt weit und breit kein Wassili zu entdecken. Statt dessen lungerte dort ein reichlich sonderbares Subjekt herum, das ein Touristenkäppi mit der Aufschrift »Jalta« sowie einen Zwikker trug. Das Subjekt hatte es sich auf dem Holzklotz gemütlich gemacht, auf dem Wassili normalerweise die geschlachteten Tiere zerteilte, und las Zeitung. Zu seinen Füßen zog ein riesiger schwarzer Kater seine Achten.

»Wo ist denn Wassja?« fragte Bassawljuk mit einem Anflug von Verzweiflung.

Das Subjekt mit dem Touristenkäppi befand ihn keiner Antwort für würdig. Dahingegen stellte der Kater sich auf die Hinterbeine, zauberte von irgendwoher eine Brille, setzte sich diese auf die Schnauze und sprach mit klarer menschlicher Stimme: »Wenn Sie die Güte hätten, uns Ihren Ausweis einsehen zu lassen.«

In der bunt-bizarren, einer Huzulenweste[14] vergleichbaren Biographie Bassawljuks hatte es schon so manches gegeben. Seinetwegen mußte sogar einmal ein Ermittlungsverfahren eingeleitet werden, wenn auch in einer Sache von völliger Belanglosigkeit. Man warf ihm vor, aus einem Theater ein weiches kleines Sofa sowie ein paar Sessel für den eigenen Bedarf abgezweigt zu haben. Ich erwähne diese Geschichte hier nur, um zu illustrieren, daß er wirklich mit allen Wassern gewaschen war. Und bestens darüber informiert, wer das Recht hatte, von ihm seinen Ausweis zu verlangen, und wer nicht. Die Miliz: gut, die Kollegen vom KGB: okay... Doch wie abgebrüht er auch sein mochte, in diesem Augenblick fingerte seine Hand gleichsam autonom in der Tasche herum, um den Ausweis herauszuziehen und ihn dem gnadenlosen Kater zu reichen.

Der nahm das Dokument entgegen und versenkte sich in sein Studium. Er blätterte die Seiten durch und versuchte mit der Kralle, die Photographie abzukratzen. Kurzum, er untersuchte alles genau so, wie es sich empfiehlt. Nachdem er die erniedrigende Prozedur beendet hatte, gab er den Bassawljukschen Ausweis an den Zeitungsleser weiter, wobei er nur ein einziges Wort sagte: »Er!«

Das Subjekt legte sofort die Zeitung weg. Es nahm das wichtige Dokument, sprang vom Klotz, breitete seine furchtbar langen Arme aus und trat auf Bassawljuk zu.

»Sie wollen zu Wassili?« fragte er interessiert. Seine brüchige Stimme kam Bassawljuk bekannt vor. Das wird doch nicht der Typ sein, der sich in das Telephonat mit Sergej Mitrofanowitsch eingeschaltet hat? dachte der Administrator. Ihn erwarteten aber noch andere, weitaus atemberaubendere Neuigkeiten.

»Oh, ich fürchte, Sie werden unseren teuren Wassili

nicht so schnell wiedersehen!« fuhr das seltsame Subjekt fort, von Trauer übermannt. »Die schlauen Spürhunde von der Petrowka haben ihn mitgenommen. Mit zwei Autos und Pistolen sind sie gekommen. Ein paar nicht verbuchte geschlachtete Schweine haben sie gefunden. Wassja wurden sofort Handschellen angelegt, und dann haben sie ihn weggebracht. Oh, welch ein Kummer, welch ein Kummer!«

Das Subjekt nahm den Zwicker von der Nase, ließ ihn am Band baumeln, das über das Revers verlief, und stimmte ein unglaubliches Geheul an. Etwa in der Tonlage, in der alte Bäuerinnen bei Beerdigungen klagen.

»Wer sind Sie überhaupt?« wollte Bassawljuk wissen, der nun auch die letzten Reste seiner Tapferkeit verlor.

»Wer, wir?« Das Subjekt beruhigte sich wieder und zeigte mit dem Finger erst auf sich und dann auf den Kater. »Wir wurden abgestellt, alle Schwarzkunden in einen Hinterhalt zu locken. Sie sind als erster hineingetappt, also kein Grund, jetzt beleidigt zu sein. Wir werden Sie bloß an den Ort bringen, an dem Sie Ihre belastenden Aussagen machen können.«

Sie werden mir zustimmen, daß in diesen Worten nicht eine Spur von normaler Logik zu entdecken war. Gerade nennt dieses Original mit dem Touristenkäppi die Mitarbeiter der Petrowka noch »schlaue Spürhunde« und bejammert aus ganzem Herzen die Verhaftung des Fleischers Wassili allein wegen ein paar nicht verbuchter geschlachteter Schweine, um schon im nächsten Augenblick seine wie des Katers Anwesenheit in dem Hinterraum mit einem Hinterhalt zu erklären, in den sie Schwarzkunden locken wollten. In Bassawljuks Kopf purzelten die Gedanken durcheinander. Immerhin langte er noch nach dem Ausweis, um ihn aus den Händen des offenkundigen Lügners und Phrasendreschers zu reißen.

»He, lassen Sie das!« schrie er und zog geschickt seine Hand zurück. »Sie machen sich zudem ganz unnütze Sorgen. Einen *sowjetischen* Paß werden Sie so schnell nicht wieder brauchen ... Asasello!« rief er laut.

In dem finsteren Gang erschien ein stämmiger Kerl im schwarzen Anzug mit einer Melone auf dem Kopf. Auf einem Auge hatte er den weißen Star, und unter der Oberlippe ragte ein gelblicher Hauer hervor, was insgesamt auf Bassawljuk einen denkbar ungünstigen Eindruck machte.

»S'il vous plaît!« sagte Korowjew, während er den Zwicker wieder auf die Nase drückte. Asasello lüpfte die Melone, um sich hernach tief vor Bassawljuk zu verbeugen. Dabei neigte er sein Räuberhaupt zur blinden Seite hin, gleichsam als nähme er etwas ins Visier. Nachdem er lange genug gezielt hatte, faßte er den Administrator mit beiden Armen um die Taille und drehte ihn mit dem Gesicht zur Tür. Danach trat er ihm unglaublich kraftvoll mit dem Bein in den verlängerten Rücken, genauer: in den Hintern!

Nachdem Bassawljuk den Verkaufsraum in der Luft durchmessen hatte, wobei er sich auf die Seite legte wie ein Fisch, durchschlug er die Ladentür und flog auf die Straße hinaus. Dort erfaßte ihn ein Schneesturm, der ihn in die Luft hob und davontrug.

Sie werden sicher fragen, wohin, warum?

Meine Achtung vor Dokumenten gebietet mir, Ihnen nicht die Notiz vorzuenthalten, die am nächsten Tag in der Zeitung *Wetschernaja Moskwa* zu lesen war.

Anomalie in der Ostoshenka

Gestern um 15.10 Uhr konnten Einwohner und Gäste unserer Hauptstadt vor der Ostoshenka Nr.8 eine seltene atmosphärische Erscheinung beobachten. Bei windstillem Wetter bildete sich plötzlich eine Säule aus Schneeflocken mit einem Durchmesser von mehreren Metern, die sich von der Erde hoch hinauf in den Himmel erstreckte. Bereits wenige Sekunden später löste sich die Säule wieder auf. Wie Augenzeugen berichteten, wurde ein Mann von ihr erfaßt.

Zu diesem Vorfall befragten wir eine anerkannte Autorität auf dem Gebiet anomaler atmosphärischer Erscheinungen, den Doktor der Mathematik und Physik Ju.G.Shuk. Im Gespräch mit unserem Mitarbeiter äußerte sich Juli Germanowitsch wie folgt:

»Solche Erscheinungen sind für die Wissenschaft keine Neuheit. Atmosphärische Wirbelstürme und Windhosen werden von uns Wissenschaftlern an zahlreichen Punkten der Erdkugel beobachtet. Schon seit langem weise ich immer wieder darauf hin, daß früher oder später auch Moskau an der Reihe sein wird. Bei solchen Erscheinungen treten die Fronten warmer und kalter Luft in eine aktive Interaktion. Das Resultat sind Gebilde, die sich sowohl mit der Vektorkomponente nach Foucault-Ladyshenski wie auch mit der Zirkulation nach Laplace-Rosenbaum beschreiben lassen. Aussagen, wonach der Wirbelsturm einen Menschen erfaßt hat, sind jedoch kritisch zu betrachten. Meiner Ansicht nach fußen sie vor allem auf dem nachhaltigen Eindruck, unter dem die Beobachter standen, was seinerseits weniger durch die physische als vielmehr durch die angespannte soziale Atmosphäre in der Hauptstadt zu erklären ist.«

Bassawljuk kam wieder zu sich, als jemand energisch an seiner Schulter rüttelte. Er öffnete die Augen. Ein braunes Gesicht mit weit aufgerissenen, kindlich verwunderten Augen zeichnete sich vor ihm ab. Der Mensch war, abgesehen von einem Lendenschurz, nackt. Bassawljuk streckte die rechte Hand aus, worauf seine Finger in heißen Sand griffen. Nun nahm er auch das beständige rhythmische Tosen wahr. Nur mit Mühe konnte er den Kopf in Richtung dieses Tosens drehen, wo er eine endlose Wasserfläche erblickte. An den Sandstrand brandeten die schäumenden Wellen des Ozeans. Bassawljuk schwitzte unerträglich in seiner Winterkleidung. Mit Hilfe des Nackten zog er die Jacke aus und nahm die Mütze ab.

»Sie können mir nicht zufällig sagen, wo ich bin?« fragte er.

Das Erstaunlichste war, daß der Nackte verstand, wonach er gefragt wurde.

»Tuta-Motu! Tuta-Motu!« wiederholte er mehrere Male.

Sogleich fiel ein vielstimmiger Chor ein: »Tuta-Motu!«

Bassawljuk stemmte sich auf den Ellenbogen hoch. In einiger Entfernung standen etwa zwei Dutzend weiterer nackter brauner Menschen. Sie tanzten, klatschten in die Hände, schwangen die Hüften und wiederholten in einem fort: »Tuta-Motu!« In noch größerer Entfernung machte er einen Palmenhain aus. Was sie mir damit wohl sagen wollen? fragte sich Bassawljuk. Daß ich entführt worden bin und an einem Ort namens Tuta-Motu festgehalten werde?

Er erinnerte sich wieder an den Vorfall im Lebensmittelladen, ihm fielen der sprechende Kater ein sowie sein Herr mit dem Zwicker. Und auch der stämmige

Kerl mit dem Hauer und dem weißen Star auf einem Auge. Die grausigen Erinnerungen hätten Bassawljuk beinahe in eine neue Ohnmacht getrieben. Doch das ließen die braunhäutigen Menschen nicht zu, die ihn nun umkreisten und ihm auf die Füße halfen. Ein kleiner Handkarren wurde aufgetrieben, auf den man Bassawljuk lud, um ihn in das Dorf der Eingeborenen zu bringen.

Ich verspreche feierlich, den Aufenthalt des Theateradministrators Bassawljuk auf einer der Inseln im Stillen Ozean später – wenn auch nur kurz – zu beleuchten. Einstweilen vermag er freilich, abgeschnitten von den Ereignissen in seiner Heimat, den weiteren Gang der Dinge nicht zu beeinflussen. Insofern möchte ich vorschlagen, ihn nunmehr der Sorge der freundlich gesinnten eingeborenen Bevölkerung zu überlassen und ins verschneite Moskau zurückzukehren.

3. KAPITEL

Sergej Mitrofanowitsch nimmt die Spur auf

Mehr als alles andere auf der Welt wollte Sergej Mitrofanowitsch General werden. Wogegen von meiner Seite keinerlei Einwände zu erheben sind. Verdächtig ist der Soldat, der ... Und Sergej Mitrofanowitsch war nicht bloß gemeiner Soldat, sondern Oberst.

Für eine solche Veredelung, das hatte Sergej Mitrofanowitsch vorzüglich verstanden, waren entweder Verwandte in diesen schwindelnden Höhen oder herausragende eigene Verdienste bei der Aufdeckung und Ausschaltung innerer wie äußerer Feinde vonnöten. Besondere Verwandte konnte er nicht vorweisen. Mit Feinden stand es dieser Tage ebenfalls nicht zum besten. Die ausländischen Spione waren nahezu vollständig abgezogen, wohingegen es bei den inneren Feinden insofern nicht viel aufzudecken gab, als sie sich selbst völlig offen in unterschiedlichen Zeitungen und Zeitschriften durch ihre unheilstiftenden Artikel zu erkennen gaben. Darüber hinaus war die Crux bei der Sache die, daß man es einstweilen tunlichst zu unterlassen hatte, über sie herzufallen. Wie sollte man es da zu herausragenden Verdiensten bringen! Das Genre steckte, wenn Sie so wollen, schlicht und ergreifend in einer Krise.

In seiner Behörde befaßte sich Sergej Mitrofanowitsch mit Spionageabwehr. Unter diesem Terminus läßt sich verstehen, was immer man gerade verstehen möchte. Möglicherweise sollte ich mich befleißigen, seine Tätigkeit genauer zu umreißen oder sogar einige Auszüge aus seinen Dienstvorschriften zu zitieren. Doch schreibe ich einen Roman und keine Abhandlung über die innere Struktur des KGB. Daher werde ich mich darauf beschränken, Sergej Mitrofanowitsch allein aus der Sicht eines Literaten und Künstlers darzustellen.

Die Nachricht vom Verschwinden des Bühnenschriftstellers Schurtjajew betrübte ihn aufrichtig. Freilich hielt er im Hinterkopf schon ein paar Erklärungsmöglichkeiten parat. Schurtjajew war eine politische Person. Natürlich konnte man nicht ausschließen, daß der Dramatiker beispielsweise in einer Durchfahrt, bei einem Raubüberfall, erschlagen und daß seine Leiche im Walddickicht oder auf einem Schrottplatz verscharrt worden war. Indes, ein solches Szenario schien mehr als fragwürdig. Die Spuren konnten ebensogut zu den sogenannten Demokraten führen. Wenn er hier nur gründlich stocherte und eine Entführung oder einen Mord aufdeckte, dann hätte er sie erworben, die herausragenden Verdienste, die unweigerlich zu den ersehnten Generalsepauletten führen würden. Ohne Zeit zu vergeuden, hatte er von seinen Vorgesetzten die Erlaubnis eingeholt, sich persönlich der Schurtjajewschen Sache annehmen zu dürfen, der darüber hinaus bereits in der Petrowka nachgegangen wurde.

Und dann verschwand, nur einen Tag später, sein freiwilliger Mitarbeiter Bassawljuk! Dabei hatte er ihn zuvor zweimal angerufen, um eine Audienz zu erbitten. Doch hatte Sergej Mitrofanowitsch vergeblich im Hotel Budapest auf ihn gewartet. Selbstverständlich hatte er ihn am nächsten Tag zu Hause angerufen. Eine weinende Eheliebste erzählte ihm, ihr Mann habe nicht zu Hause geschlafen. Wo er aber sei, vermochte sie nicht zu sagen.

Vielleicht war Bassawljuk ja irgendwo versackt. Wem passierte das nicht ab und an? Nachdem aber weitere vierundzwanzig Stunden verstrichen waren, konnte an seinem Verschwinden kein Zweifel mehr bestehen. Ich weiß nicht, warum, doch im Kopf Sergej Mitrofanowitschs fügten sich sogleich zwei Fäden zusammen – der Schurtjajewsche und der Bassawljuksche. Immerhin waren diese beiden wertvollen und nützlichen Menschen kurz nacheinander verschwunden. Wie sollte man das verstehen?

Obzwar Sergej Mitrofanowitsch schon angejahrt war, besaß er, wie alle herausragenden KGBler, ein phänomenales Gedächtnis. So hatte sich ihm der Name Jakuschkin eingeprägt, den Bassawljuk am Telephon genannt hatte. Dieser Jakuschkin war aus welchen Gründen auch immer für den Theateradministrator von Wichtigkeit. Im Auftrag Sergej Mitrofanowitschs hatte sein Mitarbeiter, Hauptmann Drynow, im 83. Revier der Miliz angerufen und dafür gesorgt, daß Bassawljuk alle notwendigen Informationen über diesen Jakuschkin erhielt. Unmittelbar darauf verlor sich die Spur Bassawljuks. Logischerweise mußte man sich zunächst diesen Jakuschkin vornehmen.

Zu diesen Schlußfolgerungen gelangte Sergej Mitrofanowitsch, als er in seinem Büro in der Lubjanka saß, das nicht allzu groß, aber auch nicht gerade klein war. An der Wand prangte ein Porträt des Eisernen Felix[15].

Erst als sein weiteres Vorgehen unerschütterlich feststand, rief er Hauptmann Drynow zu sich.

Im Unterschied zum stammbaumlosen Sergej
Mitrofanowitsch konnte Drynow in ihrer Behörde
einen Onkel im Generalsrang vorweisen, was ihn mit
unglaublicher Vehemenz die Treppe hinauffallen ließ.
Zu Sergej Mitrofanowitsch waren Gerüchte vorgedrungen, Drynow spekuliere darauf, seine Stelle einzunehmen, sobald er selbst in Rente gehe. Angesichts
dieser Umstände hielt Sergej Mitrofanowitsch es für
angeraten, sich keinerlei Blöße zu geben, wiewohl er
keine Gelegenheit ausließ, dem jungen Karrieristen
ein Bein zu stellen.

Vor Gesundheit berstend, stets korrekt und nie
anders als im gebügelten Anzug und frischen Hemd,
glich Drynow bis aufs Haar den Helden und KGBlern
in modernen Filmen, in denen sie im Kampf gegen
Spione und Schädlinge zu sehen waren.

»So sieht es also aus, Aljoscha«, schloß Sergej Mitrofanowitsch, nachdem er Drynow ins Bild gesetzt
hatte. »Spring mal kurz zum 83. rüber und krieg raus,
was dieser Jakuschkin für ein Bursche ist. Adresse,
Beruf...«

»Kontakte«, ergänzte Drynow noch.

Sergej Mitrofanowitsch verzog ganz leicht das
Gesicht. Diese Jugend meinte doch immer, alles besser
zu wissen als die Altgedienten.

»Nein, mit den Kontakten warte lieber noch ein
bißchen.«

Insgesamt war ein General als Onkel natürlich
keine schlechte Sache. Wenn aber jemand ein tumber Taugenichts oder womöglich ein amoralischer
Typ war, konnte ihm kein Onkel der Welt mehr helfen. Glücklicherweise erwies sich Drynow jedoch als

jemand, der nichts zu wünschen übrigließ. Tatkräftig, energisch, mit guten Anlagen zum analytischen Denken.

Im 83. Revier gelang es Drynow, in kürzester Zeit allerhand in Erfahrung zu bringen. Zu diesem Zeitpunkt hatte immerhin schon die Befragung der eigenen Mitarbeiter stattgefunden. Man hatte den Leutnant und den Sergeanten verhört, die den Randalierer Jakuschkin hatten laufen lassen. Und die dann auch noch mit absolut irrsinniger Geschwindigkeit im milizeigenen UAS fast bis nach Rjasan gerast waren. Der auf Bitten Drynows herbeigeholte Leutnant beschrieb ihm Jakuschkins Äußeres. Darüber hinaus beleuchtete er die Umstände der Entführung desselben durch einen Missetäter mit Zwicker und Touristenkäppi mit der Aufschrift »Jalta«. Auch den schwarzen Kater und den verantwortungslosen vorgeblichen Mechaniker bedachte er mit wenig freundlichen Worten.

All das hätte Aufmerksamkeit verdient, allein, Drynow interessierte sich einzig für Jakuschkin. Der Stellvertreter des Reviervorstehers schlug vor, einen Ermittler abzustellen und eine Fahndung einzuleiten. O nein, euch Dumpfbacken von der Miliz beziehen wir besser nicht weiter in diese Sache ein! konnte Drynow angesichts dieses Vorschlags nur denken. Nicht bei der prächtigen Vorstellung, die ihr bislang gegeben habt. Die Fahndung nach Jakuschkin übernehmen wir! Drynow vergötterte die operative Arbeit, schätzte er sie doch als Beschäftigung, die einem echten Mann ziemte. So dämpfte er den unangemessenen Eifer des stellvertretenden Reviervorstehers und bat ihn statt dessen darzulegen, was genau Jakuschkin eigentlich angestellt habe, als er im Schriftstellerrestaurant randaliert hatte. Damit kam die orangefarbene Mappe wieder ins Spiel, mit welcher der Schlag auf den Kopf Sutenewskis ausgeführt worden war.

Drynow beschloß, sich Sutenewski erst später vorzunehmen. Natürlich hätte er ins Sklifossowski-Institut fahren können, um den Leidtragenden dort zu befragen. Doch Drynow liebte solcherart originelle Schritte nicht, sondern zog es vor, sich streng an die Logik zu halten – was konkret hieß: Taucht in einem Fall eine Mappe auf, muß sich in dieser etwas befunden haben. Da sich der Vorfall im Schriftstellerrestaurant ereignet hatte, konnte man mit an Sicherheit grenzender Wahrscheinlichkeit von einem Manuskript ausgehen. War Jakuschkin also ein Schriftsteller? Mit diesen Gedanken kehrte Drynow ins Kontor zurück, wie die Mitarbeiter der Lubjanka ihre Alma Mater nannten.

Daß sich Jakuschkins Name nicht im Verzeichnis des Schriftstellerverbands fand, irritierte Drynow nicht weiter. Er telephonierte einfach die Redaktionen von Verlagen und Zeitschriften ab. Überall saßen – Gott sei's gepriesen – ihre freiwilligen Mitarbeiter, die Drynow nun reihum nach Jakuschkin befragte. Beim fünften Anruf stellte sich der Erfolg ein. In einer Zeitschrift, die auch Verbindungen zum Theater besaß, erinnerte sich der dem Leser bereits bekannte Stellvertreter des Chefredakteurs, jener Quirl mit so erstaunlich rechtschaffenen Augen, an einen Literaten dieses Namens. Er nannte ihm Jakuschkins Adresse sowie seinen Vor- und Vatersnamen. In der Zeitschrift, so erklärte er Drynow, werde Kartei über alle Autoren geführt, die ihre Werke zur Veröffentlichung einreichten. Diese Informationen schienen Drynow ausreichend, um damit zu Sergej Mitrofanowitsch zu gehen und Bericht zu erstatten.

Sergej Mitrofanowitsch selbst hatte unterdes die Hände ebenfalls nicht in den Schoß gelegt. Ihm war bekannt, daß sich Bassawljuk fast niemals von seinem Shiguli trennte. Gut, er selbst mochte wie vom Erdboden verschluckt sein, aber wo war dann sein Auto? Es war ja wohl nicht zusammen mit seinem Besitzer verschwunden?

Daraufhin setzte er sich mit der Straßenverkehrspolizei in Verbindung, um sie anzuweisen, in Moskau und Umgebung ein Auto zu suchen, das dem Bürger Bassawljuk gehörte. Das Kennzeichen sollten sie nur selbst herausbekommen.

Bei der Straßenverkehrspolizei machte man sich mit seltener Effizienz an die Sache. Nach nur einer halben Stunde fand man den Shiguli neben einem Lebensmittelladen in der Ostoshenka. Sergej Mitrofanowitsch begab sich umgehend vor Ort.

Auf seine Bitte öffnete der Inspektor der Straßenverkehrspolizei den Wagen mit einem besonderen Schlüssel, den sie von den Autodieben übernommen hatten. Es fanden sich weder Spuren eines Kampfes noch von eventueller Gegenwehr. Folglich hatte man Bassawljuk zumindest nicht aus seinem Auto heraus entführt (wenn es denn bloß eine gewöhnliche Entführung war und nicht etwa ein freiwilliges Abtauchen ins Ausland).

Nachdem er den Milizionär entlassen hatte, nahm sich Sergej Mitrofanowitsch den Lebensmittelladen vor. Nach wie vor prangte an seiner Tür das Schild *Wegen Inventur geschlossen.*

»Schon wieder 'n Bulle!« kommentierte die Putzfrau Faina das Erscheinen Sergej Mitrofanowitschs. Sie saß wie gehabt auf dem Hocker und rauchte eine Papirossa.

Anfänglich wunderte sich Sergej Mitrofanowitsch, daß die angetrunkene ältliche Putzfrau in ihm den »Bullen« erkannte. Doch als er ihr Gesicht näher betrachtete, wurde ihm die Sache klar. Vor vielen Jahren, als er noch nicht beim KGB gewesen war, hatte er seinen Dienst als Ermittler bei der Steuer- und Finanzbehörde versehen. Und diese Greisin war damals alles andere als ein Greisin gewesen – sondern vielmehr die junge Hexe Faja Popsujewa, stilgerecht mit entsprechender Mähne, die als Zeugin in einem Fall von Veruntreuung von Staatsgeldern durch einen Trustleiter auftrat, bei dem sie, die junge Hexe, als Sekretärin arbeitete.

»Grüß dich, Faina!« sprach Sergej Mitrofanowitsch sie an, ohne sich aus der Ruhe bringen zu lassen. »Wie geht's denn so?«

»Daß du es noch wagst, das zu fragen!« Die Empörung Fainas kannte keine Grenzen. »Habt ihr nicht den Direktor Butromejew eingebuchtet? Habt ihr nicht den Fleischer Wassja eingebuchtet? Wie soll man denn da leben, mit euch Ochsen!«

Sergej Mitrofanowitsch hörte über die Ochsen hinweg. Er holte aus seiner Brieftasche eine Photographie Bassawljuks, die er vorausschauend bei der Personalabteilung für freiwillige Mitarbeiter erbeten hatte.

»Guck dir den hier doch mal an! Hast du diesen Menschen zufällig schon mal irgendwo gesehen?«

Faina stieß die ihr entgegengestreckte Hand mit der Photographie zurück. Sie sagte, sie sei nie eine Spitzelin oder Denunziantin gewesen und habe auch jetzt nicht vor, es zu werden. Da sollte sich Sergej Mitrofanowitsch besser an irgendein Miststück wenden.

Auch damit galt es fertig zu werden. Geduldig erklärte Sergej Mitrofanowitsch, weder von Spitzelei noch Denunziation könne hier die Rede sein. Bei dem Mann auf dem Photo handle es sich nämlich nicht um einen Verbrecher; im Gegenteil, er sei einer gewalttätigen Bande zum Opfer gefallen. Faina besann sich. Sie nahm die Photographie und bat Sergej Mitrofanowitsch um seine Brille, damit sie das Bild besser erkennen könne.

»Aber das ist ja Wassjas Kunde!« rief sie aus. »Er holt hier bei uns sein Fleisch.«

Nun fügte sich eins zum anderen. Ohne Zweifel hatte Bassawljuk an dem für ihn so verhängnisvollen Tag diesen Laden aufgesucht. Gleichwohl mußte der Besuch noch bestätigt werden.

»War er vorgestern hier bei euch?«

»Ja! Kommt an, aber den armen Wassja...«, Faina fing an zu schluchzen, »... hatte man schon weggebracht. Ich sag ihm noch, Sie sind umsonst gekommen, werter Genosse. Aber er winkt nur ab und will in den Hinterraum verschwinden.«

Faina schwieg. Sie war ein einziges Häufchen Elend.

»Weiter, weiter!«

»Was weiter?« Faina bekam wieder Oberwasser, schnippte die kalte Kippe auf den Boden und trat sie mit ihren klobigen Schuhen aus. »Er ist ja gar nicht groß reingekommen, sondern flog gleich wie ein Korken raus.«

»Was heißt das, *flog raus*?«

»Ganz einfach: Er flog durch die Luft.«

Und Faina legte die Arme an, um zu zeigen, wie Wassjas Kunde aus dem Hinterraum rausgeflogen gekommen war. Sie beschrieb, wie er mit dem Kopf durch die Eingangstür geschlagen war. Sergej Mitrofanowitsch schätzte die Entfernung ab. Wenn das, was

Faina da von sich gab, der Wahrheit entsprach, mußte der Schlag, den Bassawljuk erhalten hatte, von nahezu phantastischer Kraft gewesen sein. Nach so einem Hieb konnte man wahrscheinlich nicht einmal mehr die eigenen Knochen zusammenklauben.

»Und wer, um alles in der Welt, hat ihn hinauskatapultiert?«

»Ist doch klar. Der Leibhaftige!«

Jetzt hört sich aber alles auf! dachte Sergej Mitrofanowitsch. Faina indes bestand auf ihrer Sicht. Wassjas Kunde sei vom Leibhaftigen aus dem Laden hinauskatapultiert worden. Mit anderen Worten, vom Teufel. Sie konnte sogar eine Beschreibung von den drei Teufeln geben, die hier am Werk gewesen waren. Der Oberteufel sei eine lange Bohnenstange mit Zwicker und Sommerkäppi. Der andere habe auf einem Auge den weißen Star, trage aber einen Hut. Der dritte sehe wie ein schwarzer Kater aus, der groß wie ein Kalb sei und problemlos auf den Hinterbeinen gehe. Selbstverständlich wertete Sergej Mitrofanowitsch Fainas Beschreibungen der Teufel als Fieberphantasien und Halluzinationen infolge fortgesetzten Alkoholgenusses. Gleichwohl wollte er noch wissen, wohin die drei Teufel danach verschwunden seien.

»Ich hab's nicht darauf angelegt, sie zu verfolgen«, entgegnete ihm Faina, fügte allerdings hinzu, die Briefträgerin Anka, die am Laden vorbeigekommen sei, habe mit eigenen Augen gesehen, wie die drei zuvor beschriebenen Teufel in aller Seelenruhe in eine Kutsche gestiegen und davongefahren seien.

»Was denn nun schon wieder für eine Kutsche?« entfuhr es Sergej Mitrofanowitsch.

Die Gerüchte über eine geheimnisumwobene Kutsche zirkulierten nun schon seit einigen Tagen in

Moskau. Sie schlugen sich sogar in den Berichten ihrer Agenten nieder. Einer hatte gesehen, wie die Kutsche durch die Siwzew-Wrashek-Gasse fuhr. Auf dem Dach habe sich ein riesiger schwarzer Kater ausgestreckt und die Passanten wie der schlimmste Rüpel mit Schneebällen befeuert. Als die Straßenverkehrspolizisten versucht hatten, die Kutsche anzuhalten, sei sie spurlos verschwunden. Und nun spielte eine Kutsche eine höchst undurchschaubare Rolle beim Verschwinden Bassawljuks. Die reinste Teufelei, in der Tat!

»Schön, schön«, meinte Sergej Mitrofanowitsch mit augenfälliger Ruhe. »Ich dank dir sehr, Fainotschka.«

Bevor er ging, untersuchte er noch den Hinterraum, in dem er aber nichts Verdächtiges entdecken konnte. Auf dem Fußboden lag eine Ausgabe der *Sowezki sport*, die von dem Tag stammte, an dem Bassawljuk verschwunden war. Sergej Mitrofanowitsch steckte sie ein, möglicherweise ließen sich an ihr ja Fingerabdrücke feststellen. Unter dem klagenden Singsang Fainas, die letzten Tage seien gekommen und das Ende der Welt nahe, verließ er den Laden.

Kaum war Sergej Mitrofanowitsch in die Lubjanka zurückkehrt, da erschien Hauptmann Drynow, um seine Ergebnisse vorzutragen. Die Person Jakuschkins sei bekannt, seine Adresse eruiert, man könne sich das Objekt also vornehmen. Natürlich nur, wenn Besagter es nicht schon geschafft habe, die Stadt mit Hilfe seiner Komplizen zu verlassen. Unter letzteren seien diejenigen zu verstehen, die ihn aus den Händen der Miliz befreit hatten.

Bei diesen Komplizen hakte Sergej Mitrofanowitsch nach und wollte wissen, ob Drynow mehr über sie in Erfahrung gebracht habe. Darauf gab dieser die Erzählung des Milizleutnants von dem dürren Subjekt mit Zwicker und Touristenkäppi wieder, das abends einen riesigen schwarzen Kater ausführe. Vor Erstaunen hätte es Sergej Mitrofanowitsch fast vom Stuhl gerissen. Er hatte sich also nicht getäuscht, als er das Verschwinden Bassawljuks mit Jakuschkin in Verbindung gebracht hatte. Jedoch ließ er sich nichts anmerken. Untergebene brauchten nicht mehr zu wissen als unbedingt nötig.

»Nimm dir, wen du willst, und fahr zu ihm nach Haus«, sagte er zu Drynow. »Handel den Umständen entsprechend. Vielleicht ist er ja gar nicht geflohen.«

Gegen Abend klingelte es an der Tür. Lena fragte, wer da sei. Ihr wurde geantwortet, der Gasmann. Ein Arbeiter in Wattejacke und mit einem Köfferchen betrat die Wohnung. Er machte sich am Gasherd in der Küche zu schaffen, um zu kontrollieren, ob er dicht war. Jeder Schritt stimmte. Drynow wartete hinter dem Wohnblock in einem Wagen. Der vermeintliche Gasmann kehrte zurück und erstattete Bericht. Jakuschkin sei zu Hause. Die Frau wolle ihn mit dem Jungen zum Spazierengehen schicken. Drynow dankte dem Gasmann, entließ ihn und begab sich selbst vor Ort, um das Objekt in Augenschein zu nehmen.

Drynow mußte nicht lange warten. Schon bald trat ein junger Mann aus der Haustür, bei dem es sich nach der Beschreibung des Gasmanns um Jakuschkin handeln mußte. Er hielt ein etwa zweijähriges Kind an der Hand. Auf dem Spielplatz setzte sich der junge Mann auf eine Bank und schlug ein Buch auf. Der Junge fing an, mit einer Schaufel im Schnee zu buddeln.

Natürlich konnte er versuchen, in direkten Kontakt mit dem Objekt zu treten. Sich zu ihm zu setzen, ein Gespräch anzuknüpfen... Doch Drynow beschloß weise, Vorsicht walten zu lassen. Wozu das Wild aufscheuchen? Deshalb begnügte er sich damit, ein paarmal an Jakuschkin vorbeizugehen und ihn aus den Augenwinkeln heraus zu beobachten. Danach verschwand er.

Den Handlungsplan entwickelte er auf dem Weg ins Kontor. Das Haus müßte rund um die Uhr observiert werden. Den Einsatz von technischen Mitteln hielt er zunächst nicht für notwendig. Es würde ausreichen, bei der Ermittlungsabteilung ein paar Beschatter anzufordern, die sich mit der Sache beschäftigen sollten. Sobald Jakuschkin das Haus verließ, würden sie sich an seine Fersen heften. So würden sie auch rauskriegen, ob irgendwelche Kontakte eine Rolle spielten. Man könnte ihn zwei, drei Tage beobachten und dann immer noch verhaften.

Sergej Mitrofanowitsch hieß den Drynowschen Plan unumwunden gut. Er rief in der Petrowka an, um sicherzustellen, daß sich dort niemand mit Jakuschkin abgab. Damit war der Fall zur Sache des KGB erklärt.

4. KAPITEL

Das Kaninchen taucht auf

Am nächsten Morgen erreichte Sergej Mitrofanowitsch ein Anruf des Leiters seiner Abteilung. Dieser ließ sich nicht von einer Sekretärin verbinden,
sondern rief persönlich an, was nur äußerst selten
vorkam. Zunächst erkundigte er sich, ob Sergej Mitrofanowitsch nicht allzu beschäftigt sei. Als er erfuhr,
daß dies nicht der Fall war, bat er ihn vorbeizukommen. Sergej Mitrofanowitsch richtete sich noch einmal
mit gebührender Sorgfalt vorm Spiegel das Haar, zog
den Knoten seiner Krawatte nach und machte sich auf
den Weg.

Als er das Büro betrat, erfaßte er umgehend, daß
sein Chef, ein distinguierter Herr mit angegrauten
Schläfen, besorgt war.

»Meinen herzlichsten Glückwunsch«, begann er
ohne jede Vorrede. »In Moskau ist ein Kaninchen aufgetaucht...«

Sergej Mitrofanowitsch kam sogleich zu dem
Schluß, die solcherart verklausulierte Botschaft ziele
auf einen ausländischen Spion ab. Schließlich entlehn-
ten die ihre Decknamen ja stets aus dem Tierreich.
Bisweilen setzte man Sergej Mitrofanowitsch von
erfolgreich abgeschlossenen Operationen der Gegen-

spionage in Kenntnis. Daher war ihm bereits ein transatlantisches *Wildschwein* geläufig, das in einem Agententreff gefaßt worden war. Auch einen *Bären* hatte es gegeben, einen allzu neugierigen Touristen aus Skandinavien. Aber ein *Kaninchen*?

Unumwunden mußte er zugeben, nichts von einem Spion mit dem Decknamen *Kaninchen* zu wissen. Oder aber es war ihm entfallen, was ja selbst bei seinem Gedächtnis einmal vorkommen konnte.

Der Abteilungsleiter schüttelte geheimniskrämerisch den Kopf.

»Hier ist die Rede von einem ganz gewöhnlichen Kaninchen, soll heißen, von einem Tier. Das allerdings denn doch wieder so gewöhnlich nicht ist. Komisch, eigentlich hätten Sie derjenige sein müssen, der mich darüber informiert.«

Über den polierten Tisch glitt, von der Hand des Abteilungsleiters in Bewegung gesetzt, die Kopie eines Einsatzberichts. Sergej Mitrofanowitsch nahm das Blatt in beide Hände. Er las es durch – und verstand kein Wort.

Selbst später, in seinem Büro, mußte er den Text noch mehrere Male lesen, bevor er seinen Sinn erfaßte. Der distinguierte Abteilungsleiter hatte ihm mitgeteilt, die Ermittlungen zu den in dem Schreiben genannten Fakten seien bereits eingeleitet. Allerdings müsse auch Sergej Mitrofanowitsch in dieser Sache seinen Beitrag leisten. Von ihm erwarte er Schützenhilfe in Form eines sachkundigen Rats, gehe es doch um literarische Sphären, mithin um sein Terrain. Der distinguierte Leiter hatte auf der Kopie schriftlich seine Schlußfolgerung mit den beiden Worten *Ihre Vorschläge* festgehalten, unter die er zunächst ein großes Fragezeichen und sodann seine schwungvolle Unterschrift gesetzt hatte.

Auf dem Blatt Papier prangte, wie nicht anders zu erwarten, der Stempel *Geheim*. Desungeachtet machte der in ihm dargestellte Sachverhalt sehr schnell in Moskau die Runde, um von dort seinen Weg in andere Städte und Dörfer zu nehmen. Der eigentliche Inhalt verschwand bald unter immer unglaublicheren Lügenmärchen. Somit werde ich mich nur auf die Berichte von Augenzeugen stützen, denen vorbehaltlos und uneingeschränkt zu vertrauen ist.

Was genau war eigentlich passiert?

Am Vorabend hatten sich im Tschaikowski-Konzertsaal unter dem Motto »Wir dulden es nicht! Wir verzeihen es nicht!« Literaten und Publizisten zu einer Veranstaltung eingefunden, mit der ihre Organisatoren die Geschlossenheit der wahren Patrioten Rußlands unter Beweis stellen wollten. Geschlossenheit ist natürlich eine feine Sache – nur, wem gegenüber sollte sie demonstriert werden? Selbstverständlich gegenüber der Offensive aller »destruktiven Elemente«. Gegenüber all denjenigen, die sich für Dollar, Gulden und andere frei konvertierbare Devisen vom Westen kaufen ließen, um eine große Macht zu Fall zu bringen.

Neben Gesang, Volkstänzen (dargeboten von besagtem Tschuwajew mit seinem elektrischen Bandoneon) und einer Modenschau von Wjatscheslaw Kudojarow mit seiner Kollektion à la russe (bestickte Sarafane[16], Kokoschniks[17] und lange weite Pelzmäntel aus Zobel) traten auch Künstler des Worts auf.

Großen Erfolg heimste Peretjatko ein, allerdings nicht mit einer Lesung aus den *Aufzeichnungen eines Wachhabenden*, sondern mit einem Essay, den er nach langer Marter doch noch zustande gebracht hatte. Er nannte ihn: *Ich klage an!* Freilich hatte Iwan Stepanowitsch nicht die leiseste Ahnung, daß er diesen Titel von keinem Geringeren als Émile Zola übernommen hatte. Wie Sie sich erinnern werden, war der französische Klassiker in dem gleichnamigen Pamphlet für seinen Landsmann, den Offizier Dreyfus, eingetreten, der wegen Spionage vor Gericht gestellt worden war. Wobei natürlich eigentlich seine jüdische Herkunft ausschlaggebend war, denn davon, daß Dreyfus ein Spion war, konnte nicht die Rede sein. Freilich paßte Zola nicht gerade sonderlich gut zu Iwan Stepanowitsch, der die ganze Kraft seiner literarischen Begabung ja gerade gegen die Juden und Agenten des weltumspannenden Zionismus einsetzte. Denn war es nicht unmittelbar ihre Schuld, wenn jetzt im Lande weiß der Teufel was vor sich ging und Verfall, Unordnung oder Versorgungsengpässe allen zu schaffen machten? Voller Ingrimm zog er die Schädlinge und Schufte, die ohne Ausnahme schon alles unterwandert, die sogar schon die Staatsspitze erklommen hatten, zur Verantwortung.

Der Saal explodierte. Jemand schrie: »Nieder mit den Juden! Es lebe Rußland!« Ein solcher Ausbruch hatte allerdings in der Luft gelegen, weshalb die beschuldigten Juden dieses patriotische Happening von vornherein ignoriert hatten. Für Iwan Stepanowitsch gab es stürmischen Applaus. Mehrmals mußte er wieder auf die Bühne treten, um sich zu verbeugen.

Höhepunkt des Programms sollte jedoch der Auftritt des Schriftstellers Wolossuchin sein, der zudem als Chefredakteur einer Literaturzeitschrift fungierte, die seinen Worten zufolge die letzte Heimstatt aufrechter russischer Patrioten darstellte.

Nun gehörte die Bühne also einem kleinen, pummeligen Mann mit Rauchglasbrille, die dennoch nicht den besonderen Blick zu verbergen vermochte, mit dem Wolossuchin das Publikum bedachte – ein Blick, gleichsam als würde er das Publikum für sein Verhalten tadeln. Da er den Leuten aber wohl kaum Nachsicht gegenüber den Juden vorwerfen konnte, mußte es sich um noch Schlimmeres handeln.

Wolossuchin hielt verschiedene Blätter in der Hand, die er jedoch nur kurz präsentierte, um sie dann in seiner Tasche verschwinden zu lassen. Dies begründete er mit dem Übermaß an Gefühlen und Gedanken, die es ihm nicht erlauben würden, seine Zeit mit literarischen Fingerübungen zu vergeuden. Er könne in freien Worten besser kundtun, was ihm auf der Seele brenne.

Das Publikum saß wie gebannt da. Es erwartete die Weiterentwicklung des Themas, das Peretjatko so vorzüglich eingeleitet hatte. Indes, Wolossuchin sprach über etwas ganz anderes, nämlich über Moral.

Ihr allumfassendes und katastrophales Absinken wühle ihn derart auf, daß er des Nachts nicht mehr ruhig schlafen könne. Und dann legte er los! Er zog über die wilden Rockbands mit ihren Solisten beiderlei Geschlechts her, die sich bei ihrer Musik in sexuellen Ekstasen wanden (so seine eigenen Worte). Über die skandalösen Schönheitswettbewerbe, an denen halbnackte Mädchen von zweifelhaftem Ruf teilnahmen. Über Kinofilme, bei denen keine Szene ohne Geschlechtsakt abging, obendrein auch noch perversen. Was aber böten die Theater in dieser Situation? Auch hier sei doch alles einzig auf die Zerstörung hoher moralischer Maßstäbe angelegt. Fehlten diese aber erst einmal, würde unser großes Volk zu einer leichten Beute für einen Haufen politischer Glücksritter werden. Aus wenig nachvollziehbaren Gründen wurden in diesem Zusammenhang die Juden nicht explizit genannt, so daß man nur mutmaßen konnte, wer diese politischen Glücksritter denn waren.

Von den Anklagen ging Wolossuchin zur Moralpredigt über. Dabei stützte er sich auf zwei höchst naive Tugenden – Bescheidenheit und Ehrlichkeit.

Seinen Worten zufolge mangelte es uns allen bis dorthinaus an Bescheidenheit. Das öde Gejammer anläßlich der leeren Ladentische sei nichts anderes als eine verheerende Form der Unbescheidenheit. Und was hieß denn das, sie seien leer? Man nehme zum Beispiel Fleisch! Ja, sicher, es reiche nicht. Aber wer, bitte schön, behaupte denn, man müsse an jedem schönen Tag, den Gott werden läßt, Fleisch essen? Besännen wir uns nur auf die Erfahrung unserer Vorfahren, der alten Slawen. Voller Appetit hatten die sich von Tjurja ernährt, der Wassersuppe mit Rettich, wobei sie körperliche Gesundheit und geistige Stärke ausgezeichnet hätten. Er selbst, Wolossuchin, habe schon vor einiger Zeit beschlossen, ihrem ruhmreichen Beispiel zu folgen – genau wie Lew Tolstoi (und der große Klassiker könne wahrlich nicht als Dummkopf gelten!) auf jede Fastenzeit verzichtet hatte und statt dessen Vegetarier geworden war. Sein, Wolossuchins, schöpferisches Potential habe durch diesen Schritt nicht nur nicht gelitten, sondern im Gegenteil an nie dagewesener Kraft gewonnen. Dies bezeuge nichts eindrücklicher als sein jüngst erschienener Roman *Ich glaube an das Gute*, der sowohl von der Kritik wie auch von der breiten Masse der Leser günstig aufgenommen worden sei.

Fleisch sei allerdings – obzwar ein wichtiger Punkt – letztendlich nur ein Teil des Ganzen. Bescheidenheit müsse sich wahrlich in allen Bereichen ausdrücken. Wenn jemand zum Beispiel eine Hose und eine Jacke habe, gut, bescheide er sich damit! Niemand bräuchte noch ein zweites Paar. Wenn es endlich gelänge, unsere ausufernden Bedürfnisse zurückzuschrauben, würden das Land wie das Volk die langersehnte Ruhe und Glückseligkeit finden.

Der Saal zeigte sich durch diese Wendung leicht schockiert. Man hatte etwas über Juden erwartet und dann etwas über Wassersuppe mit Rettich sowie ein Verbot vernommen, eine zweite Hose zu besitzen. Gleichwohl erklangen hie und da zustimmende Rufe: »Sehr richtig!« Sie gingen allerdings im allgemeinen Unmutsgroll unter.

Wolossuchin, der sich davon keinesfalls beirren ließ, ging zur nächsten Tugend über, zur Ehrlichkeit. Als leuchtendes Symbol nannte er in diesem Zusammenhang seine Zeitschrift. Hier sammelten sich die Schriftsteller, die dem vaterländischen Schrifttum ehrlich und aufopferungsvoll dienten. Ebendaher rühre auch die Vehemenz der Angriffe seitens der korrupten linken Presse. Doch der Hund belle, und die Karawane ziehe weiter. In seiner Redaktion herrsche noch ein unverfälschter schöpferischer Geist, allerdings stelle er auch immens hohe Ansprüche. Die Veröffentlichung eines Werks hänge einzig und allein von seiner literarischen Güte ab. Solange er Chefredakteur sei, werde es keine Vetternwirtschaft noch Geschäfte der Art »Eine Hand wäscht die andere« geben.

Über den weiteren Ablauf – das sollte ich an dieser Stelle einräumen – gehen die Aussagen der Augenzeugen weit auseinander. Die einen versichern, das graue Kaninchen sei aus dem Foyer in den Saal gehoppelt. Andere wiederum schwören, sie hätten mit eigenen Augen gesehen, wie es jemand in einer

Loge aus einem geflochtenen Korb herausließ. Wie auch immer – jedenfalls sprang das Kaninchen auf die Bühne. »Ein Kaninchen! Ein Kaninchen!« ließen sich Schreie vernehmen. Wolossuchin unterbrach seinen Vortrag und beäugte das Tier mit einem Blick, in dem eher Verblüffung denn Verurteilung lag.

Mein geschätzter Leser wird sich noch erinnern, daß in dem Roman Jakuschkins alle Opfer des Kaninchens Kusja sich mehr oder weniger selbst in ihre peinliche Lage brachten, indem sie ihre Hand in die Luke der Zentrifuge steckten. Nunmehr haben wir es aber nicht mit Literatur zu tun, weshalb jener Kusja aus Fleisch und Blut hoch in die Luft springen mußte, um sich dann mit allen vier Pfoten an den Aufschlägen des Wolossuchinschen Jacketts festzuklammern. Nachdem das Tier dies ohne große Schwierigkeiten geschafft hatte, biß es den Chefredakteur der patriotischen Zeitschrift wie gehabt in den Finger! Kaum war dieser klar widerrechtliche Auftritt absolviert, sprang es zu Boden und verschwand mit zwei Hopsern in den Kulissen.

Wie Sie unschwer erraten werden, legte Wolossuchin unverzüglich seine Beichte ab. Er fiel auf die Knie, erhob die Hand mit dem malträtierten Finger, aus dem das Blut tropfte, und legte mit harter Stimme los: »Rechtgläubige! Wie auch ihr Nichtchristen, die ihr ebenfalls Menschen seid! Hört nicht auf mich, denn ich bin ein elender Schweinehund! Glaubt mir kein einziges Wort!«

Über das Publikum ergoß sich ein wahrer Sturzbach frappierender Offenbarungen, die zudem ein buntes Themengemisch darstellten. Eben noch ein hundertprozentiger Vegetarier, gab Wolossuchin nun unumwunden zu, sich heimlich aufs Fleisch zu stürzen! Aber was heißt, sich zu stürzen – selbst dagegen wäre ja nichts einzuwenden! Nein, den Vegetarismus propagiere er einzig auf Betreiben seiner Gönner vom Alten Platz[18]. Angesichts der jämmerlichen Bestände in den staatlichen Lagern war man nämlich zu dem Schluß gekommen, daß das Fleisch nicht mal für die Regierungselite ausreichen würde. So sei man auf diesen perfiden Ausweg verfallen, um das Volk von seiner Erwartungshaltung zu kurieren. Für seinen niederträchtigen Rat hatte man ihm die Fleischration erhöht und sogar Hähnchen beigegeben, das er sehr schätzte, insbesondere in gegrillter Form.

Im Saal kochten die einen vor gerechtem Zorn über, andere lachten Tränen, und dritte schüttelten nur sorgenvoll den Kopf, verstanden sie doch nicht ganz, was da vor ihren Augen geschah.

Wolossuchin ging vom Fleisch direkt zu literarischen Themen über. Das anerkannte Talent und der Führer einer eigenen Richtung verkündete, ein absoluter Taugenichts zu sein, ein Wurm, wie er im Buche stehe. Möglicherweise habe er ja in seiner weit zurückliegenden und unwiederbringlich verlorenen Jugend hier und da Talent gezeigt, aber heute könne davon sicher keine Rede mehr sein. Man nehme nur einmal seinen Roman *Ich glaube an das Gute*. Den habe er nämlich schlicht aus Fragmenten früherer Schriften zusammengeschustert. Zudem habe er bereits mehrfach sein Manuskript einer älteren Lektorin mit den Worten »Redigier das mal, du Schlampe!« hingeknallt. Die alte Dame habe sich oft heulend ins Treppenhaus verzogen, solche Höllenqualen habe sie zu leiden gehabt: die Sprache ein Desaster, das Sujet eine Katastrophe, in den Details ein heilloses Durcheinander. Da lasse sich nichts schönreden.

Aber natürlich wollte auch die Lektorin was zwischen die Zähne bekommen. Wenn sie sich schon erhöhten Blutdruck einfing, dann wollte sie wenigstens entsprechend entlohnt werden. Kurzum, für sie mußte eine Prämie von stolzen einhundertzwanzig Rubeln locker gemacht werden. Hernach verkaufte Wolossuchin den Roman an seine eigene Zeitung. Die Kritiker lobten ihn sofort über den grünen Klee. Womit sie freilich gut beraten waren, hätte Wolossuchin sie doch andernfalls schlankweg von der Futterkrippe vertrieben.

In diesem Augenblick mußte in Wolossuchins Kopf ein wichtiger Hebel umgelegt worden sein. Möglicherweise verhielt es sich jedoch auch umgekehrt, und der Hebel rastete wieder ein. Zumindest brach er die Erzählung über seine literarischen Machenschaften jäh ab, um sich ebenso unerwartet einem neuen Thema zuzuwenden: den Juden!

Die Zeitschrift Wolossuchins, das vorweg, hielt sich weniger mit der Veröffentlichung von Perlen aus Prosa und Poesie als vielmehr mit der von publizistischen Kabinettstückchen über Wasser. Die Werke des letztgenannten Genres, darunter beispielsweise auch der Essay des unerschrockenen Peretjatko, fanden durchaus ihre Leserschaft. Ich vermute, sogar das Ministerium des verblichenen Dr. Goebbels hätte an ihnen nichts auszusetzen gehabt. Und nun das!

»Juden!« rief er, wobei er die Hände wie eine Flüstertüte vor den Mund hielt. »Laßt uns endlich offen miteinander reden! Wenn ich vor euch schuldig geworden bin, verzeiht mir! Aber auch ihr seid nicht ganz ohne! Deshalb mache ich euch nun ein Friedensangebot!«

Es ist schwer zu sagen, welche Friedensbedingungen Wolossuchin den abwesenden Juden offerieren wollte, da mehrere breitschultrige bärtige Gestalten in schwarzen Russenhemden und Stiefeln entschlossen die Bühne erklommen, um den patriotischen Schriftsteller zu packen und hinter die Kulissen zu schleifen.

Der so glorreich begonnene Abend war gründlich verpfuscht. Zwar trat noch programmgemäß ein Chor samt Orchester mit volkstümlichen Instrumenten auf. Eigens für diesen Abend hatten die Komponistin Muchortowa sowie ihr Ehegemahl, der Poet Dobrochotow, ein Lied geschrieben, das mit seinem Titel *Wir dulden es nicht! Wir verzeihen es nicht!* als eine Art Hymne gedacht war. Ihre Darbietung sollte den glanzvollen Höhepunkt des Abends darstellen. Man hatte gehofft, das Publikum würde den im Refrain wiederkehrenden Titel des Liedes aufnehmen, um somit die feste Geschlossenheit der aufrechten Patrioten unter Beweis zu stellen.

Nur daß das Publikum jetzt in keiner Weise zum Singen aufgelegt war! Ein Teil strebte, durch das mysteriöse Kaninchen und den Anblick des gebissenen Wolossuchins aufgeschreckt, verängstigt dem Ausgang zu. In den Gängen kam es allenthalben zu Staus. Wer sich hingegen seine Selbstbeherrschung bewahren konnte, saß nach wie vor an seinem Platz, um das Vorgefallene in hitzigen Diskussionen zu erörtern. Man einigte sich darauf, das Kaninchen Kaninchen sein zu lassen, und kam überein, Wolossuchin habe sich den Juden gegen frei konvertierbare Devisen verkauft – zumindest daran könne absolut kein Zweifel bestehen. Chor und Orchester brachten unterdes ihre grauenvolle Kakophonie dar, womit der Abend schließlich ausklang.

Was aber geschah mit Wolossuchin? Man brachte ihn in einen Umkleideraum, den man hinter ihm abschloß. Dort schlief er auf der Stelle ein, um erst nach knapp zwei Stunden wieder aufzuwachen. Kaum erwacht, gab er gleich wieder den Unbedarften. Er hatte keinen blassen Schimmer, was er alles auf der Bühne von sich gegeben hatte. Als hätte man ihn seines Gedächtnisses beraubt!

Diese Geschichte zeitigte für Wolossuchin wenn auch keine tragischen, so doch durchaus dramatische Folgen. Schon am nächsten Tag loderte in der von ihm geleiteten Zeitschrift die Flamme der Zwietracht auf. Das Redaktionskollektiv war zusammengekommen, um Wolossuchins Abgang zu fordern. Überdies sprach man ihm kurzerhand das Mißtrauen aus. Als Hauptpunkt der Anklage mußte sein vorabendliches Friedensangebot an die Juden herhalten. Gewiß, in der entsprechenden Resolution wurde das Wort »Juden« noch im letzten Moment durch »destruktive Elemente« ersetzt. Sie wurde der Leitung des Schriftstellerbands vorgelegt, damit diese ihre Maßnahmen ergreifen konnte.

Die Verbandsführung, normalerweise recht behäbig, reagierte in diesem Fall schnell und entschlossen. Es kam der Tag, da Wolossuchin von der Verantwortung des Chefredakteurs der Zeitschrift »aufgrund begangener Fehler und in Übereinstimmung mit dem Beschluß des Redaktionskollektivs« entbunden wurde. Kurze Zeit später wurde ebendieser Posten mit... na, mit wem wohl besetzt? Mit keinem Geringeren als mit Iwan Stepanowitsch Peretjatko! Das Redaktionskollektiv begrüßte seine Nominierung voller Begeisterung. Sein Auftritt an dem patriotischen Abend im Tschaikowski-Konzertsaal war noch immer in aller Munde.

Zum weiteren Schicksal Wolossuchins kann ich dagegen bedauerlicherweise keine genaueren Angaben machen. Ohne seine Zeitschrift geriet er schon bald in völlige Vergessenheit, einstige Freunde und Verehrer wandten sich von ihm ab. Fortan konnte er keinen einzigen Roman mehr durchboxen, ja, selbst kürzeste Erzählungen nahm man ihm nicht ab. Aber auch er und seine Familie mußten von irgend etwas leben. Zu guter Letzt pfiff Wolossuchin auf das gesamte auserlesene Schrifttum, um eine Stelle im Sandunowski-Bad anzutreten, wo er den Besuchern Bier und kräftigere Getränke zu servieren hatte und nicht schlecht verdiente.

Diese Details fanden in dem erwähnten Einsatzbericht freilich keine Erwähnung. Als Sergej Mitrofanowitsch am Ende begriff, worum es eigentlich ging, verfiel er in sorgenvolle Grübeleien darüber, was sich in Moskau doch für unverständliche Dinge ereigneten. Dem mußte man sich stellen. Umgehend entwarf er einen Plan, wie er den distinguierten Leiter der Abteilung beraten würde. Oder auf eigene Initiative hin aktiv werden würde …

5. KAPITEL

Wie ein Blitzschlag

Walerija Grjashskaja befiel anläßlich des Verschwindens von Bassawljuk keine allzu tiefe Niedergeschlagenheit. Lebensklug, wie sie war, legte sie sich eine Erklärung zurecht, nach der ihr Administrator seine Vorgesetzten von der Lubjanka nicht mehr hatte zufriedenstellen können, weshalb man ihn abgezogen hatte, um ihr jemand anderen ins Theater zu setzen, dieweil eine einmal genommene Bastion nicht aufgegeben wird. Das einzige, was ihr in diesem Zusammenhang Kopfzerbrechen bereitete, war die Frage, wie sie nun ihr dem alten Banketow gegebenes Versprechen halten sollte. Wie konnte sie an das Manuskript dieses mysteriösen Jakuschkin gelangen?

Walerija hatte in weiser Voraussicht darauf geachtet, in ihren großen Bekanntenkreis auch ein hohes Tier von der Petrowka aufzunehmen. Mehr als einmal war ihr diese Verbindung schon von Nutzen gewesen, wenn beispielsweise irgendein tumber Straßenverkehrspolizist ihr wegen Trunkenheit am Steuer die Fahrerlaubnis hatte abknöpfen wollen. Für diese Gefälligkeiten revanchierte sich Walerija mit Freikarten für jede gewünschte Inszenierung. Gleich dem

Fleischer Wassili war auch ihr Mann von der Petrowka ein Theaternarr.

Eben ihn rief Walerija nun mit der Bitte an, Erkundigungen über einen gewissen Jakuschkin einzuholen, der wegen leichter Randale verhaftet worden sei. Ihr Mann von der Petrowka versprach, sich um die Sache zu kümmern. Binnen kurzem rief er sie zurück, um ihr in ungewohnt kühlem Ton mitzuteilen, der genannte Jakuschkin sei den Ermittlungsorganen nicht bekannt. Diese Nachricht überbrachte Walerija umgehend dem alten Banketow, der nur aufstöhnte und auch keinen Rat mehr wußte.

Just in dieser Situation mußte im Theater wieder einmal der Ausnahmezustand ausgerufen werden. Der Volksschauspieler Lukaschow hatte sich die Kante gegeben, dies obendrein am Vorabend der Premiere von *Nachtasyl*, in dem er die Rolle des Satin spielen sollte. Und selbst wenn diese Figur Gorkis ein Lumpenproletarier und Trunkenbold war, stellte es doch, wie Sie zustimmen werden, ein erhebliches Risiko dar, einen tatsächlich betrunkenen Schauspieler in der Rolle auftreten zu lassen. Abermals mußte kurzerhand eine Neubesetzung vorgenommen werden. Walerija zog rund um die Uhr Proben durch. So brauchte die Premiere nicht verschoben zu werden und ging sogar problemlos, wiewohl ohne besonderen Glanz über die Bühne. Sie fand übrigens an ebenjenem Abend statt, an dem das Kaninchen Kusja im Tschaikowski-Saal den patriotischen Schriftsteller Wolossuchin biß.

Nach der Vorstellung fand man sich im Theater zu einem kleinen Umtrunk zusammen. Ohne dessen Ende abzuwarten, machte sich Walerija in der Hoffnung, die Anspannung der letzten Tage abzuschütteln, wieder auf ihren nächtlichen Streifzug. Bereits beim ersten Halt hörte sie mit eigenen Ohren die Geschichte von dem Kaninchen.

Die Neuigkeit tischte ihr eine theaterversessene Idiotin auf, genauer jene, die sich im Haus der Literaten Sutenewski an den Hals geworfen hatte. Freilich war nicht ganz nachvollziehbar, was sie, die sich selbst als leidenschaftliche Demokratin und Progressive hinstellte, auf diese ultrapatriotische Veranstaltung verschlagen hatte.

Ihren Worten zufolge hatte gleich ein ganzes Heer Kaninchen den Tschaikowski-Saal erstürmt. Ganz zu schweigen von der Unzahl der Leute, die die Tiere gebissen hätten! Die Beichte Wolossuchins gab sie übrigens mit nur wenigen unbedeutenden Übertreibungen wieder. So habe Wolossuchin, wie sie beteuerte, um seine Solidarität mit den Juden unter Beweis zu stellen, auf der Bühne ein »frejliches« Tänzchen aufgeführt. Aber hier ging ihre Phantasie denn doch mit ihr durch.

Möglicherweise hätte Walerija dieses Geschwafel einfach an sich vorbeirauschen lassen, denn sie kannte sowohl den Wert der Erzählerin wie auch den Wolossuchins. Das Ministerium hatte einmal aufs verbissenste versucht, ein Bühnenopus Wolossuchins im Theater »Zum Roten Tor« durchzuboxen, wobei es Walerija enorme Kraft gekostet hatte, das Stück abzuwimmeln.

Nun aber verwunderte sie die staunenswerte Nähe zu dem Sujet von Jakuschkins Roman, das sie sich eingeprägt hatte. Das Werk war ohne Zweifel phantastisch, während sie es hier mit der Realität zu tun hatte! Wer also war er, dieser Jakuschkin? Ein Seher oder dergleichen? Walerija rief direkt von ihren Freunden aus Banketow an. Dem waren die neuesten

Entwicklungen ebenfalls schon zu Ohren gekommen, und er zeigte sich von ihnen nicht minder erschüttert.

Walerija konnte nicht länger ruhig auf ihrem Platz ausharren, weshalb sie überstürzt hinauseilte, um sich in ihren Volvo zu setzen und ziellos durch die Gegend zu fahren. Immerfort wiederholte sie dabei: »Mein Gott! Was geht hier nur vor?«

Sie fuhr die Twerskaja Richtung Manegeplatz hinunter. Auf der anderen Straßenseite erblickte sie vor dem Moskauer Sowjet erneut die silbern schimmernde Kutsche. Und in diesem Augenblick war Walerija längst nicht so angetrunken, als daß man ihr jede Teufelei hätte vorgaukeln können.

In dem Zusammenhang sollte noch etwas anderes erwähnt werden. In der vergangenen Nacht hatte Walerija einen Traum gehabt, an den sie sich beim Aufwachen noch gut erinnern konnte. Sie hatte sich in einem Säulensaal aus weißem Marmor befunden. Musik war zu hören, ein Strauß-Walzer. Die Männer trugen Frack oder Smoking, die Frauen, wie sie selbst, Abendkleider. Sie tanzte diesen Walzer mit einem hochgewachsenen schlanken Mann, der um einiges jünger war als sie. Er führte unverschämt leicht und ungezwungen. Als die Musik verklang, beugte er sich zu ihr hinunter, um sie auf die Lippen zu küssen. Im wirklichen Leben hatte Walerija diesen jungen Galan nie zuvor getroffen, und so konnte sie jetzt, bei Tage, natürlich nicht einmal ahnen, um wen es sich handeln mochte. Doch der Traum war ihr ausgesprochen angenehm gewesen. Als sie erwacht war, hatte sie sich wohlig gerekelt, während sie bei sich gedacht hatte, daß ihr heute sicher etwas Außergewöhnliches und höchst Erstaunliches passieren würde. Dieses Vorgefühl war dann von den Sorgen und Anspannungen, die mit der

Premiere verbunden gewesen waren, verdrängt worden. Nun aber, mitten auf der Twerskaja, regte es sich beim Anblick der silbernen Kutsche erneut. Ebendiese Ahnung zwang Walerija, umzukehren und sich an die Kutsche zu hängen. Damit begann ein unglaubliches Rennen durch das nächtliche Moskau.

Sie ließen den Majakowskiplatz, den Weißrussischen Bahnhof und auch das Dynamo-Stadion hinter sich. Als sie auf einen Posten der Straßenverkehrspolizei zufuhren, verschwand die Kutsche einen Moment lang, um gleich danach wieder aufzutauchen. Walerija konnte die Negerlakaien hinten auf dem Wagentritt ausmachen, die sich von Zeit zu Zeit umdrehten, um ihr zuzuwinken, wobei sie wie stets fröhlich grinsten. Die Kutsche sauste die Leningrader Chaussee entlang, ohne irgendwo abzubiegen. Die werden mich ja wohl nicht bis nach Leningrad locken? dachte Walerija.

Aber nein. Am Bahnhof Retschnoi bog die Kutsche rechts ab, um tief in den wenig sympathischen Bezirk Chowrino vorzudringen. Es ist schwer zu sagen, wie oft die Kutsche dann noch abbog, bald nach links, bald nach rechts fuhr. Walerija ahmte ergeben und eifrig alle Manöver nach. Am Horizont ließen sich in den Rissen der niedrig hängenden Wolken die gewaltigen Betontürme des Wärmekraft- und Fernheizwerks erkennen, aus denen Dampf quoll. Die Gegend war von Eisenbahngeleisen zerfurcht. Polternd rasten Zügen vorbei, während Diesellokomotiven – als wären sie erschrocken – ihr sorgenvolles Signal ertönen ließen. Die Umgebung, die keinerlei Optimismus verströmte, betrübte Walerija derart, daß sie schon umkehren wollte. Aber sie folgte der Kutsche weiterhin mit zusammengebissenen Zähnen. Komme, was da wolle – war ihre Devise!

Mit einemmal fuhr die Kutsche auf den Hof eines heruntergekommenen vierstöckigen Gebäudes ein. Das Haus schlief. Nur ein einziges Fenster war erleuchtet, ganz am anderen Ende im Erdgeschoß. Die Kutsche fuhr noch ein Stück am Haus entlang, um dann anzuhalten. Jemand stieg aus. Im selben Moment erhob sich auf dem Kinderspielplatz irgendwer von einer Bank. Er fummelte an etwas unter seinem Arm herum, wahrscheinlich an einer Pistole, handelte es sich bei ihm doch um einen der Agenten, die auf Befehl Hauptmann Drynows Tag und Nacht die Jakuschkinsche Wohnung observierten.

Der Passagier, der der Kutsche entstiegen war, war niemand anderer als Asasello, der sich dem Spitzel nun kühn bis auf einige Meter näherte, um dann einige sonderbare Zeichen in die Luft zu malen, die möglicherweise Sterne oder andere geometrische Figuren darstellten. Diese Zeichen bewirkten, daß der Beschatter auf der Bank in sich zusammensackte und auf der Stelle laut losschnarchte. Asasello ging zu ihm, um ihm die in einem ledernen Schulterhalfter steckende Pistole abzunehmen, die er sich in seine Tasche steckte. Sodann wandte er sich dem erleuchteten Fenster zu und klopfte vorsichtig gegen die Scheibe.

Jakuschkin litt in dieser Nacht an Schlaflosigkeit, die allerdings nicht einer gewissen Logik entbehrte. Sollte sich Voland melden, so seine Überlegung, würde dies gewiß nachts sein. Deshalb saß er in der Küche und wartete. Kaum hatte er das Klopfen vernommen, preßte er sein Gesicht gegen die Scheibe und erkannte Asasello. Ohne Jacke rannte Jakuschkin hinaus.

»Der Messere lädt Sie ein«, sagte Asasello, wobei er freundlich die Melone lüpfte. Mit den Worten: »Wenn ich bitten darf!« zeigte er auf die Kutsche.

Der Kutscher mit Dreispitz, aber ohne Gesicht war unterdessen vom Bock heruntergekommen, um, wie jeder Kutscher bei einer Station, das Geschirr zu überprüfen. Die Negerlakaien standen dagegen noch immer hinten auf dem Wagentritt. Ihre schwarzen Gesichter verschmolzen mit der Dunkelheit, und nur das Weiß ihrer Augen sowie die Posamente ihrer Livreen blitzten. Aus dem weit geöffneten Schlag der Kutsche strömte gelbes Licht, das die Wolken eisigen Dunstes durchdrang. Aus dem Inneren erklang Musik. Jakuschkin kletterte aufs Trittbrett, worauf sich ihm folgendes Bild darbot.

Behemoth stand auf den Hinterpfoten, den Mund sanft an eine Flöte gelegt. Mit einer Pfote schlug er den Takt. Gella begleitete ihn auf dem Cembalo. Ohne die Flöte abzusetzen, nickte Behemoth Jakuschkin zu, um sich sogleich wieder selbstvergessen und mit geschlossenen Augen der Musik hinzugeben. Die beiden spielten ein Menuett von Haydn.

Korowjew tauchte aus einem der legendären Nebengelasse auf. Er schleppte eine Unmenge dicker alter Folianten an, von denen er den Staub blies, um sie sodann auf ein hohes Pult aus Ebenholz zu türmen. Feierlich und mit einer Verbeugung begrüßte er Jakuschkin, indem er ihm ausgiebig beide Hände schüttelte. Zugleich lamentierte er aber auch darüber, wie lange Jakuschkin sich nicht habe blicken lassen, woraus er nur schlußfolgern könne, er, Jakuschkin, habe sich neue Freunde zugelegt, obgleich doch allgemein bekannt sei, daß ein alter Freund mehr wert sei als zwei neue.

Während sich Jakuschkin das übliche Korowjewsche Geplapper anhörte, schaute er sich in der Kutsche um. Sie erschien ihm nun nicht mehr so geräumig wie beim letzten Mal. Zudem hatte es Veränderungen in der Innenausstattung gegeben, beispielsweise das Pult. Voland war nirgends zu sehen.

Behemoth beendete seinen musikalischen Vortrag. Gella brachte die Noten hinaus, während sich der Kater zu Korowjew gesellte. Er bereite sich zur Zeit intensiv auf einen internationalen Wettbewerb vor, erläuterte Behemoth, bei dem er den ersten Preis einzuheimsen hoffe. Asasello gickelte gemein; er äußerte, Behemoth brauche gar nicht erst von irgendwelchen Preisen zu träumen, die seien schließlich bei jedem Wettbewerb im voraus vergeben. Obendrein sei nicht bekannt, wie sich die Jury zur Teilnahme musizierender Kater stelle.

Korowjew, wendehälsig wie oft, stimmte zunächst vorbehaltlos mit Asasello überein, um gleich darauf Behemoth zu unterstützen, indem er nun mit gewichtiger Miene ausführte, es könne gar nicht sein, daß wahre Kunst nicht angemessen gewürdigt werde. Das war Wasser auf Behemoths Mühle.

»Ich werde es allen zeigen!« lehnte er sich weit aus dem Fenster. »Ich werde die Aufmerksamkeit der breiten Öffentlichkeit auf mich ziehen!«

In diesem Moment trat Voland hinter dem Pult hervor. Er trug einen gesteppten Hausmantel, auf dem Kopf saß ihm eine Schlafmütze mit Troddel. In der einen Hand hielt er eine Gänsefeder, in der anderen eine vergilbte Papierrolle.

»Womit kann ich dienen?« fragte er Jakuschkin verwundert.

Das ist ja noch schöner! Jakuschkin zuckte verzweifelt die Achseln. Was soll das denn? Asasello sagt zu mir: Der Messere lädt Sie ein... Unversehens fiel Voland jedoch wieder ein, daß er selbst Jakuschkin eingeladen hatte. Er entschuldigte sich bei seinem Gast und murmelte etwas von seinem Gedächtnis, das ihn immer öfter im Stich lasse. Sodann fragte er Jakuschkin, ob er ihm einen Kaffee anbieten dürfe, und nickte, ohne seine Antwort abzuwarten, Gella zu, die verschwand und bald darauf mit einem Tablett wiederkam. Darauf standen eine Kaffeekanne, aus deren Hals ein aromatischer Duft aufstieg, sowie bauchige Likörfläschchen. Jakuschkin hatte sich kaum eine Tasse Kaffee genommen, da vernahm er eine weitere Frage Volands: »Nun, woran arbeiten Sie zur Zeit? Mit was werden Sie uns in der nächsten Zukunft erfreuen?«

»Ich schreibe nichts«, antwortete Jakuschkin mit niedergeschlagenem Blick.

»Warum nicht? Mangelt es Ihnen an Inspiration?«

Korowjew schnitt eine Grimasse, mit der er zum Ausdruck brachte, wie schrecklich erschüttert auch er infolge der Schaffenskrise Jakuschkins war. Der mußte nun zugeben, keinen neuen Plot, ja, noch nicht einmal eine neue Idee zu haben.

»Aber Sie brauchen doch nur unser Treffen zu beschreiben«, schlug Voland vor. »Mich, meine Entourage. Wäre das nicht ein gutes Sujet?«

»Sie hat bereits der Meister beschrieben«, antwortete Jakuschkin. »Was soll ich mich mit ihm messen?«

»Was heißt das denn, was hat er denn beschrieben? Inzwischen ist ja wohl ein bißchen Zeit verstrichen, und vieles hat sich geändert. Es gibt neue Ansichten, neue Ideen... Und was meinen Sie denn«, wechselte Voland unvermittelt das Thema, »warum wir damals Moskau besucht haben?«

Diese Frage war Jakuschkin zuvor niemals in den Kopf gekommen. In der Tat, warum? Unterdes zählte Voland auf: »Um Berlioz zu köpfen? Oder uns über die gutgläubigen Moskauer im Varieté lustig zu machen?...«

»Oder um das Gribojedow abzufackeln?« leistete Behemoth seinen Beitrag. »Das Restaurant der Schriftsteller?«

»Das alles wäre doch wohl kaum Grund genug für eine derart bedeutende Expedition, oder?« fuhr Voland fort, um dann mit der Frage zu schließen: »Ist Ihnen noch nie der Gedanke gekommen, daß das nur die Generalprobe war? Oder, mit anderen Worten, eine Erkundung der Lage?«

Generalprobe? Erkundung? Dann wäre ja ihr jetziger Besuch... Doch Voland unterbrach die Überlegungen Jakuschkins, indem er fröhlich auflachte und erklärte, er solle nicht jedes Wort für bare Münze nehmen. Nun erläuterte er auch, warum er Jakuschkin gerufen hatte.

»Ich freue mich, Ihnen mitteilen zu dürfen, daß das Debüt Ihres Kaninchens nunmehr stattgefunden und sämtliche Erwartungen übertroffen hat.«

»Ganz unbeschreiblich war es!« sprang Korowjew Voland bei. Sogleich erging er sich in einer detailreichen Schilderung des skandalösen Vorfalls im Tschaikowski-Saal. Seinen Worten zufolge sei Wolossuchin zum ersten Opfer auserkoren worden, weil bereits etliche Literaten, ganz zu schweigen von der breiten Masse der Leser, den patriotischen Schriftsteller zusammen mit seinen Moralpredigten zum Teufel, wenn nicht weiter zu schicken gewünscht hätten. Kurzum, es sei an der Zeit gewesen, etwas zu unternehmen. Da sei das Kaninchen gerade recht gekommen.

»Und das war erst der Anfang!« drohte Behemoth

mit erhobener Tatze. »Ein genauer Plan ist schon vorbereitet…«

Korowjew zog Behemoth heimlich am Ohr, worauf dieser sofort verstummte und voller Schrecken die Pfote vor den Mund legte.

»Ich stehe in Ihrer Schuld«, meinte Voland. Unvermittelt schloß er die Frage an, wo Jakuschkin Silvester zu feiern gedenke.

Natürlich zu Hause, gab Jakuschkin zur Antwort, wo sonst? Wenn man ein kleines Kind habe, das man nirgendwo lassen könne…

»Ich gebe einen Neujahrsball«, verkündete Voland, ohne die Ausführungen Jakuschkins bis zum Ende anzuhören. »Ich bitte, mir die Ehre zu erweisen…«

Erneut mischte sich Korowjew ein, der nun etwas davon zirpte, daß jeder Windbeutel weit und breit sein halbes Leben für das Glück hingeben würde, am Ball des Messere – wenn auch noch so kurz – teilzuhaben. Von den Schriftstellern, und zu denen zähle er mit Fug und Recht auch Jakuschkin, ganz zu schweigen. Die Eindrücke, die sie hier sammelten, reichten mindestens für ein Dutzend Romane.

»Frack und Smoking sind obligat«, schloß er seinen Vortrag, worauf Jakuschkin entgegnete, er besitze weder das eine noch das andere.

»Nun, das läßt sich leicht ändern«, lächelte Voland. Er wandte sich an Gella, der er befahl: »Nimm die Maße des Ritters!«

Gella holte ein Schneidermaßband hervor und machte sich daran, Jakuschkin auszumessen.

»Was wollen wir denn nähen?« fragte sie. »Einen Frack oder einen Smoking?«

Korowjew setzte sich den Zwicker auf die Nase und studierte Jakuschkin, gleichsam als sähe er ihn zum ersten Mal. Nach einer Weile erklärte er, es müsse unbedingt ein Smoking angefertigt werden, da der Frack eher Künstlern als Meistern des erlesenen Schrifttums zu Gesichte stehe.

»Mir zum Beispiel!« brachte Behemoth seine Ambitionen bezüglich der musikalischen Wettbewerbe in Erinnerung. »Ich habe auch schon längst das passende Tuch besorgt. Englisches.«

Gella ging hinaus. Aus einem der Nebengelasse drang kurz darauf das Surren einer Nähmaschine herein. Voland bat Jakuschkin, einen Moment zu warten: Gella sei eine berühmte Meisterin, die den Smoking binnen weniger Minuten fertig haben würde.

»Mich müssen Sie jetzt leider entschuldigen. Ich habe zu tun«, meinte er, während er sich anschickte, ans Pult zurückzukehren. »Ich erwarte Sie dann beim Ball, zusammen mit Ihrer Geliebten.«

»Ich habe keine Geliebte!« kreischte Jakuschkin auf, wobei in seiner Stimme weniger Verzweiflung als eine gute Portion Empörung mitschwang.

»Wie, Sie haben keine Geliebte?« verwunderte sich Voland und tauschte mit Korowjew beredte Blicke. Der zog nur den Kopf so weit ein, bis seine spitzen Schultern ihn förmlich rahmten, womit seine ganze Erscheinung völliges Unverständnis ausdrückte: Wer weiß, wer kennt ihn schon so genau, möglicherweise ein Wunderknabe, der tatsächlich keine Geliebte hat?

»Was ist denn mit meiner Frau?« hakte Jakuschkin nach. Den Kleinen, den er nirgendwo unterbringen konnte, ließ er nun von vornherein aus dem Spiel.

»Nein, nein! Wo denken Sie hin! Wie können Sie nur!« Korowjew fuchtelte wild mit den Händen.

»Mit Ihrer gesetzmäßig angetrauten Ehegattin kehren Sie besser in das Haus der Kultur Ihres Bezirks ein«, zischte ihm Behemoth mit unerwarteter Feindseligkeit zu. »Zum Ball des Messere kommen die geladenen Gäste ausschließlich mit ihren Geliebten. So will es die Etikette!«

»Aber lassen Sie sich deswegen bloß keine grauen Haare wachsen«, beeilte Korowjew sich, Jakuschkin zu beruhigen. »Eine Geliebte läßt sich leicht auftreiben. Heute haben Sie keine, schon morgen kann aber eine auftauchen. Bis Silvester bleiben Ihnen immerhin noch zwei volle Tage ...«

»Auf alle Fälle sollten Sie auf Ihren Smoking warten«, warf Voland ein, »damit Gella sich nicht umsonst abgemüht hat.«

Mit einem Zeichen lud er Jakuschkin ein, Platz zu nehmen, während er selbst ans Pult zurückging. Mit der Gänsefeder hinterm Ohr begann er, einen der Folianten durchzublättern, die Korowjew ihm gebracht hatte. Jakuschkin erklärte er, er habe die Gästeliste für den Neujahrsball durchzugehen. Sollte er nämlich jemanden vergessen, würde ihm das als schlimme Beleidigung ausgelegt werden.

Korowjew riefen ebenfalls unaufschiebbare Geschäfte, so daß er sich Jakuschkin empfahl und Behemoth ein Zeichen gab, worauf beide verschwanden.

Nun sah Asasello sich in der Pflicht, den Gast zu unterhalten. Zum Zeitvertreib bot er Würfelspiele, Domino oder Schach an, was Jakuschkin allerdings ablehnte. Ihn hielt die Enttäuschung, Volands Ball offenbar nicht besuchen zu können, noch immer gefangen. Soll ich da überhaupt noch warten, bis der Smoking fertig ist? grübelte er. Immerhin getraute er sich nicht, sich Voland zu widersetzen. In einiger Entfernung surrte nach wie vor ununterbrochen Gellas

Nähmaschine. Die Minuten des Wartens zogen sich in die Länge.

Walerija Grjashskaja saß derweil noch immer in ihrem Auto. Von hier aus hatte sie beobachtet, wie Asasello aus der Kutsche gesprungen war und den Agenten betäubt hatte. Und wie danach jemand aus dem Haus gekommen war – sie hatte allerdings nur den weißen Fleck von Jakuschkins Hemd erkennen können –, der sogleich in der Kutsche verschwunden war. Warten wir also ab, was weiter passiert! nahm sie sich vor. Und weiter geschah folgendes:

Korowjew und Behemoth stiegen aus der Kutsche und kamen auf das Auto zu.

»Kann ich denn meinen Augen trauen?« schrie Korowjew auf und schlug überdies die Hände zusammen. »Erlaubt uns da wirklich ein ebenso seltener wie glücklicher Zufall, der einzigartigen Walerija Grjashskaja in eigener Person gegenüberzustehen? Ich hab ja noch so bei mir gedacht: Wer verfolgt uns denn da in einer so bemerkenswerten superschnellen Limousine? Die Zauberin! Die Herrscherin über die Gemüter und geheimen Träume!«

Nun reicht's aber! beendete Walerija ihre Überlegungen. Hatte ihr Arzt, der Suchtspezialist Ptizyn, ihr nicht schon lange prophezeit, daß es mit ihr kein gutes Ende nehmen würde? Jetzt hatte sie also auch noch akustische Halluzinationen! Wie hieß so etwas noch gleich in der Fachsprache? Säuferwahnsinn? Oder Delirium tremens?

Aber Walerija wäre nicht Walerija gewesen, wenn ihr angeborener Rationalismus im Denken (wie im Handeln) vollends der Furcht gewichen wäre. Oder der Überzeugung, daß sie dieses Mal wirklich zuviel getrunken hatte. Sie tastete in der Tasche ihres Schafspelzes nach dem Fläschchen mit Tränengas, einem Importgut, von dem sie sich nie trennte, um gewappnet zu sein, falls jemand sie überfallen wollte.

Aber Korowjew war auch nicht von gestern, und die Bewegung Walerijas entging keineswegs seiner Aufmerksamkeit.

»Liebster Freund!« wandte er sich mit kummergeschwängerter Stimme an Behemoth. »Sie mißtraut uns! Sie hält uns, aufrichtige und treue Verehrer ihres Talents wie ihrer weiblichen Schönheit, für nichtsnutzige Diebe! Woher sollen wir bloß die Kraft nehmen, eine solchermaßen unverdiente Kränkung zu verwinden?«

Korowjew schluchzte lauthals auf, was ihn, wie Sie selbst sagen werden, keine große Mühe kostete. So mußte Behemoth die Initiative ergreifen.

»Madame!« Er prononcierte das Wort mit ungeheurer Akkuratesse. »Ich darf es mir zur Ehre gereichen lassen, Ihnen meinen Gruß zu entbieten wie auch Ihnen mitzuteilen: Der, den Sie so lange Zeit schon suchen, weilt hierorts! Ja, mehr noch, er harrt Ihrer voller Ungeduld.«

Sodann öffnete er die Tür ihres Autos.

Ohne sich selbst darüber klar zu sein, was eigentlich vor sich ging, stieg Walerija gehorsam aus. Sanft fiel hinter ihr Autotür zu. Von Korowjew und Behemoth eskortiert, ging Walerija zur Kutsche. Ihr zumindest müssen wir für ihren Scharfsinn Tribut zollen: Das sind doch die Bulgakowschen Teufel Korowjew und Behemoth! schoß es ihr durch den Kopf. Ist das denn wirklich kein Traum, können die mir leibhaftig begegnen?

Walerija stieg in die Kutsche. Der erste, den sie hier

sah, war Jakuschkin, der in einem Sessel saß, nunmehr angetan mit einem maßgeschneiderten schwarzen Anzug, schneeweißem Hemd nebst Plastron sowie einer Fliege. Die Beine drohten Walerija einzuknikken, und nur mit Mühe konnte sie das Gleichgewicht halten. Wer ist das? fragte sie sich. Der junge Mann aus meinem Traum? Er?... Er! Mein Gott! Wie schön er ist!

»Und was haben Sie ihn gesucht, so sehr gesucht! Sogar mit der Miliz«, stellte Korowjew mit leichter Belustigung fest. »Statt sich gleich an uns zu wenden! Doch erlauben Sie, daß wir Sie einander zunächst offiziell vorstellen, nicht daß Sie noch glauben, wir wollten Ihnen einen üblen Streich spielen oder sonst jemanden unterschieben. Jakuschkin, ebender...«, zwinkerte der Spaßbold verschwörerisch.

Jakuschkin erhob sich, um sich zu verbeugen.

»Und dies ist nicht irgendeine durchtriebene Weibsperson, sondern Walerija Grjashskaja höchstselbst...«, fuhr Korowjew fort, wobei er sich nun an Jakuschkin wandte, »... ebendie...«

Freilich hatte Jakuschkin Walerija Grjashskaja auch ohne die Korowjewsche Vorstellung sofort erkannt, hatte er sie doch bereits in Kinofilmen gesehen und bei einigen Inszenierungen im Theater »Zum Roten Tor« erlebt. In diesem Moment widerfuhr ihm etwas Unfaßbares. Ich möchte noch vorausschicken, daß seine Leidenschaft für die Schriftstellerei ihm nicht den geringsten Raum für andere Leidenschaften ließ. Niemals dachte er an Frauen, Lena natürlich ausgenommen. Und plötzlich tauchte da diese Frau auf, die er auf den ersten Blick begehrte! Was war das? Die Zaubereien der Volandschen Bande? Und wenn schon! Änderte das etwas?

Stille senkte sich herab. Weder Walerija noch Jakuschkin wußten, wie sie sich weiter verhalten sollten. Sie schauten einander unablässig an, unfähig, auch nur ein Sterbenswörtchen hervorzubringen. Da kam ihnen Behemoth zu Hilfe. Er verband ihre Hände und legte seine Tatze darüber wie ein Geistlicher, der ein junges Paar traut. Walerijas Hand war verschwitzt, die Jakuschkins hingegen eiskalt.

»Was für ein Paar!« durchbrach Behemoth die Stille. In seiner ungestümen Begeisterung tänzelte er hin und her. »Direkt wie füreinander geschaffen: er für sie, sie für ihn! Ein Bund der Herzen!«

»Mach, daß du fortkommst, du Nichtsnutz!« erklang die tiefe, leicht heisere Stimme Volands.

Tödlich beleidigt wandte Behemoth sich ab, worauf die Hände Walerijas und Jakuschkins rasch auseinanderfuhren.

Voland trug nun weder Hausmantel noch Schlafmütze, sondern das Jakuschkin bereits bekannte kirschrote Wams, dessen Schlitze mit hellem Stoff unterfüttert waren. Eine Hand ruhte auf dem Griff seines langen Degens. Den Saum seines Umhangs mit rotglänzendem Futter hatte er im Ellenbogen zusammengerafft. Walerija erkannte in ihm augenblicklich den Teufel im traditionellen Opernhabit.

»Madame, ich bin glücklich, Sie bei mir begrüßen zu dürfen«, wandte er sich an sie. »Ich habe schon viel von Ihrer Schönheit, Ihrem Geist und Ihrem ungewöhnlichen Talent gehört.«

Mit mir ist es vorbei! dachte Walerija, die wieder zu ihrem rationalen Denken zurückgefunden hatte. Nun erscheint mir auch noch Voland! Aber wer ist dann dieser junge Mann aus meinem Traum, dieser mysteriöse Jakuschkin? Eine Ausgeburt Volands? Ein körperloses Trugbild? Oder doch jemand aus Fleisch und Blut? Immerhin habe ich seinen Händedruck gespürt!

»Sie zerbrechen sich ganz unnötig den Kopf«, erriet Voland ihre Gedanken. »Meiner Meinung nach haben Sie dazu einstweilen überhaupt keine Veranlassung. Das Treffen mit dem Ritter« – Voland bedachte Jakuschkin abermals mit dieser Bezeichnung – »hat stattgefunden, und bislang vermag ich darin nichts Schlimmes zu sehen. Was die Zukunft bringen mag, können freilich weder ich noch meine Helfer voraussagen. Auch wir müssen diesbezüglich die Dienste der weisen Alten, der Sibylle von Cumae, in Anspruch nehmen.«

Irgendwo ploppte ein Korken aus einer Flasche. Korowjew erschien hinter einer Portiere mit einem Tablett, auf dem hohe Sektgläser standen. Allen Anwesenden reichte er ein Glas, selbst Behemoth, der Voland immer noch fürchterlich grollte und sich zunächst wegdrehte, dann aber doch ein Glas nahm.

»Als ich mich gefreut habe, wie wunderbar Sie zueinander passen, habe ich mir dafür Tadel eingefangen«, bemitleidete er sich selbst. »Nichtsdestotrotz bleibe ich bei meiner Meinung.«

»Wer wollte dem widersprechen?« bemerkte Voland friedfertig. »Aber warum sollte man laut aussprechen, was ohnehin jedem klar ist?«

»Das kommt bei ihm vom vielen Fernsehen«, stichelte Asasello. »Darin wird eine Sitzung nach der nächsten übertragen. Darin hat er sich dann ein Beispiel an den Volksdeputierten genommen. Und er ist schon ein wahrer Meister des leeren Geschwätzes!«

Mit vor Wut runden Augen zischte Behemoth, er habe zu Volksdeputierten keinerlei Beziehung, und bei Wahlen würde er schon gar nicht antreten, selbst wenn man ihn in der Pfanne briete.

»Friede! Friede!« schrie Korowjew und wollte schon anstoßen. Aber Asasello, der in allem Genauigkeit schätzte, zog sein Glas weg.

»Worauf trinken wir denn?« erkundigte er sich.

»Natürlich auf die Liebe!« antwortete die eintretende Gella für alle, wobei sie Jakuschkin einen Blick zuwarf, der vor Verschmitztheit strotzte.

»Nun gut, meinetwegen«, meinte Voland, während er das Glas in der Hand drehte. »Obgleich ich zugeben muß, daß ich längst vergessen habe, was das sein soll. Auch wenn ab und an eine sympathische kleine Hexe vom Brocken versucht, mich mit ihren Reizen zu becircen.«

Darauf hub Korowjew an zu erzählen, wie einmal eine selten schöne Hexe namens Christine den Messere einzufangen versucht hatte. Um von ihr loszukommen, hatten sie diese Hexe zum Mannequin gemacht. Im weiteren sollte Christine eine verhängnisvolle Rolle im Leben eines englischen Ministers spielen, den sie dazu bringen konnte, für eine feindliche Macht zu spionieren[19]. Korowjew fiel noch eine andere hartnäckige Dame ein, die schließlich zur Revolutionärin und Terroristin geworden war.

»Trinken wir nun oder nicht?« unterbrach Asasello sein Salbadern.

Nun stießen alle an.

Gierig stürzte Walerija den Champagner hinunter, als könnte sie damit das in ihrem Innern lodernde Feuer löschen. Das leere Glas hielt sie Korowjew hin, der ihr mit ausgesuchter Beflissenheit nachschenkte. Walerija hatte sich kaum noch unter Kontrolle. Ihr ganzer Körper verlangte nach Jakuschkin. Kaum hörbar flüsterte sie: »Küß mich!«

Jakuschkin beugte sich zu ihr hinunter, um sie auf die leicht geöffneten weichen Lippen zu küssen. Walerija umschlang ihn mit beiden Armen und preßte sich so fest es ging an ihn, so daß Jakuschkin ihre vollen Brüste spüren konnte. Heftiges, mit nichts zu vergleichendes Begehren erfüllte ihn, und er befreite sich vorsichtig von Walerija.

Die anderen Anwesenden gaben sich taktvoll den Anschein, als wäre nichts Besonderes geschehen. Nur in den grünen Augen Gellas tanzten einige freche Funken. Aber möglicherweise spiegelten sich auch bloß die Flammen der Kerzen in ihnen. Und natürlich konnte Korowjew es sich nicht verkneifen, auf die nunmehr beachtlich gestiegenen Chancen Jakuschkins hinzuweisen, am Neujahrsball des Messere teilzuhaben.

»Ein Ball? Was für ein Ball?« wollte Walerija neugierig wissen.

»Das erkläre ich dir später«, meinte Jakuschkin.

Eine unsichtbare Uhr schlug dreimal, woraufhin alle bis auf Jakuschkin und Walerija in eine sonderbare Unruhe und Geschäftigkeit verfielen. Gella brachte das Tablett mit den leeren Gläsern hinaus. Korowjew nahm den Turm Folianten vom Pult. Während er damit an Jakuschkin vorbei in eines der legendären Nebengelasse stürzte, flüsterte er ihm zu, alles habe sich vorzüglich gefügt, und seine, das heißt Jakuschkins, persönliche Sicherheit sei nun vollauf garantiert. Den Sinn und die Bedeutung dieser Worte vermochte Jakuschkin erst später im vollen Maße zu erfassen.

Behemoth holte von irgendwoher einen funkelnagelneuen Schraubenschlüssel, von dem er mit einem alten Lappen das Maschinenöl abwischte. Voland erklärte kurz angebunden, ihm stünde morgen beziehungsweise, um genau zu sein, eigentlich schon heute ein anstrengender Tag bevor. Daher bitte er seine Gäste um Nachsicht, wenn er sich ihnen nun auch nicht eine Minute länger widmen könne. Er wiederholte noch einmal die Einladung zum Silvesterball, die natürlich auch für Walerija gelte. Mit diesen Worten verschwand er hinter dem Pult, dabei von Behemoth begleitet, der seinem Gebieter nicht länger gram war.

»Du kommst jetzt mit zu mir«, kündigte Walerija Jakuschkin leise an.

Doch Jakuschkin schüttelte verneinend den Kopf und meinte nur, er müsse zunächst seiner Frau alles erklären.

»Keine Erklärungen!« protestierte Asasello, der als einziger bei den Gästen verblieben war. »Schreiben Sie ihr ein paar Worte, damit sie sich nicht unnütz Sorgen macht. Die Nachricht bringe ich dann vorbei. Bei der Gelegenheit werde ich auch noch mal die Lebensmittelvorräte ergänzen. Sie wissen selbst, daß das nicht gerade zu verachten ist.«

Asasello eilte zum Pult und riß irgendwo einen Fetzen Papier ab, den er Jakuschkin zusammen mit der Gänsefeder, die er zuvor in ein Tintenfaß mit aufklappbarem Deckel getaucht hatte, in die Hand drückte. Ohne lang zu überlegen, schrieb Jakuschkin folgende Worte: Ich gehe. Es muß sein. Verzeih!

Asasello, der ihn derweil unablässig beobachtete, entriß ihm sogleich die Notiz, um etwas Sand aus einem Sandstreuer, der ebenfalls auf dem Pult stand, zum Trocknen der Tinte darüber zu geben. Danach belud er sich mit zwei prall gefüllten Tüten, so daß er die Tür der Kutsche mit dem Bein aufstoßen mußte. Zunächst kletterten Walerija und Jakuschkin, dann auch Asasello hinaus.

Asasello verschwand im Hauseingang, tauchte aber nach wenigen Sekunden wieder auf. Er verabschiedete sich in der ihm eigenen Art, indem er kurz die Melone lüpfte. Als er schon auf dem Trittbrett stand, stieß er einen langen, verwegenen Pfiff aus. Der Kutscher gab den Pferden die Peitsche, die Kutsche fuhr ruckartig an und verschwand hinter der Ecke. Nachdem Walerija ihr noch nachgeblickt hatte, zog sie Jakuschkin am Ärmel zu ihrem Auto.

Sie waren kaum eingestiegen, da lagen sie sich schon in den Armen. Für beide schien die Zeit stehenzubleiben. Irgendwann ließ Walerija aber doch den Motor an, und ihr leuchtend roter Volvo flog zurück in Richtung Stadtzentrum. Bis zur Leningrader Chaussee dirigierte Jakuschkin sie. Gerade als sie in die Leningrader einbogen, durchschnitt ein gewaltiger Blitz in der Form eines »V« jäh das Schwarz des sternenlosen Himmels. Wintergewitter sind in Moskau zwar kein Wunderding, gleichwohl schien Walerija der Blitz ein Abschiedsgruß Volands zu sein.

»Wie ein Blitzschlag!« flüsterte sie.

»Was hast du gesagt?« fragte Jakuschkin zurück.

»Vielleicht klingt es banal, aber die Liebe hat mich getroffen – wie ein Blitzschlag. Und darin liegt meine einzige Rettung, mein Herz.«

Schließlich gelangten sie zu dem Haus, in dem Walerija wohnte. Es lag in einer der Gassen in der Nähe der Twerskaja. Sie nahmen den Fahrstuhl. Walerija schloß auf, und die beiden traten ein. Sie führte Jakuschkin ins Schlafzimmer. Beide sagten kein Wort, zogen sich hastig aus und warfen sich auf das gemachte Bett. In der Zeit, die die Nacht ihnen noch ließ, erfuhr Jakuschkin die ganze Kraft und die ganze Verzweiflung weiblicher Leidenschaft, die eine Frau empfindet, wenn sie zum letzten Mal in ihrem Leben liebt.

Bis Neujahr verblieben weniger als zwei volle Tage.

6. KAPITEL

Eine wissenschaftliche Konsultation

Sergej Mitrofanowitsch hatte es sich angewöhnt, in den Einsatzberichten das Schlüsselwort *Kaninchen* zu suchen und es sogleich fett zu unterstreichen. Er grübelte darüber nach, ob das Tier wohl eigens trainiert und ausgebildet worden war. Wenn man nur lange genug grub... Abermals schwirrte ihm der Gedanke an Generalsepauletten durch den Kopf, worauf sich seine Stimmung unversehens ein wenig aufhellte.

Unter den Berichten fand sich auch ein Vermerk nach den Aussagen jenes Agenten, der am Abend zuvor für den Tschaikowski-Konzertsaal zuständig gewesen war, wonach um Viertel vor zehn eine Kutsche vorgefahren war. Gleichzeitig sei jemand mit einem geflochtenen Korb aus dem Gebäude herausgekommen. Bevor der Beschatter auch nur ein Wort hätte sagen können, saß der Unbekannte bereits in der Kutsche und fuhr davon.

Es beschäftigen sich also schon andere ganz ernsthaft mit dieser Kutsche! Parallel zu der Suche nach dem Kaninchen! Eben! Sollten sie ruhig! Sergej Mitrofanowitsch wußte, was er zu tun hatte.

Zunächst rief er in der Akademie der Wissenschaften an, um sich nach einer renommierten Koryphäe im Bereich der Kaninchenzucht zu erkundigen. Als in Frage kommender Spezialist wurde ihm Professor Kolokoltschikow genannt und empfohlen, der ein Labor im wissenschaftlichen Forschungsinstitut für Biomechanik leitete.

Als der Oberst im Labor anrief, teilte man ihm mit, der Professor sei nicht da und werde auch nicht erwartet, denn er arbeite heute zu Hause. Somit mußte er ihn ebendort anrufen. Sergej Mitrofanowitsch stellte sich vor und bat die Frau am anderen Ende, in Erfahrung zu bringen, ob Professor Kolokoltschikow bereit sei, ihn in einer dringenden Angelegenheit umgehend zu empfangen. Die Frau entfernte sich, kehrte mit der Antwort zurück, der Professor sei willens, einen Mitarbeiter des KGB zu empfangen, und nannte Sergej Mitrofanowitsch die Adresse.

Professor Kolokoltschikow wohnte hinter dem Leninskiprospekt, unweit des Kaufhauses »Moskwa«. Alle in seiner Wohnung Anwesenden empfingen den Gast aus irgendeinem Grund mit einem freundlichen Lächeln. Die wie eine Zigeunerin aussehende forsche Hausangestellte lächelte ebenso wie die in einen langen, bemalten chinesischen Hausmantel gehüllte Gemahlin des Professors – sie war so jung, daß Sergej Mitrofanowitsch in ihr zunächst die Tochter des Professors vermutete – und der auf einem Teppich ein Spielzeugauto hin und her bewegende Wonneproppen; es lächelte anscheinend sogar der gewaltige Bernhardiner, der seine rosa Zunge aus dem Maul hängen ließ.

Sergej Mitrofanowitsch wurde ins Arbeitszimmer gebracht. Hier fand er Professor Kolokoltschikow vor, der, angetan mit einem Trainingsanzug, auf einem Heimtrainer kräftig in die Pedale trat. Schmächtig und mit einem grauen Spitzbärtchen, erinnerte er frappant an Väterchen Kalinin. Und wie der »Allunionsälteste«[20] hatte er sich im fortgeschrittenen Alter nicht nur eine allgemeine Rüstigkeit, sondern auch seine sexuelle Potenz bewahrt. Denn der Wonneproppen war nicht Enkel noch Urenkel des Professors, sondern sein leibhaftiger Sohn, den seine junge Frau Gemahlin, die noch bis vor kurzem seine Laborantin gewesen war, zur Welt gebracht hatte – freilich unter seiner tätigen Mitwirkung.

Der Hausherr bat um Entschuldigung, daß er den Gast während seines Trainings empfange. Doch sei ebendies der Tagesablauf, den er vor Jahren eingeführt habe. Von ihm abzuweichen sei insofern unmöglich, als von der Gesundheit des Professors die Zukunft der internationalen Wissenschaft abhänge. Selbstredend sei er jedoch in der Lage, seinem Gast auch auf dem Heimtrainer zuzuhören.

Sergej Mitrofanowitsch kam nicht gleich zur Sache. Zunächst ersuchte er den Professor um einige Informationen über Kaninchen, ihren Platz in der Tierwelt und ihre Bedeutung für die wirtschaftliche Tätigkeit des Menschen.

Daraufhin mußte er sich einen ganzen Vortrag anhören. Derweil der Professor weiter in die Pedale trat, erging er sich in Ausführungen über den Ursprung des Kaninchens und seiner frühen Vorfahren. Detailliert beschrieb er die heute existenten Rassen. Er berichtete vom Sowjetischen Marder ebenso wie vom Blauen Wiener. Desgleichen erwähnte er die exotischen Thüringer mit ihrem ungewöhnlich schönen graubraunen Fell, »das sich mit dem der Bisamratte, mit dem des Bibers« durchaus messen könne. Das Steckenpferd des Professors war aber die Rolle, die das Kaninchen bei der Fleischversorgung des Landes spielen könnte. Diesbezüglich hatte er sogar schon eine detaillierte Eingabe an die Regierung gemacht.

Er habe die Vision, daß jede sowjetische Familie – unabhängig davon, ob sie in der Stadt oder auf dem Land lebte – verpflichtet werden müßte, Kaninchen zu züchten. Auf dem Land bereitete das ohnehin kaum Probleme, und in der Stadt müßte halt in jeder Wohnung ein Plätzchen für die häusliche Kaninchenzucht gefunden werden. Das Futter für die Tiere würde täglich mit speziellen Lastwagen ausgefahren. Wären diese Pläne erst einmal realisiert, könnten sich die Arbeiter einzig und allein durch die Kaninchenzucht ernähren, weshalb sie den Weg in die Lebensmittelläden schon bald vergessen würden. Mit der Zeit würden sie zudem lernen, aus dem Kaninchenfell Kleidung herzustellen, woraufhin sie auch den Weg in die anderen Geschäfte vergessen würden. Bislang habe es die Regierung jedoch nicht für nötig befunden, auf dieses sein geniales Programm zu reagieren!

Damit war der Vortrag beendet – und mit ihm die Session auf dem Heimtrainer. Der Professor sprang behende vom Sattel, atmete mit erhobenen Armen mehrmals tief ein und aus, um sodann leichten Schrittes durch sein Arbeitszimmer zu joggen. Sergej Mitrofanowitsch kam nun auf sein eigentliches Anliegen zu sprechen.

»Und sagen Sie mal«, bat er, »wäre es theoretisch möglich, daß ein Kaninchen plötzlich einen Menschen anfällt und ihn beißt?«

Der Professor verlangsamte seinen Lauf ein wenig, um ihm zu antworten, jedes Tier könne zu beißen anfangen, wenn es durch Demütigungen, Hunger oder Schläge bis aufs äußerste gereizt werde.

»Das heißt, Sie ziehen eine solche Möglichkeit in Betracht?« Nachdem Sergej Mitrofanowitsch diese Schlußfolgerung noch einmal bestätigt worden war, fragte er, ob ein solcher Kaninchenbiß besondere Reaktionen beim Gebissenen hervorrufen könne. Beispielsweise eine Bewußtseinstrübung.

»Trübung oder Aufhellung?« präzisierte der Professor.

Damit war die Zeit gekommen, offen von dem gestrigen Zwischenfall im Tschaikowski-Saal zu sprechen. Der Professor hörte den Bericht mit weit aufgerissenen Augen an. Vom Laufen war er mittlerweile zum Gehen übergewechselt. Schon bald sollte er sich sogar hinsetzen, dies allerdings – warum auch immer – auf den Fußboden.

Zunächst wollte er wissen, welcher Rasse das Kaninchen angehöre. Was konnte ihm Sergej Mitrofanowitsch diesbezüglich schon mitteilen? Es war grau, basta. Schließlich waren sie keine Kaninchenzüchter, so leid es ihm auch tat! Professor Kolokoltschikow zupfte sich am Bart und versuchte, sich die Spitze in den Mund zu stecken. Nun gut, wenn er sich davon ein freies Fließen wissenschaftlicher Ideen erhoffte... Nach einer Weile verkündete er dann, die dargestellten Fakten seien der Wissenschaft nicht bekannt. Warum also im Kopf des gebissenen Schriftstellers sämtliche Bremsmechanismen ausgefallen seien (und warum sonst hätte er sein Innerstes nach außen kehren sollen?), könne er, Professor Kolokoltschikow, bislang nicht erklären. Man möge ihm aber das beißende Kaninchen überlassen, damit er es einer gründlichen Untersuchung unterziehen könne. Danach dürfte er...

Leicht gesagt, *ihm überlassen*, wenn bei der Jagd nach dem Tier seine Leute spurlos verschwanden!

Professor Kolokoltschikow war baß erstaunt. Wie die meisten Sowjetbürger glaubte auch er an die grenzenlosen Möglichkeiten der Sicherheitsorgane. Beunruhigt fing er wieder an, durch sein Arbeitszimmer zu joggen. Es bekümmerte ihn ungemein, daß ein solch ungewöhnliches Kaninchen nicht zu fangen war. In seinem Kummer schalt er Sergej Mitrofanowitsch sogar: Warum hatten sie denn beispielsweise keine Jagdhunde im Tschaikowski-Saal dabeigehabt?

»Halt!« rief der Professor plötzlich aus, wobei er sich mit der Hand gegen die Stirn schlug. »Über ein beißendes Kaninchen habe ich schon einmal irgendwo etwas gelesen. Aber wo nur?«

Abermals kaute er auf seiner Bartspitze herum. Danach stieg er noch einmal auf den Heimtrainer, um ein wenig in die Pedale zu treten.

»Ich hab's!« rief er fröhlich aus. »Ich hatte mal einen Mitarbeiter… Heilige Mutter Gottes! Wie hieß er nur?… Jakuschkin!«

Es verlangte Sergej Mitrofanowitsch ungeheure Kräfte ab, nicht in Ohnmacht zu fallen. Und ohne die Validoltablette, die er aus seiner Brusttasche holte und sich unter die Zunge legte, hätte er die Situation wahrscheinlich nicht gemeistert. Von einigen unwesentlichen Details abgesehen, gab der Professor folgenden Bericht: Ja, der Familienname des Mitarbeiters sei wirklich Jakuschkin. Er sei nicht ganz unbegabt gewesen, habe zu einigen Hoffnungen Anlaß gegeben. Sicherlich wäre er jetzt schon längst Kandidat der Wissenschaften. Aber er sei auf Abwege geraten. Nein, nicht direkt, nicht in diesem Sinne. Auf die Kunst sei er verfallen. Habe angefangen zu schreiben. Imitierte die bekannten Satiriker. Und in einem seiner Werke kam ein beißendes Kaninchen vor – worauf Professor

Kolokoltschikow einigermaßen zusammenhängend den Roman Jakuschkins nacherzählte.

»Heißt das, man kann ein Kaninchen entsprechend dressieren?« fragte Sergej Mitrofanowitsch.

»Quatsch!« erboste sich der Professor. »Das ist reinste Phantasie.«

Dem Professor hatten an der Geschichte Jakuschkins insbesondere einige Details mißfallen, in denen er Gegebenheiten seines Labors wiedererkannt hatte. Selbst einige Figuren hatte man identifizieren können, so zum Beispiel seinen Vertreter Lampassow, einen Major a. D. Was sollte das heißen, Lampassow habe von der Wissenschaft keinen blassen Schimmer? Dafür halse er sich immerhin selbstlos eine Unmenge organisatorischer Probleme auf. Ein anderes Beispiel sei der in seinem Labor tätige Sportler und Meister im Freistilringen Tschurkin.

»Dieser Jakuschkin, hat der Ihnen seinen Roman gezeigt?« wollte Sergej Mitrofanowitsch wissen.

Professor Kolokoltschikow wandte den Blick ab, um sodann zuzugeben, er habe das Manuskript von Lampassow erhalten. Der hatte nämlich als erster bemerkt, daß Jakuschkin während der Arbeitszeit etwas geschrieben hatte. So habe er heimlich seinen Schreibtisch durchsucht und das Manuskript entwendet, das er dann dem Professor ausgehändigt habe, damit dieser, wie er es genannt hatte, »effektive Maßnahmen« ergreifen möge.

Man habe Jakuschkin gerufen und Tacheles mit ihm geredet. Die Beschäftigung während der Arbeitszeit mit weiß der Teufel was war nicht ohne scharfen Tadel geblieben. Jakuschkin sei darauf etwas aufbrausend geworden und habe geantwortet, er dulde nicht, daß irgendwer die Nase in seine Angelegenheiten

stecke. Danach habe er sein Entlassungsgesuch ein-
gereicht. Der Professor habe ihn noch einmal zu
überreden versucht, aber Jakuschkin sei störrisch
gewesen... Wo er jetzt sei, was er mache, könne er
nicht sagen. Allerdings hatten verschiedene Zeitungen sowie eine Zeitschrift ab und an kürzere Erzählungen von ihm veröffentlicht. Die waren jedoch alle
völlig ohne Kaninchen ausgekommen.

Obwohl man das Gespräch damit hätte beenden
können, hakte Sergej Mitrofanowitsch noch einmal
nach: »Sie selbst haben sich also persönlich noch nie
mit beißenden Kaninchen befaßt?«

»Mein Ehrenwort!« Professor Kolokoltschikow
schlug sich sogar mit der Faust gegen die Brust.

»Und dennoch ist doch jetzt ein solches Kaninchen
aufgetaucht.«

Hierauf bekundete der Professor seine Bereitschaft,
sofort alles andere stehen und liegen zu lassen, um
sich, falls dies gewünscht werde, der Frage anzunehmen, ob es eventuell Verbindungen zwischen dem
literarischen Werk seines einstigen Mitarbeiters und
dem nun leibhaftig aufgetauchten beißenden Kaninchen gebe. Er erinnere sich noch, daß das Kaninchen
im Roman mit verschiedenen Methoden behandelt
wurde. Man müßte also alles Punkt für Punkt wiederholen. Dafür bräuchte er freilich den Text.

Ach, er tat nicht gut daran, sich in dieser Weise zu
äußern! Wahrlich, der Teufel muß ihm auf der Zunge
gesessen haben. Doch wollen wir auf die Folgen seines
Verhaltens erst später eingehen.

Sergej Mitrofanowitsch versprach, dem Professor
binnen kürzester Zeit Jakuschkins Roman auszu-
händigen. Die Einladung, am familiären Mittagessen
teilzunehmen, lehnte er in aller Freundlichkeit ab.

Nachdem er sich von den immer noch lächelnden Mitgliedern des professoralen Haushalts verabschiedet hatte, machte er sich auf zur Lubjanka.

Dortselbst nahm er zunächst das tragbare Aufnahmegerät aus der Tasche, das während des gesamten Besuchs beim Professor mitgelaufen war. Sergej Mitrofanowitsch hörte sich die Aufzeichnung an. Den Teil, der Jakuschkin betraf, spielte er zweimal ab. Und was ist nun, wenn das beißende Kaninchen tatsächlich sein Werk ist? überlegte er. Nein, nein! Die Literatur ist eine Sache, die Realität eine andere – war das nicht allgemein bekannt?

Sergej Mitrofanowitsch zeichnete sich nicht gerade durch reiche Phantasie aus. Gleichwohl stellte er sich nun – zudem recht plastisch – ein unterirdisches Labor vor, in einem Haus oder einem verlassenen Keller, in dem Jakuschkin klammheimlich seine Versuche an Kaninchen vornahm. Er richtete sie zu bissigen Tieren ab, die von den unterschiedlichsten Extremisten aus dem demokratischen Lager für deren subversive Ziele genutzt werden konnten. Wolossuchin war nur das erste Opfer, nach ihm würden andere kommen …

Sergej Mitrofanowitsch nahm die Minikassette aus dem Gerät, um sie im Tresor zu verwahren. Er hatte beschlossen, den distinguierten Abteilungsleiter vorerst noch nicht von den Informationen in Kenntnis zu setzen, an die er gelangt war. Von Hauptmann Drynow ganz zu schweigen. Kaum fiel ihm dieser wieder ein, rief er ihn an, um sich zu erkundigen, ob es Neuigkeiten gebe.

Es gab Neuigkeiten, wiewohl recht betrübliche. Während seiner Nachtschicht sei der Beschatter des Jakuschkinschen Hauses in schändlichster Weise eingeschlafen. Drynow sei dabei, ihn zu verhören. Eine

Mitarbeiterin, die sich unter dem Vorwand, sie komme wegen der Gasrechnung, Zutritt zur Wohnung verschafft hatte, habe Jakuschkin dortselbst nicht entdecken können. Seine Frau schien sich in einem Zustand starker nervlicher Anspannung zu befinden. Darüber hinaus gebe es in der Wohnung Mangelware. So habe der Sohn Jakuschkins beispielsweise an einem Brot mit schwarzem Kaviar und Lachs geknabbert.

Nachdem Sergej Mitrofanowitsch diesen Bericht vernommen hatte, befahl er Drynow, in seinem Zimmer zu bleiben, er könne jede Minute gebraucht werden.

Nach dem Besuch Sergej Mitrofanowitschs hatte sich Professor Kolokoltschikow voller Appetit über sein Mittagessen hergemacht, um hernach auf dem Sofa in seinem Arbeitszimmer ein Nickerchen zu halten. Er hatte einen unsagbar süßen Traum – ihm wurde in Stockholm der Nobelpreis für herausragende Verdienste in der Kaninchenzucht verliehen. Aus irgendwelchen Gründen überreichte ihm diese Auszeichnung jedoch nicht der schwedische König, sondern sein Gast von vorhin, Sergej Mitrofanowitsch.

Das Quietschen der Pedale des Heimtrainers riß den Professor aus dem Schlaf. Zunächst glaubte er, sein frecher Sohnemann sei heimlich ins Arbeitszimmer gekrochen, wie das bereits öfters vorgekommen war. Indes, als er die Augen öffnete, erstarrte er vor Schreck. Auf dem Heimtrainer thronte ein kapitaler schwarzer Kater. Nicht genug, daß er sich als Velozipedist betätigte, nein, obendrein schrie er auch noch in drohendem Ton: »Ich reit und reite, wie sich's tut, doch wen ich pack, den pack ich gut!«[21]

Das wohl Schrecklichste stand dem Professor

aber noch bevor. Als er den Blick zum Schreibtisch wandte, erblickte er dahinter ein abscheuliches Individuum mit vorsintflutlichem Zwicker. Das Individuum wühlte seine Papiere durch. Die einen schmiß es zu Boden, die anderen legte es zu einem Stapel zusammen, frei nach dem Motto: Die guten ins Töpfchen, die schlechten ...

»Was wollen Sie denn hier?« fragte der Professor, wobei er vor Angst nur stammeln konnte.

»Wir sind Ihre Leibwache«, erläuterte Korowjew. »Ich und der da.« Der Schuft wies auf Behemoth, der daraufhin noch schneller in die Pedale trat. »Wir werden Sie Tag und Nacht beschützen. Wissenschaftliche Aufzeichnungen derart offen herumliegen zu lassen ist, mit Verlaub gesagt, strengstens verboten. Sie müssen mit einer Schnur zusammengehalten und versiegelt werden.«

»Sind Sie Mitarbeiter des KGB?«

»Und was für welche!« ließ sich Behemoth vernehmen. »Solche KGBler wie uns können Sie lange suchen. Wir lassen Sie keine Sekunde aus den Augen. Selbst zur Toilette begleiten wir Sie. Müssen Sie vielleicht auf die Toilette? Dann sagen Sie es ruhig.«

»Ich will nicht auf die Toilette!« kreischte der Professor voller Verzweiflung. Insgeheim verfluchte er sich dafür, Sergej Mitrofanowitsch seine Mitarbeit offeriert zu haben. Aber was half es, sich jetzt zu ärgern? Hinterher war man immer klüger.

Korowjew kam hinter dem Tisch hervor, Behemoth schwang sich vom Heimtrainer. Beide gingen auf das Sofa zu, um den Professor bei den Händen zu fassen. Vielleicht hatten sie ja tatsächlich vor, ihn auf die Toilette zu bringen, wer mag das schon sagen! Gleichwohl fing Professor Kolokoltschikow bei der Berührung der eiskalten Hände Korowjews sowie der nicht minder eiskalten Pfoten Behemoths laut an zu schreien. Er bäumte sich auf, wand sich hin und her. Doch schon im nächsten Augenblick verstummte er und lag nur mehr ausgestreckt auf dem Sofa.

Zuerst traf der Notarzt der akademischen Poliklinik ein. Ihm folgte der Krankenwagen. Sämtliche Bemühungen waren vergebens: Professor Kolokoltschikow war tot. Die Hausangestellte sagte aus, sie habe im Arbeitszimmer jemanden sprechen gehört. Plötzlich habe jemand geschrien. Als sie jedoch ins Zimmer geeilt sei, habe sie außer dem Professor niemanden vorgefunden. Über den Boden seien die Papiere vom Schreibtisch verstreut gewesen. Da das Fenster geöffnet war, dürfte der Wind sie erfaßt haben. In diesem Zusammenhang erklärte sie, der Professor habe in seinem Arbeitszimmer häufig gelüftet, da er frische Luft liebte. Allem Anschein nach hatte er also das Fenster geöffnet, bevor er sich hingelegt hatte, und dann beim Schließen den Riegel nicht richtig vorgelegt.

Neider behaupteten, Professor Kolokoltschikow sei an sexueller Überanstrengung gestorben. Mit anderen Worten, die junge Gattin habe den Alten ins Grab gebracht. Diejenigen, die ihm mit Sympathie entgegentraten, wollten sich dieser Auffassung nicht anschließen. Sie wiesen auf den Umstand hin, daß der Professor im Schlaf verstorben sei. So aber würden einzig und allein wahrhaft Gerechte von uns gehen.

7. KAPITEL

Kleine Gemeinheiten

Immer öfter beschleicht den Autor folgender Gedanke: Da beschreibt er Ereignisse, die möglicherweise nicht ganz alltäglich sind, gleichwohl aber kaum in der Lage sein dürften, zu einer grundlegenden Veränderung der Gesamtsituation im Lande beizutragen. Zugegeben, der Kampf zwischen Volands Gefolge und der Geheimpolizei hat ihn gefesselt. Ja, und? Immerhin gibt es ja wohl noch das einfache Volk. Und welcher russische Schriftsteller hätte nicht aus ganzer Seele das Leid seiner Schicksalsgenossen beklagt? So kann auch ich nur sagen: *Breite Riemen um die Brust gespannt, Schritt für Schritt im nassen Ufersand, ziehn wir und schleppen an schweren Ketten stromauf Lasten den Fluß entlang.*

Daher habe ich beschlossen, mich in diesem Kapitel der wirtschaftlichen Probleme anzunehmen. Zumindest sollte es nun kein Kritiker wagen, dem Autor die Banalität des Themas vorzuwerfen. Wohlan, in medias res.

Man diskutierte damals allenthalben mögliche Veränderungen im russischen Wirtschaftswesen. Auf höchster Ebene wurde eine bedeutende Sitzung vorbereitet. Was von dieser allerdings konkret zu erwarten war, vermochte niemand zu sagen. Mithin gingen die unwahrscheinlichsten Gerüchte um. Man scheute sich nicht einmal zu behaupten, noch auf ebendieser Sitzung würde man ein für allemal jeglichem Sozialismus abschwören und statt dessen und übrigens zwangsweise den einzig wahrhaften Kapitalismus einführen. Andere priesen einen Cocktail aus Sozialismus und Kapitalismus, der so kunstvoll und gut gemischt sein würde, daß er zu atemberaubenden Ergebnissen führen müsse. Zumindest eine Sache schien allen klar zu sein: Die marode russische Wirtschaft würde nicht mehr lange gleich einem wackligen Leiterwagen über einen holprigen Feldweg zuckeln, sondern schon bald wie eine moderne Limousine auf einer ebenen Chaussee rasend schnell dem künftigen Reichtum entgegenbrausen.

Schließlich war der langersehnte Tag da. Genauer gesagt, der Morgen dieses Tages. Ein durch und durch gewöhnlicher Dezembermorgen, an dem es spät tagte und mäßig starker Frost herrschte.

Begeben wir uns nun abermals in das Haus hinter dem Leninskiprospekt, in dem am Vortag Professor Kolokoltschikow seine Seele Gott überantwortet hatte, allerdings in eine andere Wohnung, nämlich in die des renommierten Ökonomen und Akademiemitglieds Pjotr Semjonowitsch Lobkow. Den Hausherrn treffen wir gerade beim Frühstück an, bei dem er noch einmal den Vortrag überfliegt, den er auf der Sitzung im Kreml halten soll. Dieser Vortrag kann unumwunden als bahnbrechend bezeichnet werden.

Freilich hatte die erste Version des Vortrags, die Lobkow vor einem halben Jahr zusammen mit seinen Kollegen ausgearbeitet hatte, noch einen entschieden radikaleren Charakter gehabt. Hätte man sich an die vorgestellten Schritte und Ratschläge gehalten und insbesondere den kühnen, geschäftstüchtigen und flexiblen Leuten sämtliche Hindernisse aus dem Weg geräumt, so würde es – zu diesem Schluß war die Arbeitsgruppe gekommen – bereits in einem relativ überschaubaren Zeitraum möglich sein, das Volk nicht nur zu ernähren, sondern auch einzukleiden und ihm verschiedene Kinkerlitzchen wie Kühlschränke, Schrankwände und dergleichen zu offerieren. Nach all diesen Waren lief man sich bislang einfach die Hakken ab. Derartige erfreuliche Perspektiven wurden durch nüchterne Wirtschaftsdaten unterfüttert.

Der Vortrag wurde dem Präsidenten vorgelegt – womit alles anfing.

Zum Beraterstab des Präsidenten gehörten mit einem Mal etliche Wirtschaftswissenschaftler. Um ihr (unter uns gesagt, keinesfalls geringes) Gehalt zu rechtfertigen, fügten sie in den Vortrag einige spitzfindige Korrekturen ideologischer Art ein, die fest in der Tradition des wissenschaftlichen Kommunismus wurzelten. Dem Präsidenten selbst waren Wirtschaftsfragen auch nicht fremd, weshalb er selbst noch einmal den Text durchging.

Nun, warum sollte Pjotr Semjonowitsch sich diesbezüglich den Kopf einrennen? Warum sollte er auf seinen Auffassungen bestehen und jede Veränderung ablehnen? Da er fürchtete, in Ungnade zu fallen, machte er sich schweren Herzens an die Überarbeitung des Vortrags.

Keiner seiner Mitarbeiter durfte zu diesem Zeitpunkt Urlaub nehmen. Die Arbeit lief auf Hochtouren. Die Zeit zerrann ihnen unter den Händen. Alle gaben ihr letztes. Am Ende konnten sie die überarbeitete Fassung fristgerecht nach oben weiterreichen. Sie war zwar nicht mehr ganz so radikal, aber immerhin schimmerte die erste Variante noch durch. Als sie von der präsidialen Spitze zurückkam, gab es doppelt so viele Anmerkungen und Korrekturen wie beim ersten Mal.

Ich will nicht viele Worte machen oder mich in Kleinigkeiten verlieren, sondern weise schlicht darauf hin, daß sich die Geschichte, das Zirkulieren des Vortrags zwischen präsidialer Spitze und Lobkow, rund ein Dutzend Mal in dieser Form wiederholte. Die endgültige Version hatte mit der ursprünglichen kaum noch etwas gemein. Man konnte nicht einmal mehr sagen, was im Vortrag konkret vorgeschlagen wurde, da er großenteils aus Phrasen à la »Wir müssen dahin kommen...« oder »Man muß entschlossen dagegen angehen...« bestand. Ich hege den Verdacht, daß selbst der große Adam Smith, den Alexandr Puschkin in trauter Harmonie mit seinem Helden Jewgeni Onegin so hochschätzte, in tiefe Niedergeschlagenheit gesunken wäre, hätte er diesen Text gelesen. Möglicherweise hätte er nach der Lektüre sogar jedwede Beschäftigung mit den Wirtschaftswissenschaften aufgegeben.

Nun saß Pjotr Semjonowitsch Lobkow, ein stattlicher, noch längst nicht alter Mann von Welt, in der Küche beim Frühstück und las den konzentrierten Stumpfsinn, den er bei der heutigen Sitzung im Kreml vorzutragen hatte. Er war bereits ausgehfertig – mit frisch gebügeltem Anzug, schneeweißem Hemd und Krawatte. Ihm gegenüber saß seine Eheliebste, angetan mit einem Morgenmantel. Da sie die historische Bedeutung des Augenblicks erfaßt hatte, frühstückte sie selbst nichts, sondern konzentrierte ihre ganze Aufmerksamkeit und Sorge auf den Gatten. Sie schob ihm weitere bereits belegte Brote hin, schenkte ihm Kaffee ein und ließ den treu liebenden Blick beständig auf Pjotr Semjonowitsch ruhen. Dieser befand sich in einem schlimmen Gemütszustand.

»Weiß der Teufel, was...«, brummte er, während er hastig zur nächsten Seite umblätterte. »Das ist doch alles Müll!«

An der Tür klingelte es. Die Gattin ging hin, um zu öffnen. Auf der Schwelle stand ein Mann in Arbeitskleidung, der ein zerschlissenes Köfferchen in der Hand hielt. In solchen Taschen werden normalerweise Schlosserwerkzeuge aufbewahrt. Der Mann war von kleinem Wuchs und sehr beleibt. Sein Gesicht war kugelrund, die Augen dagegen schlitzartig. Seine ganze Erscheinung gemahnte an einen Kater.

»Haben Sie den Installateur bestellt?« fragte er kurz angebunden.

In der Tat hatte die Eheliebste Pjotr Semjonowitschs am Vortag bei der kommunalen Wohnungsverwaltung angerufen und gebeten, zwecks Reparatur eines kaputten Hahns im Bad jemanden vorbeizuschicken. Sie brachte den Installateur ins Badezimmer, um ihm zu zeigen, welcher der Hähne tropfte und in Ordnung gebracht werden mußte. Behemoth (und um ebenden handelte es sich hier, denn er war der einzige aus Volands Bande, der etwas von Technik verstand) machte sich ans Werk. Derweil ging die Gattin in die Küche zurück.

»Man fragt sich doch, was der eigentlich im Kopf hat«, murmelte Pjotr Semjonowitsch gedankenverloren und am Bügel seines Brillengestells nagend, als er sie erblickte. Damit meinte er den Präsidenten. »Nie kommst du dahinter.«

»Ich bin überzeugt davon, daß deine Rede glänzend wie immer sein wird«, entgegnete seine Frau, während sie ihm das nächste Brot mit Schinken aus der Ration für Akademiemitglieder auf den Teller legte.

»Was soll das?« fragte Pjotr Semjonowitsch gereizt. Gleichwohl nahm er das Brot und aß es sogar. »Weißt du, es ist mir vor dem Ausland peinlich. Da wird man diesen Schwachsinn auch lesen…« Pjotr Semjonowitsch fuchtelte mit dem Vortrag herum. »… und dann wird sie das nackte Entsetzen packen. Immerhin habe ich einen Namen, einen Ruf zu verlieren.«

In diesem Moment drang aus dem Bad ein seltsamer Knall. Durch die offene Tür ergoß sich ein mächtiger Wasserschwall. Auch gegen die Korridorwände klatschte Wasser, worauf diese von unzähligen feinen Spritzern überzogen wurden. Da die Frau mit dem Rücken zur Tür saß, sah sie von alldem nichts, wohingegen Pjotr Semjonowitsch, wenngleich kurzsichtig, alles genau verfolgen konnte. Er schnellte vom Stuhl, um ins Bad zu hechten und zu sehen, was dort los war. Im Flur stieß er mit dem hinauseilenden Installateur Behemoth zusammen.

»Gewinde überdreht…«, brummte der, »… das Hauptventil zudrehen… im Keller… bin gleich… Nur keine Sorge.«

Er schnappte sein Köfferchen, stürzte zur Tür, riß sie auf und – fort war er!

Dem Blick Pjotr Semjonowitschs bot sich ein fürchterliches Bild. An der Stelle des reparaturbedürftigen Hahns klaffte ein Loch, während der Hahn selbst in der Wanne lag. Aus dem Loch schoß mit unglaublichem Druck Wasser. Wie viele andere Wissenschaftler wußte Pjotr Semjonowitsch nur schlecht auf all die kleinen alltäglichen Mißgeschicke zu reagieren.

Aber was will man machen, dafür war er ein großer Gelehrter!

»Petja! Paß auf!« schrie seine hinter ihm auftauchende Eheliebste.

Aber es war schon zu spät. Ein Schwall eiskalten Wassers ergoß sich über das verdiente Akademiemitglied, das daraufhin von Kopf bis Fuß klatschnaß war. Überdies entriß der Strahl ihm den Vortrag, der seiner Meinung nach westlichen Experten ohnehin wenig gefallen würde. Die Büroklammer löste sich, die Seiten flatterten zu Boden, wo sie im Nu durchweichten.

Pjotr Semjonowitsch fluchte gewaltig, was für ihn, einen durchaus intelligenten Menschen, wahrlich untypisch war. Er versuchte, das Loch mit der Hand abzudecken. Aber irgendwann mußte er die Hand wieder wegnehmen, er konnte schließlich nicht ewig da stehenbleiben. So versuchte Pjotr Semjonowitsch, das Loch mit einem zusammengerollten Lappen zu stopfen, was zumindest anfänglich einigen Effekt zeigte. Dann aber wurde der Lappen herausgeschleudert, da der Druck einfach zu stark war. Daraufhin wollte Pjotr Semjonowitsch den Schaden lokal begrenzen, indem er die Badezimmertür schloß, was das Wasser allerdings nicht daran hinderte, durch den Spalt unter der Tür hindurchzudringen. Es tränkte den Fußboden in Flur, Küche sowie unmittelbar vor der Eingangstür und sickerte in die Zimmer.

Unterdessen war die Zeit herangenaht, in den Kreml aufzubrechen. Nach einem Blick auf die Uhr faßte Pjotr Semjonowitsch sich an den Kopf. Im Geiste den nichtsnutzigen Schlosser aufs fürchterlichste verwünschend, stürzte er ins Schlafzimmer, holte seinen Reserveanzug, Hemd wie Krawatte aus dem

Schrank und zog sich um. Seine Eheliebste flatterte aufgelöst durch die Wohnung. Der Mann, der versprochen hatte, das Hauptventil im Keller unverzüglich zu schließen, schien wie vom Erdboden verschluckt. Muß man wirklich noch sagen, daß jedes Warten auf ihn vergebene Liebesmüh war?

Die Frau rief in der kommunalen Wohnungsverwaltung an, aber verhexterweise war dort besetzt. Mittlerweile stand sie knöcheltief im Wasser.

Pjotr Semjonowitsch hatte sich indessen relativ trockene Kleidung anziehen können. Platschend stürzte er zur Wohnungstür. Er riß Mantel und Mütze vom Haken. Mit oder ohne Vortrag – das wichtigste für ihn war jetzt, rechtzeitig in den Kreml zu kommen. Andernfalls erwarteten ihn ernstliche Unannehmlichkeiten. Nachdem Pjotr Semjonowitsch seine Frau noch einmal zum Durchhalten aufgefordert hatte, wollte er das Schloß der Eingangstür entriegeln – und erlebte die nächste Überraschung.

Vielleicht hatte ja Behemoth die Tür nicht ordnungsgemäß zugezogen, vielleicht wies das Schloß, das erst vor kurzem ausgewechselt worden war, einen Produktionsfehler auf – zumindest bewegte sich der Riegel jetzt kein Stück. Stellen Sie sich nur einmal diese Situation vor: Ein angesehener Wissenschaftler, der sogar internationales Renommee genießt, versucht seine Tür zu öffnen – und das verflixte Schloß rührt sich keinen Deut! Voller Verzweiflung zog Pjotr Semjonowitsch die Tür mit aller Kraft an sich. Das einzige, was ihm dieser Versuch einbrachte, war eine vollständig herausgerissene Klinke. Damit war die Lage im wörtlichen Sinne schlicht und ergreifend ausweglos.

Unterdessen klatschten die ersten Tropfen auf die Mieter unter ihnen, die daraufhin begannen, mit

irgendeinem Eisengegenstand gegen das Heizungs-
rohr zu klopfen. Kaum war ihnen die Aussichtslosig-
keit dieser Form der Signalgebung bewußt geworden,
kamen sie durchs Treppenhaus, klingelten Sturm und
schlugen mit den Fäusten gegen die Tür. Drohun-
gen und wilde Beschimpfungen waren zu vernehmen – und das in einem Haus, das vom Parterre bis
zum obersten Stockwerk von Vertretern der wissenschaftlichen Intelligenzija bewohnt wurde.

Offenbar gelang es dann doch noch jemandem, das
Hauptventil im Keller zu schließen, worauf der Was-
serstrom augenblicklich versiegte. Die Eingangstür
mußten freilich zwei Schlosser von der kommunalen
Wohnungsverwaltung (echte und keine selbsternannten) mit einem Brecheisen öffnen.

Die Befreiung aus der Gefangenschaft, welche ich
wohl mit Fug und Recht eine wäßrige nennen kann,
kam jedoch zu spät. Pjotr Semjonowitsch befand sich
in einem völlig aufgelösten Zustand. Er lag halb in
einem Sessel, die Augen mit den Händen bedeckt,
um bloß nicht zu sehen, was aus seiner gepflegten
Wohnung geworden war, und stöhnte laut vor sich
hin. Von einer Fahrt in den Kreml konnte keine Rede
mehr sein. Man rief den Notarzt aus der Akademischen Poliklinik. Der Arzt stellte bei Pjotr Semjonowitsch stark erhöhten Blutdruck fest, woraufhin er ihn
krankschrieb, ein Rezept ausstellte und ihm empfahl,
das Bett zu hüten.

Während das unglaublich schuftige Katertier Behemoth sich an die Reparatur des kaputten Hahns in der
Wohnung des Akademiemitglieds Lobkow machte,
trat aus dem Hauseingang niemand anders als Korowjew. Unter schwerem Keuchen schleppte er einen

großen Koffer mit unzähligen Reißverschlüssen, der offenkundig ausländischer Produktion war. Korowjew trat an den schwarzen Wolga heran, der das Akademiemitglied in den Kreml bringen sollte. Der Wagen wartete mit laufendem Motor. Der Fahrer las Zeitung.

Korowjew öffnete die Hintertür, um den Koffer auf den Sitz zu legen. Sodann nahm er selbst vorn Platz und nickte dem Chauffeur flüchtig zu.

»Fahren wir!«

Unwillig löste sich der Chauffeur von seiner Zeitung und gewahrte erst jetzt und mit einiger Verwunderung den ungebetenen Fahrgast neben sich.

»Worum geht's denn?« fragte er mit deutlichem Mißfallen.

»Frechling!« gab sich Korowjew frohgelaunt. »Sind Sie nicht wegen Pjotr Semjonowitsch gekommen?«

»Ja sicher!« entgegnete der Fahrer. »Und wer sind Sie?«

»Ich?« Korowjew setzte eine gewichtige Miene auf. »Ich bin sein engster Vertrauter und Mitstreiter. Wenn Sie so wollen, seine rechte Hand. Ebendarum wurde ich heute in aller Herrgottsfrühe aus dem Bett geholt und hierher gerufen. Pjotr Semjonowitsch hat einen üblen Hexenschuß. Der Unglücksrabe muß zu einer wichtigen Sitzung in den Kreml und kann sich einfach nicht rühren. Leidet höllische Schmerzen! Ach, was für ein dummer, dummer Zufall!« Korowjew rang die Hände.

»Versteh ich nicht ganz. Heißt das, Sie fahren an seiner Stelle, oder was?«

»Genau! Genau! Gerade eben hat er mir detaillierte Anweisungen mit auf den Weg gegeben.«

Voller Zweifel schaute der Fahrer auf das Touristenkäppi mit der Aufschrift »Jalta« und den leichten hellen Mantel.

»Und wer sind Sie bitte?« wollte er wissen.

»Korowjew. Konsultant und Experte.«

»Und warum kenne ich Sie dann bitte nicht? Ich kenne alle Kollegen Pjotr Semjonowitschs.«

Sogleich erklärte Korowjew, er sei erst vor kurzem ernannt worden. Lange Zeit sei er im Ausland gewesen, habe in verschiedenen Institutionen gearbeitet. Doch dann habe es ihn in die Heimat zurückgezogen. Kaum wieder zu Hause, sei er dem Akademiemitglied Lobkow zugewiesen worden.

Die Erklärung vermochte die Zweifel des Fahrers nicht zu zerstreuen. Deshalb verkündete dieser, er werde jetzt besser selbst hinaufgehen, damit ihm das Akademiemitglied persönlich entsprechende Anweisungen erteilen könne.

»Tun Sie das auf keinen Fall!« hielt Korowjew ihn zurück. »Vor einer Stunde hat er ein Schlafmittel genommen und ist in tiefen Schlaf gefallen.«

Sie werden sicher bemerkt haben, daß in dem, was Korowjew da zusammenfabulierte, eine gewisse Widersprüchlichkeit festzustellen war. Wenn er erst kürzlich dem Akademiemitglied zugeteilt worden war, wie wollte er da schon sein »engster Vertrauter und Mitstreiter« sein? Dafür braucht es Jahre. Wenn zudem der Akademiker bereits vor einer Stunde eingeschlafen war, dürfte er ihm wohl kaum gerade eben detaillierte Anweisungen mit auf den Weg gegeben haben. Außerdem laufen frisch aus dem Ausland Zurückgekehrte mitten im Winter schwerlich mit einem Touristenkäppi und einem nur leicht gefütterten Mantel herum.

Korowjew pfropfte sich den bekannten Zwicker auf die Nase. Der wirkte durchaus beruhigend auf das

Gemüt des Fahrers. Weiß der Teufel, wer er ist! dachte er. Diese Kopfarbeiter ticken doch alle miteinander nicht ganz richtig! An Korowjew gewandt, meinte er sodann: »Nun gut, auf Ihre Verantwortung.«

Er gab Gas, und der Wolga fuhr vom Hof. Auf dem Leninskiprospekt wendete er, um in Richtung Zentrum zu fahren.

Wir sollten uns derweil zum Roten Platz begeben. Dabei können wir ruhig den Wolga überholen, der Korowjew in den Kreml bringt.

Ich bin mir ziemlich sicher, auf eine eingehende Beschreibung des wichtigsten Platzes im Lande verzichten zu können. Zahlreiche Leser dürften sicher schon einmal über seine taubenblauen Pflastersteine geschlendert sein und sich an dem grandiosen architektonischen Ensemble delektiert haben, das in seltener Schönheit und herrschaftlicher Größe gestaltet ist. Sollte der eine oder andere wirklich noch nicht in diesen Genuß gekommen sein, dürfte er den Roten Platz zumindest im Kino oder auf Photos gesehen haben.

An diesem Morgen verkehrte hier Publikum im Übermaß, darunter natürlich auch Ausländer. In einem fort flammten die Blitzlichter der Photoapparate auf, surrten Film- und Videokameras. Touristen wie Geschäftsleute aus aller Herren Länder legten größten Wert auf eine Aufnahme ihrer Person vor den Mauern und Türmen des Kremls, vor dem Lenin-Mausoleum und der Basiliuskathedrale. Vom Alexandergarten bis hin zum Mausoleum zog sich die Schlange derjenigen, die sich vor dem Leichnam Iljitschs zu verneigen wünschten. Durch das Tor des Erlöserturms fuhren unablässig Wolgas und Tschaikas, die die Teilnehmer der Sitzung in den Kreml brachten.

Plötzlich ballte sich in der Nähe des Historischen Museums eine kleine Menschenmenge zusammen. Diese Auffälligkeit entging denn auch nicht der Aufmerksamkeit eines Milizionärs, der – neben anderen – hier auf die allgemeine Ordnung zu achten hatte. Er näherte sich der Menschenmenge und setzte dann entschlossen seine Ellenbogen ein, um zum Epizentrum vorzudringen, wo sich ihm folgendes Bild bot.

Zuallererst erblickte er einen schwarzen Kater von unglaublicher Größe. Zu allem Überfluß stand er auf den Hinterbeinen – dies zudem derart lässig und ungezwungen, als wäre er von Geburt an daran gewöhnt. Vor ihm hockte jemand, der auf einem Auge den weißen Star hatte. Er trug einen schwarzen Mantel, der bis oben zugeknöpft war, und einen schmalkrempigen Hut von gleicher Farbe. Auf dem Pflaster hatte er ein schmutziges Tuch ausgebreitet und spielte mit dem Kater ein Spiel, das *Fingerhut* heißt und dessen Regeln ich hier für alle Uneingeweihten kurz darlegen möchte. Der Hütchenspieler, in diesem Fall der Herr in Schwarz, hantiert mit drei Hütchen und einer Kugel herum. Er legt die Kugel mal unter den einen Hut, mal unter den anderen. Jeder, der an dem Spiel teilzunehmen wünscht, muß Geld setzen und erraten, unter welchem Hütchen, das aus irgendwelchen Gründen *Fingerhut* genannt wird, am Ende die Kugel liegt. Errät man es, lacht das Geld. Errät man es nicht, ist das Geld hin. Meist spielt man *Fingerhut* auf Märkten oder Bahnhöfen.

Der Kater stand nicht nur auf seinen Hinterpfoten, sondern trug auch noch einen fest geschnürten breiten Ledergürtel, dessen Schnalle ein militärisches Emblem zierte. An diesem Gürtel hing eine Börse, aus der er das Geld holte, das er setzen wollte. Bei dieser

Prozedur strich er sich mehrmals mit der Pfote über den Bart und murmelte: »Va banque!« Somit erwies er sich nicht nur als äußerst ungewöhnlicher, sondern auch noch als sprechender Kater. Gleichwohl verlor er ein ums andere Mal und konnte nie erraten, unter welchem Hütchen die Kugel lag. Allerdings juckte ihn das kaum. Unverdrossen holte er neue Scheine aus seiner Geldbörse. Sein Mißfallen, um nicht zu sagen, seinen Ärger bei jedem neuen Fehlschlag tat er einzig dadurch kund, daß er leicht mit dem Schwanz aufs Pflaster klopfte – was ja bekanntlich ein typisches Verhalten von Katzen ist, um ihre negativen Emotionen auszudrücken.

Das Publikum verharrte starr vor Verwunderung und Begeisterung. Die Intourist-Dolmetscherin erklärte den Ausländern auf englisch die simplen Regeln des Spiels. Schon schickten diese sich an, ebenfalls mitzumachen, wozu sie aus ihren Portemonnaies Devisen wie sowjetisches Geld hervorholten. Doch der Hütchenspieler in Schwarz gestikulierte in einer Weise mit den Händen herum, die zu verstehen gab, daß er einzig und allein mit dem Kater zu spielen gewillt sei.

Nachdem sich der Milizionär alles angeschaut hatte, überkam ihn eine leichte Verzweiflung. Zwar wußte er nur zu gut, daß Glücksspiel bei uns allenthalben – und zumal auf dem Roten Platz – verboten war. Auf der anderen Seite irritierte ihn der außergewöhnliche Kater ungemein. So bat der Milizionär über Funk seinen Chef um Direktiven, wie er sich verhalten solle. Dieser zeigte sich aus irgendwelchen Gründen nicht sonderlich beunruhigt. Er wollte nur wissen, ob bei dem Hütchenspieler nebst Kater nicht Plakate mit gesetzwidrigen und empörenden Losungen zu entdecken seien. Etwas in der Art wie »Nieder mit der KPdSU!« oder »Freiheit für die baltischen Völker!«. Als er jedoch erfuhr, daß in dieser Hinsicht nichts festzustellen sei, gab er nur die Anweisung, das Hütchenspiel zu unterbinden. Der Milizionär machte sich unverzüglich an die Ausführung.

»Nun ist aber Schluß!« wandte er sich an den Hütchenspieler. »Macht, daß ihr fortkommt!«

»Wieso denn das, bitte?« drehte sich der sprechende Kater mit zusammengekniffenen Augen zu ihm um. »Stören wir etwa jemanden? Wenn es notwendig ist, können wir auch dem Staat eine Abgabe zahlen.«

Mit diesen Worten entnahm er seiner Geldbörse nicht mehr und nicht weniger als fünfzig Rubel. Den Schein hielt er dem Milizionär entgegen. Der schreckte vor der »Abgabe an den Staat« zurück, als handelte es sich um eine Bombe, wurde bis über beide Wangen rot und schrie dann aus vollem Halse: »Was soll das? Was ist? Verstehen Sie nicht, wenn man ganz normal mit Ihnen redet?«

Natürlich mutete es reichlich seltsam an, eine solche Frage einem Kater zu stellen. Gleichwohl steckte der Hütchenspieler nun Hütchen wie Kugel in die Manteltasche und nahm das schmutzige Tuch auf, das er sich unter den Arm klemmte. Er winkte den Kater heran, dem er bedeutete: Laß nur, mit denen legen wir uns nicht an! Dann schlüpften beide mit ungewöhnlicher Behendigkeit durch die dichtgedrängte Menge und entschwanden. Das Publikum löste sich auf, lebhaft die jüngsten Eindrücke diskutierend.

Binnen kurzem kam es jedoch zu einem weiteren Aufruhr dieser Art, diesmal in unmittelbarer Nähe des Lenin-Mausoleums. Um seiner Herr zu werden, bedurfte es nicht mehr eines, sondern gleich mehrerer Milizionäre. Abermals bot sich ihnen das Bild, bei dem Asasello den Hütchenspieler gab, der sich zusammen mit dem schwarzen Kater Behemoth am verbotenen Glücksspiel ergötzte. Allerdings führte der Kater sich jetzt nachgerade närrisch auf. Bevor er das seiner Börse entnommene Geld mit dem Schrei »Va banque!« auf eines der Hütchen setzte, rollte er den Schein jedesmal zu einem Röhrchen zusammen, das er sich vors Auge hielt, um dadurch das Publikum zu belinsen, darunter auch diejenigen, die die Schlange vor dem Mausoleum zugunsten des ungewohnten Schauspiels verließen. Aber auch zwei Soldaten, die säulengleich und ruhig auf dem bekannten Ehrenposten Nr. 1 standen. Sie getrauten sich selbst jetzt nicht, sich zu rühren, und schielten nur zu dem Spiel herüber. Beide wußten nicht, was sie tun sollten. Auf der einen Seite stellte das Ganze zwar keine unmittelbare Bedrohung von Iljitschs Leichnam dar, auf der anderen Seite war es trotzdem frevelhaft.

Der Milizionär, der nunmehr schon auf einige Erfahrung zurückblicken konnte, sprach, ohne vorher weitere Direktiven eingeholt zu haben, eine »letzte Warnung« aus, worauf die beiden Spieler genau wie beim ersten Mal verschwanden, indem sie in der Menge untertauchten.

Durch das Tor des Erlöserturms sausten indes weiter die schwarzglänzenden Wagen mit den Teilnehmern der historischen Sitzung. Eine Wachtruppe aus Offizieren mit blaugerahmten Epauletten kontrollierte die Passierscheine. Freilich nicht bei allen. Bei manchen standen sie einfach stramm und salutierten.

Nun tauchten in der Nähe des Erlöserturms auch Asasello und Behemoth auf. Erneut fingen sie ihr

Hütchenspiel an. Der Milizionär, der sie bereits zweimal vertrieben hatte, schickte sich dieses Mal allerdings nicht mehr an, irgendwelche Maßnahmen zu ergreifen. Der Rote Platz war in Quadrate eingeteilt. Das Quadrat neben dem Erlöserturm unterstand als besonders wichtiger Abschnitt nicht der Miliz, sondern einer Einheit des KGB. Der Milizionär bezog an der Grenze seines Reviers Posten, um das Geschehen in aller Ruhe zu verfolgen.

Behemoth hatte indessen sein Repertoire noch weiter ausgebaut. Nachdem er das Geld aus seiner Börse gezogen hatte, begnügte er sich nicht mehr mit einem schlichten »Va banque!«, sondern rief: »Sein oder Nichtsein!« oder: »Man geht mit Pauken und Trompeten unter!« Ungeachtet all dessen verlor er weiterhin.

Die Wachoffiziere waren derart starr vor Schreck, daß sie jede Achtsamkeit fahrenließen. Genau in diesem Moment näherte sich von der Uferstraße her der Wolga mit Korowjew. Er saß völlig entspannt da, als wäre eine Fahrt in den Kreml für ihn die natürlichste Sache der Welt.

»Ich laß Sie hier raus, ich habe keinen Passierschein, um hineinzufahren«, meinte der Fahrer.

»Fahr nur weiter, fahr nur weiter«, entgegnete Korowjew gelassen. »Mich kennt hier jeder Hund.«

Damit machte sich Korowjew einer neuen unverzeihlichen Lüge schuldig, doch auch auf diese reagierte der Chauffeur nicht in angemessener Weise. Ohne allzu genaue Vorstellung, was eigentlich vor sich ging, gab er noch einmal Gas, worauf das Auto durch das Tor flog. Die Wachposten, vom Anblick des Spiels abgelenkt, machten keinerlei Anstalten, ihn aufzuhalten. Am folgenden Tag sollten sie alle einem strengen

Verhör unterzogen werden, bevor sie hochkant und ohne jeglichen Rentenanspruch gefeuert wurden.

Kaum war der Wolga mit Korowjew in den Kreml eingefahren, schloß Behemoth seine Geldbörse und gab zu verstehen, er habe lange genug gespielt und werde keine neuen Einsätze machen. Mehrmals klatschte er in die Pfoten, als wollte er solcherart Applaus herausfordern. Und obgleich dieser ausblieb, verbeugte er sich wie ein ordentlicher Schauspieler nach allen drei Seiten. Asasello sammelte die Spielutensilien ein, woraufhin sich das ausgebuffte Gaunerpärchen gemächlich in Richtung Wassiljewskihang begab, wo wenige Jahre zuvor der junge deutsche Pilot Rust mit seinem winzigen Flugzeug gelandet war.

8. KAPITEL

Die Abenteuer des Herrn Weiland

Neben den Koryphäen der russischen Wirtschaftswissenschaft sollte an der epochemachenden Sitzung auch ein eigens aus dem Westen, genauer aus Deutschland, eingeladener Gast teilnehmen, der renommierte Wissenschaftler Weiland. Der deutsche Bundeskanzler hatte ihn dem Präsidenten empfohlen. Er riß sich förmlich ein Bein aus, dieser Kanzler, so sehr wollte er uns helfen. Seinen Worten zufolge hatte Herr Weiland unglaubliche Erfahrung darin, die unterschiedlichsten Länder aus dem Sumpf von Armut und Schlendrian zu ziehen. Angeblich hatte er schon verschiedentlich wirtschaftliche Wunder gewirkt. Nun hatte er also zugestimmt, sich unserer anzunehmen.

Ein Entkommen gab es nicht. Wollte man den Kanzler nicht beleidigen, mußte man Weiland eine Einladung zur Sitzung zukommen lassen.

Am Vorabend war er mit einem Flugzeug aus Frankfurt am Main in Moskau eingetroffen. In Scheremetjewo hatte ihn der zuständige Mitarbeiter des Innenministeriums abgeholt. Weiland war im Hotel Savoy untergebracht, wo eine luxuriöse Dreizimmersuite auf ihn wartete. Sein Apartment, das müssen Sie sich einmal vorstellen, verfügte sogar über einen Kamin, wiewohl dieser natürlich nicht funktionierte.

Meinem verehrten Leser dürfte die Klangähnlichkeit der Namen Voland und Weiland sicher nicht entgangen sein. Konnte es da nicht leicht zu Verwechslungen kommen? Gemach! Kehren wir vorerst noch einmal zu Korowjew zurück, der soeben durch das Tor am Erlöserturm rast.

Der Wagen fuhr auf einen der Eingänge eines langen zweistöckigen, gelbgestrichenen Gebäudes zu. Korowjew stieg aus, nahm seinen Koffer vom Rücksitz und verabschiedete mit einer Geste den Chauffeur. In diesem Moment näherte sich dem Eingang ein weiterer schwarzer Wolga. Ihm entstieg – die Tür recht nachlässig hinter sich zuschlagend – niemand anderes als Voland! Sie werden mir beipflichten, daß solch ein Auftritt durchaus mit entsprechenden Szenen in Agentenfilmen mithalten konnte.

Voland war bis zum Kinn in einen langen schwarzen Umhang gehüllt. Unter diesem lugten hochhakkige Stiefel hervor, die sternförmige Sporen zierten. Auf dem Kopf trug er ein Barett mit einer Hahnenfeder. Korowjew eilte sofort auf Voland zu, und beide betraten das Gebäude.

»Herr Weiland?« wollte einer der wachhabenden mißtrauischen jungen Männer wissen.

»Höchstpersönlich!« antwortete Korowjew an Volands Stelle.

»Und wer sind Sie?« hakte der aufmerksame Wächter nach.

»Ich?« verwunderte sich Korowjew. »Ich bin der Dolmetscher des Ausländers.«

»Ihre Beglaubigung?«

»Was heißt hier Beglaubigung!« empörte sich Korowjew aufgebracht. »Seit dreißig Jahren stehe ich im Dienst des Innenministeriums.«

»Mein Dolmetscher«, bestätigte Voland auf deutsch, wobei er Korowjew leicht von hinten schubste, als wollte er ihm bedeuten: Geh nur durch! Haben wir es denn nötig, mit dem zu reden?

Der mißtrauische Wachhabende zog es vor, keinen Streit mit dem Ausländer anzufangen, weshalb Voland nebst Korowjew ungehindert passieren konnten. Immerhin rief er umgehend seinen Chef an, um ihn von der Ankunft des Herrn Weiland in Kenntnis zu setzen, der einen Dolmetscher bei sich habe, der keine Beglaubigung vorweisen könne. Der Chef bestätigte ihm, daß ein Dolmetscher vorgesehen war. Freilich könne es nicht angehen, daß er keine Beglaubigung vorzeige. Aber diese Innenministler nähmen sich ohnehin zuviel heraus, es sei höchste Zeit, sie zur Ordnung zu rufen.

Zu Recht werden meine Leser ihre Zweifel haben, ob die hier beschriebene Szene sich tatsächlich so abgespielt haben könnte. Was vermag ich in dieser Frage zu meiner Verteidigung vorzubringen? Vielleicht das: Wenn buchstäblich das ganze Land von Nachlässigkeit und Kopflosigkeit geprägt ist, warum sollten dann diese, um es modern auszudrücken, negativen Erscheinungen nicht auch die Sicherheitsorgane erfassen? Zudem dürfen Sie nicht vergessen, daß der mißtrauische Wachhabende es mit Dämonen, ja, sogar mit dem Diabolos höchstselbst zu tun hatte.

An dieser Stelle sollten wir uns aber nun dem echten Herrn Weiland zuwenden.

Nachdem er am Morgen erwacht war, hatte er die

bei Ausländern übliche Toilette gemacht. Sodann hatte er im Restaurant angerufen, um sich das Frühstück aufs Zimmer kommen zu lassen, wobei er seine Wünsche aufs genaueste präzisiert hatte. In Erwartung des Frühstücks schlenderte er nun vom Schlafzimmer ins Wohnzimmer und stattete auch dem Arbeitszimmer einen Besuch ab. Weiland trug einen Frotteebademantel, in den er sich nach der Dusche gehüllt hatte. Seine Rasur bestach durch Glätte, er duftete angenehm nach Kölnischwasser. Er summte den Hochzeitsmarsch aus *Lohengrin* vor sich hin. Gewöhnlich ließ dies bei ihm auf eine gehobene Stimmung schließen.

Auf Bitten des deutschen Kanzlers, seines alten Freundes und Landsmanns (beide stammten aus München), hatte sich Weiland der Probleme unserer Wirtschaft angenommen. Seiner Ansicht nach entbehrte die Lage nicht aller Hoffnung. Der Plan, den er vorbereitet hatte, stimmte in etlichen Punkten mit dem Vortrag des Akademiemitglieds Lobkow überein – freilich nicht mit der Endfassung, sondern mit der ursprünglichen Version. Selbstredend ging er in einigen Punkten auch über diesen hinaus. Insondere sah er die aktive Teilnahme des internationalen Busineß vor. Dabei würde die Autorität Weilands als verläßlicher Garant dienen, weshalb die Geschäftswelt des Westens nicht zögern würde, die Spendierhosen anzuziehen.

An der Tür klopfte es, und das Zimmermädchen trat ein. Auf einem Tablett brachte es ein leichtes kontinentales Frühstück mit Kaffee, Sahne, Orangensaft, Butter, Marmelade und Toast. Das Zimmermädchen war eine ausgesprochen angenehme Erscheinung. Das kurze Kleid ihrer Uniform schloß mit der Schürze ab und ließ wohlgeformte Beine erkennen, die nicht zu dünn waren und somit ganz Weilands Geschmack entsprachen. Mit seinen siebenundfünfzig Jahren war er ein gestandener Mann, der sich neben der zärtlich geliebten Gattin nicht nur eine, sondern gleich zwei Geliebte hielt.

Weiland beobachtete das hübsche Zimmermädchen, während es geschickt das Frühstück auf dem Tisch im Wohnzimmer servierte. Der günstige Gesamteindruck wurde ein wenig durch eine bläuliche Narbe am Hals geschmälert. Was es nicht alles im Leben gibt! Bis heute ist es mir nicht gelungen herauszubekommen, wie die Teufelin Gella es geschafft hat, als Zimmermädchen im Savoy eingestellt zu werden.

Weiland setzte sich an den Tisch und schenkte sich Kaffee ein, in den er Sahne gab. Das Zimmermädchen machte keine Anstalten, wieder zu gehen. Weiland beschloß, dies für einen besonderen Brauch in russischen Hotels zu nehmen, nach dem die Zimmermädchen während des Frühstücks zu bleiben hatten – um eventuelle Wünsche des Gastes zu erfüllen.

Er hatte die Tasse noch nicht zum Mund geführt, da saß das Zimmermädchen bereits auf seinem Schoß und schlang einen Arm um seinen Hals. Das ist sie also, die russische Gastfreundschaft! dachte Weiland. Wie schade, daß ich gleich in den Kreml muß! Sodann befreite er sich aus ihrem Arm.

Hierauf legte das Zimmermädchen jedoch eine gewisse Hartnäckigkeit an den Tag. Es umfaßte mit beiden Händen Weilands Nacken, zog seinen Kopf zu sich heran und gab ihm einen derart leidenschaftlichen Kuß auf den Mund, daß Weiland der Atem wegblieb. Was danach geschah, daran erinnerte er sich nicht mehr in aller Klarheit. Zunächst zog die junge Frau ihn vom Stuhl hoch und führte ihn vom Tisch weg. Allerdings nicht ins Schlafzimmer, was ja noch irgendwie nachvollziehbar gewesen wäre, sondern zum Kamin. Mit unglaublicher Kraft hob sie Weiland hoch, wonach dieser endgültig außerstande war, das Geschehen zu begreifen.

Die Kunden, die im Café Sardinka anstanden, das dem Savoy gegenüberlag, wurden Zeugen, wie aus dem Schornstein auf dem Dach des Hotels ein Mann im Bademantel flog, dessen einer Fuß nackt war, während der andere in einem Pantoffel steckte. Hinter ihm flog eine Frau. Beide schwangen sich in eine beachtliche Höhe hinauf und flogen in Richtung des Kaufhauses ZUM davon. Diesen frappierenden Vorfall beobachtete auch der Agent, der an diesem Morgen das Hotel Savoy observierte.

Weiland kam in einem winzigen Kämmerchen wieder zu sich. Dort roch es nicht nach Kölnischwasser, sondern nach billigem Deodorant. Sein Blick blieb zunächst an der Wand hängen; sie war mit Photographien beklebt, die aus Pornoheften herausgerissen worden waren und Szenen geschlechtlicher Liebe in verschiedenen Stellungen zeigten. Dann erblickte er zu seinen Füßen eine völlig nackte Schwarze mit riesigen schlaffen Brüsten und zerzausten Haaren. Die Schwarze klatschte ihm nun mit den Händen gegen die Wangen, um in reichlich gebrochenem Deutsch Geld von ihm zu verlangen.

Ich greife voraus, wenn ich einflechte, daß Weiland weit von Moskau entfernt in der Hansestadt Hamburg erwachte. Genauer gesagt in Sankt Pauli, in der Herbertstraße, die bekanntermaßen aus öffentlichen Häusern besteht.

Selbstverständlich hatte Weiland kein Geld bei sich. Nachdem die Schwarze sich von der mangelnden Liquidität ihres Kunden überzeugt hatte, klopfte sie mit der Faust gegen die Wand und rief laut: »Willi!«

Sogleich erschien ein riesiger Schwarzer in Lederjacke mit Pelzkragen. Nach einem kurzen Wortwechsel mit der Schwarzen – nicht auf deutsch, sondern in einer Weiland völlig unverständlichen Sprache – verpaßte er dem Wirker von Wirtschaftswundern in verschiedenen Ländern mehrere schallende Ohrfeigen, öffnete hernach die zur Straße führende Tür und schmiß den gemeinen Zechpreller und Liebhaber kostenfreier weiblicher Galanterien in hohem Bogen hinaus.

Einige Zeit später fand die Polizei den bewußtlosen und vollkommen durchgefrorenen Weiland auf der Straße. Seine Identität wurde ohne große Schwierigkeiten festgestellt. Es ging weit über Weilands Kräfte zu erklären, wie er nach Hamburg gekommen war, wo er doch noch am Morgen als persönlicher Gast des Präsidenten in Moskau geweilt hatte – ganz zu schweigen von der Frage, was, zum Teufel, ihn eigentlich in die Herbertstraße getrieben hatte, in der wohlanständige und solide Leute nichts zu suchen hatten. Weiland schwor, die Schwarze nicht angerührt zu haben und – selbstverständlich – in keinerlei Geschäftsbeziehungen mit ihrem Freund in Lederjacke getreten zu sein. Darüber konnten die Polizeibeamten nur lachen. Was dieses Pärchen in der Herbertstraße trieb, war allgemein bekannt.

Gleichwohl stattete man Weiland bei der Polizei mit Geld und Kleidung aus. Noch am selben Tag flog er in seine Heimatstadt München.

Damit war die Geschichte allerdings noch nicht zu

Ende. Reißerische Artikel unter der Überschrift »Weiland beehrt Prostituierte mit Besuch« oder »Von Moskau in die Herbertstraße« füllten die Titelseiten der Zeitungen – zudem angereichert mit Photographien, auf denen der renommierte Wirtschaftsexperte, Berater verschiedener großer Unternehmen sowie persönliche Freund des Kanzlers in unzüchtiger Kleidung auf der Straße lag. Neben ihm prangte das Schild *Herbertstraße*. Dieses Photo hatte ein japanischer Tourist aufgenommen, der ausschließlich aus ethnographischem Interesse an jenem Morgen durch die Herbertstraße flaniert war, wo er dann den auf dem Trottoir hingestreckten Weiland mit seiner tadellosen Nikon festgehalten hatte. Und somit, nebenbei gesagt, ein hübsches Sümmchen verdient hatte.

Der Skandal, der daraufhin losbrach, war unbeschreiblich. Natürlich leugnete der Kanzler alles. Die Journalisten, die ihn belagerten, speiste er mit der Erklärung ab, ja, er sei einmal mit einem gewissen Weiland befreundet gewesen, den er freilich für einen ordentlichen Menschen gehalten habe. Woher hätte er denn wissen sollen, daß dieser fragwürdige Etablissements der untersten Stufe aufsuchte? Wegen seines unerklärlichen Auftauchens in Hamburg rief er sogar noch einmal in Moskau beim Präsidenten persönlich an. Allerdings konnten sich auch die Russen nur wundern, daß Weiland Moskau derart Hals über Kopf verlassen und sich noch nicht einmal verabschiedet hatte.

Kurzum, den Kanzler scherte die Geschichte nicht weiter. Anders verhielt es sich mit der Ehegattin Weilands, einer hochehrenwerten Frau, die den Vorfall zum Anlaß nahm, die Scheidung einzureichen, wobei sie in einem Atemzug Anspruch auf einen Großteil des Vermögens, die Immobilien und die Bankkonten erhob. Die beiden Weilandschen Geliebten taten sich zusammen, um ein Interview zu geben, bei dem sie mit einer Unmenge pikanter Details aufwarteten. Die Reputation Weilands war zum Teufel. Die Firmen, die er beriet, verzichteten in aller Freundschaft auf seine Dienste. Allein die Erwähnung, daß Weiland einmal in ihre Geschäfte involviert gewesen war, bedeutete nun finanzielle Einbußen. Damit endete die Karriere eines der bedeutendsten Vertreter der internationalen Geschäftswelt gänzlich ruhmlos. Gerüchten zufolge soll Weiland Zuflucht in einem arabischen Emirat gefunden haben, wo er den dortigen Emir berate. Aus lauter Dankbarkeit räume dieser Weiland das Recht ein, sich mit seinem Harem zu vergnügen. Letzterem mag ich persönlich keinen rechten Glauben schenken. Gut, wenn Weiland ein Moslem wäre, sähe die Sache vielleicht anders aus. Aber selbst die progressivsten Emire oder Scheichs teilen ihre Frauen für nichts in der Welt mit Ungläubigen.

Bis ans Ende seiner Tage sollte Weiland über die durchtriebenen Russen schimpfen, was das Zeug hielt. Er hatte ihnen nur aufrichtig helfen wollen, und sie erlaubten sich einen derart bösen Scherz mit ihm. Aus Angst vor seinen radikalen Vorschlägen waren sie – seiner Ansicht nach – zur offenen Provokation über-gegangen. Erst schoben sie ihm das atemberaubende Zimmermädchen unter (bei dem es sich zweifellos um eine Agentin des KGB handelte), dann brachte dieses ihn mit irgendwelchen Mittelchen in einen somnam-bulen Zustand, in dem er in einen Überschallflieger geschafft und nach Hamburg verfrachtet wurde. Um ihn vollends zu kompromittieren, legten sie ihn in den Armen einer schwarzen Prostituierten ab, die natürlich ebenfalls eine Agentin des KGB war. Ganz zu schweigen von dem Schwarzen in der Lederjacke. Zumindest war dies die Version, die Weiland sich zurechtgelegt hatte.

Wir allerdings wissen, daß der KGB hier seine Hand nicht im Spiel hatte.

Unterdessen, das heißt, nachdem Weiland in Begleitung Gellas durch den Schornstein des Savoy geflogen war, trat aus dem Hotel ein großer Herr, der auf einen der wartenden Wolgas zuging. Nachdem er im Fond Platz genommen hatte, befahl er in einem Ton, der keinen Widerspruch duldete: »In den Kreml!«

Dieser Herr war Voland. Und er war in den Wagen gestiegen, der für den armen Weiland bereitgestellt worden war.

Der Chauffeur versuchte, ihm mit verschiedenen Zeichen klarzumachen, daß man noch auf den Dolmetscher warten müsse. Der vom Innenministerium abkommandierte Dolmetscher war schon mit ihm im Wagen zum Hotel gekommen. Dann hatte aber die Menschenmenge an der Kreuzung Roshdestwenka und Puschetschnaja seine Aufmerksamkeit angezogen. Als ausgesprochen neugieriger Mensch war er aus dem Auto gehüpft, um zu sehen, was dort vor sich ging. Nun stand er zwischen den Menschen, die mit den Fingern zum Himmel zeigten, und hörte Geschichten darüber, wie ein Mann und eine Frau gerade eben ohne jegliche Flugapparate über Moskau hinweggeflogen seien, wobei der Mann fast nackt gewesen sei. Der Dolmetscher war von dem Gehörten derart überwältigt, daß ihm vollends entfiel, warum er hergekommen war und worin seine dienstliche Aufgabe bestand.

»Ich komme zu spät«, ließ sich Voland leicht gereizt vernehmen.

Der Fahrer konnte sich nur wundern, daß der Ausländer unversehens Russisch sprach. Gestern, als sie von Scheremetjewo gekommen waren, hatte er sich ausschließlich über den Dolmetscher verständigt. Zudem war sein Äußeres irgendwie verändert. Ach, diese Ausländer, wer blickte bei denen schon durch! Der Chauffeur ließ gehorsam den Motor an, und der schwarze Wolga mit einem Passierschein für den Kreml in der Heckscheibe fuhr hinunter zum Marxprospekt, der binnen kurzem wieder seinen alten Namen Ochotny rjad erhalten sollte.

Soweit die Vorgeschichte von Volands Kreml-Auftritt.

An dieser Stelle möchte ich noch einige interessante Fakten – gewissermaßen im Postskriptum – erwähnen.

Als man am Nachmittag dieses Tages Weiland zu vermissen begann, kam von der Lubjanka der Befehl, seine Suite im Savoy zu untersuchen. An der Eingangstür hing außen an der Klinke das Schild »Do not disturb«. Im Apartment selbst fanden sich dagegen weder persönliche Dinge noch Koffer oder Kleidung, ja noch nicht einmal Rasierzeug. Auf dem Tisch im Wohnzimmer stand das unberührte Frühstück.

Hier kann ich ergänzen, daß Weiland seine beiden Koffer in der Münchner Wohnung vorfand. Alle Sachen waren unversehrt, akkurat zusammengelegt, und es fehlte nichts bis auf die Hauspantoffeln. Wie aber die Koffer nach München gekommen waren, kann ich bei Gott nicht sagen. Ich kann nur in etwas abgewandelter Form die Replik Behemoths aus *Der Meister und Margarita* zitieren: »Wir brauchen keine fremden Koffer.«

Der Portier sagte aus, der Gast aus Zimmer 408 habe

das Hotel am Morgen ohne Koffer verlassen. Auch der Maître d'hôtel machte eine Aussage. Aus dem besagten Zimmer habe man um halb neun angerufen, um das Frühstück zu bestellen. Als das Zimmermädchen Tolstopjatowa jedoch das Frühstück hatte servieren wollen, war das Zimmer versperrt gewesen, während an der Klinke das besagte Schild gebaumelt hatte.

Portier, Maître d'hôtel wie auch das Zimmermädchen Tolstopjatowa, sie alle drei zählten zu den freiwilligen Mitarbeitern, weshalb ihre Aussagen eigentlich nicht anzuzweifeln waren. Wie aber war dann das Frühstück zu verstehen, das unberührt im Zimmer stand? Wenn das Zimmermädchen Tolstopjatowa es nicht gebracht hatte, wie war es dann dort hingelangt? Immerhin war nur schwer vorstellbar, daß sich Weiland ein Frühstück aus eigens mitgeführten Lebensmitteln zusammengestellt hatte. So verhalten sich nur unsere Landsleute, wenn sie einmal im Ausland sind – wollen sie auf diese Weise doch kostbare Devisen einsparen.

Der Maître d'hôtel, der dem französischen Schauspieler Alain Delon wie aus dem Gesicht geschnitten war, und die allerliebste Tolstopjatowa wurden konsequenterweise einem Kreuzverhör unterzogen. Zwar kam dabei heraus, daß die Tolstopjatowa mit dem Maître d'hôtel zusammenlebte, weitere Informationen erbrachte es aber nicht. Gleichwohl wurden sie in prophylaktischer Absicht von ihrer Aufgabe als freiwillige Mitarbeiter entbunden, was eine Entlassung aus dem Savoy zur Folge hatte, worauf wiederum der materielle Wohlstand der beiden einen schwer wiedergutzumachenden Schaden nahm.

Im Hotelzimmer konnte man immerhin einen weiteren Hinweis entdecken, nämlich einen Pantoffel im

Kamin. Er war von Weilands Fuß geglitten, als es diesen den Schornstein hochgetragen hatte. Man forderte von der Petrowka einen Hund an, den unübertroffenen Muchtar. Sein Führer ließ Muchtar am Pantoffel schnuppern, damit der Hund eine Spur aufnehmen konnte. Nach der Beschnupperung stürzte Muchtar jedoch nicht zur Tür, sondern sprang in den Kamin. Unter lautem Gebell kratzte er am Ziegelmauerwerk und wollte den Abzug erklimmen.

Nun kam folgender Verdacht auf: Es würden doch wohl keine Verbrecher ins Zimmer eingedrungen sein und Weiland überwältigt haben? Und wenn doch? Den Deutschen machten sie kalt, die Leiche verbrannten sie im Kamin, seine Sachen ließen sie verschwinden. Logisch.

Eilig trieb man zwei unerschrockene Bergsteiger auf, Meister ihres Fachs. Sie seilten sich vom Dach des Savoy aus in den Rauchfang ab. Obwohl sie jeden Zentimeter untersuchten, konnten sie keine Leiche entdecken.

Sodann versuchte man den gefundenen Pantoffel mit dem Bericht eines Agenten in Verbindung zu bringen, der behauptet hatte, aus ebendiesem Schornstein seien zwei »lebende Objekte« geflogen (Originaltext der Aussage, die man anfänglich am liebsten ignoriert hätte). Damit kam man, wie Sie mir zustimmen werden, des Rätsels Lösung ziemlich nahe. Als aber die Meldung eintraf, Weiland befinde sich gesund und munter in seiner Heimatstadt München und mache keine materiellen Forderungen gegenüber Rußland geltend, wurden die Ermittlungen als erfolgreich abgeschlossen eingestellt.

Und ein letztes Detail. Wie Sie sich erinnern werden, fand man Weiland in der Herbertstraße mit zwei nackten Füßen. Der zweite Pantoffel war von seinem Fuß geglitten, als er auf Smolensk zuflog. Die Teufelin Gella und er waren in ein Luftloch geraten, worauf sie ordentlich durchgeschüttelt wurden. Der Pantoffel landete am Waldrand. Natürlich konnte es kaum anders sein, als daß just zu diesem Zeitpunkt ein Mitglied der Smolensker Ufologengesellschaft spazierenging, der Rentner Peregorodski. Bei seinen Gängen beobachtete er stets auch den Himmel, um festzustellen, ob sich dort nicht unbekannte Flugobjekte zeigten. Nun setzte Peregorodski den Feldstecher an, von dem er sich nie trennte, suchte den Himmel ab und gewahrte zwei unbekannte Objekte. Innerhalb weniger Sekunden waren sie seinem Blick entschwunden. Peregorodski hob den Pantoffel auf, um ihn sogleich einer Untersuchung zu unterziehen. Auf den ersten Blick schien der Pantoffel terrestrischen Ursprungs. Aber so mir nichts, dir nichts fiel doch wohl kein Schuh vom Himmel? Auf der nächsten Sitzung der Gesellschaft hielt Peregorodski einen Vortrag über diesen bemerkenswerten Fall. Zum gleichen Thema erschien auch in der lokalen Jugendzeitung eine Notiz. Den Pantoffel wertete man als materiellen Beweis für die Existenz von UFOs, die in der letzten Zeit immer öfter über unserem Land und insbesondere über dem Smolensker Gebiet kreisten…

Aber nun – auf in den Kreml!

9. KAPITEL

Hexensabbat im Kreml

Die Ereignisse, die auf das Eindringen Volands und Korowjews in den Kreml folgten, vermag ich nicht ohne innere Erschütterung wiederzugeben. Da ich ahne, daß man mich der Schwarzmalerei, vor allem aber der Gehässigkeit beschuldigen wird, möchte ich vorab auf diese Punkte eingehen.

Das, was ohnehin schwärzer als schwarz ist, kann man kaum noch verleumden. Andernfalls müßte man selbst Dante den Vorwurf machen, die Hölle in viel zu düsteren Farben gezeichnet zu haben. Möglicherweise ist ja dort in Wirklichkeit nicht alles ganz so fürchterlich, wahrscheinlich gibt es sogar ein Mindestmaß an Komfort. Haben die Höllenbewohner nicht einfach bloß jeden Vergleichsmaßstab verloren und können jetzt nur noch auf die Unannehmlichkeiten ihrer Heimstatt verweisen?

Nein, meine verehrten Leser! Der geniale Florentiner hat sich die Hölle samt ihrer Bewohner aufs vorzüglichste vorgestellt. Und da das Jüngste Gericht noch nicht tagte, saß er halt selbst über sie zu Gericht.

Um aber wirklich der Gehässigkeit frönen zu können, sollte man vielleicht in ein malerisches bayerisches Städtchen fahren. Es sich in einer urgemütlichen

Bierstube bei einem Krug kühlen Biers wohlergehen lassen. Oder sich in einer Mansarde am Pariser
Boulevard de Clichy einmieten. Oder irgendwo im
Westen – spielt es denn eine Rolle, wo genau? – unter
den weitverzweigten Eichen und Ulmen eines Univer-
sitätsparks flanieren.

Der Autor schreibt diesen Roman jedoch in seiner
Heimat, in Rußland, und muß wie all seine Lands-
leute die bittere Pille der Entbehrungen und Plagen
schlucken, die diesem Volk seit nunmehr gut siebzig
Jahren tagtäglich verabreicht wird. Daß unter diesen
Umständen jedes Verlangen, gehässig zu sein, im
Keim erstickt wird, dürfte nachvollziehbar sein. Somit
komme ich zur Sache!

Am Morgen erinnerte der Präsident beim Frühstück
seine Ehegefährtin an das unerhört wichtige Gescheh-
nis, an dem er heute teilhaben werde. Damit meinte er
die bereits erwähnte Sitzung zu Wirtschaftsfragen. Sein
ganzes Leben – und insbesondere während des langen
Anflugs auf das Präsidialamt – hatte er sich mit nichts
anderem als der Teilnahme an wichtigen Geschehnis-
sen beschäftigt. Er hatte an Partei- und Komsomolsit-
zungen teilgenommen, an Plena, Konferenzen von
Neuerern wie Rationalisierern, Zusammenkünften
der Aktivisten beim Maschinenmelken von Kühen – es
würde zu weit führen, alle Anlässe aufzuzählen.

»Ich bin überzeugt davon, daß du deine Sache wie
immer glänzend machen wirst«, versicherte die Ehegefährtin dem Präsidenten.

»Wir wollen es hoffen«, entgegnete der Präsident.

Die Eröffnung der Sitzung verzögerte sich ein wenig.
Die Teilnehmer hatten sich bereits in dem Saal ver-

sammelt, der an das Arbeitszimmer des Präsidenten angrenzte. Sie saßen an glänzend polierten Tischen, die wie ein »U« angeordnet waren. Der Querbalken des Buchstabens war selbstverständlich dem Präsidium vorbehalten. Dahinter ragte die unvermeidliche Büste Iljitschs auf. An der Wand prangte ein Bild, auf dem Iljitsch in verständlichen Worten dem Proletariat die bolschewistische Strategie und Taktik erklärte. Im Raum zwischen den Tischen standen Vasen mit Rosen, Chrysanthemen sowie schneeweißem Schilfrohr. All das schuf eine gehobene und feierliche Atmosphäre.

Zumindest einige der Sitzungsteilnehmer sollten in wenn auch groben Zügen beschrieben werden. Ich beginne mit dem demokratischen Flügel. Obschon mir viele Demokraten nahestehen, muß man leider eine gewisse Sturköpfigkeit der Guten festhalten, die sie an den Tag legen, wenn ihnen etwas nicht hundertprozentig paßt.

Einer von ihnen war der Doktor der Wissenschaften Muchin, ein dicker Mann mit dioptrienreicher Brille. Er war derjenige, der als erster in der Presse getönt hatte, unsere Wirtschaft liege am Boden. Auf dieser Diagnose gründete sich sein Ruhm. Muchin wartete mit raffinierten Rezepten für ihre Rettung auf. Beispielsweise – ganz wie im Westen – mit der Ausgabe von Aktien und Obligationen. Zu deren Erwerb müßte die Bevölkerung allenthalben verpflichtet werden. Die Frage war nur noch, zu welchem Sümmchen.

Neben Muchin saß der spindeldürre Petjunin. Sein Gesicht bestand einzig aus Falten. Der Weg von Lissabon nach Singapur hatte Petjunin über Moskau geführt. Pausenlos reiste er von einem Ende der Welt ans andere, um allerorten wissenschaftliche Vorträge über die Schrecken und Alpträume zu halten, die unser Vaterland in nächster Zukunft heimsuchen würden. Überall heimste er dafür nicht nur Anerkennung, sondern auch stattliche Honorare ein.

Eingeladen war ferner Djakow, ein rundlicher, ergrauter Herr, der an einen unausgeschlafenen Igel erinnerte. Djakows Steckenpferd war das Bezugsscheinsystem. Er postulierte die unverzügliche Einführung von Karten für alle Waren, bis hin zu Streichhölzern und Kondomen. In diesem wahrhaft radikalen Akt sah Djakow den ersten Schritt auf dem Weg in die strahlende Zukunft.

Auf keinen Fall darf an dieser Stelle das Akademiemitglied Kopalin vergessen werden, dieser ewige Opponent Lobkows. Kopalin galt als kluger Kopf und Mann von Ehre. Allein, man konnte sich nur wundern, wie er sich in das präsidiale Spiel um wirtschaftliche »Reformen« hineinziehen ließ. Sein angespanntes, hageres Gesicht schaute finster drein. Während man noch auf den Beginn der Sitzung wartete, berechnete er mancherlei auf dem Taschenrechner.

Nun komme ich zu den Vertreterinnen des schönen Geschlechts und fange mit der Wyscheslawzewa an, einer in die Jahre gekommenen Dame. Ihr stark gepudertes Gesicht war zu einer ewig angewiderten Grimasse erstarrt. Es schien permanent zu fragen: »Was ist jetzt, Falken, seid ihr endlich fertig mit eurem Spiel?«

Die Einladungen erreichten aber auch zwei junge Frauen mit ausgesprochen hübschen Gesichtern. Noch vor gar nicht allzulanger Zeit wußte quasi niemand, daß es sich bei ihnen um Wirtschaftswissenschaftlerinnen handelte, überdies um hochqualifizierte.

Ungleich größeres Aufsehen hatten sie nämlich durch ihr, gelinde gesagt, frivoles Auftreten erregt, durch ihre stürmischen Affären, Skandale im einschlägigen Bereich sowie Ehescheidungsprozesse (mit obligater Teilung des Vermögens). Dann lancierten sie unversehens Artikel zu Wirtschaftsproblemen in die Presse. Beide hackten erbarmungslos auf die Regierung und ihre verfehlte Wirtschaftspolitik ein. Das, was sie im Gegenzug vorschlugen, verdiente nicht weniger Prügel – freilich nicht im übertragenen, sondern im wortwörtlichen Sinn.

Die Konservativen hatten im wesentlichen Hochschulprofessoren der sozialistischen Politökonomie hergeschickt, mithin einer Wissenschaft, die wir rundheraus als mystisch bezeichnen dürfen. Vor allem eine fest zusammengeschweißte Troika, bestehend aus Mustygin, Skibalo und Shshenkin, machte durch ihre Aggressivität von sich reden. Sie hielten Zusammenfassungen ihrer Reden parat und stürzten sich in den Kampf gegen die verhaßten Demokraten, die das Land in den kapitalistischen Sumpf stoßen wollten.

Die Gesamtzahl der Teilnehmer belief sich auf etwa dreißig Personen.

Für Voland hielt man einen Ehrenplatz bereit. Ein weiterer Mißtrauischer, der den Saalordner gab, wies ihm einen Stuhl unmittelbar neben dem Präsidium zu. Voland legte weder den Umhang noch das Barett mit der Hahnenfeder ab. Er setzte sich hin, bedeckte die Augen mit einer Hand und stützte das Kinn auf den Griff seines Spazierstocks. Neben ihm stand Korowjew. Er trug nun weder seinen Mantel noch das Touristenkäppi, sondern ein kariertes Jackett. Den Koffer hatte er unter dem Tisch abgestellt. Er tat fürchterlich geschäftig, wandte unablässig den Kopf mit dem auf die Nase gepfropften Zwicker und begrüßte einen Anwesenden nach dem anderen mit einem Diener. Schließlich zog er eine Flasche Borshom-Wasser hervor, öffnete sie und kippte hintereinander drei Glas herunter.

Außer dem mißtrauischen Ordner belagerte noch etwa ein Dutzend weiterer, einheitlich in Jackett und Krawatte gekleideter junger Männer den Saal. Einer von ihnen übernahm die Rolle des Mundschenks und brachte dem jeweiligen Orator auf der Rednertribüne ein Glas Borshom-Wasser.

Die allgemeine Aufmerksamkeit zog natürlich nicht Korowjew, sondern Voland auf sich. Im Flüsterton fragten die Anwesenden einander, wer er sei. Petjunin erklärte voller Autorität, es handle sich bei ihm um einen international bekannten Ökonomen. Nur wollte ihm momentan weder sein Name noch sein Heimatland einfallen.

Monotones Stimmengewirr erfüllte den Saal. Die Sitzungsteilnehmer tauschten untereinander die jüngsten Neuigkeiten aus. Jemand hatte einen Witz in petto, verhaltenes Gelächter plätscherte los. Dann kam durch eine der Seitentüren – genauer aus der, die in unmittelbarer Nähe der Präsidiumsplätze lag – der Protokollchef des Präsidenten, ein langer und dünner Mann mit tief in den Höhlen liegenden Augen. Mit ihnen tastete er nun den Saal ab, rückte hernach die Stühle am Tisch des Präsidiums zurecht und verschwand wieder. Das Stimmengewirr erstarb umgehend.

Dann kamen sie im Gänsemarsch herein: der Präsident, der Vizepräsident und der Premierminister. Alle drei lächelten, wiewohl auf unterschiedliche Art. Der Präsident hielt ein kindlich offenes, ja sogar leicht naives Lächeln bereit. Hier bin ich also! verkündete dieses Lächeln. Ich bin genau wie ihr. Und sämtliche Gemeinheiten und Intrigen haben sich natürlich meine Feinde ausgedacht!

Der Vizepräsident hatte die ersten Sprossen der staatlichen Karriereleiter in seiner Heimatstadt erklommen, in der Kaderschmiede des Komsomol. Wie im übrigen auch der Präsident. Dem Vizepräsidenten hatte seine fidele Komsomol-Vergangenheit allerdings einen unauslöschlichen Stempel aufgeprägt. Gleich anderen Komsomol-Führern genoß er ein Leben, das nichts zu wünschen übrigließ. In seiner Jugend hatte er als rechter Gemütsmensch gegolten. Niemals war er so idiotisch gewesen, sich bedenkenlos zu betrinken oder sich bei gegebener Gelegenheit auf eine Waffengefährtin des kommunistischen Jugendverbands zu stürzen. Was aber verlangte man eigentlich sonst noch von den Führern und Aktivisten des Komsomol? Womit genau er sich jetzt, auf seinem hohen Posten, befassen sollte, wußte er auch nicht. Er hatte ein von Verschmitztheit nicht ganz freies Lächeln aufgesetzt, als wollte er sagen: Was ist, Jungs? Geben wir heute eine gute Show? Vielleicht hieß es aber auch: Seid ein bißchen lustiger, Jungs! Wir werden das Kind schon schaukeln!

Mit dem Premierminister hatte es dagegen eine besondere Bewandtnis.

Ich habe schon von den Entbehrungen und Plagen erzählt, die unser Land in einem fort heimsuchen. Die unvermutete Ernennung dieses Dicken mit getönter Brille zum Premierminister ist eine davon. Seine vornehmste Aufgabe sieht er nicht darin, dem Volk zu einem besseren Leben zu verhelfen, sondern aus ihm das letzte Geld herauszupressen. Sein sardonisches Lachen hätte ungleich besser zu einem Falschspieler gepaßt, der, während er die Karten mit einem unvermeidlichen Schnalzen mischt, unkt: Das Geld war euers und wird unsers sein. Das premierministerielle Grinsen veranlaßte etliche Anwesende, unwillkürlich in ihre Tasche zu greifen, um sich zu vergewissern, ob ihre Brieftasche noch da war, und diese sodann tiefer hineinzustecken.

Die Blitze der Photographen flammten auf, die Aufnahmekameras surrten (am Abend sollte ein Bericht über die Sitzung über den Äther gehen). Nach einer Weile winkte der Protokollchef, um die Reporter und Fernsehleute zu vertreiben, die tatsächlich folgsam zum Ausgang drängten. Hinter ihnen wurden die Türen fest verschlossen, die Sitzung konnte beginnen.

In seiner Eröffnungsrede meinte der Präsident… Ich bitte untertänigst darum, mir eine Wiedergabe zu ersparen. Und zwar nicht deshalb, weil die Präsidentenrede ausgesprochen schlecht gewesen wäre, sondern einfach deshalb, weil sie sich kaum von der Unzahl anderer Reden unterschied, von denen Sie sicher schon die eine oder andere vor dem Fernseher sitzend gehört oder über eine Zeitung gebeugt gelesen haben.

Nachdem der Präsident etwa eine Stunde gesprochen hatte, eröffnete er die Diskussion. Was dann losbrach, ist gar nicht zu beschreiben! Jeder hatte etwas in petto! Gemäß einem vorab festgelegten Plan bestiegen die einzelnen Redner die Tribüne. Während mancher redegewandt wie ein zweiter Demosthenes war, stammelten und stotterten andere nur so herum. Sie alle aber wußten, wie unsere kranke Wirtschaft zu kurieren war. Die Demokraten schlugen unerschrocken kühne chirurgische Eingriffe vor. Die Konservativen neigten zu einer eher vorsichtigen Therapie. Die Ideen krachten in fulminanter Weise aufeinander. Aber ist nicht seit langem folgende Weisheit bekannt: Wenn zur Heilung eines Schwerkranken eine Unzahl unterschiedlicher Therapien vorgeschlagen wird, kann man schon mal das Grab ausheben und die Urne besorgen...

Der Präsident ließ die Diskussion nicht unbeteiligt an sich vorbeigehen. Während Vizepräsident wie auch Premierminister schwiegen, unterbrach er nahezu jeden Redner mit Ausrufen wie: »Aber was genau schlagen Sie uns vor? Das Volk versteht uns nicht!« (Als ob er allein wußte, was das Volk wollte, und der fragliche Redner gerade vom Mars eingeflogen war!) Oder aber auch: »In philosophischer Hinsicht ist Ihr Vorschlag interessant, aber er bedarf noch weiterer Ausarbeitung.«

Nach dem Auftritt eines weiteren Redners fiel ihm plötzlich Lobkow ein. Er suchte den Saal nach ihm ab, konnte das Akademiemitglied aber nirgends finden. Dabei sollte Lobkow doch in letzter Instanz die Wahrheit verkünden, sollte die erregten Gemüter besänftigen, sollte zügellosem Freidenkertum wie leerer Phantasterei einen Riegel vorschieben. In seinem Schlußwort würde der Präsident den Vortrag Lobkows dann mit einigen wertvollen Gedanken krönen.

»Wo ist denn eigentlich Lobkow?« erkundigte sich der Präsident.

Alle schauten sich fragend um. Da klärte Korowjew die Situation auf. Er erhob sich, um die akute Erkrankung Lobkows – einen Hexenschuß – bekanntzugeben. Damit niemand auf die Idee kam, seine Worte anzuzweifeln, führte er sogar vor, wie stark gekrümmt das Akademiemitglied sich hielt.

»Aber was machen wir denn jetzt?« Der Präsident konnte seine Verzweiflung nicht verhehlen.

»Nur keine Sorge«, beruhigte ihn Korowjew. »Ich bin sein bevollmächtigter Vertreter. Er hat mich an seiner Stelle gesandt. Hier ist auch der Vortrag.« Er wedelte mit einigen Blättern. »Den kann ich einfach vorlesen. Keine Sache!«

»Äh, ja gut... Das heißt, es ist natürlich schlimm, daß Lobkow erkrankt ist«, korrigierte sich der Präsident. »Nur gut, daß wenigstens Sie kommen konnten. Und Sie sind, wenn Sie die Fragen erlauben, wer?«

Korowjew stellte sich ebenso ungerührt wie heute früh dem Lobkowschen Chauffeur vor. Von einem Dolmetscher des Innenministeriums war keine Rede mehr, er war nur noch schlicht die rechte Hand des Akademiemitglieds.

Erst in diesem Augenblick richtete der Präsident seine Aufmerksamkeit auf den Nachbarn Korowjews. Bedrängt von Geschäften mit exorbitant wichtiger Bedeutung für den Staat, wenn nicht gar für die ganze Welt, hatte er an den geladenen deutschen Gast einfach nicht mehr gedacht. Der war ihm völlig entfallen. Jetzt interessierte ihn die ungewöhnliche Erscheinung Volands, vornehmlich das Barett mit Hahnenfeder. Er rief den Protokollchef zu sich, um ihn leise zu fragen, wer das nun wieder sei. Ebendafür gibt es ja Protokollchefs – sie sind es, die so etwas wissen müssen. Nachdem er die in sein Ohr geflüsterte Erklärung vernommen hatte, nickte der Präsident verstehend und meinte sogleich: »Gestatten Sie mir nun, in unser aller Namen unseren teuren Gast, den Herrn Voland, willkommen zu heißen!«

Daraufhin fing er als erster an zu klatschen. Besser spät als nie. Niemand maß dem Umstand, daß er den Familiennamen nicht ganz richtig hinbekam, Bedeutung bei, passierte ihm dergleichen doch öfter.

Voland erhob sich, um eine Verbeugung anzudeuten. Er sagte einige Worte auf deutsch.

»Er weiß nicht, was er sagen soll.« Korowjew machte sich ans Dolmetschen, wobei er mit einem Finger auf Voland zeigte. »Er hofft fest, daß sein Besuch in Moskau von Nutzen sein wird.«

»Ich verstehe das nicht ganz – sind Sie auch noch Dolmetscher, oder was?« wollte der Präsident von Korowjew wissen.

»Was ist daran Besonderes?« entgegnete dieser. »Sie haben doch ebenfalls zwei Ämter inne: Präsident und Generalsekretär. Und niemand scheint sich darüber zu wundern.«

»Ja ja, da haben Sie natürlich recht«, beeilte sich der Präsident zuzustimmen. Von einer Erörterung der Frage nach der Ämterhäufung sah er ab.

Bei sich dachte er jedoch: Ob es dir nun paßt oder nicht, den Deutschen mußt du morgen empfangen, da hilft nichts. Im Gespräch mit ihm würde er dann aber sehr geschickt darauf hinweisen, daß er ihnen zukünftig keine weiteren Rezepte vorzulegen bräuchte, da das Land seinen eigenen, ganz unvergleichlichen Weg gehen werde. War die Sitzung erst einmal gut verlaufen, konnte er den Deutschen bei ihrem Treffen freundlich davon in Kenntnis setzen, welch wichtige Etappen in der Entwicklung der russischen Wirtschaft damit abgesteckt worden waren.

Die Sitzung steuerte auf ihren anscheinend gelungenen Abschluß zu. Es traten noch einige Redner auf. Nachdem der nächste Sprecher aufgerufen worden war, hieß der Präsident »den Genossen Korowjew«, sich bereitzuhalten. Danach tuschelte er kurz mit dem Vizepräsidenten, stand unvermittelt auf und ging. Der Vizepräsident gab eine Erklärung dieses Verhaltens.

Wie sich herausstellte, war schon seit langem für diese Zeit ein Telephonat des Präsidenten mit seinem amerikanischen Amtskollegen vereinbart worden. Mithin gab es eine Terminüberschneidung. Allerdings keine bedeutende. Der Präsident hatte versprochen, nach dem Gespräch sofort zurückzukommen. Derweil wollte der Vizepräsident die Sitzung leiten.

Ich kann nur sagen, der Präsident war gut beraten, die Sitzung zu verlassen. Aber er ist halt ein Sonntagskind. Überdies darf man den nahezu übernatürlichen Instinkt nicht vergessen, über den er verfügte. Beizeiten wußte er jede Gefahr zu wittern, die seinem Renommee hätte drohen können. So hege ich die Vermutung, er habe anhand nur ihm verständlicher Zeichen erahnt, daß die Sitzung, ungeachtet ihres gelungenen Beginns, kein glückliches Ende nehmen würde. Und das Telephonat mit dem amerikanischen Präsidenten war nichts anderes als eine Stegreifausrede.

Es kam der Moment, wo der Vizepräsident – und nicht der Präsident! – in die Rednerliste schaute, in der der Name Lobkow durchgestrichen und durch Korowjew ersetzt war, dessen Auftritt er dann bekanntgab.

Korowjew betrat mitsamt dem bereits bekannten Koffer die Rednertribüne.

»Und was haben Sie da, eine Bombe?« witzelte der Vizepräsident. Er hatte beschlossen, diesen Ökonomen zu zeigen, daß ihm nicht jeder Sinn für Humor abging.

»Sie haben genau ins Schwarze getroffen!« erwiderte Korowjew. »Eine Bombe. Wenn auch eine wirtschaftliche.«

»Na, dann zünden Sie sie mal.«

»Ich nehme Sie beim Wort!« Korowjew drohte dem

Vizepräsidenten scherzhaft mit dem Finger. »Daß Sie sich nachher ja nicht beklagen, denn schließlich haben Sie es selbst so gewollt.«

Voller Schwung zog er einen Reißverschluß auf, um einen rechteckigen Kasten hervorzuholen. Sodann schmiß er den Koffer zu Boden. An der Rückseite des Kastens gab es eine Einfüllöffnung der Art, wie sie vom Fleischwolf oder der Handkaffeemühle bekannt ist. Die zum Publikum gewandte Vorderseite zeigte einen schmalen Schlitz. Die Seitenwände waren über und über mit Hebeln, verschiedenfarbigen Knöpfen und Schaltern gespickt. Kurzum, es handelte sich um ein Gerät oder sogar ein Aggregat unklarer Funktion.

Hier und da erhoben sich Ausrufe des Unverständnisses. Darauf spreizte Korowjew eine Hand nach vorn, um zu signalisieren, man möge sich gedulden und sehen, was komme. Sodann wickelte er das Kabel ab, das um den Kasten geschlungen war. Er nahm den Stecker und steckte ihn in eine Dose, die hinter dem Bild mit Iljitsch verborgen war. Woher nur war ihm das Vorhandensein der Steckdose an dieser Stelle bekannt? Teufel aber auch!

Über dem Schlitz leuchtete ein grünes Lämpchen auf. Der Kasten surrte leise, aus seinem Innern drang rhythmisches Knacken. Alle warteten gespannt, was nun folgen würde. Aber Korowjew, die Ruhe selbst, trank zunächst noch ein Glas Borshom-Wasser und schnipste danach mit dem Nagel gegen das leere Glas: Es wäre nicht schlecht, das hier noch einmal zu füllen. Der Mundschenk brachte ein weiteres Glas, das Korowjew ebenfalls in einem Zug leerte. Und erst als er sich mit einer Serviette abgetupft hatte, begann er mit seiner Vorstellung.

»Ich wurde beauftragt«, begann er mit brüchiger

Stimme, »Ihnen die Funktionsweise des Aggregats *Uf-Uf-1* oder *Universeller firmeneigener Umlaufbeschleuniger von Finanzen, Modell Eins*, zu demonstrieren.«

»Einen Augenblick!« unterbrach ihn der Premierminister. »Im Programm steht etwas ganz anderes. Der Vortrag des Akademiemitglieds Lobkow lautet *Besonderheiten der wirtschaftlichen Entwicklung in heutiger Zeit*. Und Sie wollen uns statt dessen jetzt irgendein Aggregat...«

»Wie Sie wünschen«, schmollte Korowjew. »Ich kann auch verduften, hab schließlich genug zu schuften.«

Und der Schuft hatte ganz richtig kalkuliert. Durch den Saal wogte Lärm. Vereinzelt wurden Rufe laut: »Laßt ihn reden!«, »Was für ein Despotismus!«, »Wir wollen das Aggregat!«

In dieser Situation beschloß der Vizepräsident, unter Beweis zu stellen, daß er keinesfalls ein Hanswurst, sondern laut Verfassung in diesem Moment der wichtigste Mann im Raum war. Überdies bot sich ihm hier die Gelegenheit, dem Premierminister eins auszuwischen. Den hielt er nämlich für einen nichtsnutzigen Parvenü, hatte er doch in jungen Jahren nicht mal einen Posten im Komsomol bekleidet.

»Was ist, Jungs, ihr werdet doch wohl nicht streiten?« Sein Lächeln ging in die Breite. »Ihr solltet euch eure Energie lieber für die Frauen sparen, um eure ehelichen Pflichten zu erfüllen.«

Die »ehelichen Pflichten« waren des Vizepräsidenten liebstes Thema, zu dem er mit unfehlbarer Sicherheit immer hinfand. Sobald er ein Mitglied aus dem Staats- oder Parteiapparat empfing – selbstverständlich einen Mann –, wollte er jedesmal beim Gesprächsauftakt wissen, ob der es bringe oder nicht. Wobei er nie hinzuzufügen vergaß, ihm selbst bereite es niemals die geringsten Schwierigkeiten, es zu bringen; nähere Informationen könne man diesbezüglich bei seiner Frau einholen.

Der jüngste Spaß des Vizepräsidenten traf durchaus den Geschmack etlicher Sitzungsteilnehmer. Nun wandte er sich wieder an Korowjew, um ihm zu sagen: »Wir sind ganz Ohr!«

Der Premierminister lief puterrot an. Darauf zuckte er mit den Achseln, solcherart zum Ausdruck bringend, daß er jedwede Verantwortung von sich weise. Korowjew machte sich erneut auf der Tribüne breit.

Er kam jedoch nicht auf das Aggregat, sondern auf das heutzutage so beliebte Thema der Unabhängigkeit der Industrieunternehmen zu sprechen.

»Was braucht man, um jedem x-beliebigen Betrieb, jeder Fabrik oder Kürschnergenossenschaft echte und grenzenlose Freiheit zu bescheren?« fragte Korowjew, wobei er seinen ganzen Körper nach vorn warf. Die Antwort lieferte er prompt selbst: »Geld!«

Die Korowjewsche Diagnose mutete auf den ersten Blick seltsam an. Doch schob er gleich die Erklärung hinterher. In der Regel bekämen die Betriebe ihr Geld von den Banken – wo freilich meist nie genug vorhanden sei, da der Staat es nicht fertigbringe, Geld in der erforderlichen Menge zu drucken. Daher leide ja auch jeder Direktor an ewiger Nervenanspannung. Wieviel besser wäre es also, wenn ein Unternehmen neben der Fertigung seiner eigentlichen Erzeugnisse die Möglichkeit hätte, sich selbst Banknoten zu drucken. Ebendieses drängende Problem könne das Aggregat *Uf-Uf-1* lösen.

Später rangen viele die Hände – wie leicht hatte Korowjew sie hereingelegt! Was war das für eine kindsköpfige Idee, allenthalben eine Geldproduktion zu ermöglichen. Häresie vom Feinsten! Waren denn alle mit Blindheit geschlagen, oder was?

Nein, hier muß ich um Verzeihung bitten, nicht alle. Zunächst erhob sich Kopalin, ihm folgten zwei weitere Teilnehmer, und alle drei wandten sich zum Ausgang.

»Wohin wollt ihr, Jungs?« wollte der Vizepräsident wissen. »Habt ihr ein kleines Geschäftchen zu erledigen?«

»Ein großes«, antwortete Kopalin stellvertretend für alle. »Wir haben nicht vor, an so einer Zirkusvorstellung teilzunehmen.«

Erneut kam im Saal Lärm auf.

»Lassen Sie mich nun ausreden oder nicht?« erboste sich Korowjew. »Was ist das nur für ein ungezogenes Benehmen!«

Die Anwesenden fielen in verlegenes Schweigen. Korowjew hielt sich nicht länger mit der Vorrede auf.

»Besser einmal gesehen als hundertmal gehört. Erlauben Sie mir nun, Ihnen das Aggregat *Uf-Uf-1* vorzuführen. Es ist unter Führung des Akademiemitglieds Lobkow und meiner unmittelbaren Beteiligung entwickelt worden, die Herstellung lag bei einer Kooperative aus Mytischtschi[22], deren Namen ich hier aus verständlichen Gründen nicht nennen möchte.«

In diesem Augenblick dachte natürlich niemand darüber nach, was das wohl für »verständliche Gründe« sein mochten. Korowjew zog aus dem Koffer, den er auf den Boden neben die Tribüne geworfen hatte, eine – ja, was meinen Sie wohl? Eine Rolle Toilettenpapier! Er hielt das »hochverehrte Publikum« an, jede seiner Bewegungen genau zu beobachten. Er stopfte die Rolle in die Einfüllöffnung, drückte einen der Knöpfe an der

Seite, legte einen Hebel um und verfiel, die Hände vor der Brust verschränkt, mit einem rätselhaften Gesichtsausdruck in erwartungsvolle Starre.

Kaum jemand achtete darauf, daß indessen der ausländische Gast seinen Standort wechselte. Alle verfolgten wie gebannt Korowjews Gebaren. Voland hatte nämlich derweil seinen Stuhl ergriffen, um sich neben die Tribüne zu setzen. Diejenigen, die seinen stechenden Blick auffingen, schauten augenblicklich woanders hin. Nach wie vor war Volands Umhang bis oben zugeknöpft.

Nach nur wenigen Sekunden flatterte aus dem Längsschlitz eine nagelneue Rubelnote. Dieses Ereignis entlockte den Anwesenden Ausrufe echter Verwunderung. Korowjew griff nach dem Schein, ließ ihn knistern und spannte ihn zwischen beiden Händen. Der Premierminister erhob sich und näherte sich dem wundersamen Aggregat. Aufmerksam schaute er sich das Gerät an. Das Aggregat spuckte mit zunehmender Geschwindigkeit Rubelscheine aus. Korowjew schob ein blechernes Tablett vor das Gerät, auf dem sich die Rubel zu einem akkuraten Stapel türmten.

»Sind die echt?« erkundigte sich der Premierminister mißtrauisch bei Korowjew.

»Sie beleidigen mich!« Der durchtriebene Schuft nahm einen der Rubelscheine in die Hand, um vorzulesen: »›Wer Banknoten fälscht, wird laut Gesetz …‹ Wir sind schließlich keine Falschmünzer.«

»Wie steht es mit Dreirubelscheinen?« schrie jemand im Saal.

»Warum diese Bescheidenheit?« entgegnete Korowjew. »Sagen Sie doch gleich – Hunderter.«

»Nein, sagen Sie doch mal ernsthaft, wie es damit aussieht«, hakte der Premierminister nach.

»Nur für Sie!« schmunzelte Korowjew. »Man hört ja allenthalben, daß Sie für Hunderter eine besondere Schwäche haben.«

Er schaute noch einmal in die Öffnung, wohl um zu prüfen, ob das Toilettenpapier noch ausreiche. Dann faßte er sich an den Kopf und murmelte: »Ach du gute Güte!« Sogleich förderte er aus dem Koffer eine neue Rolle zutage, die er sodann in die Öffnung steckte. Schließlich nahm Korowjew die Hand des Premierministers, um nunmehr nicht mit seinen eigenen, sondern mit den Fingern des Staatsmannes verschiedene Hebel, Knöpfe und Schalter zu betätigen. Dazu meinte er: »Damit Sie uns nicht irgendwelcher ehrenrührigen Geschäfte bezichtigen. Wir sind eine solide Firma.«

Alle verfolgten die Veränderungen, die das Aggregat durchmachte. Es surrte stärker, und auch das Knacken im Innern lief in beschleunigtem Rhythmus ab. Und dann, förmlich als sträube er sich dagegen, kroch aus dem Schlitz langsam der erste Hunderter! Korowjew überreichte ihn mit einer Verbeugung dem Premierminister. Der versenkte sich augenblicklich in ein sorgfältiges Studium desselben und hielt auch das Wasserzeichen gegen das Licht. Danach steckte er ihn seelenruhig in die Tasche, was allgemeines Mißfallen heraufbeschwor. Rufe ertönten: »Laß uns den auch mal sehen!« – »Und wir, sind wir etwa keine Menschen?«

Korowjew sorgte für Ruhe. Er erklärte, er habe lediglich die erste vom Aggregat hergestellte Hundertrubelnote dem Regierungschef zur Erinnerung ausgehändigt. Die Produktion der Hunderter werde aber fortgesetzt, weshalb sich sogleich jedermann persönlich davon überzeugen könne, daß es sich nicht um Falschgeld handle.

In der Tat spuckte das Aggregat bereits weitere

Hunderter aus. Einen überreichte Korowjew, ebenfalls mit einer Verbeugung, dem Vizepräsidenten. Auch diesen Schein deklarierte er als Souvenir. Der Vizepräsident dankte Korowjew, schüttelte ihm die Hand und rief mit ausgelassener Lustigkeit in den Saal: »Jetzt machen wir einen drauf, was, Jungs?«

Die anderen Noten überließ Korowjew dem Publikum. Er erinnerte noch daran, ihm die Scheine unbedingt zurückzugeben, da er diese abzurechnen habe. Ehrlich gesagt, trafen aber weitaus weniger wieder bei ihm ein, als ausgegeben worden waren.

Etliche Anwesende sprangen von ihren Plätzen auf und drängten hin zu dem ungewöhnlichen Aggregat, das eine echte Kehrtwende in der wirtschaftlichen Entwicklung verhieß. Korowjew vermochte kaum auf die von allen Seiten auf ihn hereinprasselnden Fragen zu antworten: Wieviel das Aggregat koste? Wann mit einer Massenproduktion des Geräts zu rechnen sei? Ob es auch keine Probleme mit Ersatzteilen gebe? Und schließlich: Wäre denn der Export der Aggregate ins Ausland möglich?

Das Wort »Export« hatte Petjunin offenbar auf eine atemberaubende Idee gebracht.

»Freunde!« rief er. »Wenn man vielleicht Devisen damit machen könnte? Möglicherweise ja Dollar! Denn Rubel, mal ehrlich, wer braucht schon Rubel? Was kannst du dir für die denn schon kaufen?«

Oh, was daraufhin losbrach! Korowjew wurde förmlich auseinandergenommen. In wildem Durcheinander fragte man, ob das Aggregat nicht auch Dollar machen könne. Oder vielleicht Deutsche Mark. Oder wenigstens spanische Peseten, die ja letztendlich auch Devisen seien.

Korowjew wehrte die über ihn herfallenden Ökonomen ab. Mit dem ihm eigenen Temperament setzte er ihnen auseinander, bei der Konstruktion des Aggregats habe man die Möglichkeit der Devisenherstellung nicht berücksichtigt. Niemand glaubte ihm wirklich. Die einen tätschelten Korowjew die Schultern, die anderen nahmen ohne viele Worte seine Hand, um ihn zum Aggregat zu ziehen – vielleicht funktionierte es ja plötzlich doch?

Selbst der Vizepräsident leistete seinen Beitrag.

»Wovor hast du Angst? So ein Mannsbild – und dann Angst!« brachte er Korowjew in Verlegenheit, wobei er zwanglos zum Du überging. »Nun mach schon! Ich nehme es auf meine Kappe!« Und er beschrieb mit der Hand einen kühnen Wirbel in der Luft, somit seine Vergangenheit im Komsomol vollauf unter Beweis stellend, als noch jede Entscheidung im Handumdrehen getroffen wurde und man sich erst im nachhinein mit den Folgen befaßte.

Der Premierminister, der sich diesmal sowohl der allgemeinen Meinung wie auch der des Vizepräsidenten anschloß (der letztgenannte Fall trat nicht sehr häufig ein), nahm positiv zu den Möglichkeiten Stellung, die sich ganz plötzlich auftaten. Würden wir erst mal über Devisen verfügen, so könnten wir sofort in den Börsenhandel einsteigen. Alle Kurse gingen zu Teufels Großmutter, eine internationale Finanzkrise bräche aus, und wir könnten der ganzen Welt unsere Bedingungen diktieren. Ein anderer an seiner Stelle hätte vielleicht vom Erwerb weiterer Sonnenblumenöls oder wenigstens Suppenkonzentraten geträumt, aber der Premierminister war von Haus aus Finanzmann und dachte ausschließlich in Finanzkategorien.

»Geht jetzt auseinander!« rief Korowjew wie ein waschechter Milizionär.

Die Menge der Ökonomen zog sich zurück, worauf erneut Voland zu erkennen war. Neben ihm stand der Gott weiß woher aufgetauchte Kater Behemoth. Volands Gesicht drückte Gleichmut und Langeweile aus. Allein die Mundwinkel waren zu einer verächtlichen Grimasse verzogen.

»Was gebieten Sie, Messere?« fragte Korowjew, damit jede Tarnung aufgebend.

»Ich schlage vor, ihnen entgegenzukommen«, antwortete Voland nach einer kurzen Pause. »Wenn es sie so sehr nach Devisen verlangt ...«

Seltsamerweise befremdete es niemanden, daß der ausländische Gast auf einmal russisch sprach und von dem »bevollmächtigten Vertreter« des Akademiemitglieds Lobkow um eine Erlaubnis gebeten wurde, wobei er sich mit der kuriosen Anrede »Messere« ansprechen ließ.

Korowjew, so schien's, hatte nur auf diese Entscheidung Volands gewartet.

»Ah!« rief er mit einer Tollkühnheit aus, die der des Vizepräsidenten in keiner Weise nachstand. »Wer köpft, achtet nicht auf die Haare!«

Er hieß alle ein Stück zurückzutreten. Noch besser, sich unter einem Tisch zu verstecken. Bisher sei nämlich noch kein Versuch unternommen worden, mit dem *Uf-Uf-1* Devisen herzustellen. Dafür mußte das Aggregat an ein besonderes überstarkes Netz angeschlossen werden. Die Überlastung könnte aber zum Durchschmelzen, ja sogar zu einer Explosion führen.

Die Korowjewsche Warnung zeigte allerdings nur in beschränktem Maße Wirkung. Niemand machte Anstalten, unter die Tische zu kriechen, alle traten lediglich ein paar Schritte zurück.

»Und was soll der Kater?« murrte der Ökonom Skibalo (zur Erinnerung: einer der Konservativen).

»Wie belieben?« fragte Korowjew zurück, wobei er ein Ohr umbog. »Wo haben Sie einen Kater gesehen?«

Und Tatsache, ein Kater war nirgends zu entdecken. Allerdings stand nun neben Voland ein rundgesichtiger bäuerlicher Mann in Lederjoppe.

»Wem's gefällt, für den mag er ein Kater sein, aber für uns ist er einfach unser Mechaniker aus Mytischtschi«, stellte Korowjew Behemoth vor. »Der Junge hat ein goldenes Händchen. Obendrein trinkt er nicht.«

Behemoth und er berieten sich kurz. Sodann stopften sie in die Öffnung eine neue Ladung Toilettenpapier. Danach hantierten vier Hände an Hebeln herum, drückten Knöpfe und ließen Schalter einklacken. Kaum waren die beiden vom Aggregat zu unterschiedlichen Seiten hin weggetreten, als dieses aufheulte und vor Anstrengung ins Zittern geriet. Verschiedenfarbige Lämpchen leuchteten auf. Korowjew verfiel in erwartungsvolle Starre, die Zähne dabei in seine Fäuste gerammt, während der Mechaniker Behemoth nervös seine Hände an einem alten Lumpen abwischte, den er aus einer Tasche seiner Joppe gezogen hatte.

Und plötzlich lugte aus dem Schlitz der Rand eines grünen Papiers, worin bereits eindeutig eine Dollarnote zu erahnen war, wenngleich noch nicht zu sehen war, von welchem Wert.

Der Papagei aus Stevensons *Schatzinsel*, der auf den Namen Captain Flint hörte, hatte, wie Sie sich vielleicht erinnern werden, gelernt, »Piaster! Piaster!« zu schreien. Hier hingegen erklangen die jubelnden Jauchzer »Dollar! Dollar!«, unterlegt von »Hurra!

Sieg!«-Rufen. Die Wirtschaftswissenschaftler strömten – jede Sorge um die persönliche Sicherheit vergessend – geschlossen nach vorn, um voller Staunen zu beobachten, wie aus dem Schlitz eine grüne Dollarnote im Wert von… nun, was glauben Sie?… sage und schreibe einhundert Dollar kroch!

Der grobschlächtige Premierminister (in diesem Fall muß man ihm Gerechtigkeit widerfahren lassen) nahm im Namen der Regierung sogleich die Zügel in die Hand. Lautstark verkündete er, die Geschichte der hundert Rubel werde sich nicht wiederholen. Er habe genau gesehen, wie etliche Anwesende die Scheine an sich genommen, sie hinterher aber nicht zurückgegeben hätten. Mit Devisen sei jedoch nicht zu spaßen. Daher gestatte er niemandem, sie auch nur anzurühren. Bis auf den letzten Dollar werde alles ordnungsgemäß als Einnahme verbucht, zur Bank gebracht und in einem sicheren Safe deponiert. Nach diesen Worten gab er den mißtrauischen Saalwächtern ein Zeichen, die daraufhin eine Kette vor dem Aggregat bildeten.

Enttäuschtes Murren ließ sich vernehmen. Der Vizepräsident versuchte die Vertreter der beiden sich gegenüberstehenden Lager zu beschwichtigen.

»Was wollt ihr, Jungs, habt ihr noch nie im Leben Dollars gesehen?« rief er, wobei seine volltönende Stimme sich über Lärm und Radau erhob. »Sogar ich habe mehr als genug davon!« Kaum hatte er das ausgesprochen, lief er puterrot an.

Fest schlossen sich die Reihen. Im Geiste verwünschte man den überwachsamen Premierminister. Voller Ärger und Bitterkeit verfolgte die Menge, wie der Schlitz die Hundertdollarscheine ausspuckte, wie diese sich stapelten und Korowjew darauf jeden Stapel nachzählte, mit einer Banderole versah und sie mit einer freundlichen, wiewohl steifen Verbeugung dem Premierminister aushändigte, der sie auf dem Tisch des Präsidiums sammelte.

Der Premier hatte ohne Frage hinreichend Scharfsinn und Voraussicht bewiesen. Aber wenn man es mit Teufeln zu tun hat, kann man da wirklich alles voraussehen?

Mit einemmal fingen Korowjew und Behemoth an, das Aggregat mit fürchterlichen Leidensmienen zu umklammern. Ihr ganzes Gehabe schien zum Ausdruck bringen zu wollen, daß sie das Gerät nur noch mit letzter Kraft halten konnten und es ansonsten von wilden Erschütterungen fortgerissen würde. Ich persönlich hege den Verdacht, daß die beiden Nichtsnutze das Aggregat ganz im Gegenteil eher rüttelten und schüttelten. Wie auch immer, dessen Vorderteil bäumte sich geradezu auf. Die Hundertdollarscheine sammelten sich nicht länger in akkuraten Stapeln, sondern schossen empor zur Zimmerdecke, um dort einen kurzen Augenblick lang über den Köpfen der mißtrauischen Saalwächter zu schweben. Und schon ging auf die Sitzungsteilnehmer der heißbegehrte Dollarregen hernieder.

Dem Premierminister klappte der Unterkiefer runter. Der Vizepräsident mahnte seine Jungs, ihr Gewissen nicht zu vergessen. Als ob das etwas brachte!

Die Hochgewachsenen und Langarmigen, diese Basketballtypen, nutzten ihren Vorteil. Sie griffen die Dollars sozusagen aus dem Obergeschoß ab. Die Kurzgewachsenen versuchten, ihre Chancen zu wahren, indem sie mit erhobenen Armen hochsprangen. Die Pfiffigsten kletterten auf die Tische. Überall tönte es: »Was zerren Sie an mir ... Sie sollten sich schämen! So etwas nennt sich nun Ökonom!« Hier und da kam es zu kleineren Rangeleien. Die Wyscheslawzewa zog sich einen Schuh aus, den sie auf dem Kopf des dicken Muchin niedersausen ließ, wobei sie ihn mit den Worten bedachte: »Das ist für deine lausigen Wirtschaftsmodelle! Das ist für deine Aktien und Obligationen!« Die zwei jungen Wirtschaftswissenschaftlerinnen zogen einander an den Haaren. Als Petjunin versuchte, sie zu trennen, verbündeten sie sich gegen ihn. Sie gaben dem Armen gleich mehrere Ohrfeigen, die auf eine gewisse Erfahrung dieser Art von Züchtigung der Vertreter des starken Geschlechts hindeuteten. Die Verfechter der »sozialistischen Alternative« wie auch die Fürsprecher der Planwirtschaft blieben in keiner Weise hinter ihren linksradikalen Gegnern zurück. Der mächtige Skibalo, in seiner Jugend ein gefürchteter Boxer, ließ seine riesigen Fäuste links und rechts zu Werke gehen. Es überstieg jede Vorstellung, wie viele Dollarscheine dieser eingeschworene Feind des Privatbesitzes zusammenraffen konnte.

Eine Zeitlang verhielten sich die mißtrauischen Saalwächter noch ruhig und blieben in ihrer nutzlosen Kette stehen. Doch dann griff der erste nach dem auf ihn niedersegelnden Schein, danach der zweite... Die Kette riß. Die Saalwächter mengten sich unter die Ökonomen, rafften kaltblütig Dollar an sich und stopften sich die Taschen voll. Allem Anschein nach folgten Vizepräsident wie Premierminister nach einer Weile ihrem Beispiel. Aber dann...

»Le veau d'or est toujours debout...«

Augenblicklich erstarrten alle. Behemoth, der nicht länger ein Mechaniker aus Mytischtschi war, sondern wieder den Kater gab, kurbelte in unmittelbarer Nähe der Rednertribüne an einem Grammophon. Aus dem Trichter desselben erklang der unübertroffene Baß

Schaljapins, der Méphistophélès' »Rondo vom Goldenen Kalb« aus Gounods Oper *Faust* intonierte.

»Was soll das denn nun schon wieder?« verwunderte sich der zumindest teilweise wieder zu sich kommende Premierminister.

»Das musikalische Programm«, murmelte Behemoth, während er weiterhin die Kurbel bewegte. »Ein Wunschkonzert…«

Woher der Schelm nur das Grammophon hatte? Und warum mußte es unbedingt ein Grammophon sein, hätte es nicht auch ein moderner Plattenspieler getan? Unterdessen betastete Korowjew das vibrierende Aggregat nicht nur mit sorgenvollem Gestus, sondern legte auch noch das Ohr an den Korpus.

»Runter!« schrie er mit verzweifelter Stimme.

Alle legten sich gehorsam auf den Boden. Schon im nächsten Augenblick kam es zu einer ohrenbetäubenden Explosion.

Als die Anwesenden die Augen vorsichtig wieder öffneten, als sie sich überzeugten, daß Arme und Beine noch vorhanden waren und sie insgesamt keine erkennbaren Schäden davongetragen hatten, als sie feststellten, daß lediglich von der Decke der Putz leicht herunterrieselte, da existierte das Aggregat *Uf-Uf-1* schon nicht mehr. Es war in viele kleine Teile zerborsten. Korowjew schwankte hin und her und fing mit fürchterlicher Stimme an zu klagen, er persönlich werde für den Schaden am Aggregat zur Verantwortung gezogen werden, weshalb er wohl bis über das Grab hinaus die Schulden abbezahlen könne! Behemoth beruhigte ihn.

»Schluß jetzt mit dem Schabernack! Kündige die nächste Nummer an!«

Erneut richteten sich alle Blicke auf Voland.

»Zu Befehl, Messere!« antwortete der eben noch so verzweifelte Korowjew voller Heiterkeit. Und mit vorm Bauch gefalteten Händen kündigte er in der Art eines Conferenciers an: »Und nun, Mesdames und Messieurs, gestatten Sie mir, um Ihre geschätzte Aufmerksamkeit für den Höhepunkt unseres bunten Programms zu bitten. Zunächst möchte ich Sie jedoch noch untertänigst ersuchen, Ihre Plätze wieder einzunehmen, die Hände auf den Tisch zu legen und die Finger ganz locker auszustrecken.«

Unbegreiflicherweise gehorchte ein jeder dem durchtriebenen Witzbold. Sie setzten sich wieder hin, streckten die Hände aus und spreizten die Finger. Sowohl Vizepräsident wie Premierminister reihten sich ein. Darauf verkündete Korowjew, in einen mekkernden Diskant verfallend: »Der verdiente Solist unseres Ensembles, der Gewinner unzähliger Wettbewerbe, das Kaninchen Kusja! In einem von ihm begründeten Genre!«

Voland erhob sich. Erst jetzt sahen alle, von welch ungeheurem Wuchs er war. Er öffnete den schwarzen Umhang mit dem in Rottönen changierenden Futter. Seinen Händen entsprang ein kleines Knäuel, das einen Augenblick lang als grauer Funke durch die Luft schoß, um dann über die Tische zu springen, an denen die Teilnehmer der Wirtschaftssitzung saßen. Reihum biß es die Anwesenden… biß sie mit seinen scharfen Vorderzähnen in die Finger, die auf Geheiß Korowjews weit gespreizt waren!

Nein, ich bin weit davon entfernt, Ihnen ausführlich beschreiben zu können, was sich daraufhin abspielte. Offen gestanden, kann ich Ihnen noch nicht einmal den kürzesten Bericht über den konkreten Ablauf der Ereignisse liefern. Ich weiß nur eins: In wenigen Sekunden biß Kusja alle, die im Saal waren, einschließlich der beiden Vertreter der höchsten Führungsebene. Der Effekt war erschütternd. Beichten vermengten sich mit hysterischem Geheul (einige zerrissen sich gar das Hemd) zu einem einzigen vielstimmigen Jammerkonzert.

Nachdem das Kaninchen Kusja vollbracht hatte, was von ihm erwartet worden war, sprang es auf die Rednertribüne. Sein Atem flog, genau wie bei einem Läufer, der gerade seine Strecke absolviert und einen neuen Rekord aufgestellt hat. Die langen Ohren waren weit zurückgelegt, in den Augen tanzten gelbe Feuerchen.

Korowjew und Behemoth bewaffneten sich mit tragbaren Aufnahmegeräten. Wie waschechte Reporter hielten sie ihre Geräte bald dem einen, bald dem anderen Gebissenen unter die Nase. Am nächsten Tag tauchten in den Redaktionen verschiedener Zeitungen die Kassetten auf. Allerdings schaffte man es nirgends, sie vollständig anzuhören – allenthalben erschienen umgehend die »leisen« Jungs, die sie einsammelten. Immerhin gab der Buschfunk einige Beichten bekannt.

Der Vizepräsident hatte unter Tränen erklärt, er habe nicht die geringste Ahnung, wie ein Land zu regieren sei. Liebdienern und katzbuckeln – das sei das einzige, was er jemals gelernt habe. So habe er auch seinen Aufstieg geschafft.

Die größte Überraschung dürfte wohl gewesen sein, daß der Premierminister sich tatsächlich noch Reste eines echten Gewissens bewahrt hatte! Folglich gab er zu, die Politik, die er betreibe, bringe dem Volk nichts Gutes. Er selbst sei ein Gauner, wie die Welt keinen zweiten hervorgebracht habe. Bei lukrativen Kooperativen habe er einen Fuß in der Tür. Er schleuse dort seine nächsten Verwandten ein und zapfe ihnen das Geld gleich eimerweise ab.

Muchin räumte ein, seine Rezepte zur Rettung unserer Wirtschaft würden einer näheren Prüfung nicht standhalten, sondern nichts als Schwindel und Geschwätz offenbaren. Auch Petjunin legte die Karten offen auf den Tisch. In Illinois, so sein Geständnis, habe er sich ein Haus angeschaut und auch schon eine Anzahlung geleistet. Im Fall des Falles wüßte er, wohin.

Und was war mit den Konservativen? Skibalo ließ die blutüberströmte Faust auf den Tisch knallen und erklärte, an irgendeinen Sozialismus glaube er schon seit ewigen Zeiten nicht mehr. Solange es noch nicht zu spät sei, solle man bei uns nur den Kapitalismus einführen, gegebenenfalls sogar gewaltsam, mit Hilfe der Armee.

Es gab auch Beichten ganz intimen Charakters, die von ehelicher Untreue bis hin zur Aneignung staatlichen Eigentums reichten. Der eine hatte vom Amt einen Fernsehtisch abgezweigt, der andere den Fernseher. Natürlich nicht für sich, sondern für die verheiratete Tochter. Aber änderte das irgend etwas?

Kurzum, die Erinnerungen an gemeine und ehrlose Taten, die sich in den Irrgärten des schlechten Gewissens versteckt hielten, brachen sich nun Bahn, ergossen sich in tränenreichen Beichten – und es schien, daß das Ganze weder Ende noch Grenzen kannte.

»Alle legen sich auf den Boden!« ertönte da unvermittelt ein Kommando.

Aus verschiedenen Türen strömte paarweise ein Dutzend junger Männer in gesprenkelten Uniformen und mit Kalaschnikows im Anschlag in den Saal. Das

Jammergeschrei erstarb sofort. Zwei Gesprenkelte führten Vizepräsident und Premierminister, die beide torkelten, aus dem Saal.

»Was sind das für Leute?« wollte Voland von Korowjew wissen.

»Die sind gekommen, um uns zu verhaften«, gab dieser seelenruhig Auskunft. Er hob das Kaninchen Kusja von der Rednertribüne, um es Voland zu übergeben. Unverzüglich verschwand das Tier in den Weiten des Umhangs.

»Es war deine Idee, den Primuskocher mitzunehmen. Nun bring uns hier raus«, bemerkte Behemoth betrübt. »Sagen wir es doch ganz offen, unsere Sache sieht schlimm aus. Mit anderen Worten: Es ist aus!«

»Hände hoch!« kommandierte der schnurrbärtige Anführer der Gesprenkelten, wobei er sich an Voland und seine beiden Gefährten wandte.

»Liebwerter Herr!« Korowjew trat nach vorn. »Warum so strenge Worte? Ich schlage vor, friedliche Gespräche zur Klärung der Situation aufzunehmen.«

»Dir werd ich was erzählen!« schrie ihn der Kommandant an, wobei er aus seiner Hosentasche ein Paar Handschellen zog, was ganz klar auf die Absicht schließen ließ, Korowjew als ersten der Halunken zu verhaften.

Nun aber geschah etwas, was der Kommandant niemals hätte vorhersehen können. Die Handschellen legten sich völlig autonom um seine eigenen Hände und rasteten ein. Die Kalaschnikow knallte zu Boden. Sofort hob Behemoth sie auf und schrie: »Lebendig werdet ihr zumindest mich nicht kriegen, daß ihr's nur wißt!«

Nach diesen Worten feuerte das Katervieh eine Salve aus der MP ab. Allerdings nicht auf die gesprenkelten Omon-Leute[23] – oder wer auch immer sie sein mochten –, sondern gegen die Decke. Dabei kam ihm die Idee, die Büste Lenins mit einer Kugel zu beehren und ihm die Nase abzufeuern. Darüber hinaus nahm er das höchst wertvolle historische Gemälde unter Beschuß. Einige Kugeln landeten im Lüster, worauf ein Hagel kristallener Anhänger auf den Boden und die Tische niederprasselte. Gleichwohl beeindruckten diese Manöver den Kommandanten der Gesprenkelten nicht im mindesten.

»Fljagin! Nimm dir fünf Jungs und stürm auf die rechte Seite. Kuxow mit fünfen nach links! Ich will sie lebend!« schrie er und fuchtelte mit den Handschellen über dem Kopf.

Indes, es sollte weder Fljagin noch Kuxow gelingen, den Befehl auszuführen.

Behemoth schleuderte die eroberte Kalaschnikow von sich und riß den Trichter des Grammophons ab, in den er seltsamerweise hineinblies und den er sodann mit dem engen Ende auf den Boden knallte. Darauf stob aus dem Trichter eine mächtige Feuersäule bis zur Decke auf. In dieser verschwanden Voland, Korowjew und Behemoth, aber auch das Kaninchen Kusja. Und zwar spurlos.

Das Feuer richtete keinen großen Schaden an, konnte es doch in kürzester Zeit gelöscht werden. Möglicherweise ging es sogar von selbst aus. Am Ende muß man sich fragen, ob es überhaupt ein Feuer gegeben hat. Ich persönlich scheue mich, diese Frage mit einem uneingeschränkten Ja zu beantworten.

10. KAPITEL

Der Augenblick der Erkenntnis

Zu der Zeit, als diese Gemeinheiten gerade erst in Gang kamen, nahm sich unweit des Kremls, in der Lubjanka, Hauptmann Drynow einen Agenten vor, genauer gesagt denjenigen, der in der vorangegangenen Nacht von dem hinterhältigen Asasello betäubt worden war. Drynow hatte ihn in sein Zimmer gebracht (sein Bürogenosse war glücklicherweise mit einem Auftrag unterwegs), um ihn gehörig in die Mangel zu nehmen. Offenbar versuchte der Beschatter sich herauszuwinden, indem er völligen Unsinn daherfaselte – von einer silbernen Kutsche und einem Passagier mit Hut. Konnte das etwas anderes als ein Witz sein? Ärgerlich war freilich, daß der Agent nicht die geringste Ahnung hatte, wo seine Dienstpistole abgeblieben war.

Schließlich stieß Sergej Mitrofanowitsch zu ihnen. Nachdem er einige Zeit dagesessen und einfach zugehört hatte, gab er Drynow ein Zeichen, das Verhör zu beenden. Drynow entließ den Agenten, befahl ihm, eine angemessene Erklärung abzugeben, wobei er hinzufügte, einzig ein offenherziges Geständnis könne ihn aus seiner mißlichen Lage retten.

»Was machen wir mit dem Burschen?« fragte Drynow Sergej Mitrofanowitsch, sobald sie allein waren.

»Hör zu, Aljoscha, wir beide werden jetzt Jakuschkins Wohnung durchsuchen.«

Drynow stand mit weit aufgerissenen Augen hinterm Tisch. Sergej Mitrofanowitsch hatte also ihren bisherigen Plan verworfen. Ja, er teilte ihm sogar mit, der von der Petrowka angeforderte Ermittler sei bereits mit dem entsprechenden Durchsuchungsbefehl unterwegs.

»Und was bringen wir vor? Weshalb machen wir die Durchsuchung?« wollte Drynow wissen.

»Drogen«, antwortete Sergej Mitrofanowitsch knapp, fügte aber noch hinzu: »Und es wäre nicht schlecht, ein paar zu finden.«

»Hasch oder Koks?«

»Sagen wir Kokain. Warum sollten wir kleckern?«

Eine halbe Stunde später raste ein Wolga, der einen wirklich tüchtigen Motor hatte, von der Lubjanka nach Chowrino. Sergej Mitrofanowitsch saß auf dem Beifahrersitz, im Fond hatten Drynow und der Ermittler von der Petrowka, ein gewisser Mursin, Platz genommen.

Vor Jakuschkins Haus empfing sie der diensthabende Beschatter. Angetan mit einer fadenscheinigen Wattejacke, mimte er den Proletarier. Laut Bericht des Agenten war die Lage ruhig. Mursin rannte kurz in die Oberbezirksverwaltung und kehrte mit zwei Frauen zurück, einer Buchhalterin und einer Technikerin. Sie sollten als Zeuginnen auftreten.

Gemäß ihrem Plan klingelte Mursin.

»Wer ist da?« fragte eine weibliche Stimme.

»Miliz.«

Eine junge Frau öffnete. Sie war mager und äußerlich wenig ansprechend. Auf dem Arm hielt sie einen Jungen.

»Bürgerin Jakuschkina?«

Die Frau nickte schweigend. Mursin hielt ihr den Durchsuchungsbefehl hin, worauf alle in das Jakuschkinsche Zimmer gingen.

Drynow und Mursin machten sich sofort an die Arbeit. Der zweijährige Mischenka beobachtete voller Verwunderung, wie die fremden Männer im Kleiderschrank wühlten und Bücher aus den Regalen nahmen, bis die Technikerin der Aufforderung folgte, sich mit dem Jungen in die Küche zu setzen. Sergej Mitrofanowitsch sollte es übernehmen, mit Lena zu reden. Man wollte sie unbedingt befragen, solange sie noch derart verängstigt war. Nervös fingerte Lena am Kragen ihres Morgenrocks herum. Tränen standen in ihren Augen. Sergej Mitrofanowitsch versuchte, sie zu beruhigen, indem er ihr sagte, sie persönlich habe keinerlei Grund zur Beunruhigung, da die Durchsuchung im Zusammenhang mit einer Bande von Drogenhändlern stehe, die im Bezirk ihr Unwesen treibe. Man habe verschiedene Hinweise darauf, daß ihr Mann in diese Geschäfte verwickelt sei. Das also war die Art, in der Sergej Mitrofanowitsch sie zu beruhigen trachtete.

»Übrigens, wo ist er denn überhaupt?«

»Wenn ich das nur wüßte!« Nun brach Lena tatsächlich in Tränen aus.

»Ach ja, sie weiß es nicht!« mischte sich die Buchhalterin ein. Sie hatte ein äußerst unangenehmes Gesicht, ihre Lippen waren zu einer hohnlachenden Grimasse erstarrt. Nachdem sie jedoch den Blick aufgefangen hatte, mit dem Sergej Mitrofanowitsch sie bedachte, hielt sie sich zurück. Sie setzte sich auf einen Stuhl und gab mit ihrer ganzen äußeren Erscheinung zu verstehen, daß das Geschehen sie nicht das geringste anginge.

Kaum hatte Lena ihre Tränen getrocknet, holte sie aus der Tasche ihres Morgenrocks jenen Zettel, den sie am Morgen vor der Zimmertür gefunden hatte. Sergej Mitrofanowitsch las die Notiz und sagte ihr, er werde sie mitnehmen. Nicht nur der Text, sondern auch das Papier selbst kamen ihm verdächtig vor – elfenbeinfarben, sehr fest, offenkundig kein russisches Erzeugnis, aber auch kein finnisches. Vielleicht führte ja gerade von diesem Stück Papier eine Spur zu irgendeinem ausländischen Geheimdienst?

Dieser Gedankengang wurde jedoch durch den hereinstürmenden Fahrer des Wagens, mit dem sie gekommen waren, unterbrochen. Er beugte sich zu Sergej Mitrofanowitsch hinunter, um ihm ins Ohr zu flüstern, soeben habe über das Autotelephon der »Genosse 46« angerufen, der Sergej Mitrofanowitsch unverzüglich zurück ins Kontor bestelle. Der »Genosse 46« war niemand anderes als der distinguierte Abteilungsleiter.

Sergej Mitrofanowitsch rief Drynow zu sich, dem er die Fortführung des Gesprächs mit Lena überantwortete. Er sollte sie ruhig ordentlich auseinandernehmen. Dafür wäre es nicht mehr notwendig, das Kokain zu »finden«. Mit anderen Worten, dieser Plan werde aufgegeben. Man würde sie nur zu Tode erschrecken, aber nichts weiter rausbekommen. Die Wohnung sollte jedoch noch gründlich durchsucht werden. Man müsse nach Indizien suchen, die auf ein Geheimlabor hinwiesen. Desgleichen sollte man versuchen, das Manuskript des Romans mit dem beißenden Kaninchen zu finden. Natürlich wollte Drynow sogleich wissen, was es mit diesem beißenden Kaninchen auf sich habe. Da er von den Vorfällen im Tschaikowski-Saal noch nichts gehört hatte, glaubte er, sein eigener

Chef halte ihn zum Narren. Sergej Mitrofanowitsch ließ sich allerdings zu keinen näheren Erklärungen hinreißen. Kurz angebunden meinte, er müsse sich sputen – und verschwand.

»Ausgehüpft! Ausgespielt!« Mit diesen wenig zusammenhängenden Wörtern empfing der distinguierte Abteilungsleiter Sergej Mitrofanowitsch in seinem Büro. Er bot – man konnte es nicht anders sagen – ein Bild formvollendeter Raserei. Mit seinen in exquisiten Mokassins steckenden Füßen stampfte er auf den Boden und entnahm einem Becher auf seinem Schreibtisch Bleistifte, mit denen er kraftvoll dem Tisch ein Siegel aufdrückte, worauf ein Griffel nach dem anderen zerbrach. Sergej Mitrofanowitsch hatte ihn noch nie in einem derartigen Zustand erlebt. Er wartete auf den Moment, in dem sein distinguierter Chef etwas weniger wütete, um ihn zu fragen, was denn Schreckliches geschehen sei.

»Nur keine Sorge, man wird Ihnen alles erklären«, gab dieser ebenso geheimniskrämerisch wie vielsagend zur Antwort. Nach einem Blick auf die Uhr meinte er: »Es ist Zeit, gehen wir!«

Der Fahrstuhl brachte die beiden ins Parterre, wo sie einen endlosen Flur entlanggingen, der mehrmals um die Ecke bog, um zu einem anderen Fahrstuhl zu gelangen, der stets »Regierungslift« genannt wurde. Sergej Mitrofanowitsch dachte bei sich, daß er vom KGB-Vorsitzenden selbst wohl kaum *Erklärungen* zu hören bekommen werde. Sein Herz rutschte ihm unversehens in die Hose.

Auf dem Weg setzte ihn der distinguierte Leiter, der sich indessen weiter beruhigt hatte, dahin gehend ins Bild, daß am Morgen jemand vom Innenministerium angerufen habe. Die Sache, derentwegen man sie zu sich bestellte, stehe mit diesem Anruf in keiner direkten Verbindung, Sergej Mitrofanowitsch sollte schlicht auf dem laufenden bleiben. Es sei ein verschlüsselter Funkspruch vom sowjetischen Konsul in Sydney eingetroffen: Auf einer winzigen Insel im Stillen Ozean war ihr Mitarbeiter Bassawljuk entdeckt worden. Es war ihm geglückt, einem Fischerboot, das die Insel angefahren hatte, eine Nachricht mitzugeben, aus der hervorging, daß besagter Bassawljuk nicht einmal annähernd verstand, wie er auf diese Insel gelangt war, die Tausende von Kilometern von Moskau entfernt lag. Er bat darum, ihm bei der Rückkehr in seine Heimat behilflich zu sein. Die Eingeborenen ließen ihn nicht ziehen, da sie ihn für einen Gott hielten, der ihnen die Unabhängigkeit bringen sollte. Bassawljuk hatte zudem Sergej Mitrofanowitsch als Bürgen für seine Person angegeben.

»Wer ist er, ein freiwilliger Mitarbeiter von Ihnen?« wollte der distinguierte Chef wissen.

Sergej Mitrofanowitsch nickte schweigend. Seine Augen waren untertassengroß. In diesem Moment kam der »Regierungslift«, und die beiden begaben sich hinein.

Als sie im fünften Obergeschoß ausstiegen, mußten sie ihre Passierscheine zwei finsteren Kraftbolden in Uniform zeigen. Abermals durchquerten sie einen Korridor. Er war mit einem weichen Teppich ausgelegt. Den Eingang zum Sitzungssaal bewachten weitere Kraftbolde, die allerdings Zivil trugen. Auch ihnen mußten die Passierscheine vorgelegt werden. Darüber hinaus filzten die Kraftbolde die beiden. So etwas hatte es zuvor noch nie gegeben.

Im Saal saßen an einem langen Tisch fünfundzwanzig Personen. Während der distinguierte Abteilungsleiter am anderen Ende des Saals Platz nahm, fand Sergej Mitrofanowitsch seinen Stuhl in der Nähe der Tür. Ein Blick auf die Anwesenden offenbarte ihm, daß sich hier die KGB-Elite versammelt hatte. Allem Anschein nach war er der einzige, der lediglich den Rang eines Obersten bekleidete, alle anderen waren Generäle. Die sind doch nicht wirklich alle zusammengekommen, um mich zu erledigen? dachte er beunruhigt. Er sah schon den weiblichen Kader mit dem Rattengesicht – Zimmer 113, erster Tisch links – vor sich, wie sie in seine Personalakte eintrug: »Mit Eintritt in die Rente ausgeschieden.« Oder etwas noch Schlimmeres.

Versunken in solcherart finstere Gedanken, verpaßte er den Moment, da der Vorsitzende des KGB eintrat. Doch selbst wenn er mit ungeteilter Aufmerksamkeit auf diesen Augenblick gelauert hätte, wäre er ihm entgangen. Der Vorsitzende schälte sich förmlich aus den eichengetäfelten Wänden heraus. Eben noch schien er gar nicht vorhanden zu sein, und schon im nächsten Moment saß er am Kopf des Tisches.

In persona hatte Sergej Mitrofanowitsch den Vorsitzenden bislang nur aus einiger Entfernung bei Sitzungen der Parteispitze oder Ehrenfeiern gesehen. Nun aber hatte er ihn tatsächlich vor sich: äußerlich ganz der Bilderbuchopa mit schütterem grauem Flaum auf dem winzigen Kopf. Und hätte man ihm ein Kopftuch umgebunden, wäre weiß Gott eine gütige Greisin herausgekommen. Aber es war allen nur zu gut bekannt, und auch Sergej Mitrofanowitsch hatte davon gehört, zu was für einem Würgegriff er fähig war – entsprechende Beispiele waren Legion. So viel zum Bilderbuchopa und zur gütigen Greisin!

Angespannte Stille herrschte im Saal. Es war eine Krisensitzung; allen war klar, daß der Vorsitzende sie von einer aktuellen Bedrohung in Kenntnis setzen würde. Und in der Tat: Er schilderte ihnen genau das, was sich soeben im Kreml abgespielt hatte. Im Gegensatz zum distinguierten Abteilungsleiter sprach er trocken und leidenschaftslos, gleichsam als stünden völlig alltägliche Ereignisse zur Debatte. Dabei ließ er die Gelegenheit nicht ungenutzt, Vizepräsident wie auch Premierminister zu tadeln, die nicht den geringsten Versuch unternommen hatten, das freche Auftreten dieser Verbrecher, die da in den Kreml eingedrungen waren, zu unterbinden. Im Gegenteil, sie hätten ihnen einfach das Feld überlassen. In den oberen Etagen der Macht war ein ständiges Intrigenspiel im Gang, an dem auch der Vorsitzende aktiven Anteil hatte. Es versteht sich wohl von selbst, daß die Nachricht von dem Kaninchen, das die Teilnehmer der Wirtschaftssitzung gebissen und diese damit dazu gebracht hatte, all ihre Sünden offenherzig zu beichten, die Anwesenden verwunderte, ja, mehr noch, sie sogar schockierte. So weit ist es also schon gekommen! dachte Sergej Mitrofanowitsch. Und hier geht es ja nun wahrlich nicht mehr um irgendeinen Wolossuchin! Das Bewußtsein, daß er im Raum wahrscheinlich der einzige war, der erklären konnte, woher dieses beißende Kaninchen kam, flößte ihm frischen Mut ein. Wer weiß, vielleicht mußte der weibliche Kader aus Zimmer 113, erster Tisch links von der Tür, bei einem geschickten Verhalten seinerseits einen ganz anderen Eintrag in seine Personalakte machen, nämlich einen über seinen Aufstieg zum Generalmajor!

Der Vorsitzende erging sich in einer endlosen Rede. Er räumte ein, daß die Ereignisse eine direkte

Folge des Versagens seitens des KGB darstellten. Diese Schmach mußte man sich eingestehen! In Moskau gingen derzeit schwer erklärbare Dinge vor sich. Angefangen habe alles mit dem rätselhaften Verschwinden des Dramatikers Schurtjajew. Darüber hinaus hätten am selben Abend unbekannte Übeltäter den Präsidentenberater Jewdakow nahezu in den Wahnsinn getrieben. Die Stadt wurde von Obdachlosen überschwemmt, von denen niemand wußte, woher sie kamen, und die in einem fort Losungen aus der Zeit des Kriegskommunismus skandierten. Völlig ungehindert fuhr zudem eine überaus seltsame Kutsche durch Moskau. Schließlich habe im Tschaikowski-Saal ein Kaninchen den patriotischen Schriftsteller Wolossuchin gebissen. Welche Ergebnisse aber hatten die Ermittlungen bisher gebracht? Keine! Der Vorsitzende bedachte den distinguierten Abteilungsleiter mit entsprechend beredtem Blick. Dieser errötete umgehend, sodann suchte er unter den Anwesenden Sergej Mitrofanowitsch zu entdecken, dem er mit dem Finger drohte: Schreib dir das ja hinter die Ohren!

Danach kam der General an die Reihe, der für den Schutz des Kremls verantwortlich zeichnete. Das ungehinderte Eindringen der Verbrecher in den Kreml – zumal mit einem beißenden Kaninchen und einer Geldpresse – ließ sich ja wohl nur durch himmelschreiende Nachlässigkeit erklären. Aber dafür, daß ein – und daran konnte es keinen Zweifel geben – Komplize dieser Verbrecher auf dem Roten Platz sein Glücksspiel gegen Geld veranstalten konnte, ohne verhaftet zu werden, ließ sich nicht einmal mehr eine noch so abseitige Erklärung finden.

Aus dem Gesagten zog der Vorsitzende seine Schlüsse. Es dürfte wohl kaum gelingen, den empörenden Vorfall geheimzuhalten, der sich während der Wirtschaftssitzung im Kreml ereignet hatte; er würde ruchbar werden, was die negativsten Folgen nach sich ziehen könnte. Im Land, und in Moskau im besonderen, gärte es ohnehin. Wenn sich jetzt noch das Gerücht verbreitete, daß man im Kreml Falschgeld druckte... Man würde seiner Empörung Luft machen, und das könnte die schlimmsten Folgen haben. Es war noch nicht einmal auszuschließen, daß man in Moskau Truppen zusammenziehen und für die Stadt den Ausnahmezustand ausrufen müsse. Die Hauptaufgabe der KGBler sah der Vorsitzende darin, die Verbrecherbande zu finden und dingfest zu machen. Darüber wollte er nun beratschlagen.

Man diskutierte zwei Versionen. Nach der ersten waren die Verbrecher von einem ausländischen Geheimdienst ins Land eingeschleust worden, um die Lage zu destabilisieren, während es sich nach der zweiten um hausgemachte Extremisten aus dem Lager der Demokraten handelte. In beiden Fällen beherrschten die Schurken aber sämtliche Mittel der Massenhypnose aufs virtuoseste. Deshalb mußte man sich mit der Möglichkeit auseinandersetzen, daß das beißende Kaninchen vielleicht überhaupt nicht existierte. (Ach, ja, es existiert nicht! lachte Sergej Mitrofanowitsch innerlich.) Das Kaninchen wie auch das auf Toilettenpapier gedruckte Geld und vieles andere konnten einfach Phantasiebilder, Halluzinationen sein. Immerhin hatten die Teilnehmer der Wirtschaftssitzung, als sie später wieder zu sich fanden, in ihren Taschen kein Geld entdeckt, sondern lediglich Fetzen ordinären Toilettenpapiers.

In diesem Zusammenhang kam der Vorsitzende auf die verdächtige Rolle des deutschen Experten Weiland zu sprechen. Sämtliche Indizien deuteten darauf hin, daß er der Kopf der Bande war, was die Version unterfütterte, wonach ausländische Geheimdienste in die Sache verwickelt wären. Auf der anderen Seite hatte der deutsche Kanzler, immerhin eine Persönlichkeit von Rang, entschieden selbst den leisesten Verdacht zurückgewiesen, Herr Weiland könnte an subversiven Aktionen beteiligt sein. In einem Telephongespräch mit dem Präsidenten hatte er für ihn die Hand ins Feuer gelegt. Zu diesem Zeitpunkt war der Deutsche aber auch noch spurlos verschwunden gewesen.

Der Vorsitzende bat die Anwesenden um ihre Meinung, womit die Auftritte der einzelnen Redner begannen. Die meisten neigten der zweiten Version zu, wonach der Vorfall im Kreml von den hauseigenen Extremisten angezettelt worden war. Selbst der distinguierte Chef Sergej Mitrofanowitschs sprach sich für diese Möglichkeit aus. Er meinte zudem, man habe den Deutschen voreilig verdächtigt. Mit seinem Äußeren hätte schließlich jeder in den Kreml eindringen können (ausgefuchst war er ja, dieser Chef, das mußte man ihm lassen). Die vorausgegangenen Ereignisse im Tschaikowski-Saal sprächen dagegen für sich selbst. Das Kaninchen habe nicht irgendwen angefallen, sondern den patriotischen Schriftsteller Wolossuchin. Deshalb sei klar, daß die Spuren ins demokratische Lager führten. Mit denen habe man lange genug Nachsicht gehabt. Jetzt müsse man zu entschlossenen Maßnahmen übergehen. »Umsiedeln, und die Sache ist geritzt!« rief jemand. Seltsamerweise fiel aber niemandem auf, daß das Kaninchen im Kreml auch ein paar Demokraten gebissen hatte.

Der General, der die Kremlwache befehligte, mußte sich ebenfalls äußern. Er bekundete seine Bereitschaft, die volle Verantwortung für das Geschehen auf sich zu nehmen und harte Strafen zu akzeptieren. Allerdings wies er auch auf eine erste heiße Spur hin. Glücklicherweise seien der Kopf der Bande Weiland (oder wer immer er war) sowie sein Dolmetscher (beziehungsweise »die rechte Hand Lobkows«) vor Sitzungsbeginn von Reportern photographiert und von Fernsehleuten gefilmt worden. Bei Interesse könnte man die Aufnahmen dieser Missetäter sofort zeigen.

Der General entfernte sich, und andere Redner ergriffen das Wort. Als er zurückkam, zeigte er eine bestürzte Miene. Als sich der Vorsitzende erkundigte, wo die versprochenen Aufnahmen blieben, konnte der General nur verwirrt antworten, daß rätselhafterweise alle Negative überbelichtet und die Filmrollen völlig unbrauchbar seien.

Eine Welle der Empörung und Unzufriedenheit brandete durch den Saal. Was war das denn nun schon wieder! Der General versuchte die Anwesenden ein wenig zu beruhigen, indem er erklärte, seine Leute hätten wohlweislich nach den Aussagen von Augenzeugenberichten, will sagen den Sitzungsteilnehmern, Phantombilder angefertigt. Bei Interesse könnte man die zeigen.

Man brachte einen Projektor herein und baute eine weiße Leinwand auf, auf der nun relativ treffende Darstellungen Volands, Korowjews und auch des Mechanikers für die Bedienung des Aggregats erschienen. Nach den Beschreibungen der Milizionäre vom Roten Platz war zudem ein Bild des *Hütchen*-Spielers Asasello angefertigt worden. Zu dem Kater hatten sie überflüssigerweise angemerkt, er sei in der Tat ein Kater und nichts anderes.

Sergej Mitrofanowitsch schaute auf die Leinwand,

und ihm fiel Faina ein, die ihm erst kürzlich von den Teufeln erzählt hatte, die den Lebensmittelladen in der Ostoshenka besucht hatten. Damals hatte er ihre Worte für blühende Phantasien einer betrunkenen Putzfrau gehalten, auch wenn sie teilweise mit den Informationen übereinstimmten, die Hauptmann Drynow im 83. Revier erhalten hatte. Aber jetzt erkannte Sergej Mitrofanowitsch sie! Korowjew am Zwicker am Band, Asasello am weißen Star und dem Hauer, der aus seinem Mund hervorragte. An ihren besonderen Kennzeichen eben!

Während er den langersehnten, wahrscheinlich jedem Ermittler vertrauten Augenblick der Erkenntnis durchlebte, bemerkte Sergej Mitrofanowitsch nicht, wie die Bilderschau zu Ende ging und neue Redner aufgerufen wurden. Jedesmal wies der Vorsitzende dabei mit der Hand auf den nächsten Sprecher und meinte nur: »Bitte schön!« Die Reihe kam schließlich an Sergej Mitrofanowitsch. Jemand stieß ihm den Ellenbogen in die Seite, worauf er sich erhob, sein Jakkett glattstrich und mit vor Aufregung rauher Stimme meinte: »Das ist der Leibhaftige!« Bei diesen Worten wies er mit dem Finger auf die leere Leinwand.

Später konnte sich Sergej Mitrofanowitsch selbst nicht erklären, wie ihm diese erschütternde Erkenntnis gekommen war. Wollte man ehrlich sein, müßte man natürlich festhalten, daß es nicht seine, sondern Fainas Erkenntnis war. Aber was war geschehen, daß er, ein überzeugter Materialist und Absolvent des Instituts für Marxismus und Leninismus, diese Worte der betrunkenen Putzfrau wiederholte? Das war das Unbegreifliche!

Eine Pause trat ein. Alle starrten Sergej Mitrofanowitsch verständnislos an. Der Vorsitzende rückte seine Brille zurecht, um dann nachzuhaken: »Was soll das heißen, der Leibhaftige?«

»Es soll heißen, daß es Teufel sind, Genosse KGB-Vorsitzender. Dafür garantiere ich.«

Oh, was dann losbrach! Alle redeten durcheinander. Niemand hörte mehr zu. Die einen regten sich ungemein über den Auftritt Sergej Mitrofanowitschs auf, waren dumme Scherze zu einem derart ernsten Zeitpunkt doch einfach unangemessen! Die anderen meinten, Sergej Mitrofanowitsch sei nicht mehr ganz beieinander. Wahrscheinlich trinke er zuviel. Hier sprang ihm jedoch sein distinguierter Vorgesetzter bei, der die Arme ausbreitete und nur meinte, natürlich trinke sein Untergebener, aber in Maßen, wie alle. Der Vorgesetzte stellte die Ruhe wieder her, indem er mit den Knöcheln auf den Tisch klopfte.

»Haben Sie diesbezüglich Beweise vorzubringen?« verlangte er ganz ernsthaft zu wissen.

»Aber sicher! Die habe ich!«

»Dann bitte ich Sie, sie uns darzulegen. Wir werden zuhören.«

Sergej Mitrofanowitsch schätzte unverzüglich die Situation ab und antwortete dann, die Beweise werde er dem Genossen Vorsitzenden nur persönlich vorlegen. Der nickte wissend und erhob sich, um die Sitzung aufzulösen. Eiligst erteilte er seinen Stellvertretern und Abteilungsleitern daraufhin Anweisungen, wer den Plan für die Ermittlungen ausarbeiten, wer die Beobachtung der Demokraten ausbauen und wer die Zusammenarbeit mit der Armee organisieren sollte, falls diese in der Stadt zusammengezogen werden würde. Dem distinguierten Vorgesetzten Sergej Mitrofanowitschs trug er auf, ein geheimes Zirkular zu verfassen, das an alle Staats- und Parteieinrichtungen zu verschicken sei. Die Angehörigen dieser Institutionen, vom kleinsten angefangen bis hin zum höchsten, sollten von heute an im Dienst und wünschenswerterweise auch zu Hause nicht anders als mit Lederhandschuhen auftreten. Ob das Kaninchen nun eine Halluzination war oder nicht, es biß jedenfalls, wie sich gezeigt hatte, ausschließlich in die Finger. Die Experten, an die der Vorsitzende sich schon gewandt hatte, hatten ihm einstimmig Lederhandschuhe als derzeit einzig vernünftige Form der Prophylaxe vorgeschlagen.

»Das ist alles für heute«, meinte er abschließend.

Die Sitzungsteilnehmer strömten zum Ausgang. Jeder warf noch einen Blick auf den stocksteif dastehenden Sergej Mitrofanowitsch. Die einen verwundert: Woher kam nur dieser merkwürdige Oberst? Die anderen mit offener Feindseligkeit: Paß nur auf, mit dir frechem Eindringling und Gernegroß sind wir noch nicht fertig. Der distinguierte Abteilungsleiter drückte sich an der Tür herum, wohl in der Hoffnung, auch er werde zu dem Gespräch hinzugebeten – diese Einladung blieb aber aus.

Der Vorsitzende des KGB bedeutete Sergej Mitrofanowitsch mit einer Geste, er möge ihm in sein Arbeitszimmer folgen. Erst dort erzählte der Oberst vorbehaltlos alles, was ihm von den rätselhaften Ereignissen der letzten Zeit bekannt war. Er nahm sich die Geschehnisse nacheinander vor, so wie man Fleischstücke auf einen Spieß steckt. All das stünde zweifelsohne auch mit dem Vorfall im Kreml in Zusammenhang. Und mit nichts anderem als der Einmischung des Leibhaftigen ließen die genannten Fälle sich erklären.

Der Vorsitzende hörte äußerlich gelassen zu und stellte keine Zwischenfragen. Nachdem Sergej Mitro-

fanowitsch geendet hatte, nahm er den Hörer des weißen Telephons, auf dessen Scheibe das Staatswappen
prangte, und sagte leise: »Ich komme jetzt, wir müssen einiges besprechen.«

Er dankte Sergej Mitrofanowitsch für die wertvollen Informationen und bat ihn, niemandem ein Wort
zu sagen. Darüber hinaus wies er ihn noch an, sich,
wie er es nannte, ständig in Reichweite zu halten, da
er jede Minute gebraucht werden könnte.

11. KAPITEL

Einladung zum Tanz

Nahezu den ganzen Tag, und mittlerweile war der 30. Dezember herangerückt, verbrachten Walerija und Jakuschkin im Bett. Walerija hatte im Theater angerufen, um die Probe abzusagen. Auf die Frage der Sekretärin, wann sie zu erwarten sei – ständig würde sie am Telephon verlangt, käme jemand vorbei, fragte man nach ihr –, wünschte Walerija die Sekretärin frohgelaunt zum Teufel. »Du bist ein erstaunlicher Mann!« sagte sie zu Jakuschkin. »Noch nie in meinem Leben hat mich jemand so umgehauen. Du bist ein Ungeheuer, ein Sadist. Du zerreißt mich, quälst mich...« Abermals schloß sie ihn fest in die Arme.

Und Jakuschkin? Ihn umhüllte ein ganz eigener süßer Nebel. In der Vergangenheit hatte er an sich keine besonderen männlichen Tugenden bemerkt. Seine Beziehung zu Lena? Was konnte man dazu schon sagen? Lena war die erste und einzige Frau, die sich ihm hingegeben hatte, einige Tage vor ihrer Hochzeit. Wie die meisten Sowjetbürger hatten beide vom Sex nur vage Vorstellungen gehabt. Bei Lena bin ich mir meiner Sache nicht hundertprozentig sicher, aber über Jakuschkin kann ich sagen, daß er, wenn er einmal über dieses Thema nachdachte, das Ganze

428

als beschämende, physisch aber wohl notwendige Angelegenheit betrachtete. Deshalb gerieten ihm die Helden seiner Werke auch stets zu geschlechtslosen Phantomen.

Nach der Geburt von Mischenka erlosch ihr Liebeseifer fast völlig. Lena war am Ende des Tages immer unglaublich müde, während Jakuschkin eine ganz andere Leidenschaft in sich nährte, nämlich die Liebe zur Schriftstellerei. Ihr unschuldiges und eiliges Liebesspiel, einmal in der Woche oder noch seltener, stellte eine bloße »Erfüllung der ehelichen Pflichten« dar, wie es die Klassiker des vergangenen Jahrhunderts taktvoll auszudrücken pflegten.

Und dann plötzlich dieser unerklärliche Ausbruch der Leidenschaft! Die »Verlockungen des Fleisches« – wie es dieselben Klassiker nannten! Ob am Ende Korowjew oder Voland selbst Jakuschkin in diesen »erstaunlichen Mann« verwandelt hatte? Sei's drum, was man nicht weiß, macht einen nicht heiß!

Laima Karlowna nahm das Auftauchen dieses neuen Mannes relativ gelassen hin. Sozusagen zwischen zwei Akten schlüpfte Walerija in ihren Morgenmantel, ging hinaus und bat Laima, etwas zu essen zuzubereiten. Laima ließ nicht lange auf sich warten. Nach nur wenigen Minuten rollte sie einen Servierwagen ins Schlafzimmer. Möglicherweise blieben die Speisen hinter denen zurück, mit denen Korowjew und Gella Jakuschkin in der Kutsche bewirtet hatten, doch insgesamt war die Mahlzeit gut, schmackhaft und reichhaltig. Selbst der eisgekühlte Champagner fehlte nicht.

Während Walerija genußvoll ein Brot mit Leberpastete aß, schmiedete sie Pläne für die Zukunft.

»Du schreibst Stücke, und ich inszeniere sie«, verkündete sie. »Erst testen wir die Sache hier auf der Bühne aus, dann fahren wir ins Ausland. Ich bin überall willkommen, muß nur einen Ton sagen.«

Jakuschkin gestand ihr nun ein, bislang noch kein Stück geschrieben zu haben. Es sei sein Roman gewesen, den Banketow einem Theater habe schmackhaft machen wollen. Falls er damit Erfolg gehabt hätte, so hätte er sich mit einem erfahrenen Recyclingspezialisten in Verbindung gesetzt. Aber der Roman *Beerdigung eines Jägers* existiere nicht mehr, da er in Volands Anwesenheit alle Exemplare verbrannt habe, wofür dieser ihm die Materialisierung des Kaninchens zugesichert habe.

»Du hast etwas Großes vollbracht!« rief Walerija aus. »Wer ist denn heutzutage überhaupt noch dazu fähig?«

Es war Walerijas felsenfeste Überzeugung, daß Jakuschkin nichts anderes übrigblieb, als ein neues Werk zu schaffen. Diesmal jedoch keine Erzählung und keinen Roman, sondern ein Drama. Mit Recyclern würden sie sich gar nicht erst einlassen! Sie selbst wollte diese Parasiten nicht einmal kennenlernen! Zwischendurch konnte Jakuschkin immerhin kurz einwerfen, die Sache stehe insofern schlecht, als er keine Ahnung habe, wie ein Stück überhaupt geschrieben werde; ihm fehle es völlig an Erfahrung.

»Das ist doch ein Kinderspiel!« stöhnte Walerija auf. »Links schreibst du den Namen des Helden hin und rechts das, was er sagt...«

Dem Text, den Jakuschkin sich ausdächte, käme dabei gar keine so große Bedeutung zu, da bei den Proben ohnehin viel umgemodelt würde. Eine ganz andere Sache sei das Sujet. Auch hier bräuchte man sich aber nicht lange den Kopf zu zerbrechen, es lag ja gewissermaßen auf der Hand. Das neue Stück würde den Bund der beiden mit dem Teufel zum Thema haben. Das heißt, nicht wirklich von ihnen beiden, sondern von zwei einsamen Seelen, die ein unglückliches Dasein fristeten. Da taucht plötzlich der Teufel auf. Kein schlechter, sondern ein guter. Er bringt die beiden zusammen, die sich auf den ersten Blick ineinander verlieben. Kurzum, ein neuer Faust, einer mit Happy-End.

Walerija schenkte ihnen Champagner ein und schlug vor, auf ihr zukünftiges Stück zu trinken. Der eiskalte Champagner kühlte ihren Eifer nicht, sondern stachelte ihn noch an. Die grandiosen Perspektiven benahmen ihr fast den Atem. Dank der Auftritte im Ausland würde Jakuschkin zu Weltruhm gelangen. Sein nächstes Stück gäbe das bekannte Pariser Theater »Bouffes du Nord« in Auftrag. Oder das Mailänder »Piccolo Teatro«. Es sei nicht einmal auszuschließen, daß man am Broadway ebenfalls Interesse bekundete. In jedem Fall aber würde man allein sie auffordern, das Stück zu inszenieren. Das alles käme ihr mehr als gelegen, denn man sollte zusehen, möglichst bald aus diesem Land abzuhauen. Das Leben hier werde immer schrecklicher, über kurz oder lang würde es vollends unerträglich sein.

Jakuschkin, den dieser Enthusiasmus schlichtweg aus der Fassung brachte, mußte also nur ein Sujet ausarbeiten und das Handlungsgerüst vorgeben. Sein Blick war völlig abwesend. Möglicherweise weckte ja gerade das in Walerija einen neuen Ausbruch der Leidenschaft. Oder sie fürchtete, Jakuschkin könnte, gänzlich in Gedanken versunken, jedes Interesse an ihr verlieren. Wie auch immer, jedenfalls stürzte sie sich auf ihn, offenbar in der Absicht, ihn aufs Bett zu werfen. Jakuschkin landete allerdings auf dem Boden. Im Fallen zerschlug er ein Glas. »Scherben bringen Glück!« rief Walerija aus, während sie das Gesicht ihres Geliebten mit Küssen bedeckte. Und Jakuschkin vergaß Sujet wie Handlungsgerüst...

Schließlich kam auch der letzte Tag des alten Jahres. Morgens stürzte Walerija zum Theater. Unablässig hatte man sie von dort angerufen, und alle zeigten sich ernsthaft wegen ihres Ausbleibens besorgt. Bevor Walerija ging, führte sie Jakuschkin noch in das ans Schlafzimmer angrenzende Arbeitszimmer, setzte ihn an den Schreibtisch und forderte ihn auf, sich unverzüglich an die Abfassung des Stücks zu machen.

Jakuschkin, in den Frotteebademantel Walerijas gehüllt, griff nach einem Kugelschreiber, um dessen Ende zu benagen. In seinem Kopf herrschte großes Durcheinander. Kein Wort wollte ihm in den Sinn kommen. Deshalb fing er an, das Papier mit Darstellungen Volands und seiner Gefolgsleute, einschließlich des Katers Behemoth, zu bedecken.

Bei ebendieser Beschäftigung traf ihn die nach Hause zurückkehrende Walerija an. Sofort wollte sie wissen, wie ihm die Arbeit von der Hand gegangen sei. Jakuschkin errötete, stopfte das bemalte Blatt Papier flugs in eine Tasche und gab beschämt zu, bislang nur Vorstudien für das künftige Stück vollbracht zu haben.

Das Mittagessen nahmen sie im Eßzimmer ein. Laima Karlowna deckte den Tisch und ließ die beiden danach taktvoll allein. Beim Essen fiel ihnen Volands Einladung zu seinem Ball wieder ein. Diese Einladung war gut und schön, aber wie sollten sie ihr folgen? Wo fand der Ball statt?

Jakuschkin meinte, man müsse auf ein Signal oder

Zeichen warten, woraufhin Walerija gelassen entgegnete, es wäre kein Weltuntergang, wenn sie umsonst warteten. Dann würden sie Silvester halt zu zweit zu Hause feiern. Sie könnten aber auch in ihrem Theater vorbeischauen, da gebe es ebenfalls eine Feier. Oder in eines der »Künstlerhäuser« gehen, zum Beispiel ins Haus der Literaten. Es bestehe kein Grund, sich den Kopf zu zerbrechen, denn ihnen stünden grenzenlose Möglichkeiten offen.

Nach dem Essen legten sie sich hin. Der von ihrem wilden Sex ausgelaugte Jakuschkin schlief sofort ein. Walerija tat es ihm gleich, ihren Geliebten im Arm.

Beide erwachten im selben Moment, geweckt von einem merkwürdigen Piepsen. Jakuschkin setzte sich im Bett auf und rieb sich die Augen. Auf der Frisierkommode wimmelte es von bleistiftgroßen Menschlein, deren Bild der getönte Spiegel zurückwarf. Die Winzmännchen trugen zierlichste Kaftane und lokkige Perücken. Die nicht minder winzigen Damen in Krinolinen hatten es geschafft, die Schatulle zu öffnen, in der Walerija ihren Schmuck aufbewahrte. Sie zogen Perlen, Armreifen und Ketten mit Anhängern heraus. Zwei mikroskopische Damen konnten sich einfach nicht über einen Brillantohrring ins Benehmen setzen, weshalb jede mit ganzer Kraft an dem Stück zog und mit dünnem Stimmchen ihre Rechte an dem Juwel geltend machte.

»Das ist Korowjew, das ist seine Nummer«, flüsterte Jakuschkin der aufgeregten Walerija voller Ernst ins Ohr.

Im Spiegel zeichnete sich in der Tat immer deutlicher das Bild Korowjews ab, diesmal in Frack und Zylinder. Er nahm den Zylinder vom Kopf, ging zur Kommode und vollführte mit der Kopfbedeckung eine bogenförmige Bewegung. Im Nu ließen die Winzmenschlein vom Schmuck ab und hüpften in den Zylinder. Als auch der letzte hineingesprungen war, zeigte Korowjew wie ein echter Zauberkünstler den leeren Zylinder vor. Die aus der Schatulle herausgeklaubten Schmuckstücke packte er in selbige zurück. Sodann setzte er die beiden darüber ins Bild, daß dies keinesfalls seine »Nummer« sei, sondern die des Schelms Behemoth. Der habe seine ehrgeizigen Ambitionen hinsichtlich musikalischer Wettbewerbe aufgegeben und bilde sich nun ein, ein großer Erfinder zu sein. Insbesondere habe er die *Mikroputaner* ersonnen, auf die er ungemein stolz sei und die er überall einschmuggle und jedem unterschiebe.

Korowjew war höflich wie immer, zeigte sich aber auch sorgenvoll. Ein Glas Champagner lehnte er nicht ab, trank ihn aber nur in kleinen Schlucken. Die Vorbereitungen des Balls, so ließ er die beiden wissen, machten ihm arg zu schaffen. Man nehme nur einmal das Problem, wie Walerija und Jakuschkin in das Gebäude gelangen sollten, das der Messere für die Festivität auserwählt habe. Die Lösung dieser Aufgabe bereite weitaus mehr Schwierigkeiten als ein Überfall auf die Staatsbank. Den Eingang besagter Örtlichkeit bewachten bewaffnete Elitesoldaten. Wie sollte man an denen vorbeikommen? Für die Bewohner des Jenseits – und sie machten einen Großteil der geladenen Gäste aus – sei das die leichteste Sache der Welt, da sie körperlos und kaum wahrnehmbar waren. Was aber war mit lebenden Menschen?

Nachdem er den noch verbleibenden Champagner in seinem Glas taxiert hatte, meinte Korowjew leichthin, im Grunde wäre es am einfachsten, das irdische Dasein Walerijas und Jakuschkins, um es einmal so auszudrücken, zu beenden. Gift führe er immer bei sich. Und es würde überhaupt kein Problem darstellen, es in den Champagner zu mengen. Aber war er denn ein Missetäter oder Unhold? Nein, nein, man müsse sich nur tüchtig mühen, dann würde ein Ausweg gefunden. Jakuschkin und seine Herzdame (er sagte nicht: Geliebte) würden den Ball als lebende Menschen besuchen!

Korowjew trank seinen Champagner aus, erhob sich, setzte den Zylinder auf, klatschte in die Hände und sagte, er müsse gehen. Seiner Ansicht nach würde es ein glanzvoller Ball werden. Der Wein werde in Strömen fließen, es werde unbegrenzte Mengen an Essen geben, und getanzt werden werde sicher bis zum Umfallen, da gleich mehrere Orchester engagiert worden seien. Ferner seien verschiedene Attraktionen, Glücks- und Ratespiele geplant. Mithin Kurzweil für jeden Geschmack.

Er wollte sich schon zurückziehen, als Jakuschkin einfiel, danach zu fragen, wohin sie eigentlich kommen sollten. Korowjew, ein getreues Imitat Volands, verfluchte daraufhin seine fürchterliche Vergeßlichkeit. Aus seiner Rocktasche zog er zwei Karten. Die eine überreichte er feierlich Walerija, die andere Jakuschkin. In verschnörkelter Schrift stand dort geschrieben:

Ich habe die Ehre, Ihre Exzellenzen zum Ball der Tyrannen einzuladen, der in der Neujahrsnacht im Lenin-Mausoleum auf dem Roten Platz stattfinden wird. Das Eintreffen der Gäste ist für 23.55 Uhr angesetzt. Die Männer werden höflichst gebeten, in Frack oder Smoking zu erscheinen, die Frauen in Abendkleidung.

Jakuschkin wollte schon fragen, was für eine ungefährliche Methode sie sich wohl ausgedacht hätten, ins Mausoleum einzudringen, und was der »Ball der Tyrannen« sein sollte. Was sollte das heißen, *Tyrannen*? Aber als er von der Einladungskarte aufblickte, war Korowjew spurlos verschwunden.

Walerija beschäftigte vornehmlich die Frage, welches Kleid sie zum Ball des Satans anziehen sollte. Sie öffnete den Schrank, um über jedes einzelne ihr Urteil abzugeben, und auch Jakuschkins Meinung holte sie ein. Schließlich einigten sie sich auf ein Kleid aus schwarzer Spitze mit tiefem Dekolleté.

Indessen war es bereits elf Uhr geworden. Jakuschkin ging duschen. Danach okkupierte Walerija das Bad. Jakuschkin zog den Smoking an und legte auch die anderen Accessoires der männlichen Garderobe an, die ihm die Teufelin Gella in der Kutsche überreicht hatte. Es dauerte seine Zeit, bis Walerija das Badezimmer wieder verließ. Sie konnte sich wirklich sehen lassen. Um die nackten Schultern hatte sie eine Nerzstola geschlungen, und auch den Schmuck hatte sie angelegt.

»Weißt du, woran ich gerade denke?« fragte sie, wobei sie sich nur vorsichtig an Jakuschkin schmiegte, um ihr Make-up nicht zu ruinieren. »Ich denke an Korowjews Worte...« Zur weiteren Erklärung fügte sie hinzu: »Zuerst wollte er uns doch Gift geben. Vielleicht liegt darin ja eine höhere Weisheit? Gemeinsam zu sterben, wenn wir es miteinander so gut haben, wie wir es nie wieder haben werden.«

Jakuschkin beschlich eine ungute Vorahnung, die er jedoch entschlossen verdrängte. Es gelang ihm sogar, Walerija zu beruhigen. Korowjew war ein bekannter Lügenbold, man durfte ihn nicht beim Wort nehmen. Schweigend rückte Walerija von ihm ab.

Um halb zwölf traten sie aus dem Haus und machten sich auf zum Volvo, der in einiger Entfernung stand. In diesem Moment hielt ein Taxi vor ihnen. In der sich öffnenden Tür war das lächelnde Gesicht Asasellos zu erkennen. Er forderte sie auf einzusteigen.

Sie hatten kaum Platz genommen, da erklärte Asasello Walerija, ihr Volvo sei den Moskauer Straßenverkehrspolizisten leider zu gut bekannt.

»Und nicht nur ihnen«, schob er noch vielsagend nach.

Das Taxi fuhr die Twerskaja Richtung Manegeplatz hinunter, den Asasello einmal umrundete, um dann vor dem Historischen Museum zu halten. Hier ließ er seine Fahrgäste aussteigen und bat sie um Entschuldigung, daß er sie nicht weiter begleiten könne. Ihn rufe eine absolut unaufschiebbare Sache im Zirkus am Zwetnoiboulevard. Bevor er verschwand, riet er ihnen noch, auf den Nikolausturm zuzuhalten.

Erneut führt mich die Handlung meines Romans also zum Roten Platz. Dieser lag nun verlassen da. Einige Milizionäre waren zu sehen, hier und da drückten sich gelangweilte Agenten herum. Walerija wollte wissen, welcher der Kremltürme der Nikolausturm sei. Jakuschkin wies auf den Turm, der dem Historischen Museum am nächsten lag, und die beiden hielten auf ihn zu. Mitternacht rückte unaufhaltsam heran.

Um fünf Minuten vor zwölf drang von der Nikolskajastraße, auch als Straße des 25. Oktober bekannt, das Geräusch eines Automotors heran. Ein Lastwagen tauchte auf. Er bremste vor der Auffahrt zum Roten Platz. Jakuschkin konnte im Wagenkasten einen soliden Käfig erkennen. Aus diesem drang ein heiseres, bedrohliches Gebrüll. Der Fahrer sprang aus seinem

Häuschen, rannte um den Laster herum und war nicht mehr zu sehen. Nach kurzer Zeit sprangen aus dem Käfig drei Tiger!

Auch Walerija war das alles nicht entgangen. Ängstlich drückte sie sich an Jakuschkin und barg ihr Gesicht an seiner Brust. Der Fahrer kam wieder zum Vorschein. Offenbar hatte er beschlossen, auch noch die Rolle des Dompteurs zu übernehmen. Er streckte die Hand zum Mausoleum hin aus, und die Tiger eilten in gewaltigen Sprüngen folgsam dorthin.

Anfänglich zeigten sich die Wachen, die ihren Dienst auf dem im gesamten Land hochgeachteten Posten Nr. 1 versahen, unerschrocken. Sie legten die Kalaschnikows an und empfingen die Tiere mit einer Salve aus ihren MPs – die aber befremdlicherweise ohne Wirkung blieb. Der Abstand zwischen der Wache und den Tigern schmolz dahin. Schließlich hielten es die Posten nicht mehr aus, warfen ihre nutzlosen Waffen weg und flohen in Richtung Erlöserturm.

Einer der Milizionäre, die den Platz bewachten, schrie: »Stehengeblieben! Oder ich schieße!« Man wußte zunächst nicht genau, ob seine Warnung den Tigern galt oder den Wachen, die freiwillig ihren Posten aufgegeben hatten. Dann wurde aber klar, daß er wohl doch die Tiger meinte, denn indessen hatte er sich auf ein Knie niedergelassen, die Tiere ins Visier genommen, die Pistole mit beiden Händen auf sie gerichtet – und schoß nun ein ums andere Mal daneben. So setzten die Tiger den Wachen weiter nach, bis diese schließlich das rettende Tor des Erlöserturms erreichten. Darauf machten die Tiger prompt kehrt, um nunmehr die Milizionäre und Agenten zu jagen. Diese suchten teils Schutz im Hotel Rossija, teils flohen sie die Rasinstraße hinunter.

Was aber machte der Fahrer des Lastwagens? Der wartete keineswegs ab, bis der Rote Platz vollständig von den Angehörigen der Sicherheitsorgane gesäubert war, sondern rannte sogleich zum Nikolausturm. Jakuschkin schirmte Walerija nach wie vor gegen einen möglichen Angriff der Raubkatzen ab. Als er in dem herannahenden Fahrer Asasello erkannte, erfaßte ihn eine mit nichts zu vergleichende Erleichterung.

»Schnell!« rief Asasello ihm zu. Abermals streckte er den Arm Richtung Mausoleum aus, diesmal jedoch nicht für die Tiger, sondern für Jakuschkin. Der faßte Walerija gehorsam bei der Hand und zog sie mit sich mit. Bereits wenige Sekunden später durchschritten sie das Gewölbe des Mausoleums.

An dieser Stelle bin ich gezwungen, einen kurzen Einschub zu machen und auf die Notiz einzugehen, die wenige Tage später unter der Überschrift »Schüsse auf dem Roten Platz« in der *Wetschernaja* zu lesen war. Ich selbst kann mich auch noch an Gerüchte erinnern, die mir zu Ohren gekommen sind und die von einem Schußwechsel in der Neujahrsnacht auf dem Roten Platz berichteten. Man kolportierte die unglaublichsten Geschichten, bis hin zu einer Version, nach der versucht worden war, den Kreml mit Waffengewalt zu stürmen. Der Verfasser des Zeitungsartikels hatte sich sogar mit der Bitte um Aufklärung an den Militärkommandanten des Kremls gewandt, Generalleutnant I. I. Boborykin. Der bestätigte zumindest, daß die Gerüchte nicht jeder Grundlage entbehrten – auch wenn von einer Erstürmung des Kremls keinesfalls die Rede sein konnte. Die Wahrheit sah viel simpler aus. Wenige Minuten vor Mitternacht hatten drei ussurische Tiger die Posten angefallen, die das Mausoleum bewachten. Die Wachen hätten daraufhin das

Feuer eröffnet, allerdings sei es ihnen nicht gelungen, die Tiere außer Gefecht zu setzen, weshalb man den geschlossenen Abzug organisiert habe. »Nun wird man fragen«, fuhr Generalleutnant Boborykin fort, »woher diese Tiger kamen? Diesbezüglich haben die Ermittlungen ergeben, daß sie zum Zirkus am Zwetnoiboulevard gehören und auf der Fahrt zum Moskauer Güterbahnhof aus dem Lastwagen ausgebrochen sind. Sie sollten mit einer Brigade Zirkusartisten für ein Gastspiel nach Joschkar-Ola gebracht werden. Der Dompteur Possoschkow, der mit dem Lastwagen der Tiger mitfuhr, ließ sich die unglaubliche Unverantwortlichkeit zuschulden kommen, auf halber Strecke den Laster stehen zu lassen beziehungsweise ihn allein der Obhut des Fahrers anzuvertrauen, um seelenruhig mit seiner Cousine Silvester zu feiern. Wie der Lastwagen zum Roten Platz gekommen ist, müssen wir noch klären. Ebenso die Frage, wo eigentlich der Fahrer zur Zeit des Geschehens war und warum der Käfig offenstand ... « Abschließend informierte der Generalleutnant die Moskauer noch darüber, daß eine angeforderte Spezialeinheit die Tiger bereits entdeckt habe, als diese in aller Gemütlichkeit über die Soljanka trotteten. Man habe einige Schüsse mit kleinkalibrigen Kugeln auf sie abgegeben, die ein starkes Schlafmittel enthielten. Die betäubten Tiere seien erst in den Käfig und dann wohlbehalten zum Moskauer Güterbahnhof gebracht worden.

»Vorsicht, Stufe!« ließ sich die gedämpfte Stimme Korowjews in der ägyptischen Finsternis vernehmen. In einiger Entfernung brannte eine kleine Kerze; ihre Flamme flackerte im Luftzug und vermochte ihnen kaum den Weg zu weisen. Walerija und Jakuschkin hielten sich bei den Händen, als sie die wenigen Stufen hinunterstiegen. Asasello folgte ihnen auf dem Fuße. Im Mausoleum herrschte eine solche Eiseskälte, daß sie mit den Zähnen klapperten. Sicher hatte am Zähneklappern aber auch der eben durchlebte Schreck seinen Anteil.

Die Stufen endeten, und sie gingen weiter, sich wie gehabt an der Flamme der Korowjewschen Kerze orientierend. Schon näherten sie sich dem kaum erkennbaren Sarkophag – der sich als leer erwies! Der durchsichtige Deckel war abgenommen. Jakuschkin verwunderte dies insofern nicht, als er gehört hatte, die Überreste Iljitschs würden von Zeit zu Zeit entfernt, um sie ein wenig zu restaurieren.

Die Flamme glitt nach oben. Jakuschkin vermutete, sie sollten als nächstes die Tribüne des Mausoleums besteigen. Er fing an, die Stufen zu zählen, verhedderte sich aber, als er bei hundert war. Walerija machte der Aufstieg zu schaffen. »Ob das mal ein Ende nimmt?« flüsterte sie Jakuschkin schwer atmend ins Ohr. Die Treppe war zudem vielfach gewunden. Schließlich gelangten sie aber doch auf eine ebene Fläche. In ebendiesem Augenblick setzte das Mitternachtsgeläut der Kremlglocken ein.

»Geschafft!« gab Korowjew einen Stoßseufzer der Erleichterung von sich und blies die Kerze aus.

Erneut breitete sich ägyptische Finsternis aus. Korowjew verlangte von Walerija und Jakuschkin, die Augen zu schließen, die Schläge zu zählen und die Augen erst beim letzten, beim zwölften Schlag wieder zu öffnen.

12. KAPITEL

Der Ball der Tyrannen

Als der Moment gekommen war, die Augen zu öffnen, mußten sie sie sogleich wieder schließen – dermaßen hell war das Licht, das sich über die weitläufige Fläche ergoß. Doch bald schon gewöhnten sie sich an die Helligkeit. Sie gewahrten den tiefblauen, wolkenlosen Himmel, der sich über ihnen wölbte. Ein lauer Sommerwind ging. Bei der Fläche, die sie erklommen hatten, handelte es sich in der Tat um eine Tribüne, wenn auch nicht um die des Lenin-Mausoleums, sondern um die eines – wiewohl ungewöhnlichen – Stadions. Unter ihnen erstreckte sich eine tadellose ovale Laufbahn, bei der selbst die Markierungen nicht fehlten. Das Innere des Stadions erinnerte dennoch kaum an ein Fußballfeld. Am ehesten ließ es noch an einen Vulkankrater denken. Seine Färbung wechselte unablässig von purpurnem Rot zu hellem Flieder. Die Oberfläche war in ständiger Bewegung, hob und senkte sich, sanfte Wellen glitten über sie hinweg, brachen sich und verschwanden spurlos in tiefen Spalten, aus denen Flammenzungen emporschlugen. Ebenso mächtige wie geheimnisvolle Kräfte verrichteten dort in der Tiefe ihre nicht minder geheimnisvolle Arbeit.

Die Tribünen aus rosafarbenem Marmor waren leer.

Als Jakuschkin sich umsah, erblickte er weiter oben, in einer mit Rosengirlanden umwundenen Loge, Voland mit seinem Gefolge. Korowjew erhob sich und lud sie mit einer Geste ein, zu ihnen zu kommen. Jakuschkin und Walerija eilten zur Loge.

Voland, in sein Opernhabit gehüllt, begrüßte sie zwanglos und wünschte ihnen ein glückliches neues Jahr. Kaum war Walerija und Jakuschkin wieder eingefallen, was man eigentlich feierte, umarmten und küßten sie sich.

Korowjew fing an, sich des langen und breiten darüber auszulassen, daß die beiden sicher noch nie eine Neujahrsfeier in so ungewöhnlicher Umgebung erlebt hätten. Sie brauchten keine Sorge zu haben, sich hier nicht zu amüsieren, dazu seien die Vergnügungen und die Schauspiele, die ihrer harrten, zu einzigartig. Schon binnen kurzem fange der Einzug der Gäste an. Bei dieser Ankündigung wies er auf zwei freie Sessel neben sich.

Nachdem Walerija und Jakuschkin Platz genommen hatten, erklangen von unten die ersten seltsamen Töne herauf. Mitten durch die Arena lief ein ungewöhnlich tiefer Spalt, aus dem nun ruhigen Schritts kräftige Schwarze in Lendenschurzen emporstiegen. Auf ihren nackten Körpern lag der Schein des Feuers, das in dem Spalt loderte. Die Schwarzen bliesen in überlange Trompeten, ihre Wangen blähten sich rhythmisch. Zuletzt stieg ein hinkender Schwarzer mit einer Trommel empor, die er mit einem Schlegel traktierte. Ein letztes Mal schlugen in dem Spalt die Flammen stark empor, dann schloß sich die Öffnung. Nachdem die Schwarzen sich zu einer Kolonne formiert hatten, marschierten sie zum gegenüberliegenden Ende der Laufbahn. Das Gemisch aus röchelnden

Tönen, die sie ihren Trompeten entlockten, war beim besten Willen nur schwer als Musik zu bezeichnen.

Nebel kroch durch die Arena, durch den hindurch nun ein sattes Purpurrot auszumachen war, das sich in der Mitte ergoß. In den Nebelschwaden konnte man Köpfe von Menschen und Pferden erkennen. Die Schwarzen spielten lauter und wütender, derweil zweirädrige Streitwagen auf die Laufbahn einfuhren. Jeder dieser Wagen war sechsspännig und wurde von einem bärtigen Mann in purpurfarbener oder leuchtendblauer Chlamys gelenkt, der in der einen Hand eine Peitsche und in der anderen eine Lanze hielt. Bei barhäuptigen Wagenlenkern hielt ein goldenes Band die Haare, die anderen trugen funkelnde Helme mit Busch.

»Die Vertreter des alten Hellas, der Heimat der ersten Tyrannen der Weltgeschichte«, erläuterte Korowjew. »Es ist nicht ganz uninteressant, ihren Werdegang zu skizzieren. Der Demos kämpft wie üblich gegen die Aristokraten, und schon treten die Tyrannen auf den Plan. Sie geben sich als Verteidiger der ärmsten Schichten aus, die die Aristokraten zermalmen. Am Ende gehen die einen wie die anderen unter. Ein einfaches, kurzes Stück, sicher, aber wo wäre es nicht aufgeführt worden?«

Die altgriechischen Tyrannen fuhren mit ihren Wagen eine Ehrenrunde. Als sie an der Loge vorbeikamen, begrüßten sie Voland mit kehligen Schreien und rasselten mit ihren Lanzen.

Der Kater Behemoth saß auf Korowjews anderer Seite, die Brille auf der Nase, um, wie er es ausdrückte, die Gästelisten durchzugehen. Mit der Ernsthaftigkeit eines Schullehrers, der die Unterrichtsstunde mit einer Anwesenheitskontrolle beginnt, machte er seine Häkchen. Korowjew bat, ihm die Listen kurz zu überlassen. Seine Kommentare glichen einem *Who is who* der Tyrannen. Da waren Thrasybulos aus Milet und Kritias aus Athen, der gemeinhin als Begründer der Vetternwirtschaft gilt. Auch die für ihre außergewöhnliche Grausamkeit berüchtigten Philokret und Polykrates waren gekommen. Übrigens standen alle anderen ihnen diesbezüglich in nichts nach, nur daß sie ihre Tyrannis in winzigen Staaten ausübten. Und es dürfte wohl kaum der Rede wert sein, wenn sie tausend oder anderthalbtausend der eigenen Landsleute umbrachten, oder?

Die Vertreter des alten Hellas zogen mit ihren Wagen ab und stellten sich an der gegenüberliegenden Tribüne auf. Unterdessen schritten bereits die Tyrannen des alten Roms über die Bahn. Etliche waren auch ohne die Korowjewschen Kommentare zu identifizieren, Sulla an dem häßlichen Geschwür im Gesicht, Octavian Augustus an seinem berühmten süffisanten Lächeln; der gebeugte Alte mit dem eingefallenen Mund war Tiberius, der Jüngling mit den geistlosen Glotzaugen Caligula. Und natürlich Nero, wie immer mit der Kithara im Arm.

Nun war Korowjew überhaupt nicht mehr zu bremsen. Er prahlte mit seiner unglaublichen Gelehrsamkeit und warf mit historischen Fakten nur so um sich. Er erinnerte daran, daß Sulla als erster das Denunziantentum zu einem immens einträglichen Gewerbe gemacht hatte, bekam doch der Spitzel nach der Hinrichtung der Person, die er verraten hatte, einen Teil ihres Vermögens. Octavian, so räumte er ein, reiche in seiner Treulosigkeit und Brutalität möglicherweise nicht ganz an die anderen heran, wohingegen sein Nachfolger Tiberius diesbezüglich wieder alle Ehre machte. Während seiner Amtszeit war nicht ein Tag ohne Hinrichtung vergangen, noch nicht einmal Kinder wurden verschont. Da die altrömische Sitte die Tötung von Jungfrauen verbot, war der Finsterling auf einen besonders perfiden Ausweg verfallen: Zunächst vergewaltigte der Henker die Frau im Kerker, danach richtete er sie in aller Ruhe hin. Tiberius wurde aber noch von Caligula in den Schatten gestellt, der zwar insgesamt nur vier Jahre in Rom herrschte, aber in dieser Zeit wahre Blutbäder anrichtete! Und bei Nero erübrigt sich jedes Wort von selbst.

»Schauen wir uns einmal genauer an, wen sie da so unaufhörlich ausgerottet haben«, fuhr Korowjew fort. »Konsuln, Quästoren, Senatoren, mit anderen Worten Patrizier. Den römischen Plebs haben sie dagegen nicht angerührt, im Gegenteil, sie haben sich ihm angebiedert, indem sie die kostenfreie Ausgabe von Wein und Brot sowie die Gladiatorenkämpfe organisiert haben.«

Voland erwiderte den Gruß der römischen Tyrannen (die offiziell als Cäsaren zu titulieren waren) mit erhobenem Arm. Unter den Tyrannen befand sich auch der erste aller Cäsaren, Gaius Julius. Erst er hatte aus der Tyrannei eine Tugend gemacht. Es folgten der kachektische Claudius, der nichtsnutzige Otho mit Galba, der für seine Prozeßwut ebenso wie für seine maßlose Silberliebe berühmte Greis Vespasian – und noch immer war kein Ende abzusehen …

Nachdem die altrömischen Tyrannen ihre Ehrenrunde gedreht hatten, bauten sie sich vor der Tribüne neben den alten Griechen auf. Unterdessen ging der Einzug weiter. In strenger Übereinstimmung mit der Weltgeschichte zog das Mittelalter ein. Jakuschkin erwartete einen Aufzug der Könige Europas, doch

Korowjew, der seinen Gedanken erraten hatte, mußte ihn enttäuschen. Die legitimen Monarchen, die den Thron aufgrund ihrer Geburt bestiegen hatten, standen nämlich nicht auf der Gästeliste. Als vollblütiger Tyrann galt nur, wer zu seiner uneingeschränkten Macht durch Gewalt oder, wie es heute heißt, im politischen Kampf gekommen war. Lediglich bei einigen rechtmäßigen Königen, die sich in der Tat durch eine exorbitante Grausamkeit ausgezeichnet hatten, wurde eine Ausnahme gemacht.

Das Prinzip der Auslese ließ sich schnell erkennen. Nach den tyrannischen Cäsaren des antiken Roms schritten an der Loge die Herrscher der mittelalterlichen italienischen Städte vorbei: Gonzaga aus Mantua, Malatesta aus Rimini, Montefeltro aus Urbino. Aus verschiedenen Orten zusammengekommen, stimmten sie nach langer Trennung ein ohrenbetäubendes Gezeter an. Alte Beleidigungen und Affronts wurden erneut vorgebracht, Dispute wieder aufgewärmt. In ihren bunten Gewändern mit den prachtvoll geschmückten Ärmeln schienen sie nachgerade dem *Rigoletto* Verdis entsprungen, der ja ebenfalls in Mantua spielt.

»Natürlich sind das alles Halunken, aber man traue sich nur mal, sie nicht einzuladen«, knurrte Korowjew. »Dann setzt's Beschwerden ohne Ende. Das Publikum, das kann ich Ihnen versichern, ist immer grausam. Und hier besteht es halt aus Tyrannen.«

Für einen kurzen Augenblick unterbrachen die italienischen Tyrannen ihre Streitigkeiten und Auseinandersetzungen, um laut und fröhlich Voland zu begrüßen. Darauf setzten sie ihren Streit wieder fort, selbst dann, als sie schon auf der Tribüne Platz genommen hatten; immerhin verzichteten sie darauf, zu

447

Handgreiflichkeiten überzugehen oder die Degen zu ziehen.

Hintereinander zogen nun der abstoßende bucklige Richard III. und der russische Zar Iwan der Schreckliche vorbei. Ebendiese beiden kamen in den Genuß der Ausnahmeregelung, die Korowjew zuvor erwähnt hatte. Auf das Konto Richards III. gingen immerhin die Morde an zwei minderjährigen Neffen. Und die Wahl Iwans des Schrecklichen bedarf wohl keines weiteren Kommentars.

Obwohl der Einzug ein ebenso interessantes wie farbenprächtiges Schauspiel bot, fochten Jakuschkin Zweifel an: Waren Walerija und er am Ende doch hereingelegt worden? War nicht alles – das Stadion, die Schwarzen mit den Trompeten, die Teilnehmer des Zugs – ein Trugbild, das ihnen Voland vorgaukelte? Vor allem aber: Welche Garantie gab es für die *Echtheit* dieser Tyrannen, die doch schon vor Urzeiten die irdische Welt verlassen hatten? Nach einem Ausweis konnte man sie ja wohl schlecht fragen! Walerija hingegen reagierte ganz anders.

»Das Schauspiel ist teilweise ja ganz unterhaltsam«, flüsterte sie Jakuschkin ins Ohr, »aber die Regie zeugt weder von Esprit noch von Originalität. Was soll das, daß sie die ganze Zeit bloß herumlaufen?«

»Was heißt hier Schauspiel?« ließ sich Korowjew, der sich bekanntlich durch ein feines Gehör auszeichnete, mit deutlich gekränkter Stimme vernehmen. »Wenn Sie wüßten, aus welchen Tiefen des Weltalls sie hierher befördert werden mußten!«

»Wenn's nur das wäre«, sprang ihm Behemoth bei. »Wir mußten Hunderte von Lichtjahren durchfliegen, mußten in Besserungshöhlen suchen. Außerdem waren noch die Kordons aus dreiköpfigen Hunden zu überwinden. Eine falsche Bewegung – und die zerreißen einen! Und überhaupt an all diese Schurken heranzukommen, sie ins Hotel zu bringen…!« (Er wird damit doch nicht das Mausoleum meinen? dachte Jakuschkin.) »Jeder ist auf seine Weise eigensinnig, jeder muß in Brokat, Seide und Samt gekleidet werden, und der Schnitt der jeweiligen historischen Epoche will selbstverständlich auch gewahrt sein! Und die Wagen? Oder andere Requisiten?«

»Der Zweifel ist die Mutter der Einsicht«, lachte Voland auf. »Übrigens haben Sie teilweise recht, Madame. Ich selbst war eigentlich gegen diesen Einzug. Er hat mich dazu überredet.« Voland zeigte mit dem Finger auf Korowjew. »Aber beim nächsten Mal werden wir ganz bestimmt Sie um Rat fragen.«

»Ach, wenn nur der Ball endlich anfangen würde!« meinte Gella und rekelte sich genußvoll. Nur Asasello sagte kein einziges Wort.

Über ihrem Gespräch hatten sie nicht mitbekommen, wie an der Loge ein weiterer blutrünstiger Monarch vorbeizog, der spanische König Philipp II. Ihm folgte Oliver Cromwell, der Führer der englischen Revolution, der ebenfalls alles andere als ein Engel und Heiliger gewesen war; seine Ironsides hatten in Irland und Schottland gemetzelt, während unter ihm in England die Hinrichtung eine wahre Blütezeit erlebt hatte.

Die Schwarzen rissen die Trompeten in die Höhe und intonierten die *Marseillaise.* Aus dem Nebel heraus trat eine extrem dürre Gestalt im blauen, mit Goldknöpfen besetzten Gehrock auf die Laufbahn. Die gepuderte Perücke mit dem geflochtenen Zopf schien gleichsam eine Verlängerung seiner fliehenden Stirn. Jakuschkin erkannte Robespierre.

Ihm folgten weitere Führer der Jakobiner, darunter der ungehobelte, mit deutlicher Nachlässigkeit gekleidete Zwerg Marat, dessen Gesicht große Pockennarben und aufgeworfene Lippen entstellten. Das ganze Gegenteil repräsentierte Billaud-Varennet im eleganten Waffenrock, der von einem Gürtel in den Farben der Trikolore gehalten wurde. Der Krüppel Couthon, dessen Beine nach einer Krankheit gelähmt waren, war vielleicht der blutdürstigste aller Jakobiner; er saß in einem Rollstuhl, den der engelsgleiche Schönling Saint-Just schob.

»Eine neue Epoche!« verkündete Korowjew feierlich. »Die Zahl der Toten geht nun in die Millionen! Mit der Guillotine läßt sich schlecht spaßen! Und es gab ja nicht nur die Guillotine! Haben Sie schon einmal von der Republikanerhochzeit gehört? Wenn Mann und Weib, Rücken an Rücken gefesselt, gemeinsam in einen Fluß geworfen werden? Oder davon, daß man mit Kanonen in eine Menge schießt, die mit Strikken gefesselt ist? Ist das nicht ungeheuer bequem? Anstelle von weitgehend ganzen Leichen erhält man eine blutige Masse, die viel leichter zu vergraben ist. Und das alles im Namen von Freiheit, Gleichheit und Brüderlichkeit.«

Als sich Robespierre der Loge näherte, zog er aus der Tasche seines Gehrocks ein zusammengerolltes Blatt Papier und setzte eine Brille auf. Er wollte eine seiner Reden vortragen, die sowohl durch ihre unbarmherzige Logik wie auch ihre unglaubliche Länge bestachen. Möglicherweise war es ja sogar die Rede, die ihm auf dem Konvent am Vorabend seines Todes zu beenden nicht vergönnt gewesen war. Aber auch Voland tat ihm nicht die Freude – er winkte mit der Hand ab, worauf Robespierre und die anderen

Jakobiner einer nach dem anderen ihren Platz auf der Tribüne einnahmen.

Als nächster kommt sicher Lenin, schoß es Jakuschkin durch den Kopf. Er sollte sich nicht täuschen. Die *Marseillaise* wurde von der *Internationale* abgelöst. Die Nebelschwaden durchreißend, fuhr der legendäre Panzerwagen mit der kurzen Kanone auf die Laufbahn. Auf ihm stand Lenin in seiner klassischen Pose, die linke Hand in die Hosentasche versenkt, die rechte nach vorn gestreckt. Die Weggefährten Iljitschs flankierten den Panzerwagen zu Fuß. Von Kopf bis Fuß in Leder gekleidet, schritt Trotzki einher, der auf die Entfernung nur schwer von Swerdlow zu unterscheiden war. Daneben gingen der füllige Sinowjew mit seinem weibischen Gesicht und der an einen Falschspieler erinnernde Bucharin. Weit eleganter trat Kamenew auf. Und über die gesamte Gruppe ragte, gleich einem Telegraphenmast, Dsershinski. Stalin war nicht zu sehen.

Behemoth schimpfte gehörig darüber, wie sehr ihm diese Truppe bei ihrem Transport zur Erde zu schaffen gemacht habe. Im Vergleich zu den anderen Besserungshöhlen war ihre Kollektivhöhle nämlich in unendlicher Ferne verborgen, die Strecke war gar nicht mehr zu bemessen. Sie selbst nannten sie scherzhaft *Lonjumeau*[24]. Obendrein hatten sie einmütig verlangt, in einem plombierten Waggon befördert zu werden. Woher sollte man den, bitte schön, nehmen? Unterwegs hatten sie Behemoth mit Fragen nach dem aktuellen Stand der Weltrevolution überschüttet, sie selbst hätten nämlich keinerlei Nachrichten von der Erde erreicht. Er, Behemoth, habe alle Kräfte aufbringen müssen, um ihnen auseinanderzusetzen, weshalb man sie jetzt auf die Erde brächte. Als Lenin zu wissen verlangt habe, ob Behemoth ein Opportunist sei, und wenn ja, ob rechter oder linker Couleur, habe er ihn vollends zur Verzweiflung gebracht. Der Führer des Weltproletariats selbst habe unterwegs einige Thesen ausgearbeitet. Nun scheine ihm wohl die Stunde gekommen, sie vorzutragen.

Natürlich gab Behemoth das Geschehen entschieden übertrieben wieder. Nur mit der Warnung sollte er Recht behalten: Als der Panzerwagen der Loge gegenüberstand, schnarrte Lenin etwas über die Intrigen der Entente, Schieber und Spekulanten, aber auch über Popen, die allesamt dingfest gemacht und auf der Stelle erschossen gehörten. Abermals winkte Voland mit der Hand ab, worauf der Panzerwagen weiterfuhr. Die Vertreter der ruhmreichen Leninschen Garde folgten ihm. Dabei fiel Jakuschkin auf, daß die Nacken von Sinowjew, Kamenew und Bucharin das Schwarz von akkuraten runden Löchern erkennen ließen, wohingegen der Nacken Trotzkis derart aufgerissen war, daß man das Gehirn sehen konnte.

Während Lenin und Konsorten auf der Tribüne Platz nahmen, bemerkte Voland mißgelaunt, der Einzug ziehe sich über jedes erträgliche Maß hinaus hin. Korowjew und Behemoth setzten zum Widerspruch an: Der Messere selbst hatte doch die Parole ausgegeben: *Niemand ist vergessen, nichts ist vergessen!*[25] Unterdessen zog, jeden Schritt mit den beschlagenen Stiefeln einmeißelnd, der italienische Duce Mussolini an der Loge vorbei, der mit einem gegürteten Schwarzhemd und einer ebenfalls schwarzen Fliegermütze angetan war. Voland beendete die Diskussion und befahl, die Zeremonie zum Ende kommen zu lassen. Sogleich verließ Behemoth die Tribüne und verschwand im Nebel der Arena.

Nachdem Behemoth offenbar eine neue Anweisung erteilt hatte, tauchten an der gegenüberliegenden Seite der Laufbahn gleichzeitig zwei neue Gruppen auf. Die eine befehligte ein äußerlich gutmütiger Alter mit Feldrock und goldenen Epauletten, die andere führte ein Mann mit kurzgestutztem Schnurrbart und über der linken Augenbraue ausfransendem Stirnhaar an: Stalin und Hitler, begleitet von ihren jeweiligen Kampfgenossen. Beide Gruppen gingen auseinander und zogen in entgegengesetzte Richtungen, um dann vor der Loge wieder zusammenzukommen. Die verwirrten Schwarzen spielten bald die *Internationale*, bald das *Horst-Wessel-Lied*.

Stalin zog eine Pfeife hervor, die er gemütlich zu rauchen anfing. Hitler stand bloß mit verschränkten Armen da und beäugte ihn mit einem verständnislosen Blick. Ihre Gefährten traten in direkten Kontakt miteinander, der auch gut als Nahkampf bezeichnet werden könnte.

Lawrenti Berija machte Himmler gegenüber seine vollkommen berechtigten Ansprüche geltend, indem er ihn darauf hinwies, daß er, Berija, einst seine Erfahrungen bei der Organisation und Einrichtung von Konzentrationslagern mit ihm, dem deutschen Kollegen, geteilt habe, was dieser ihm jedoch mit himmelschreiendem Undank entgolten habe. Beide Chefs der Geheimpolizei trugen Zwicker. Molotow warf dem deutschen Außenminister Ribbentrop Treubruch vor und versuchte sogar, das Ende der Schlinge zu fassen, die diesem um den Hals hing. Die halbe Portion Woroschilow stürzte sich auf den schrankartigen, feisten Göring, den er einen völligen Ignoranten in allen Fragen der Strategie und Taktik nannte. Zutiefst beleidigt zog Göring eine Pistole aus dem Halfter. Der hundserbärmlich aussehende Goebbels und der an einen gut genährten Kater gemahnende Shdanow spannen eine Diskussion ideologischen Charakters an. Die Sache wuchs sich zu einem leichten Geschubse aus, besaß aber das Potential, in eine ordentliche Keilerei auszuufern.

Es blieb nichts anderes übrig, Korowjew mußte eingreifen. Er eilte hinunter, um sowohl den »Führer aller Völker« wie auch den »Führer aller Deutschen« zur Ordnung zu rufen. Danach war der Friede zumindest einigermaßen wiederhergestellt. Stalin und Hitler gaben ein lobenswertes Beispiel, indem sie Arm in Arm zur Tribüne schritten. Ihre Gefährten vermengten sich zu einem einzigen festen Knäuel.

Auch Behemoth war unterdessen nicht untätig gewesen. Junge Chinesinnen in leichten transparenten Gewändern bugsierten den geschminkten Mao Tse-tung über die Laufbahn. Geschickt setzten sie dem gealterten und hilflosen Großen Steuermann einen Fuß vor den anderen. Die Schwarzen stimmten *Der Osten ist rot* an. Danach erschienen die lateinamerikanischen Diktatoren: Trujillo, Batista, Papa Duval und noch irgendeine Bande – allesamt in schneeweißen Smokings. Als letzter stolzierte ein schwarzhäutiger afrikanischer König herein. Ihm eilte der Ruf voraus, Kannibale zu sein, wobei er sich mit besonderer Hingebung am Fleisch der aus Europa georderten weißen Geliebten gütlich täte, sobald er ihrer in ihrer eigentlichen Bestimmung überdrüssig würde.

Damit endete der Einzug. Der Nebel in der Arena löste sich auf; mit einemmal bestach sie nicht länger allein durch ihre vollkommene Ebenmäßigkeit, sondern nun auch durch ein mit Intarsienarbeiten verziertes Parkett. Lautlos wurden die Tribünen verschoben, wobei der auftauchende Behemoth fast zwischen sie geraten wäre. Im Handumdrehen wurden sie streng vertikal ausgerichtet und dienten nun als Wände. Voland gab allen in der Loge Sitzenden rechtzeitig ein Zeichen, und sie gingen gemeinsam hinunter. Die Tyrannen und andere Teilnehmer der Parade folgten ihrem Beispiel; währenddessen ging der Umbau des Stadions in einen pompösen Ballsaal weiter. Entlang den aus den Tribünen gebildeten Wänden ragten gewaltige Säulen auf. Drei Erwachsene hätten ihre Arme ausbreiten müssen, um sie zu umspannen. Über den Säulen wölbte sich eine ebenmäßige, stuckverzierte Decke. Obgleich die Sonne längst untergegangen war, war es nicht dunkel. In goldgerahmten Wandspiegeln spiegelten sich Tausende von Kerzen, die in Kristallüstern, Leuchtern und Kandelabern steckten.

»Ball!« schrie Behemoth ekstatisch.

Daraufhin donnerte ein Orchester los, nicht irgendwelche Schwarzen mit Trompeten, sondern ein echtes Symphonieorchester, überdies unter der Leitung des einzigartigen Herbert von Karajan. Es spielte die Hymne der Sowjetunion, somit dem Gastland seine Reverenz erweisend. Die Ballgäste hörten die Hymne in strammer militärischer Haltung an. Nachdem die Schlußakkorde verklungen waren, fingen alle an, zu schwatzen und geschäftig hin und her zu eilen. Voland erklomm mit seiner Entourage sowie mit Walerija und Jakuschkin ein Podest in der Mitte des Saals, das sich mehrere Meter in die Höhe erhob. Von dort oben ließ sich das Geschehen wie auf dem Präsentierteller verfolgen.

Das Publikum bestand jetzt bei weitem nicht mehr nur aus den Teilnehmern des feierlichen Einzugs.

Korowjew, an den sich Jakuschkin mit der Bitte um
Aufklärung wandte, fand in diesem Umstand nichts
Verwunderliches: Etliche Tyrannen hätten darauf
bestanden, ihre Geliebte mitzubringen, worauf ja
auch Jakuschkin im Vorfeld angesprochen worden
war; einige kannten jedoch kein Maß und hätten
zudem noch die Teilnahme ihres Gesindes verlangt.
Darunter waren in der Tat nicht ihre Weggefährten zu
verstehen, für die es ja eine eigene Gästeliste gab, sondern explizit das Gesinde, ohne das ein echter Tyrann
schlicht und ergreifend aufgeschmissen war. Weder
für die Geliebten noch für das Gesinde schickte es sich
aber, am feierlichen Einzug teilzunehmen, weshalb
man sie zunächst in einen gesonderten Raum gebracht
und dort vorübergehend eingesperrt hatte. Nun hätte
man sie herausgelassen. Jakuschkins Überlegungen
bezüglich dieses hochkomplizierten Systems des Weg-
sperrens und Freilassens wurden von dem durchdringenden Schrei Behemoths unterbrochen: »Grande
ronde, meine Damen und Herren! Maestro, s'il vous
plaît!«

Herbert von Karajan schwang den Taktstock, und
das Orchester intonierte eine Quadrille. Der Kater
sprang vom Podest, um sich eine junge Frau in kurzer
Tunika zu schnappen, bei der es sich um eine Vestalin
handelte. Da Nero sie einst um seines puren Vergnü-
gens willen vergewaltigt hatte, zählte man sie nun zu
den Geliebten der Tyrannen. Behemoth und die Vestalin hüpften beim Tanz. Gella nahm sich ein Beispiel an
den beiden. Mit einem langen Satz flog sie vom Podest,
direkt an den Hals des Schönlings Saint-Just. Allem
Anschein nach hatte sie schon vorher ein Auge auf ihn
geworfen. Die Kette der Grande ronde wuchs schnell
an. Caligula und eine füllige römische Matrone

schlossen sich dem Tanz an. Caligula hatte einst mit ihr zusammengelebt, ihr dann aber aus heiterem Himmel die Kehle durchgeschnitten. Doch wozu die alten Geschichten aufwärmen? Linkisch schob Adolf Hitler mit der weißhäutigen Arierin Eva Braun übers Parkett. Einige Stunden vor ihrem gemeinsamen Selbstmord hatten sie noch geheiratet. Damit Eva am Ball teilhaben konnte, wurde die Ehe auf ihren Antrag hin für ungültig erklärt. Dahingegen konnte die liebreizende, wenn auch unterdes ein wenig aus dem Leim gegangene Inessa Armand den Ball ohne alle Schwierigkeiten besuchen. Lenin (der jetzt einen Frack trug) und sie gaben sich voller Leidenschaft der Quadrille hin, wiewohl Iljitsch den Takt der Musik nicht immer zu halten vermochte.

Die Grande ronde gestaltete sich lustig und ausgelassen. Behemoth zog die ganze Kette hinter sich her und vollführte derart scharfe Wendungen, daß die Tanzenden in ihrer Verblüffung das Gleichgewicht verloren und zu Boden fielen, wo sie sich zu einem einzigen Haufen verknäulten. Ein ums andere Mal wurde die Kette jedoch neu gebildet. Vier Ballerinen in weißen Tutus zogen Väterchen Kalinin aufs Parkett. Der Allunionsälteste wurde insbesondere bei blutjungen Balletteusen zum gefürchteten Schürzenjäger. Böse Zungen behaupteten sogar, man hätte ihm, damit ihm seine Manneskraft nicht verlorenging, die Geschlechtsorgane eines Orang-Utans eingepflanzt.

Mussolini tanzte mit seiner Geliebten Clara Petacci. Dereinst waren beide am selben Tag von italienischen Partisanen gehängt worden. Der Krüppel Couthon nahm zwar an der Grande ronde nicht teil, richtete sich aber ein wenig in seinem Rollstuhl auf, klatschte mit den Händen den Takt der Musik und versuchte sogar, seinem Körper verschiedene Bewegungen zu entlocken.

Dann endete die Quadrille. Behemoth kehrte mit siegesbewußtem Habitus auf das Podest zurück. Nachdem er sich mit einem Taschentuch das vom Schweiß feuchte Fell trockengetupft hatte, verkündete er, die Vestalin Neros habe ihm ein Rendezvous vorgeschlagen, er aber sei sich noch nicht sicher, ob er hingehen sollte. Im Saal erschienen die Schwarzen, die zuvor auf den Trompeten gespielt hatten. Sie kredenzten den Gästen nun erfrischende sowie alkoholische Getränke. Die Heiterkeit wurde zunehmend lauter, das Klingen der Gläser, Gelächter und Witze – darunter auch recht anzügliche – waren zu hören. Gella kokettierte heiß mit Saint-Just. Der nächste Tanz war ein Walzer.

»Gehen wir«, sagte Voland plötzlich zu Walerija und Jakuschkin.

Aus seinem Gefolge wählte er allein Korowjew aus. Als sie zwischen den Tanzpaaren hindurchgingen, machten diese ihnen Platz, ohne in ihrem Walzer innezuhalten.

An dieser Stelle muß ich die Erzählung kurz unterbrechen, um folgendes einzuschieben:

Nachdem Jakuschkin mit der Beschreibung des Balls bis zu diesem Punkt gekommen war, zog er mich – nach meinem Hemd langend – zu sich heran, um mir mit vor Erregung brüchiger Stimme zuzuflüstern: »Stellen Sie sich vor, ich habe aus Versehen einige der Tanzenden mit dem Ellbogen gestreift. Ich habe ihren Geruch wahrgenommen – Parfüms, Schweiß, Gewürze. *Physisch* habe ich sie gespürt. Ich bin sogar bereit zu schwören, daß es sich bei ihnen keineswegs um körperlose Wesen handelte, nicht um Gespenster, sondern um *lebende* Menschen... Später habe ich versucht, Korowjew das Geheimnis zu entlocken, aber er wich meiner Frage aus und erzählte etwas von der Allmacht des Messere, der sich Ort und Zeit unterworfen habe. Aber zur Erklärung konnte er nichts beitragen ...«

Am gegenüberliegenden Saalende blitzte eine Metalltreppe auf. Sie führte in unterirdische Gewölbe hinab, von wo, durch die Musik nahezu erstickt, markerschütterndes Geschrei und Gestöhn heraufdrang.

In den Kellergemäuern herrschte Dunkelheit. Es roch modrig. Voland zog eine schwere Tür hinter sich zu, und bald betraten sie eine Folterkammer. Gemartert wurde in dieser Kammer auf alle möglichen Arten, angefangen mit der völlig primitiven Bestrafung durch die Rute. Man konnte aber auch die »spanischen« Stiefel kennenlernen sowie ihre gelungene Weiterentwicklung, die »schottischen«. Es gab ein Rad zu sehen, das bei der Folter mit dem drolligen Namen »gespickter Hase« zum Einsatz kam; hierbei wurde dem auf einer Bank ausgestreckten Opfer immer wieder ein mit scharfen Nägeln besetzter Wulst über den Rücken getrieben, bis sich das Fleisch in Brocken ablöste.

Bei der Betrachtung eines auf einer Streckbank Gepeinigten wurde Walerija speiübel. Einer der Folterknechte, der eine lange Kappe mit Augenschlitzen trug, drosch auf den Unglücklichen mit einer Peitsche ein, während ein anderer seine Füße in ein Becken mit glühenden Kohlen setzte. Walerija schrie auf und schmiegte sich an Jakuschkin. »Laß uns von hier weggehen!« wiederholte sie in einem fort.

»Kommt nicht in Frage! Schauen Sie hin!« stieß Voland mit unvermuteter Strenge hervor. Er zog Walerija von ihrem Liebsten weg und führte sie dicht an die Folterinstrumente heran. »Behalten Sie sie gut in Erinnerung. Vielleicht können Sie das, was Sie hier sehen, ja einmal für Ihr Theater gebrauchen.«

Derweil waren auch einige Tyrannen samt ihren Weggefährten in die Folterkammer hinuntergestiegen. Unter letzteren befanden sich Himmler und Berija, die sich mit einemmal völlig unzertrennlich gaben. Während sie durch die Folterkammer schlenderten, diskutierten die beiden Profis Vor- und Nachteile der verschiedenen althergebrachten Methoden.

Etliche in der Kammer verteilte Stellwände informierten über neueste Errungenschaften von Wissenschaft und Technik. Vor allem die Tyrannen des antiken Griechenlands und des alten Roms betrachteten sie mit Interesse. Ihnen wollte einfach nicht in den Kopf gehen, wieso ein Mensch, an dessen Körper nichtisolierter elektrischer Draht angeschlossen wurde, schreien und sich vor Schmerzen winden sollte. Sie kamen überein, die Beteiligung der Götter in diesen Fällen als Faktum hinzunehmen.

Die Exkursion in die Folterkammer neigte sich ihrem Ende zu. Korowjew bugsierte die vor Schreck starre Walerija vorsichtig zum Ausgang.

»Das sollte fürs erste reichen«, munterte er sie mit einem leichten Lachen auf. »Ich weiß noch, daß selbst ich es einst nicht ausgehalten habe, aber jetzt bin ich daran gewöhnt. Was ich auch Ihnen von Herzen gönnen möchte.«

Als nächstes wartete ein rascher Wechsel von Handlungsorten, Zeiten und Epochen auf sie. Irgendwann bemerkte Jakuschkin, daß sie sich in einer weitläufigen, offenen Bogenhalle befanden. Abermals erblickte er den freien Himmel, diesmal jedoch einen nächtlichen mit großen südlichen Sternen. Unter ihnen erstreckte sich im Licht schwelender Fackeln eine mit Sand ausgeschüttete runde Arena. Mehrere Reihen ebenfalls leerer Bogenhallen säumten die Arena, aus der durch Mark und Bein gehende Schreie und ein wütendes Brüllen heraufgetragen wurden: Löwen, Leoparden und Tiger zerrissen dort unten wehrlose nackte Menschen. Kaum hatten die Raubtiere ein Opfer vollends zerfetzt und ließen von ihm ab, um sich auf das nächste zu stürzen, machten sich die Geier ans Werk. Sie schossen von den obersten Reihen herab, und wenig später waren von den Leichen nur noch fahle Knochen übrig.

Der Circus des antiken Roms, zumal ohne Publikum, war nicht ganz so eindrucksvoll wie die Folterkammer. Das Schauspiel schien nicht unbedingt reales Geschehen zu sein, eher ein Kinofilm.

»Auf den blutrünnstikken Spaß sint die Ausbeutärrklassen verfallen, um ire nidertrrächtikken Launen zu befridikken.« Diese gestochen scharfe Formulierung gab jemand in ihrem Rücken mit starkem georgischen Akzent von sich. Jakuschkin drehte sich um und erblickte Stalin.

Korowjew legte Widerspruch ein. Zum einen sei der Spaß weniger für die Ausbeuterklassen als vielmehr für die breiten Massen des Volks ersonnen worden. Denn sie, die Massen, pflegten zuhauf in den Circus zu streben. Nun, und zum anderen wurden durch diesen »blutrünnstikken Spaß« Verbrecher liquidiert.

»Also Feinde«, präzisierte Stalin. »In dissem Fall sollte mann bässärr zu einfachen und äffäkktiven Maßnahmen greifen.« Sprach's und verschwand.

In diesem Augenblick ging über der Arena eine

grelle Sommersonne auf. Die Arena selbst verwandelte sich in einen Marktplatz, den an allen vier Seiten Häuser mit Ziegeldächern säumten.

»Die Guillotine ist noch immer das beste Instrument zur Liquidierung von Feinden.« Dort, wo eben noch Stalin gestanden hatte, war Robespierre aufgetaucht. »Doktor Guillotin hat mit seiner Erfindung der Revolution einen unschätzbaren Dienst erwiesen.«

In der Mitte des Platzes erhob sich ein hölzernes Schafott, auf dem zwei Pfosten standen, die oben durch einen Querbalken verbunden waren. An diesem hing ein abgenutztes dreieckiges Fallbeil. Am Fuße der Guillotine kauerte das mit Lederriemen an den Klotz gefesselte Opfer. Wie im Circus des alten Rom lag auch dieser Platz verlassen da. Offenbar hatte Voland es für überflüssig erachtet, das Pariser Volk – inklusive der berühmten »Wirker der Revolution«, der aufrechten Sansculotten, die keine Hinrichtung verpaßten – hierherzuschaffen. Allein der Verurteilte, der Henker mit schief aufgesetzter phrygischer Mütze – der bekannte Sanson, der das Urteil vollstrecken sollte – und Robespierre selbst waren anwesend. Sanson legte einen Hebel um, worauf das dreieckige Fallbeil mit wachsender Geschwindigkeit hinunterschoß. Bereits im nächsten Augenblick landete der abgehackte Kopf in einem geflochtenen Korb.

»Der entscheidende Fehler der Jakobiner bestand in ihrem Zaudern und Zögern, weshalb sie dem Terror nicht den Schwung gaben, den eine Revolution braucht.«

Robespierre wurde von Lenin abgelöst. Während er seine Tirade vom Stapel ließ, wippte er im Takt nach vorn und nach hinten, und im Takt dieses Wippens durchschnitt seine Hand die Luft.

»Sie kommen gerade recht«, unterbrach ihn Voland. »Ich möchte Ihnen jemand vorstellen ... « Er wies auf die nackte Wand der Bogenhalle, vor der soeben niemand anderes als der Dramatiker Schurtjajew aufgetaucht war – in genau der Winterkleidung, in der er noch vor ein paar Tagen an den Patriarchenteichen spazierenge-gangen war. »Matwej Illarionowitsch Schurtjajew.«

Schurtjajew und Lenin reichten sich die Hände. Währenddessen verschwand die Guillotine vom Platz. Der Handlungsort verlagerte sich wieder in unter-irdische Gewölbe. Durch eine quadratische Öffnung in der Decke drang Licht herein. Korowjew hatte sich den Zylinder aufgesetzt, den er bis dato in der Hand gehalten hatte. Vielleicht fürchtete er ja, Schurtjajew würde in ihm den revolutionären Soldaten wieder-erkennen, den er jüngst gegeben hatte. Er faßte Lenin wie Schurtjajew um die Schultern, als handelte es sich bei ihnen um alte Freunde, und zog mit ihnen von dannen, eifrig beteuernd, welch historische Bedeu-tung diesem Augenblick zukomme: Wann treffe denn ein Dramatiker schon mal seine Lieblingsfigur? Allein die Vorstellung sei absurd, daß Euripides seine Medea treffe, Shakespeare Hamlet oder Beaumarchais Figaro.

Nachdem Lenin sich aus der Korowjewschen Umarmung befreit hatte, mußte er zu seinem Bedau-ern eingestehen, Schurtjajews Stücke weder gelesen noch gesehen zu haben. Von den sowjetischen Dra-men kenne er nur diejenigen, die der Feder des »wun-derbaren Anatoli« – will heißen des Volkskommissars für Aufklärung Lunatscharski – entstammten. Zwar mußte man die als geballten Stumpfsinn bezeichnen, doch für die kommunistische Erziehung des Proleta-riats kamen sie wie gerufen.

Schurtjajew verschlang Lenin förmlich mit freudigen, ja verzückten Blicken. Er brachte sogar einige Sätze zustande, deren Sinn darauf abzielte, daß nicht ein Schauspieler, der in seinen Stücken den Führer des Weltproletariats verkörpert hatte, auch nur annähernd seinen wirklichen Charakter erfaßt hätte – dessen ganze Größe allerdings auch ihm erst jetzt vollends aufgehe.

»Könnte es nicht sein, daß Sie den Charakter verzerrt dargestellt haben? Und jetzt tadeln Sie die Schauspieler dafür?« feixte Voland.

»Was soll das heißen, er hat ihn verzerrt dargestellt?« Lenin runzelte die Stirn.

»Ganz einfach. Matwej Illarionowitsch behauptet beispielsweise, Sie hätten niemals den Befehl erteilt, Zivilisten gefangenzunehmen und zu erschießen.«

»Nun hört sich aber alles auf!« fauchte Lenin, wobei seine mongolischen Augen sich noch stärker verengten. Und er legte mit einer Erklärung los, wonach die Gefangennahme von Zivilisten samt anschließender Erschießung ein erzwichtiger konstitutiver Bestandteil des Roten Terrors sei – eine Tatsache, auf die er die Genossen höchstpersönlich mehr als einmal aufmerksam gemacht habe.

Schurtjajew wurde knallrot. Zu seiner Verteidigung brachte er vor, er habe doch nur die humanistische Seite des Charakters stärker hervorheben wollen.

»Er mußte selbst erst als Zivilist gefangengenommen werden«, bedauerte Korowjew ihn, »um dann an den Patriarchenteichen bei einem Fluchtversuch erschossen zu werden.«

»Sie irren sich, ich wurde nicht erschossen!« schrie Schurtjajew empört auf. »Sie sehen ja selbst, ich bin quicklebendig.«

Lenin zuckte mit den Achseln. Dann wandte er sich

ab und rief: »Felix Edmundowitsch! Ach, mein Lieber, komm doch mal her!«

Nachdem er Dsershinski umarmt hatte, wollte er unverzüglich wissen, ob in den Listen der verhafteten Zivilisten etwa ein Dramatiker mit Namen Schurtjajew auftauche.

Dsershinski zog aus der Brusttasche seines Fracks ein Notizbüchlein, blätterte es durch und erklärte sodann, es gebe einen solchen – er sei als klassenfremdes Element aufgegriffen worden. Um seine finanziellen Verhältnisse sei es nicht schlecht bestellt. Er besitze eine prächtige Wohnung in Moskau, ein Automobil ausländischer Marke, eine einstöckige Datscha und dergleichen mehr.

»Aber ich schwöre, das ist alles auf rechtschaffene Weise durch aufopferungsvolle Arbeit verdient!« Um seinen Worten stärkeres Gewicht zu verleihen, schlug Schurtjajew sich mehrmals mit der Faust gegen die Brust.

Lenin und Dsershinski wechselten einen vielsagenden Blick: Das reicht ja wohl, sprechen nicht alle Bourgeois so?

»Merkwürdig ist nur, daß Sie immer noch leben«, bemerkte Dsershinski mit einiger Schärfe.

Mit einem idiotischen Lächeln winkelte Schurtjajew die Arme an und ging in die Hocke, um zu demonstrieren, wie hervorragend es um sein körperliches Wohl bestellt war.

»Aber das läßt sich ja noch korrigieren.« Der Eiserne Felix schnippte mit den Fingern, und sogleich erschien – woher auch immer – ein kräftiger Bursche in einer Schafpelzjacke. Er kaute langsam und hingebungsvoll einen Kanten Brot. An seinem Gürtel baumelte in einem hölzernen Halfter die Mauserpistole. Ohne ein Wort zu sagen, wies Dsershinski auf Schurtjajew.

»Gehen wir, Felix Edmundowitsch. Man sollte die Damen nicht ohne Aufsicht lassen«, drängte Lenin. Beide verneigten sich vor Voland und entfernten sich.

Just in diesem Moment gewahrte Schurtjajew Walerija. Natürlich kannten die beiden einander, ja, mehr noch: Vor rund zehn Jahren hatte er sie sogar einmal überredet, in ihrem Theater eines seiner Lenin-Stücke zu inszenieren. Noch heute schämte sich Walerija dieses Punkts in ihrer beruflichen Biographie und wollte nicht gern daran erinnert werden.

»Walerija! Du auch hier!« rief Schurtjajew erstaunt aus.

Walerija antwortete nicht. Wie seltsam, dachte sie, er tut mir kein bißchen leid. Ich werde doch wohl nicht allmählich selbst zur Hexe?

Unterdessen hatte der Bursche im Schafpelz seinen Kanten aufgegessen und sich mit der Hand die letzten Krümel in den Mund geschoben. Er näherte sich von hinten dem vor Furcht zitternden Schurtjajew und nahm ihn blitzschnell in den Würgegriff, so daß der Unterkiefer des Dramatikers nun auf dem Ellenbogen des Burschen weiterzitterte.

»Erbarmen!« wimmerte Schurtjajew mit letzter Kraft. »Ich wurde bereits einmal erschossen!«

»Unmöglich«, entgegnete Voland. »Sie befinden sich in der Macht der von Ihnen vergötterten Tscheka, auf die selbst ich keinen Einfluß habe.«

»Was für ein Wendehals aber auch!« empörte sich Korowjew aus tiefstem Herzen. »Jetzt haben Sie ihn erschossen, und eben noch war er quicklebendig. Ach, wie der sich windet!«

Doch Jakuschkin empfand Mitleid mit Schurtjajew,

schlichtes, rein menschliches Mitleid. Ob es vielleicht in diesem Moment zum ersten Riß in der Beziehung zwischen ihm und Walerija kam? Er bat seinerseits Voland um Gnade, doch dieser wies auch ihn zurück.

»Unmöglich«, wiederholte er noch einmal mit aller Entschiedenheit, wobei er sich nicht an Jakuschkin, sondern abermals an Schurtjajew wandte. »Das einzige, was ich Ihnen versprechen kann, ist, daß man Sie in den nächsten hundert Jahren nicht noch einmal erschießen wird. Man wird Sie einfach vergessen, genau wie Ihre Stücke.«

Der Bursche schleifte Schurtjajew zur Wand, lehnte ihn mit dem Gesicht dagegen und schob sicherheitshalber noch einmal mit dem Knie nach. Dann nahm er dem Dramatiker die Schirmmütze aus Pelz ab, die er sich in die Tasche steckte.

»Is nix, mein Bästerr, besorg's dir im Handumdrrähen, wirrst nix spüren«, versicherte er, während er die Mauser aus dem Halfter zog.

Er richtete die Mündung auf Schurtjajews Nacken. Ein Schuß ertönte. Der Henkersknecht sprang flugs zur Seite und blieb so von der Blutfontäne verschont, die aus dem Schurtjajewschen Schädel schoß. Aus einer Öffnung in der Decke wurde ein Strick heruntergelassen, den man sorgfältig um den toten Körper schnürte, um diesen dann nach oben zu hieven.

Man sollte Schurtjajew am nächsten Morgen in der Nähe des Mausoleums finden, zwischen den Blautannen. Zunächst vermutete man, Schurtjajews Kopfwunde rühre von einem Schuß her, den einer der Wachhabenden des Mausoleums oder ein tapferer Milizionär bei seiner Jagd auf die ussurischen Tiger abgegeben hatte. Gegen diese Rekonstruktion des

Geschehens sprach jedoch, daß die Leiche nicht vor, sondern hinter dem Mausoleum, an der Kremlmauer, gefunden wurde. Endgültige Verwirrung stiftete dann die gerichtsmedizinische Untersuchung. Die erbrachte nämlich, daß der Tod schon vor einer Woche eingetreten und auf eine ganz andere Kugel – ein glatter Durchschuß vom Rücken ins Herz – zurückzuführen war. Hatte demnach in der Silvesternacht jemand auf eine Leiche geschossen? Ein weiteres Rätsel stellte das Geschoß dar, das im Schädel gefunden wurde und zu einer vorsintflutlichen Pistole Typ Mauser gehörte.

Klar war eigentlich nur eines: Schurtjajew war nicht umgebracht worden, damit man ihn hinterher ausrauben konnte. Sowohl der Platinring, die Seiko-Uhr wie auch die Brieftasche mit einer stattlichen Summe fehlten nicht, mehr noch, sie schienen nicht einmal angerührt worden zu sein. Selbst den Auslandsausweis und das inzwischen verfallene Ticket nach Brüssel trug er noch bei sich…

Im weiteren, so erzählte mir Jakuschkin, überschlugen sich die Ereignisse. Sie unternahmen eine Exkursion zu den Gefängnissen der verschiedenen Epochen, vom altrömischen Karzer, einem unterirdischen Kerker in unmittelbarer Nähe des Kapitols, bis hin zu dem in steriler Reinheit blitzenden Berliner Moabit und dem grausamen Suchanowo Berijas. Sie warfen einen Blick in die Conciergerie, welche die Jakobiner in einen Kerker für »Volksfeinde« verwandelt hatten. Hier herrschte ein Regime seltener Milde. Die Arrestanten durften ungehindert von Zelle zu Zelle wandern, und diejenigen, die auf ihre Verhandlung und die Guillotine warteten (andere Urteile fällte man nur selten), überließen sich einer maßlosen Sauferei, in der sie Vergessen und Ablenkung von dem schrecklichen Schicksal suchten, das ihrer harrte.

Sie besuchten auch faschistische Konzentrationslager. In Auschwitz erkundigte sich Stalin bei Hitler nach der Effizienz der Gasduschen, wobei den Führer der Völker insbesondere die Umschlagskapazität interessierte. Mit Himmlers Hilfe setzte ihm Hitler das System in allen Einzelheiten auseinander.

Schließlich erstreckte sich vor ihnen die öde, verschneite Tundra. Im Dunkel einer tiefen Baugrube wimmelten menschliche Gestalten in Lagerjacken herum. Die einen stießen Eisen in den gefrorenen Boden, die anderen schoben über kleine Stege Schubkarren voller Erde hinauf. Als irgend jemand vom Steg stürzte, feuerte man eine MP-Salve ab.

»Jude?« wollte Hitler von Stalin wissen.

»An die Juden kommen wirr nicht wirrklich härran«, gestand Stalin beschämt ein.

Im Ballsaal, in den sie nach der kleinen Exkursion zurückkehrten, brodelte es, die Ausgelassenheit kannte keine Grenzen mehr. Das Symphonieorchester hatte dem König des Rock'n'Roll, Elvis Presley, Platz gemacht. Frappierenderweise rockte niemand so betörend wie Caligula, der verdienten Applaus einheimste. Die Festtafeln bogen sich unter dem Wein und den Speisen. Begehrt waren vor allem Milchferkel, farcierte Fasane und gebratene Egel, die vor Gänseblut barsten. Unter einem Tischtuch lugten die Beine eines leidenschaftlich vögelnden Pärchens hervor. Auf seinem Weg zum Podest wäre Voland denn auch beinahe über die unter einem Tisch hervorkriechende Gella gestolpert. Voland schüttelte mißbilligend den Kopf, Gella wich beschämt seinem Blick aus. Die Teufelin hatte noch immer Saint-Just im Schlepptau. Dessen Gesicht hatte nunmehr seine Engelhaftigkeit eingebüßt: Ein sexuelles Zwischenspiel mit Gella mochte niemand so einfach wegstecken. Jakuschkin sah mit eigenen Augen, wie unter einem Tisch, sich diebisch umguckend, Iljitsch hervorkroch, sich die Kleidung abklopfte und Inessa Armand beim Aufstehen half. Als erfahrene Konspirateure verschwanden beide flugs in der verzückt rockenden Menge.

Kaum war Stalin in den Ballsaal zurückgekehrt, machte er sich daran, sich auf seine Art zu verlustieren. Er beschaffte sich mehrere Torten, stellte seine Gefährten in Reih und Glied auf und stülpte einem nach dem anderen einen Karton mit einer Torte über den Kopf. Über die glücklichen Gesichter sickerte Creme in den verschiedensten Farben. Schon bald langweilte ihn dieses Vergnügen aber. Deshalb suchte er in der Menge Mao Tse-tung, der nach wie vor von jungen Chinesinnen geführt wurde. Stalin begann nun, dem Großen Steuermann aus seiner Feder geflossene Gedichte vorzulesen, die den Frühling und die Vögelein besangen. Im Gegenzug trug Mao ihm die seinigen vor, die ebenfalls von Frühling und Vögelein handelten. Am erstaunlichsten mag dabei wohl gewesen sein, wie trefflich sie sich ohne jeden Dolmetscher verstanden.

Der von Liebhabern antiker Musik umringte Nero sang und spielte auf der Kithara. Marat trug einen Monolog aus einem seiner Stücke vor. Bevor er sich als »Freund des Volkes« hervortat, hatte er sich auf dramatischem Terrain versucht, dies allerdings erfolglos – das Theater sah in ihm weder einen neuen Corneille noch einen zweiten Racine. Auch jetzt fand er nur wenige Zuhörer, die meist aus Neugier gekommen waren und schnell wieder verschwanden. Eva Braun gewann beim Glücksspiel verschiedene Stilleben ihres geliebten Führers, der sich in seiner Jugend zunächst als Maler versucht hatte, bevor er sich dann an die Rettung des deutschen Volkes machte.

Natürlich konnte Jakuschkin nicht alles aufnehmen. Darüber hinaus hatte er bereits vieles vergessen. Der Höhepunkt und zugleich das Finale des Balls sollte ihm jedoch immer deutlich vor Augen stehen.

An der Decke flammte eine feuerrote Losung auf: *Lang leben die Tyrannen aller Zeiten und Völker!* Die Losung verlosch, loderte erneut auf und wiederholte ihren Inhalt in allen Sprachen des Planeten. Jedes Aufflammen wurde geräuschvoll mit Beifall, Begeisterungsrufen und Pfiffen bedacht. Schließlich hob sich die Stuckdecke in die Höhe und verschwand. An ihrer Stelle wölbte sich ein abgrundtiefer schwarzer Himmel. Man dämpfte das Licht, so daß der Saal im Halbdunkel lag. Die Gäste waren nur noch schwer auszumachen, ihre Gesichter kaum zu erkennen; sie verschwammen allesamt zu einer dichten, dunklen Masse. Zugleich verstummte auch das vielsprachige Stimmengewirr. Statt dessen war nun das scharfe und abgehackte Klacken von Morsezeichen zu hören. In weiter Ferne brannte am anderen Saalende ein verwaistes Lämpchen. Dort erblickte Jakuschkin an einem überaus modernen Pult mit etlichen Knöpfen Behemoth und Asasello. Beide trugen Kopfhörer. Unhörbar gaben sie Befehle über an den Kopfhörern befestigte winzige Mikrophone durch. Kurzum, sie verhielten sich wie echte Fluglotsen.

Diese Befehle bewirkten offenbar, daß ein formloser Schatten nach dem nächsten mit einem leisen Geräusch hinauf in die Lüfte flog. Man kann nur schwer einschätzen, wie lange dieser Vorgang andauerte, aber am Ende war der Saal leer, sogar die Festtafeln waren verschwunden. Erneut erschienen die Schwarzen, diesmal mit Schaufeln und Besen. Sie kehrten den Müll zusammen. Voland drängte zum Aufbruch. Während sie sich zum Ausgang begaben, setzten sich die Wände lautlos in Bewegung. Eine Decke senkte sich herab, die jedoch keine Stuckverzierung, sondern abblätternden Putz aufwies, durch den Holzbalken hindurchschimmerten. In kürzester Zeit verwandelte sich der Prachtsaal in ein elendes Loch mit zerfetzten, herunterhängenden Tapeten an den Wänden. An der Tür stießen Asasello und Behemoth zu ihnen, nun bereits ohne Kopfhörer.

Sie stiegen die Treppe hinunter, gingen am Sarkophag vorbei. Lenins Körper lag an Ort und Stelle.

Am Ausgang des Mausoleums vernahm Jakuschkin abermals die Schläge der Kremlglocken. Als er auf das beleuchtete Zifferblatt sah, fuhr er erschrocken zusammen: Die Turmuhr zeigte nach wie vor Mitternacht an!

»Wundern Sie sich nicht darüber«, flüsterte ihm Asasello ins Ohr. »Es liegt in der Macht des Messere, eine einzige Sekunde zu einer langen Nacht auszudehnen, ebenso wie er andersherum eine Nacht oder sogar ein ganzes Jahr zu einem kurzen Augenblick zusammenballen kann.«

Die in die Freiheit entlassenen Tiger jagten die Milizionäre und Agenten über den Roten Platz. Vor dem Mausoleum wartete die Kutsche. Beim Abschied von Walerija und Jakuschkin meinte Voland, vielleicht sähen sie sich ja bald wieder. Bis auf Asasello stiegen er und sein Gefolge in die Kutsche ein. Die Equipage

fuhr an, war aber schon an der Einfahrt zum Erlöserturm nicht mehr zu erkennen.

Asasello zog Walerija und Jakuschkin mit der
Bemerkung, Zeit sei Geld, zum Lastwagen. Alle drei
stiegen in das Fahrerhäuschen, Asasello ließ den
Motor an. Nach wenigen Minuten fuhren sie wohlbehalten bei dem Haus vor, in dem Walerija wohnte.

Nachdem er seine Fahrgäste herausgelassen hatte,
gab Asasello Jakuschkin noch die Warnung mit auf
den Weg, bloß vorsichtig zu sein: Auf gar keinen Fall
solle er aus dem Haus gehen, niemanden anrufen und
noch nicht einmal ans Telephon gehen, wenn es klingelte. Nach diesen Instruktionen gab er Gas und verschwand.

Walerija und Jakuschkin begaben sich zur Wohnung hinauf. Laima Karlowna schlug vor Verwunderung die Hände über dem Kopf zusammen. Was sollte
denn das? Sie gehen los, um Silvester zu feiern, und
kommen um Viertel nach zwölf wieder nach Hause!

Doch statt irgendeine Erklärung abzugeben, gingen die beiden ins Schlafzimmer, zogen sich noch
nicht einmal aus, sondern warfen sich einfach aufs
Bett und fielen sofort in tiefen Schlaf.

13. KAPITEL

Der Rat von Fili

Sergej Mitrofanowitsch harrte voller Erwartung eines Anrufs des Vorsitzenden vom KGB. Gegen Abend kam Drynow vorbei. Er berichtete kurz, die Durchsuchung der Jakuschkinschen Wohnung habe wenig ergeben. Hinweise auf ein eventuelles wissenschaftliches Herumexperimentieren des Hausherrn in seinem Heim hätten sich keine gefunden. Sie hatten nur jede Menge Manuskripte entdeckt. Drynow hatte sie flugs durchgesehen, doch ein beißendes Kaninchen wurde darin anscheinend nicht erwähnt. Aus Jakuschkins Frau hatten sie immerhin noch herausgebracht, daß ihr Mann sich vor gar nicht langer Zeit mit dem Theaterkritiker Banketow getroffen habe. Drynow war auch schon die Kartei durchgegangen: Banketow konnte als links bezeichnet werden, er sympathisierte mit den Demokraten – vielleicht sollte man sich ihn einmal vornehmen? Zwar willigte Sergej Mitrofanowitsch in den Vorschlag ein, insgesamt hatte er Drynows Bericht jedoch nicht mit der pflichtschuldigen Aufmerksamkeit verfolgt. Die ganze Zeit sinnierte er darüber, wann der hohe Chef denn nun endlich anrufen würde.

In der Nacht schlief er schlecht, wachte sogar mehrmals auf, weil er meinte, das Telephon hätte geklingelt. Ohne jede Absicht weckte er seine neben ihm schlafende Ehegattin, was ihm nicht nur berechtigte Vorwürfe einbrachte, sondern auch einen leichten Schlag auf den Hinterkopf.

Der nächste Tag war der 31. Dezember. Es gab jede Menge Anrufe, vornehmlich Neujahrsglückwünsche. Selbst der distinguierte Abteilungsleiter rief an. Er wünschte Sergej Mitrofanowitsch alles Gute und brachte die Hoffnung zum Ausdruck, ihnen möge noch eine lange Zusammenarbeit beschieden sein, da er vollstes Vertrauen in die Zuverlässigkeit, die kameradschaftliche Verbundenheit und die breiten, stets belastbaren Schultern Sergej Mitrofanowitschs habe. In seiner Stimme schwangen einschmeichelnde Untertöne mit.

Schließlich war die Geduld Sergej Mitrofanowitschs erschöpft. Er faßte sich ein Herz und rief einen der Berater des Vorsitzenden an. Als junge KGBler hatten sie beide einmal an einer Aktion gegen diese bärtigen Künstler teilgenommen, diese Abstraktionisten, Modernisten und andere Widerlinge. In ihrer Schamlosigkeit hatten die ihr abartiges Geschmiere sogar im Gorkipark ausgestellt. Man hatte Wasserwerfer anfordern müssen, um dann mit einigen kräftigen Strahlen die Bilder dieser Wirrköpfe und Nichtskönner, die die hohen Prinzipien des sozialistischen Realismus verachteten, in echten Brei zu verwandeln.

Der Berater erinnerte sich an ihn, wenn auch mit einiger Mühe. Sergej Mitrofanowitsch wollte nur eins – wissen, was mit dem lang erwarteten Anruf sei. Möglicherweise war der Vorsitzende ja gerade jetzt zur Toilette oder zum Essen gegangen, aber ...
Die Antwort brachte ihm wenig Freude ein. Trocken

und sogar ein wenig kurz angebunden teilte der Berater ihm mit, der Genosse Vorsitzende habe ihm nichts telephonisch mitzuteilen.

Silvester feierte Sergej Mitrofanowitsch im Kreise seiner Familie. Ihm ging es reichlich durchwachsen. Außer dem nicht erfolgten Anruf machte ihm noch eine andere traurige Tatsache zu schaffen: Nicht eine Gruppe, die nach den in den Kreml eingedrungenen Verbrechern fahndete, hatte sich an ihn gewandt, um seine Hilfe oder zumindest seinen klugen Rat einzuholen. Dabei konnte kein Zweifel bestehen, daß die Ermittlungen bereits liefen. Hieß das also, man meinte, ohne ihn auskommen zu können?

In dieser Verfassung las er in der Zeitung auch noch die Meldung vom frühen Ableben Professor Kolokoltschikows. Ein Alptraum, die ganze Situation war ein Alptraum! Noch vor ein paar Tagen, als er ihn zu Hause aufgesucht hatte, hatte sich der Professor bester Gesundheit erfreut, ein richtiges Energiebündel war er gewesen! Und jetzt das! Erneut kam es ihm so vor, daß der Leibhaftige seine Hände im Spiel hatte – und möglicherweise auch den lebensfreudigen Professor ins Jenseits befördert hatte.

Den Rest gab Sergej Mitrofanowitsch dann der Anruf von der Petrowka, bei dem man ihm mitteilte, man habe die Leiche Schurtjajews gefunden, sich in schrecklichen Details erging und ihm anheimstellte, das Mordopfer zu untersuchen. Sergej Mitrofanowitsch weigerte sich jedoch vorbeizukommen; er schützte vor, bis über beide Ohren in Arbeit zu stecken. In der Tat gingen die Ereignisse der letzten Zeit über seine Kräfte.

Am 2. Januar traf die Voraussage des KGB-Vorsitzenden ein. Nachdem die Tische zu Silvester nicht einmal mehr schlecht als recht gedeckt gewesen waren, probten die Moskauer den Aufstand. Ein Betrieb nach dem nächsten blieb leer, allenthalben kam es zu spontanen Kundgebungen. Die Gerüchte, daß im Kreml Falschgeld gedruckt worden wäre, hatten das Faß zum Überlaufen gebracht. Die Geschichte mit dem Falschgeld bezweifelte nun niemand mehr. Darüber hinaus erzählte man sich aber auch von einem phänomenalen Kaninchen, das im Kreml etliche Schufte und Schurken gebissen und deren ganze Niederträchtigkeit an den Tag gebracht hatte. Die Redner auf diesen Kundgebungen, die sich im Kontor Sergej Mitrofanowitschs noch nicht einmal in der Kartei über die Demokraten fanden, sondern bislang völlig unbeschriebene Blätter waren, riefen zum Sturm auf den Kreml auf. Am Abend wurden in der Stadt Truppen aus den Garnisonen in der näheren Umgebung Moskaus zusammengezogen.

Die schon lange ausgearbeiteten Instruktionen für den Fall, daß in der Stadt der Notstand ausgerufen würde, traten in Kraft. Den Mitarbeitern des Kontors war es untersagt, sich aus diesem zu entfernen, alle hatten rund um die Uhr an ihren Plätzen zu sein.

Dann wurde ein weiterer empörender Auftritt des Kaninchens bekannt. Ungeachtet der verstärkten Sicherheitsmaßnahmen war es ihm gelungen, bei einer Sitzung des Obersten Sowjets aufzutauchen. Dort saß man gerade über der Frage zu Rate, wie der Empörung des Volks beizukommen war. Glücklicherweise trugen die Deputierten ja wie geheißen Lederhandschuhe – und die sollte dieses Kaninchen erst einmal durchbeißen! Das Tier zeigte sich jedoch völlig unbeeindruckt und raste durch den Saal, um sich ausgerechnet auf den Vorsitzenden zu stürzen – und gerade der war erst am Vorabend von einer Auslandsreise heimgekehrt, weshalb er von dem geheimen Zirkular keine Kenntnis hatte. Unter der Wirkung des Kaninchenbisses outete er sich laut und deutlich als Erzfeind des Sozialismus, stellte sich als ausgemachten Schurken dar und legte alle Vollmachten als Vorsitzender ab. Über letzteres wurde übrigens ohne Einsatz technischer Hilfsmittel mit einem schlichten Heben der lederbehandschuhten Hände befunden.

Gegen elf Uhr abends verspürte Sergej Mitrofanowitsch ein unsägliches Verlangen nach frischer Luft. Er hielt das kräftezehrende und allem Anschein nach vergebliche Warten auf den Anruf des Vorsitzenden nicht länger aus. In seinem Tresor lagen noch gänzlich unberührt die jüngsten Berichte seiner freiwilligen Mitarbeiter über das Verhalten verschiedener Literaten und anderer Kunstschaffender: wer wem was gesagt hatte, wer mit Führern der Demokraten paktierte, wer vorhatte, sich ins Ausland abzusetzen. Gewöhnlich ging Sergej Mitrofanowitsch diese Berichte mit der gebührenden Sorgfalt durch, bevor er sie ins Rechenzentrum weiterleitete, damit dort ein digitales Dossier über seine Schützlinge angelegt wurde. Im Augenblick stand ihm aber nicht der Sinn danach, sich mit diesen Dingen zu befassen – sorgenvolle Gedanken hielten ihn gänzlich gefangen. Was soll nur aus uns allen werden? Das ist doch erst der Anfang! dachte er.

Sergej Mitrofanowitsch rief seinen distinguierten Chef an, um ihn um Erlaubnis zu bitten, sich ein wenig die Füße zu vertreten. Er habe unsagbare Kopfschmerzen. Dem Wunsch wurde stattgegeben. Sergej Mitrofanowitsch überquerte die Kusnezkibrücke, um dann in die Neglinka einzubiegen. Überall standen Militärwagen, um die Soldaten einen Kordon gebildet hatten. Nachdem die Kundgebungen auseinandergeknüppelt worden waren, hielten sich die Moskauer in ihren Häusern versteckt. Etliche waren verhaftet worden. Den Sturm auf den Kreml hatte man auf bessere Zeiten vertagt.

Sergej Mitrofanowitsch mußte wegen eines kleinen Geschäfts neben dem ZUM-Kaufhaus eine öffentliche Toilette aufsuchen. Selbst zu dieser späten Stunde war sie offen. Auf den ersten Blick mißfiel ihm die am Eingang sitzende Alte. Als sie sein Zwanzigkopeken-stück entgegennahm, grummelte sie: »Was soll ich mit deinem Zwanziger? Ich will hier zumachen, aber der General läßt mich nicht. Wohin sollen unsere Jungs denn dann gehen? brüllt er mich an. Jetzt rennen die mir die Bude ein, und das alles für einen Apfel und ein Ei.«

Entgegen dem Gerede der Alten war die Toilette leer. Sergej Mitrofanowitsch trat zum Pissoir, während die Alte hinter ihm stehenblieb, um im Handwasch-becken einen Wischlappen einzuweichen. Sergej Mitrofanowitsch war von Natur aus schüchtern bis dorthinaus, weshalb er es vorzog, zu warten, bis die Alte wieder fort war. Als er sich nach ihr umdrehte, wurde er bleich vor Schreck. Anstelle der Alten stand am Handwaschbecken ein elendlanger Teufel mit Zwicker, der jener Beschreibung, die die Putzfrau Faina abgegeben hatte, ungemein ähnelte und ihm zudem von einem der Phantombilder bekannt war.

»Sergej Mitrofanowitsch! Da sind Sie also!« rief Korowjew aus, wobei sein Gesicht eine unerhörte Freude ob der Begegnung ausdrückte. »So lernen wir uns endlich kennen! Bislang hatten meine Leute und ich ja keine freie Minute, und wenn wir doch einmal Zeit hatten, haben wir Sie einfach nicht erwischt. Lassen Sie mich Ihnen zunächst die besten Wünsche zum neuen Jahr aussprechen. Zugleich möchte ich Sie aber auch dringendst warnen: Halten Sie gefälligst Ihre Zunge im Zaum, dann kommen Sie möglicherweise noch einmal aus Ihrer mißlichen Lage heraus. Sollten Sie jedoch erneut so dumm sein, Ihr unangemessenes Geschwätz vom Stapel zu lassen, bitte ich Sie, später nicht die beleidigte Leberwurst zu spielen, Oberst!«

Sergej Mitrofanowitsch erstarrte mit offenem Hosenschlitz am Pissoir. Korowjew erlaubte sich den schamlosen Spaß, Sergej Mitrofanowitsch einzuladen, mit ihm mitzukommen (über das Wohin schwieg er sich aus), da es sich für sie beide schließlich nicht zieme, in einer öffentlichen Toilette Konversation zu betreiben.

Sergej Mitrofanowitsch war, nebenbei bemerkt, kein profunder Kenner der Literatur, denn selbst jetzt vermochte er den Bulgakowschen Korowjew nicht auszumachen. Auf der anderen Seite war natürlich schwer zu sagen, wie man sich überhaupt verhalten sollte, wenn man einen Teufel traf – obendrein einen, der der Belletristik entsprungen war. Sergej Mitrofanowitsch bekreuzigte sich energisch und sprach mit fester Stimme: »Ihr Heiligen! Habt Erbarmen mit mir Sünder!«

Noch im selben Moment schrumpfte Korowjew zusammen, so, als hätte man ihn wie eine Gasflamme heruntergedreht, und verschwand. Es wäre ungebührlich, die Selbstbeherrschung Sergej Mitrofanowitschs an dieser Stelle nicht zu würdigen: Er verließ die öffentliche Toilette nicht eher, bis er das, weshalb er sie aufgesucht hatte, erledigt hatte. Zu seiner Verblüffung fand er am Ausgang die Alte vor. Sie grantelte noch immer und drohte, beim Obersten Sowjet Beschwerde einzulegen.

Kaum war Sergej Mitrofanowitsch wieder in seinem Büro, klingelte das Telephon. Er nahm den Hörer ab und erkannte die Stimme des KGB-Vorsitzenden. Der befahl ihm, sich nach unten zu begeben, allerdings nicht zum Haupteingang, sondern zu einem der Nebeneingänge, wo ein Auto auf ihn warten würde.

Am genannten Eingang stand ein Tschaika mit laufendem Motor. Von innen öffnete jemand die Vordertür. Sergej Mitrofanowitsch wunderte sich zwar, daß man ihm die Ehre zuteil werden ließ, neben dem Fahrer zu sitzen, fing diesbezüglich aber keinen Disput an. Kurz darauf stieg hinter ihm eine weitere Person in den Wagen. Als Sergej Mitrofanowitsch vorsichtig in den Spiegel lugte, erblickte er den Vorsitzenden. Zusammen mit ihm waren zwei seiner Leibwächter eingestiegen.

Der Tschaika fuhr zum Lubjankaplatz und dann in zügigem Tempo den Ochotni rjad hinunter. Ohne die Geschwindigkeit zu drosseln, schlüpfte er durch den doppelten Kordon vorm Bolschoi-Theater. Also fahren wir in den Kreml, dachte Sergej Mitrofanowitsch – womit er völlig falsch lag. Denn statt hinter der Manege nach links abzubiegen, fuhr der Tschaika rechts die Wosdwishenskaja hoch.

Am Arbatplatz standen Panzer und Geländewagen. Abermals hatte man im Kordon einen Spalt gelassen. Nun fuhren sie erst über den Neuen Arbat, dann über eine Brücke, die über die Moskwa führte. Verlassen wir etwa die Stadt? kam Sergej Mitrofanowitsch eine neue Idee. Aber auch diesmal irrte er sich. Nachdem der Tschaika den Kutusowskiprospekt hinter sich gelassen hatte, bog er am Triumphbogen – ebendort, wo dem einstigen Straßenverkehrspolizisten und heutigen berühmten Schriftsteller Peretjatko vor zwei

Jahren die rätselhafte Kutsche erschienen war – scharf links ab, um einen unbeleuchteten schmalen Weg hinunterzufahren. Als der Wagen kurze Zeit später bremste, sah Sergej Mitrofanowitsch durch die Heckscheibe hindurch eine hohe Betonumfriedung und ein Tor. Da wurde ihm klar, daß sie zu Stalins Datscha gefahren waren.

Diese bei Kunzewo, also nahe Moskau gelegene Datscha hatte Sergej Mitrofanowitsch einmal im Rahmen einer Exkursion besucht, die für die Mitarbeiter seiner Abteilung angeboten worden war. Da er penible Genauigkeit schon immer vergöttert hatte, wollte ihn die Bezeichnung Kunzewo-Datscha nie recht überzeugen, da die Datscha doch wohl eher dem Gebiet Fili zuzuordnen war.

Mit einem Quietschen öffneten sich die Flügel des Tors. Der Tschaika fuhr ein. Unter den Rädern knirschte Kies, der Wagen hielt an. »Steigen wir aus«, meinte der Vorsitzende.

Die Lampen auf dem Datschagelände brannten nicht, und auch die Fenster waren schwarz. Der Vorsitzende und Sergej Mitrofanowitsch begaben sich zum Eingang. Das Vestibül lag im Halbdunkel. Jemand gab im anbiedernden Flüsterton ein »Bitte sehr!« von sich, mit dem er die Tür ins Innere des Hauses aufhielt. Unter den Füßen der beiden knarrten Dielen. Noch einige Male öffneten sich vor ihnen Türen, bis sie schließlich in einen großen Saal gelangten, der beleuchtet war. Der Raum war altmodisch eingerichtet, mit schweren Möbeln, Mahagoni und Gold. An einem ovalen Tisch döste der Verteidigungsminister vor sich hin, die Augen mit einer Hand beschirmend. Neben ihm stand in strammer Haltung ein schneidiger Adjutant. Jetzt kam auch der Vizepräsident herein, der sich zuallererst, dies jedoch recht moderat, darüber empörte, mitten in der Nacht in diesen Krähenwinkel geschleppt worden zu sein.

»Der Kreml ist zu unsicher«, fertigte ihn der KGB-Vorsitzende knapp ab.

»Ja, wie denn das?« verwunderte sich der Vizepräsident. »Ist das Ihr Ernst? Dann sollten wir vielleicht mehr Truppen zusammenziehen. Was meint ihr, Jungs?«

Nun kam der Verteidigungsminister zu sich, der sogleich erklärte, er habe genug Truppen und warte nur auf einen entsprechenden Befehl. Hierzu konnte der KGB-Vorsitzende nur anmerken, es sei nicht länger die Zahl der Truppen, die unter den gegenwärtigen Bedingungen für Sicherheit bürge.

»Aber warum mußten wir ausgerechnet hierherkommen?« polterte der Vizepräsident weiter.

»Der Generalissimus verstand einiges von Sicherheit«, erläuterte der KGB-Vorsitzende. »Ich denke, wir werden uns in Zukunft regelmäßig hier treffen. Man muß nur renovieren und neue Möbel besorgen.«

Sergej Mitrofanowitsch paßte einen günstigen Moment ab, um den Vorsitzenden kurz beiseite zu nehmen und ihm von der jüngsten Begegnung mit Korowjew zu erzählen. Natürlich sagte er nicht »mit Korowjew«, sondern mit dem Teufel, der, wollte man den Phantombildern glauben, im Kreml das Aggregat zum Druck von Banknoten vorgeführt hatte. Abschließend schlug er vor, sich die Alte von der öffentlichen Toilette vorzuknöpfen. Aller Wahrscheinlichkeit nach nehme der Teufel ihr Aussehen an. Und selbst wenn er es nicht annehme, dürfte sie für ihn eine einschlägige Kontaktperson darstellen.

»Wir knöpfen sie uns vor, wir knöpfen sie uns

vor…«, versicherte der Vorsitzende ohne allzu große Begeisterung. Dann fragte er aber doch: »Sie haben sich also bekreuzigt, und der Teufel ist tatsächlich verschwunden?«

»Nicht einfach nur bekreuzigt, sondern auch die Heiligen angerufen«, entgegnete Sergej Mitrofanowitsch der Genauigkeit halber in aller Offenheit.

»Hm, ja, interessant…« Der Blick des Vorsitzenden wurde nachdenklich.

Der Präsident traf zusammen mit dem grobschlächtigen Premierminister ein. Ihnen unmittelbar auf dem Fuß folgte der Protokollchef mit tief eingefallenen Augen. Der Präsident begrüßte alle Anwesenden per Handschlag. Der KGB-Vorsitzende stellte Sergej Mitrofanowitsch mit den Worten vor: »Das ist besagter Kollege.«

Nachdem alle am ovalen Tisch Platz genommen hatten, legte der Protokollchef dem Präsidenten eine Mappe vor. Danach zog er sich zusammen mit dem Adjutanten des Verteidigungsministers lautlos zurück.

Zu Beginn seiner Rede brachte der Präsident die Hoffnung zum Ausdruck, daß alle Anwesenden sich darüber im klaren seien, wie ernst die gegenwärtige Situation sei. Ja, wie schicksalsträchtig. Insofern sei zielgerichtete Arbeit vonnöten. Man dürfe sich nicht verfransen, nicht auseinanderlaufen wie ein Spiegelei in der Bratpfanne. Nach dieser Einleitung öffnete er die Mappe, um zu einer seiner üblichen Reden anzusetzen – die Größe des Auditoriums hatte ihn noch nie beeindruckt. Er brachte es auch fertig, eine ellenlange Rede vor einem einzigen Zuhörer vorzutragen. Man brauchte nur ein Opfer zu finden, und er leierte den vorbereiteten Text bis zum Ende herunter. Freilich entbehrte sein Vorgehen nicht eines gewissen Kalküls.

Allein mit diesen Reden kochte der Präsident Opponenten und politische Gegner weich, denen er sonst nicht viel entgegenzusetzen gehabt hätte.

Aber der KGB-Vorsitzende kannte seinen Pappenheimer. Er, der neben dem Präsidenten saß, klappte behutsam dessen Mappe zu und meinte: »Entschuldigen Sie, aber das ist jetzt nicht nötig.«

Sergej Mitrofanowitsch konnte sich darüber nicht genug wundern. Weiß er denn nicht, wer hier das Sagen hat? dachte er.

Der Präsident lachte auf. Sein Blick glitt unstet durch den Raum. Indem er in die Faust hüstelte und die Brille zurechtrückte, gewann er die Zeit, die notwendig war, um seine Gedanken zu ordnen. Der rettende Geistesblitz kam: Der Präsident bekundete seine Bereitschaft, zunächst die Meinung der Genossen anzuhören, bevor er aus der Diskussion die Schlußfolgerungen ziehe.

»Wir werden hier nicht diskutieren«, widersprach der KGB-Vorsitzende unerbittlich. »Unseren Kenntnissen zufolge treibt der Leibhaftige in Moskau sein Unwesen. Vorauszusehen, welche Aktion er als nächstes plant, ist unmöglich. Das ist der Stand der Dinge.«

Ganz offensichtlich stellte die Kunde vom Leibhaftigen, der in der Hauptstadt umging, für den Präsidenten keine atemberaubende Neuigkeit dar, wohingegen allen anderen vor Verwunderung der Unterkiefer herunterklappte. Man fragte nach: War die Erwähnung des Leibhaftigen nicht allegorisch zu verstehen? Zielte dieser Terminus nicht eigentlich auf die verhaßten Demokraten? Der KGB-Vorsitzende konnte diesbezüglich nur versichern, wie wenig ihm der Sinn danach stehe, zu Allegorien Zuflucht zu nehmen. Der von ihm erwähnte Leibhaftige sei ganz wörtlich zu verstehen, falls es gewünscht werde, könne er aber noch deutlicher werden: In Moskau trieben Teufel ihr Spiel. Um jeglichen Zweifel auszuräumen, schlug er vor, das Wort Sergej Mitrofanowitsch zu erteilen, denn dieser könne ein wenig Licht in die Vorgänge bringen, die die Hauptstadt in der letzten Zeit in Atem hielten.

Sergej Mitrofanowitschs Stunde war endlich gekommen! Kurz, präzise und zudem überzeugend legte er die wahren Hintergründe der bekannten Fakten dar. Abschließend schilderte er seine heutige Begegnung mit Korowjew in der öffentlichen Toilette.

Nachdem er diesen Bericht beendet hatte, trat ein langes Schweigen ein. Der Premierminister betupfte sich mit einem Taschentuch nervös die Stirn. Der Verteidigungsminister donnerte die Faust mit aller Wucht auf den Tisch und murmelte: »Teufel auch!«

»Passen Sie auf, daß Sie ihn nicht heraufbeschwören«, warnte der KGB-Vorsitzende nicht ohne Hintersinn, worauf der ruhmreiche Minister voller Schrecken die Hand unterm Tisch versteckte. Der KGB-Vorsitzende hielt die Zügel nun fest in Händen. Er bat darum, Gefühle unter Kontrolle zu halten und sich nur zum Thema zu äußern.

Der Premierminister ergriff das Wort. Nachdem er sich verstohlen umgeschaut hatte, legte er die Karten offen auf den Tisch: Die Dinge stünden schlecht. Die Lebensmittelvorräte gingen zur Neige, die lauthals versprochene Hilfe aus dem Ausland lasse weiterhin auf sich warten. Überall mache sich Empörung breit, werde gestreikt, halte man Kundgebungen ab und brächen Nationalitätenkonflikte aus. Kurzum, ihre Macht sei nicht mehr gesichert. Und jetzt tauchten zu allem Überfluß auch noch Teufel auf. Wäre es da nicht besser…?

»Was wäre da besser? Sagen Sie, was Sie meinen«, drängte der KGB-Vorsitzende den Regierungschef.

Der Premierminister errötete, was bei ihm nur höchst selten vorkam. Schließlich faßte er sich ein Herz und stellte die Frage in den Raum, ob es nicht für alle Anwesenden besser wäre, jetzt Staatsbesuche in die unterschiedlichsten Länder zu machen.

»Ich will in die Schweiz!« begeisterte sich der Vizepräsident, der wie ein braver Schulbub die Hand hob. Seit seiner Komsomol-Zeit bekundete er ein echtes Interesse an Auslandsreisen.

»Glauben Sie etwa, daß die Sie in der Schweiz nicht genauso kriegen würden?« verhöhnte ihn der KGB-Vorsitzende.

Damit wies man die Idee der Staatsbesuche zwar nicht als völlig absurd zurück, stufte sie aber als noch recht unausgegoren ein. Insbesondere die Fragen der Aufnahme und der Übersiedlung bedurften der weiteren Ausarbeitung. Darüber hinaus war kaum abzusehen, ob die Besuche der Regierungsmitglieder in den von ihnen ausgewählten Ländern überhaupt auf eine zumindest rudimentäre Begeisterung stoßen würden. Deshalb sollte das Auswärtige Amt zunächst behutsam die Lage sondieren. Diese Ergebnisse würde man zu gegebener Zeit diskutieren. Der Vorschlag wurde angenommen.

Der Verteidigungsminister hatte eine militärische Lösung in petto. Seiner Meinung nach sollte man zu einem gemeinsamen Schlag sowohl gegen die demokratischen Aufwiegler wie auch den Leibhaftigen ausholen. Präsident wie Premier nahmen die Mühe auf sich, ihm auseinanderzusetzen, daß es sich bei dem Leibhaftigen um eine überirdische Erscheinung handle, die folglich körperlos und unfaßbar sei. Selbst wenn man eine Atombombe auf sie abwürfe, ginge ihr das – sozusagen – am Rücken vorbei. Der KGB-Vorsitzende warf seinerseits die Frage auf, ob nicht auch der Erfolg einer militärischen Aktion gegen die Demokraten ausgesprochen zweifelhaft sei. Die breite Masse des Volkes unterstütze diese, und auch in der Armee sollte es den vorliegenden Erkenntnissen zufolge nicht so ruhig und friedlich zugehen, als daß man allzu große Hoffnungen auf sie setzen dürfte. Die schuftigen Demokraten hätten offenbar selbst dort schon Fuß gefaßt.

»Wie wäre es damit, mit ihm in Dialog zu treten?« Der Präsident schob die Oberlippe über die Unterlippe und belinste die Anwesenden mit einem fragenden Blick. Der »Dialog mit allen gesunden Kräften der Gesellschaft« war für gewöhnlich seine Patentlösung, sein Lieblingsvorschlag, wenn alle anderen Möglichkeiten verworfen worden waren. Voller Enthusiasmus legte er los: Man mußte herausfinden, wie der Leibhaftige zur sozialistischen Alternative stand. Möglicherweise begegnete er ihr ja mit einem gewissen Wohlwollen. Dann könnte man zu einem Konsens gelangen, der gleichzeitig eine Einstellung aller feindlichen Handlungen bedeuten würde. Man müßte eine Kommission aus Vertretern verschiedener Gruppen gründen... Er wollte schon die Zusammensetzung dieser Kommission erläutern, da würgte ihn der KGB-Vorsitzende kurzerhand ab, indem er meinte, die Zeit, sich mit derlei Unsinn zu befassen, sei vorbei. Die Teufel waren mit völlig klaren Absichten nach Moskau gekommen: Sie wollten sie, die Führungselite, aus dem Weg räumen und würden weder auf einen Konsens noch auf eine Einstellung ihrer Aktionen eingehen.

»Und wie stellen Sie sich überhaupt den Dialog mit dem Leibhaftigen vor?« wollte der Chef der Geheimpolizei wissen. »Rein technisch, meine ich. Denn selbst wenn es gelänge, einen Kontakt herzustellen, wie will man dann verhindern, daß es nicht noch schlimmer ausgeht als bei der jüngsten Geschichte im Kreml?«

Angesichts des kleinen Geplänkels dachte Sergej Mitrofanowitsch voller Trübsal, daß seine Sache, die sich anfangs so glänzend gefügt hatte, eigentlich schlecht stand. Unter den gegenwärtigen Umständen würden ihm schwerlich die Generalsepauletten verliehen werden. Konnten nicht schon heute oder morgen die Machthaber gestürzt werden? Dann sähe die Sache ohnehin ganz anders aus, und wer vermochte zu sagen, ob es dann nicht besser wäre, nur ein Oberst und kein General des KGB zu sein? Oder womöglich ganz in Rente zu gehen.

»Gibt es noch weitere Vorschläge?« fragte der KGB-Vorsitzende.

Anscheinend nicht.

»Dann gestatten Sie mir ... Ich bitte Sie darum, Ihre Aufmerksamkeit auf eine einzige Tatsache zu richten. Erste Ideen in dieser Richtung sind mir, das verhehle ich nicht, schon früher in den Sinn gekommen. Unser verehrter Sergej Mitrofanowitsch brauchte sich nämlich beim Erscheinen des Teufels nur zu bekreuzigen ...«

»Und die Heiligen anzurufen«, ergänzte Sergej Mitrofanowitsch abermals.

»... und die Heiligen anzurufen, damit sich der Teufel in Luft auflöste.«

Eine Pause trat ein. Dann sprang der Präsident unversehens von seinem Stuhl auf und umarmte den

KGB-Vorsitzenden. Er bedachte ihn mit einem dreifachen Kuß. Das immerhin mußte man ihm lassen: Wenn die Umstände den Präsidenten in die Ecke zwangen, funktionierte sein Verstand nicht schlechter als ein japanischer Computer.

»Rußland ist gerettet!« wiederholte er feierlich die historischen Worte des Feldmarschalls Kutusow. Ausgesprochen wurden diese allerdings nicht auf dem denkwürdigen »Rat von Fili«, bei dem die Übergabe Moskaus an Napoleon beschlossen wurde, sondern erst später, in Malojaroslaw, als bekannt wurde, daß Napoleons Armee die Erste Hauptstadt[26] verlassen hatte.

Die rettende Idee ging auch den anderen Anwesenden und selbst dem Verteidigungsminister verblüffend schnell auf. Von allen Seiten prasselte es Vorschläge zum weiteren Vorgehen. Der konkreteste war noch, unverzüglich den Patriarchen herzuzitieren. Und was galt die nächtliche Stunde, wenn es um das Schicksal des Landes ging!

Sergej Mitrofanowitsch ging auf Bitten des Präsidenten (für den er nun »mein Guter« war) hinaus, um den Protokollchef zu suchen und ihm den Befehl seines Vorgesetzten zu überbringen, sich telephonisch mit dem Patriarchen in Verbindung zu setzen.

Die Nachricht von einer Auslandsreise des Patriarchen erregte ein wenig Verdruß. Man korrigierte den Befehl und bestellte ersatzweise den ihn stellvertretenden Metropoliten ein. Während die Teilnehmer dieser Sitzung, die möglicherweise einmal in die Annalen der modernen Geschichtsschreibung als »Zweiter Rat von Fili« eingehen wird, auf die Ankunft des Metropoliten warteten, wurde ein spätes Abendessen respektive frühes Frühstück serviert.

Endlich traf der Metropolit ein und setzte sich an den ovalen Tisch. Er wirkte noch recht verschlafen, und es kostete einige Mühe, ihm auseinanderzusetzen, welche Hilfe man von der heiligen orthodoxen Kirche erwartete.

Bereits am Abend des nächsten Tages rissen Baubrigaden am Manegeplatz mit Preßlufthämmern den Asphalt auf. Man legte das Fundament für ein gigantisches Kreuz aus Eisenbeton.

14. KAPITEL

Im Gebirge

Der Berg mit dem Namen Ullu-Tau ist Teil des Großen Kaukasischen Gebirgskamms und liegt in seinem
mittleren Abschnitt. Um ihn von Moskau aus zu erreichen, muß man zunächst ein Ticket für einen Flug
nach Mineralnyje Wody erstehen. Von dort aus nimmt
man einen Bus, der einen nach Terskol bringt. Der
Weg führt durch die Baxanschlucht. Kurz hinter dem
Städtchen Tyrnyaus muß man dann auf einen Ort
zuhalten, der Adyl-su heißt. Dort kommt man freilich
nur noch zu Fuß hin, was aber insofern nicht schlimm
ist, als den Weg jeder mehr oder weniger gesunde
Mensch bewältigt, selbst wenn er zum ersten Mal in
den Bergen wandert. Nach einem zwölf Kilometer
langen Anstieg erreichen wir den Fuß des Ullu-Tau.
Um diesen Berg zu erklimmen, muß man allerdings
über exzellentes alpines Können verfügen, gehört der
Ullu-Tau doch zu den Gipfeln des höchsten Schwierig-
keitsgrads.

Ich vermute, Voland hatte eine andere Form der
Anreise gewählt, die, so bedauerlich das für uns auch
ist, nur ihm offensteht. Doch wie auch immer er sein
Ziel erreicht haben mag, zumindest erschien er in der
Nacht, als die höchste Führung des Landes in der Dat-

scha Stalins zusammenkam, auf dem Gipfel des Bergs Ullu-Tau.

Der Gipfel ist nicht spitz, sondern flach. Ewiger Schnee bedeckt dieses Plateau von der Größe eines Tennisplatzes. An manchen Stellen lugen spitze Steine hervor. Schenkt man balkarischen Legenden Glauben, bevölkern den Ullu-Tau seit Urzeiten böse Geister.

Es ging kein Wind. Stille herrschte. Am schwarzen Himmel hing zwischen großen hellen Sternen, wie es sie nur in den Bergen gibt, die Mondsichel. An ihrer unteren Spitze bildete sich mit einemmal ein schmaler, goldener Weg, der sich bis hin zum Gipfel zog. Lautlos kam jemand diesen Weg hinunter. Die menschlichen Umrisse zeichneten sich immer deutlicher ab, bis schließlich eine Gestalt im zerlumpten Chiton mit nackten Füßen den Gipfel betrat. Der Goldweg verlosch.

Den Fremdling zierten ein Vollbart, der bereits ergraute, und zerzaustes lockiges Haar. Der Blick, mit dem er Voland bedachte, war zwar nicht feindselig, aber auch keineswegs freundlich. Es war Levi Matthäus, der Evangelist.

»Hab ich's doch gewußt! Wenn Er jemanden schickt, dann immer dich«, polterte Voland. »Du scheinst für Ihn so etwas wie der Außenminister oder eine Art Sonderbotschafter zu sein.«

»Wie immer geht es bei dir nicht ohne Beleidigungen«, entgegnete Levi Matthäus gelassen und ohne jede Bösartigkeit.

»Ich bitte dich! Was soll denn hier beleidigend sein?!« Halb im Scherz, halb im Ernst brachte Voland einige Gedanken zu dem Thema vor, wie ehrenhaft die genannten Posten im Außenamt seien. Ja, er selbst würde nur allzugern …

»Sag, weshalb du gekommen bist«, unterbrach Levi Matthäus Voland. »Warum störst du Ihn?«

»Sofort in medias res? Ach nein, laß uns erst noch ein wenig plaudern, die neuesten Neuigkeiten austauschen. Schließlich haben wir uns lange nicht mehr gesehen…«

Levi Matthäus widersprach ihm. Sie hätten sich vor nicht allzulanger Zeit erst gesehen, um gemeinsam über das Schicksal eines Meisters zu entscheiden. Allerdings habe er, Levi Matthäus, sich nicht unbedingt nach Voland verzehrt und hätte die Trennung sicher noch mindestens tausend Jahre ausgehalten.

»Wie geht es ihm übrigens, unserem Meister?« wollte Voland wissen. »Ich komme nie dazu, ihn zu besuchen.«

»Stör ihn bloß nicht! Er hat das gefunden, was er gesucht hat, nämlich Ruhe.« Und Levi Matthäus insistierte erneut, Voland möge den Grund nennen, warum er um ein Treffen mit dem Abgesandten des Allmächtigen gebeten habe.

Die Antwort Volands ließ auf sich warten. Er wanderte über das Plateau, und es fror ihn, so daß er zitterte und sich in seinen Umhang hüllte. Aber antworten mußte er irgendwann dennoch.

»Ich will wissen, was ihr mit diesem Land und seinem Volk vorhabt.«

Levi Matthäus gestattete sich ein erstes Lächeln.

»Was höre ich da? Der Fürst der Finsternis, Satan, sorgt sich um das Wohl der Menschen? Woher, alter Sophist, die plötzliche Menschenliebe?«

»Du warst schon immer ein erbärmlicher Dialektiker.« Voland streckte eine in einem langen Stulpenhandschuh steckende Hand in die Höhe und drohte mit dem Zeigefinger. »Wann verstehst du endlich, daß ich durch das Böse das Gute schaffe! Einst hat ein kluger Deutscher mein Wesen treffsicher erfaßt und mich exzellent in einem Buch beschrieben. Aber ehrlich gesagt, ging es nicht ganz ohne meine Hilfe. Ich stand hinter seinem Rücken und habe ihm sozusagen die Feder geführt. Nun gut... aber bislang habe ich keine Antwort auf meine Frage vernommen.«

»Leg erst deine Karten auf den Tisch!«

Voland winkte bloß mit den Händen ab. Er hege nicht irgendwelche Absichten, habe das auch nie getan. Er wolle einfach den Menschen, die in jenem Land lebten, die Augen öffnen, sie lehren, die eigene Regierung zu sehen, und damit basta.

»Das, was du in Moskau angerichtet hast, ist uns bekannt.« Levi Matthäus gab zu verstehen, man verfolge die Entwicklung in der Hauptstadt, hege bislang aber noch nicht die Absicht, sich einzumischen.

Voland ließ sich zu einem Kratzfuß hinreißen. Er wisse die Aufmerksamkeit, die seiner Person entgegengebracht werde, durchaus zu schätzen.

»Doch kann man vor euch denn wirklich gar nichts verheimlichen?« lachte er schließlich. »Keinen Schritt kann man tun ohne eure Korrekturen und Kommentare. Ihr solltet euch doch eigentlich ausschließlich mit euren Himmelsbewohnern befassen, aber die irdischen Angelegenheiten scheinen euch einfach zu sehr anzuziehen.«

»Sag mal, dieser junge Jakuschkin...«, fiel Levi Matthäus seinem Gesprächspartner erneut ins Wort. »Was ist der? Eine neue Variante des Meisters?«

Voland widersprach energisch. Keine Vergleiche! Es war kaum damit zu rechnen, daß dieser etwas schrieb, was sich mit dem Roman des Meisters über Pontius Pilatus vergleichen ließ. Allerdings hatte er sich sein famoses Kaninchen so überzeugend ausgedacht, daß sie das Potential des Tiers einfach nutzen mußten.

»Alles kriegst du aus mir heraus«, schloß Voland. »Und nachher behauptest du wieder, du hättest keinerlei diplomatisches Geschick. Dabei stellst du selbst Talleyrand noch in den Schatten!«

Levi Matthäus schüttelte den Kopf.

»Du hast deine Absichten nicht vollständig offengelegt. Du willst dieses Land in großen Unfrieden stürzen und ihm neuerliches Blutvergießen zumuten. Wir werden dir das nicht erlauben.«

»Habt ihr denn schon etwas unternommen?!«

Eine Antwort blieb aus.

»Du brauchst nicht zu antworten, ich weiß«, meinte Voland bitter. »Ihr hättet euch eher überlegen sollen, wen ihr unter eure Fittiche nehmt und um wen ihr euch sorgt! Eine Bande korrupter und nutzloser Regierender, die das Land endgültig in einen Abgrund stürzen!«

»Keine Sorge, ihre Zeit ist endgültig abgelaufen«, meinte Levi Matthäus und fügte hinzu: »Das ist bereits entschieden.«

»Ach, also doch!« Voland lachte laut auf. »Das heißt, ich habe mich nicht umsonst gemüht.«

»Wenn du es so sehen möchtest…«

»Ich habe noch nie falsches Spiel mit dir getrieben und habe es auch jetzt nicht vor.« In Volands Stimme schwangen einlenkende Untertöne mit. »Ich schwöre, ich wollte nur das tun, was ich zuvor gesagt habe. Selbst wenn dabei Blut geflossen wäre, immerhin hätten die Menschen am Ende doch die Freiheit erlangt.«

»Oder wären in eine neue, noch schlimmere Sklaverei geraten.«

»Das wäre dann ja wohl eure Entscheidung!« In Volands Augen funkelte ein böser Glanz.

Eine lange Pause trat ein. Levi Matthäus stand unbeweglich da, als bemerkte er den wilden Blick seines Gegenübers nicht. Nach und nach wurde Volands Blick milder.

»Du weißt sehr wohl, daß es mir nicht vergönnt ist, Seinen Willen zu kennen«, sprach er mit leiser Stimme. »Ich frage dich nun zum dritten Mal: Welches Schicksal habt ihr für dieses unglückselige Land vorgesehen?«

Jetzt war es an Levi Matthäus, gedankenverloren über das Plateau zu wandern.

»Nun gut«, brachte er schließlich hervor. »Es werden neue Machthaber kommen, die, wie mir scheint, etwas ehrlicher und gütiger sind als die bisherigen …«

»Und das Volk erhält endlich die Freiheit!« griff Voland voraus.

»Darin besteht dein kolossaler Irrtum! Und nicht nur deiner! Nach dem Willen derjenigen, die du Tyrannen nennst, können freie Menschen über Nacht zu Sklaven werden. Aber in der gesamten Geschichte der Menschheit hat es noch niemand fertiggebracht, mit einem Handstreich Sklaven in freie Menschen zu verwandeln. Dieser Weg ist lang.«

»Wer von uns beiden ist eigentlich der Sophist – du oder ich?« lachte Voland.

»Das ist keine Sophisterei, sondern die Wahrheit«, widersprach Levi Matthäus. »Oder, wenn du so willst, Sein Wille.«

»Gut! Schön!« sagte Voland, während er das Plateau mit langen Schritten durchmaß. Plötzlich hielt er inne und streckte die Hand gegen den vom Himmel Herabgestiegenen aus.

»Allmählich beginne ich zu verstehen, was ihr für die Menschen in diesem Land bereit haltet. Was ihr ihnen aufs neue abverlangt, ist Geduld!«

Geduld... Geduld... Geduld! hallte das Echo von den Bergen wider.

Das Gesicht Levi Matthäus' veränderte sich unversehens, er erblaßte merklich.

»Ja«, gab er kaum hörbar zu.

Voland setzte anscheinend zu einer letzten, ebenso verzweifelten wie wütenden Attacke an. Er trat dicht an Levi Matthäus heran.

»Kannst du mir vielleicht einmal erklären, womit sie Ihn so sehr erzürnt haben?«

Diesmal konnte Levi Matthäus dem Blick Volands nicht standhalten. Er mußte wegschauen.

»Ich weiß es nicht.«

»Dann sag mir wenigstens, wie lange sie sich noch in Geduld fassen sollen? Eine Ewigkeit vielleicht? Oder zwei? Drei?«

Levi Matthäus ballte die zitternden Hände zu Fäusten. »Quäl mich nicht«, preßte der Evangelist mühevoll hervor. »Das weiß nur Er.«

Er... Er... Er! echote es.

In sich zusammengesunken, wandte sich Levi Matthäus dem goldenen Weg zu, der sich nun wieder von der Mondsichel zur Bergspitze zog. Er betrat ihn und entfernte sich schnell. Voland blickte ihm nach, solange der Goldweg noch existierte. Mit seinem Erlöschen verschwand auch Levi Matthäus.

Voland trat zum Rand des Plateaus. Sein Gesicht hatte sich in eine Maske des Ärgers und Zorns verwandelt. Er öffnete seinen Umhang. Umgehend kam ein starker Wind auf, der Volands Gestalt erfaßte und ihn hinabtrug.

In dieser Nacht tobte in den Bergen des Kaukasus ein schrecklicher Sturm. Der Wind entwurzelte Bäume. Von den Hängen gingen etliche Schneelawinen ab. Selbst menschliche Opfer forderte diese Nacht – der Sturm war zu überraschend aufgezogen. Die Meteorologen konnten sich nur wundern: Nichts, so schien es, hatte auf diese Veränderung des Wetters hingedeutet, das bislang nur sonnige, windlose Tage gebracht hatte. Tage, an denen man herrlich Ski fahren konnte und auf die ruhige Nächte folgten, in denen Gipfel und Schluchten der Berge in Mondlicht getaucht waren. Ich betone es noch einmal: Der Sturm zog unerwartet herauf. Und legte sich ebenso unerwartet wieder.

15. KAPITEL

Wo die Stunde schlägt

Nun wird es Ernst! Wir kommen jetzt zu Ereignissen, die ich selbst miterlebt habe. Ich werde den Stil meiner Erzählung radikal ändern und mich gänzlich an objektiv gesicherte Fakten halten. Wohlan!

Am Morgen des 4. Januar holte ich wie üblich die neueste Ausgabe der *Prawdiswestija*[27] aus dem Briefkasten. Auf der Titelseite erregte ein Artikel mit der Überschrift »In der Kremlkirche« meine Aufmerksamkeit. Ich möchte hier einen kurzen Absatz daraus zitieren: »Gestern wurde in der Mariä-Entschlafens-Kathedrale im Moskauer Kreml ein Gottesdienst abgehalten. An ihm nahmen neben anderen Gläubigen auch der Präsident und seine Gattin, der Vizepräsident, der Premierminister sowie zahlreiche Mitglieder der Regierung unseres Landes teil.«

Überfälle auf Kirchen hatten der Präsident und seine Gefolgsleute auch schon früher in regelmäßigen Abständen verübt. Bislang hatte es jedoch noch nie einen direkten Hinweis darauf gegeben, daß unsere Regierenden tatsächlich gläubig waren. Während des Gottesdienstes hatten sie sich gewöhnlich in eine Ecke zusammengedrängt und eine respektvolle, letztendlich aber gleichgültige Beziehung zur Religion erkennen lassen.

Mit diesem Artikel fing alles an.

Bereits am nächsten Tag kam die *Prawdiswestija* unmittelbar unter der Kopfleiste mit einem Aufruf zur »Konsolidierung der gesunden Kräfte der Gesellschaft!« nieder. Von dem Autor, Fedja Kubazki, einem Publizisten, Philosophen und Essayisten, ging die Mär, er sei das geheime Sprachrohr des Präsidenten. Nachdem er die Leserschaft mit seinem Gejammer über das geistige Auseinanderdriften der Gesellschaft gelangweilt und den »enthemmten Extremisten«, die das Land in einen Abgrund treiben würden, gebührend gedroht hatte, ließ Kubazki einen Absatz vom Stapel, der viele dazu zwang, sich verdutzt am Hinterkopf zu kratzen, und den ich an dieser Stelle zitieren möchte: »Das völlig unbegründete Ignorantentum in puncto hoher christlicher Ideale sowie die nachlässige und sogar abschätzige Einstellung diesen gegenüber hat in der Bevölkerung zu einer heftigen Überreaktion auf den Mangel an Lebensmitteln und anderen Industrieerzeugnissen geführt. All das steht einer erfolgreichen Entwicklung der positiven Prozesse im Land entgegen. Unsere Gesellschaft beschäftigt daher mit Fug und Recht die Frage: Warum tut die orthodoxe Kirche nichts, um zu einer aktiven Zusammenarbeit mit Staats- und Parteistrukturen zu gelangen?«

Alles weitere lief dann wie am Schnürchen. Auf die Frage Kubazkis erfolgte umgehend die Antwort des Metropoliten Pafnuti. In seinem Artikel »Der Herr erhört uns«, der ebenfalls in der *Prawdiswestija* abgedruckt wurde, verkündete der angesehene Seelenhirt, die Kirche sei zu jeder nur denkbaren Zusammenarbeit bereit, allerdings erst dann, wenn die Regierung des

Landes ohne Wenn und Aber zur alles entscheidenden Frage Stellung genommen habe, nämlich zu der nach der Existenz unseres Herrgotts. Es sei schlicht unmöglich, mit Atheisten und Gotteslästerern zu kooperieren, die das heilige Evangelium nicht anerkannten. Am Ende des Textes legte Pafnuti dann einen unwiderstehlichen Köder aus: »Wenn das Volk in den Schoß der heiligen Kirche zurückfindet«, so schrieb er, »wird es die Härte eines jeden Mangels ungleich besser ertragen können.« Und noch einen letzten Trumpf zog er aus dem Ärmel: »Es ist die Pflicht eines jeden aufrechten Christen, all seine Gedanken nicht auf die Erlangung vergänglicher materieller Güter zu richten, sondern auf die Erlangung ewiger Glückseligkeit im Jenseits.«

Wie man in den Wald hineinruft, so schallt es heraus. Der grundlegende Erlaß »Über die ideologische Arbeit im Gebiet Tambow bei der religiösen Erziehung der Werktätigen« ließ für Interpretationen keinen Raum mehr. In ihm wurden sowohl einzelne Parteimitglieder wie auch ganze Parteikomitees, die sich unverbesserlich zeigten und weiterhin einem »unheilvollen Atheismus« anhingen, aufs entschiedenste verurteilt. Gebiets-, Kreis-, Stadt- und Bezirkskomitees wurden aufgefordert, unter den breiten Massen groß angelegte Kampagnen religiöser Propaganda und Agitation durchzuführen. Den Atheismus stufte man nunmehr als bedenkliche Deformation des stets virulenten Nationalismus ab.

Kaum jemand – und ich nehme mich da nicht aus – vermochte den wahren Hintergrund dieses Wirrwarrs zu erahnen. Man fand die Sache ganz amüsant, sicher, winkte ansonsten aber ab. Allenthalben hieß es, der Präsident laviere mal wieder herum. Er baue der Kirche nur eine Brücke, um seine eigene Macht zu erhalten. Wer hätte denn ahnen können, daß hier ein Weg gefunden worden war, Voland entgegenzutreten? Daß dies der Plan war, der in der Nacht, als der Zweite Rat von Fili getagt hatte, entwickelt und ausgearbeitet worden war? Daß die massive Verbreitung kirchlicher Symbole sowie die auf Geheiß der höchsten Führungskräfte des Landes gespendeten Sakramente – die Regierenden standen in ihrer Strenge den russischen Zaren dabei in nichts nach – einzig und allein darauf gerichtet waren, mit dem Leibhaftigen fertig zu werden, der Moskau bedrohte?

Dann gerieten plötzlich die »alten Bolschewiki« in Aufruhr. Sie kamen aus einem Altersheim der gehobenen Kategorie, natürlich mit Vollpension, ins Zentrum Moskaus und defilierten über den Roten Platz. Mit krächzenden Stimmen intonierten sie: *Es rettet uns kein höh'res Wesen!, Brechet das Joch der Tyrannen!* und auch: *Keinen Fußbreit diesen Popen!* Auf einer Kundgebung am Denkmal für Minin und Poscharski[28] wurden flammende Reden gehalten und die Erinnerung an die ruhmreichen Tage der Jugend beschworen, als man Kreuze samt Kirchen umnietete und unter die Glocken Sprengsätze legte.

Die herbeigeholten Sicherheitskräfte verfrachteten die greisen Krakeeler in einen Autobus und fuhren sie ins Altersheim zurück. Zur Strafe für ihren schamlosen Auftritt bekamen sie mittags nicht ihren geliebten Haferbrei zum Nachtisch. Man warnte sie: Auch in Zukunft würde man ihnen die Süßspeise entziehen, wenn es ihnen noch einmal in den Sinn käme, einen derart empörenden Auftritt hinzulegen.

Kaum hatten sich die Gemüter nach diesem Vorfall beruhigt, taufte der Metropolit Pafnuti unverzüglich in der Jelochowskajakirche die höchste Staats- und Parteiführung, den Präsidenten einbegriffen. An der Zeremonie nahmen das diplomatische Korps sowie Vertreter von Bruderparteien teil, die vor allem aus Lateinamerika und Afrika kamen. Für das Sakrament war zuvor ein riesiges Taufbecken in einem der friedlichen Nutzung übergebenen Rüstungsbetrieb angefertigt worden.

Verständnisloses Gerede kam auf: Wozu sollte dieses Sakrament eigentlich gut sein? War denn nicht jeder von ihnen, zumindest wenn er aus ländlicher Gegend stammte, in früher Kindheit ohnehin schon getauft worden? Die Erklärung folgte auf dem Fuße: Sicher, in der Kindheit seien sie alle getauft worden, dann aber seien sie – als Folge der Bedingungen, unter denen sie lebten – in Gottlosigkeit verfallen. Jetzt sollten sie in den Schoß der Heiligen Kirche zurückkehren.

Bei weitem nicht jedermann hieß die abermalige Taufe der Staatsmänner gut. Viele sahen darin eine Verhöhnung des Andenkens an all die unschuldigen Opfer, die zu Hunderttausenden oder Millionen allein wegen ihres Glaubens an Gott in den vergangenen Jahren in Lagern oder Gefängnissen gelandet oder erschossen worden waren. Vom Hunger ausgezehrte Frauen und Männer belagerten die Jelochowskajakirche. Omon-Leute vertrieben sie in Null Komma nichts. Die Rädelsführer (unter denen nicht wenige Geistliche waren) brachte man ins nächste Volksgericht. Dort wurden sie im Schnellverfahren zu fünfzehn Tagen Haft verurteilt, womit wohl die aufrichtige christliche Barmherzigkeit des Gerichts wie der Schöffen unter Beweis gestellt worden sein dürfte.

Als ich am nächsten Tag die *Prawdiswestija* aus dem Postkasten holte und einen flüchtigen Blick auf die

Titelseite warf, stöhnte ich auf: Anstelle der lang vertrauten und erst jüngst getilgten Losung *Proletarier aller Länder vereinigt euch!* prangte dort nun *Für Jetzt und in alle Ewigkeit Amen!*. Die nächste Runde war eingeläutet.

Bei der Waschung in dem nicht ausreichend beheizten Taufbecken hatte sich ein angejahrter Minister erkältet. Ungeachtet aller Mühen der Ärzte überantwortete er seine Seele bald darauf Gott. Erstmals wurde ein so hochstehender Staatsmann nach kirchlichem Ritus beigesetzt.

Bei der Totenmesse hielt der Präsident (der auch Generalsekretär war) eine Rede, in der er versicherte, die Partei werde der Kirche weit entgegenkommen. Allerdings erwarte er auch umgekehrt entsprechende Schritte. Tatsächlich hoffte die Partei darauf, ihre Reihen, die sich in den letzten Jahren zugegebenermaßen ein wenig gelichtet hatten, durch Angehörige des geistlichen Standes auffüllen zu können. Darauf antwortete (noch am offenen Grab) der Metropolit Pafnuti mit dem Versprechen, eine Werbekampagne einzuleiten.

Im Zuge dessen kamen einfach unglaubliche Dinge ans Licht. Kaum hatten die Geistlichen von der Kirchenführung den Befehl zum Parteibeitritt erhalten, zogen nämlich etliche von ihnen ihr Parteibüchlein hinter den Ikonen hervor, in dem die ordnungsgemäß eingezahlten Beiträge eingetragen waren! Wer hätte gedacht, daß sie schon seit langem eingeschriebene Mitglieder waren! Natürlich insgeheim. Denn nach einer geheimen Anweisung noch aus Breshnew-Zeiten mußte ein Geistlicher, der eine Kirchengemeinde übernehmen wollte, zunächst einmal seine Parteizugehörigkeit nachweisen.

Gleichwohl schallte der »Ruf des Pafnuti« laut durch die Lande und blieb nicht ungehört.

Die Regierenden der Regionen sowie die Sekretäre der Gebiets-, Kreis- und Bezirkskomitees sowie zentraler Komitees aus den Republiken ließen sich zusammen mit der orthodoxen Bevölkerung taufen. Die *Prawdiswestija* berichtete regelmäßig in ausführlichen und mit Photographien illustrierten Artikeln über den Empfang der Sakramente. Man richtete dafür sogar eine eigene Sparte unter der Rubrik »Unsere Neuzugänge« ein.

Darüber hinaus organisierte man eine umfassende Ikonisierung. In sämtlichen Eingängen der staatlichen, parteilichen und städtischen Institutionen hängte man Ikonen auf (um das Eindringen des Leibhaftigen zu verhindern). Die Pförtner wurden angewiesen, sorgfältig darauf zu achten, daß sowohl die Mitarbeiter der einzelnen Behörden wie auch die Besucher sich beim Betreten und Verlassen des Gebäudes unbedingt vor der Ikone bekreuzigten. Selbst in den Büros wollte man Ikonen aufhängen, sobald die Massenproduktion in den polygraphischen Betrieben angeleiert worden war.

In der Presse meldete sich erneut F. Kubazki zu Wort, dem es geglückt war, sich als Oberpriester Feodossi durchzusetzen. »Beenden wir die Zersplitterung der Regierungskader!« titelte er sein jüngstes Opus, in dem er kühn die Frage nach der Zusammenführung von Partei-, Staats- und Kirchenämtern zur Sprache brachte, wobei er sich auf einen derart autoritären Denker wie Machiavelli bezog, der vergleichbare Ideen bereits im 16. Jahrhundert diskutiert hatte.

Die Reaktion kam prompt. Ohne großes Aufheben legten sich hohe Staats- und Parteimänner die ihrem

Rang entsprechenden kirchlichen Würden zu. Auf der anderen Seite wurden etliche Priester auf Schlüsselpositionen im Staats- und Parteiapparat gesetzt, wobei bei letzteren die Normen der inneren Demokratie natürlich gewahrt wurden. Mit den bisherigen Sekretären der Parteikomitees verfuhr man nach bewährter Manier: Entweder schickte man sie aus gesundheitlichen Gründen oder auf eigene Bitte in Rente, oder man ernannte sie zu Botschaftern in Entwicklungsländern. Den Führer der Moskauer KP sandte man als Botschafter nach Ghana. Auf seinen Posten wurde einstimmig der Metropolit Pafnuti gewählt, der danach ungeheure Macht entfaltete. Die Vereinigung von Kirchen- und Parteiposten gewann an Tempo.

Schon bald wurden die Moskauer Zeugen erstaunlicher Neuerungen. Das riesige Kreuz aus Eisenbeton, das vor der Manege aufgestellt wurde, habe ich ja bereits erwähnt. Als ich einmal im Park am Alten Platz spazierenging, sollte ich zudem sehen, wie dieselben Bauleute auf den Dächern der Häuser modernen Stils allerliebste Kampanile errichteten. Muß in diesem Zusammenhang noch erwähnt werden, daß deren Glocken ebenfalls in einem Rüstungsbetrieb gegossen wurden, der der friedlichen Nutzung überlassen worden war?

Natürlich wollte die Provinz nicht hinter Moskau zurückbleiben. Die Errichtung von Glockentürmen auf den Dächern von Partei- und Staatsgebäuden wurde zum vorrangigen Ziel erklärt. Für das Projekt übernahmen die Jugendverbände die Patenschaft. »Die Glockentürme auf den Dächern der Gebiets- und Kreiskomitees fügen sich auf einzigartige Weise in das Ambiente größerer wie kleinerer Städte in unserem Land«, freute sich die *Prawdiswestija*. Die Lyrikerin

Anastassija Chrytschewa berichtete in einem Fernseh-
interview von der religiösen Ekstase, die sie beim
Anblick der neu errichteten Kampanile erfaßt habe.
Sie erinnerte in diesem Zusammenhang an den großen amerikanischen Schriftsteller Hemingway, der
bereits von diesem Bild geträumt und seinen Roman
entsprechend *Wo die Stunde schlägt* genannt habe[29].

Allein, das Volk reagierte verhalten auf die frappierenden Neuerungen. Wie eh und je wandelte es
großenteils noch im finsteren Reich des Atheismus
und ging viel lieber der Schwarzbrennerei nach, als
in die Gotteshäuser zu strömen. Teilweise ließ sich
sogar ein Ausbleiben der Bürger beobachten, die zuvor
regelmäßig in die Kirche gegangen waren. Auch die
Kollekte fiel spürbar bescheidener aus. In manchen
Gemeinden konnte einfach niemand mehr den Geistlichen bezahlen.

Die verschiedenen religiösen Sekten, die sich
nun wieder regten, stellten einen weiteren negativen Aspekt dar. »Geht nicht in die Parteikirchen!«
forderten ihre Führer. Regierung und Synode sahen
sich gezwungen, eine gemeinsame Verfügung aufzu-
setzen, in der sie allen Bürgern kategorisch verboten,
der Häresie anheimzufallen oder Sekten beizutreten;
beides werde fortan als böswillige staatsfeindliche Tat
gewertet. Den Kampf gegen die Sekten nahm selbstverständlich der KGB auf, der eigens eine Inquisitionsabteilung gründen sollte.

Das wichtigste war aber: Das Volk zeigte nicht die
erhoffte Demut. Das nahezu vollständige Fehlen jedes
x-beliebigen Produkts stellte nirgendwo mehr eine
Besonderheit dar. Der Unmut – auch wenn er sich
zunächst ein wenig gelegt hatte – drohte bald um so
heftiger auszubrechen.

Ich kann nicht mit Sicherheit sagen, wer die grandiose Idee, die ich gleich darlegen werde, zuerst gehabt hat: der Präsident, der Premier, der Metropolit-Sekretär Pafnuti oder der Oberpriester Feodossi (d.i. Kubazki). Völlig überzeugt bin ich dagegen davon, daß niemand die Gründe für die Empörung des Volks in der unsinnigen und despotischen Weise sah, mit der man das Land regierte, sondern in den hinterhältigen Ränken des Leibhaftigen, selbst wenn zu diesem Zeitpunkt, also Ende Februar, Voland samt Entourage bereits längst über alle Berge war.

Besagte Idee bestand darin, die gesamte Bevölkerung, angefangen vom Neugeborenen bis hin zum Tattergreis, in einem Aufwasch, also an ein und demselben Tag, zu taufen. Man wollte an die guten Erfahrungen des Kiewer Fürsten Wladimir anknüpfen, der die Gesamtheit seiner Untergebenen vor rund tausend Jahren hatte taufen lassen.

In einer gemeinsamen Verfügung des Obersten Sowjets und der Synode, in der für alle Bürger die Erlangung der christlichen Demut sowie der seligmachenden Gnade geregelt wurde, nannte man den 28. Februar als Tag, an dem morgens an den Ufern verschiedener Wasserreservoirs das Sakrament gespendet werden sollte. Die Einwände etlicher Bürger, sie seien bereits in der Kindheit getauft worden, wies man zurück. Allein die in verschwindend geringer Zahl übriggebliebenen Juden sowie einige Personen anderen Glaubens wurden befreit, waren jedoch verpflichtet, einen vom zuständigen Geistlichen ausgestellten Nachweis vorzulegen.

Am Hotel Moskau hing auf der zur Manege gehenden Seite ein riesiges Transparent mit der in Schnörkelschrift ausgeführten Losung »Alle zur Taufe!«. Die

Presse trat eine nie dagewesene Kampagne los. Demjenigen, der vorhatte, das Sakrament zu verweigern, drohten ernstliche Unannehmlichkeiten – vom Entzug der Lebensmittelmarken bis hin zur Verbannung nach Sibirien oder in den hohen Norden.

Ich erinnere mich noch genau, daß es ein trüber Tag war. Es schneite, hatte leicht gefroren. Als Jude mit rechtsgültigem Nachweis war ich von der Taufaktion ausgenommen und konnte mich in den Sperlingsbergen ergehen. Am gegenüberliegenden Ufer der Moskwa sollten sich die Bewohner der südwestlichen Bezirke der Hauptstadt zur Taufe einfinden.

Anfangs schien mir die Organisation recht straff. Man brachte die Menschen in Bussen zu den Punkten, an denen die Registrierung vorgenommen wurde. Dafür bediente man sich der Zeitungskioske »Sojuspetschat«, die sich über die ganze Stadt verteilten. An jedem Kiosk hing eine Tafel mit einer Nummer. Welcher Unterbezirk sich in welchem Kiosk registrieren mußte, hatte die Oberbezirksverwaltung rechtzeitig bekanntgegeben. Man legte den Ausweis und die polizeiliche Anmeldung vor, worauf man einen Registrierungsbeleg erhielt. Danach mußten sich die Menschen nackt ausziehen (gemischt, Männer und Frauen, da fand man nichts dabei). Nachdem man die Kleidung am Ufer deponiert hatte, ging man ins Wasser.

Die Vorhut bildeten die »Eisfrösche«, die Enthusiasten des Eisbadens, denen das kalte Wasser nicht das geringste ausmachte. Die Mehrheit der vor Kälte zitternden Menschen mußte die Miliz jedoch mit Gummiknüppeln ins Wasser treiben. Ein unglaublicher Radau breitete sich aus: Gekreisch, Geheul, Gestöhn, Geschrei der Ordnungshüter. Über leistungsstarke Lautsprecher erdröhnte zudem ein von Pafnuti mit unübertroffenem Pathos gesprochenes Gebet. Danach erklang über der Moskwa Glockengeläut, das die neuen Kirchen und Kampanile anstimmten. Die Geistlichen standen in warmen Priesterröcken am Ufer und bekreuzigten diejenigen, die da in einem einzigen Taufbecken die heilige Waschung vornahmen.

Der mittlere Führungsstab genoß das Privileg, die Taufe in Schwimmhallen entgegennehmen zu dürfen. Von dort schaffte man sie in die Sauna, wo sie sich der Entspannung und gezügelten Ausschweifungen mit den Sekretärinnen hingaben.

Im einfachen Volk waren zahlreiche Opfer zu beklagen: Allein in Moskau ertranken einige hundert Menschen, ungleich mehr erkälteten sich. Ich habe mit eigenen Augen gesehen, wie nasse, blaugefrorene Menschen nach der Taufe das Ufer abrannten und verzweifelt versuchten, ihre Oberbekleidung oder zumindest ihre Unterwäsche wiederzufinden. Milizionäre stopften die Armen in schnellstens abfahrende Busse, damit sie ja keinen Zweifel in den Seelen derjenigen säen konnten, die in neuen Schüben zur Taufe anrückten. Meiner Meinung nach war ihnen in ihrer Planung ein Fehler unterlaufen; sie hätten besser daran getan, auf den Bahnhöfen Schließfächer zur Verfügung zu stellen. Offenbar hatten sie jedoch völlig auf die allgemeine Erlangung der seligmachenden Gnade gesetzt – das jedoch zu Unrecht.

Gerüchten zufolge spielten sich in der Provinz ähnliche Szenen ab, zwar ohne den hauptstädtischen Schwung, dafür aber mit ursprünglicher Wildheit. Gleichwohl verkündeten Zeitungen wie Fernsehen enthusiastisch, die massenhafte Taufe der Bevölkerung könne als klare Demonstration ihrer

Verbundenheit sowohl mit der Partei wie auch der Kirche verstanden werden. Man führte etliche Beispiele von Menschen an, die christliche Demut erlangt hatten und nun allem Materiellen und Vergänglichen gleichmütig gegenüberstanden. Die bereits erwähnte Chrytschewa verkündete in einem weiteren Fernsehauftritt, für sie existiere kein einzig weltliches Gut mehr. Daher sei auch das einzige Gepäck, das sie mit auf ihre Auslandstournee nehmen werde, ein Bericht, mit dem sie die Weltgemeinschaft von den überragenden Errungenschaften, die hierzulande im Bereich der religiösen Erziehung der Werktätigen gemacht worden waren, in Kenntnis setzen werde.

Ohne Häme, aber auch ohne Bedauern kann ich bezeugen: Selbst wenn das Volk tatsächlich Demut erlangte, so doch nur für kurze Zeit. Der allumfassende Mangel trug schon bald seinen Sieg über die christliche Glückseligkeit davon. Sogar in den Kirchen kam es nun zu politischen Versammlungen. Mitte März brach ein neuer, ungestümer Streik aus, der die Gesellschaft endgültig in zwei Lager spaltete: Die einen arbeiteten, die anderen streikten. Kurzum, das Spiel ging wieder von vorn los.

16. KAPITEL

Das Ende des Kaninchens Kusja

Aber kehren wir noch einmal in den Januar zurück.

Am fünften des Monats rief nachmittags ein Berater des KGB-Vorsitzenden – ebender, der einst an der Sprengung der selbstorganisierten Ausstellung der Künstler im Gorkipark teilgenommen hatte – bei Sergej Mitrofanowitsch an. Der Berater bat ihn, sich umgehend zu einem Gespräch beim Vorsitzenden einzufinden.

Als Sergej Mitrofanowitsch das ihm mittlerweile vertraute Arbeitszimmer betrat, fiel ihm als erstes die Ikone in der gegenüberliegenden linken Ecke auf, vor der er sich selbstverständlich sofort bekreuzigte. Der Vorsitzende kam um den Tisch herum und sprach ihm sein höchstes Lob für dieses Verhalten aus. Er stellte ihn gegenüber den anderen führenden Mitarbeitern, die beim Betreten seines Arbeitszimmers kein Kreuz schlugen – was er nicht als Zeichen der Zerstreutheit, sondern als Ausdruck einer recht nachlässigen Einstellung gegenüber den moralischen Grundfesten wertete –, sogar als leuchtendes Vorbild hin. Wofür war die Ikone schließlich dort aufgehängt?

Der Vorsitzende forderte Sergej Mitrofanowitsch auf, Platz zu nehmen. Dann kam er zur Sache. Er teilte ihm mit, man sei zu der Auffassung gelangt, es bestehe die Notwendigkeit, eine beim KGB angesiedelte neue Abteilung zu gründen, die sich mit der Beobachtung und Kontrolle religiöser Sekten befassen solle. Mit anderen Worten, man beabsichtige eine Inquisitionsabteilung aufzubauen. Schon morgen werde die entsprechende Order unterzeichnet werden. Die dringlichste Aufgabe dieser neuen Abteilung bestehe darin, den böswilligen Intrigen des Leibhaftigen entgegenzutreten. In der Order werde das zwar nicht explizit dargelegt, für Eingeweihte sei die Sache aber klar.

»Nun, und ich denke, Sie dürften erraten haben, wen wir gern zum Leiter dieser Abteilung ernennen würden?« meinte der Vorsitzende lächelnd und fuhr schließlich fort, bevor ihm die Pause zu lang geriet: »Sie! Sie sind der bei weitem erfahrenste Experte in Sachen Leibhaftiger. Bei der Gelegenheit soll Ihnen darüber hinaus der Rang des Generalmajors verliehen werden.«

Sergej Mitrofanowitsch wußte Kräfte genug freizusetzen, um sich zu erheben und mit aller Deutlichkeit sein Bekenntnis herunterzubeten, wonach er bereit sei, jede Aufgabe zu erfüllen, die die Heimat ihm abverlangte. Der Vorsitzende nickte wohlwollend und meinte dann, man erwarte von ihm Vorschläge zur Struktur der künftigen Abteilung, einen ersten Stellenplan sowie ein Konzept zur Zusammenarbeit mit anderen Unterabteilungen des KGB.

Beim Verlassen des Büros versäumte Sergej Mitrofanowitsch es nicht, sich erneut vor der Ikone zu bekreuzigen. Dann schwebte er wie auf Wolken in sein eigenes Büro. Und um in der bildreichen Sprache zu bleiben, kann ich nur sagen, daß in seiner Brust

Nachtigallen, möglicherweise aber auch noch andere wunderbare und vielleicht sogar exotische Vögel sangen. Er setzte sich an seinen Tisch, holte ein weißes Blatt Papier hervor und fing an, dieses mit Kreisen, Quadraten und Rhomben zu bedecken, die er mit durchgezogenen wie gepunkteten Linien untereinander verband – das war der Strukturplan seiner künftigen Abteilung!

Als Drynow mit irgendeinem Anliegen bei ihm hereinschaute, fuhr Sergej Mitrofanowitsch ihn derart brüsk an, daß sich Drynows Gesicht mit roten Flekken überzog. In einem für ihn völlig ungewöhnlichen Ton fragte er grob, wann der Hauptmann endlich aufhören werde, ihn mit jedem Unsinn zu belästigen. Wen auch immer, aber dieses Miststück werde ich in meiner Abteilung nicht dulden! beschloß Sergej Mitrofanowitsch, nachdem ein völlig bestürzter Drynow den Raum verlassen hatte, die Tür dabei äußerst behutsam hinter sich zuziehend.

Kurze Zeit später rief jemand vom Fuhrpark an, um ihm mitzuteilen, daß für ihn ein eigener Wolga bereitstehe. Selbstverständlich mit Telephon und zwei wechselnden Chauffeuren. Man fragte, zu welcher Adresse man den Wagen morgen früh schicken solle. Falls Sergej Mitrofanowitsch heute abend nach Hause gebracht werden wolle, stünde allerdings nur ein Standardwagen zur Verfügung. Sergej Mitrofanowitsch gab sich bescheiden und antwortete, er werde wohl ein letztes Mal mit den öffentlichen Verkehrsmitteln heimfahren. Ein weiterer Anruf kam von der Sonderkantine. Man teilte ihm mit, fortan stehe er auf ihrer Liste. Wann immer er wolle, solle er das genießen, was Gott ihnen bescheret habe, oder auch Verschiedenes aus ihrem Angebot nach Hause bestellen.

Bis in den späten Abend hinein feilte Sergej Mitrofanowitsch angespannt an der Struktur der Inquisitionsabteilung. Er wog verschiedene Varianten gegeneinander ab. Da er sich für keine endgültig entscheiden konnte, beschloß er, der Morgen sei weiser als der Abend, und machte sich auf den Heimweg.

Im U-Bahn-Waggon sann er über die radikalen Veränderungen in seinem Leben nach. Alles würde sich zum besten, ja, zum allerbesten fügen. In Gedanken malte er sich die schönsten Dinge aus, die nun nicht mehr unerreichbar, sondern allesamt greifbar nahe waren. Zu ihnen zählten beispielsweise eine ihm vom Staat zur Verfügung gestellte Datscha in Moskaus näherer Umgebung, ein Aufenthalt in einem Elitesanatorium auf Jalta, in dem nur Generäle des KGB kurten, und schließlich eine neue Wohnung mitten im Zentrum der Stadt, mit mindestens vier Zimmern und Blick zum Hof.

Diese reizvollen Gedanken spann Sergej Mitrofanowitsch auch auf dem Weg von der U-Bahn-Station Poleshajewskaja nach Hause weiter. Ihm fiel wieder ein, wie er noch vor kurzem in Panik geraten war, weil er an der Beständigkeit des Systems gezweifelt hatte. Wie fehl er mit seiner Einschätzung gelegen hatte! Das System war stabil, es würde nicht so bald untergehen, im Gegenteil, es würde mindestens unser Jahrhundert überdauern. Der beste Beweis dafür waren ja gerade die jüngsten Ereignisse in der Hauptstadt. Das Volk hatte, durch die Ränke des Leibhaftigen aufgebracht, den Aufstand geprobt und die Regierung zu stürzen versucht. Aber dann hatte es sich wieder beruhigt! Selbstredend hatte er an dieser Wendung seinen Anteil! Ach, was heißt Anteil?! Den entscheidenden Beitrag hatte er geleistet! Wer hatte denn die

Regierung über das Auftauchen des Leibhaftigen in Kenntnis gesetzt? Wer hatte denn den Tip gegeben, wie man mit ihm fertig werden konnte? Was sollte er jetzt den Bescheidenen spielen und sich nicht um die verdienten Ehren und Vergünstigungen scheren? Einige davon würden sicher einfach so auf ihn herabregnen, bei anderen galt es, selbst die Initiative zu ergreifen!

Mit einemmal bemerkte Sergej Mitrofanowitsch verdutzt, daß er in eine ihm nur wenig vertraute Gegend geraten war. Ob er auf dem Weg nach Hause an einer Stelle nicht abgebogen war, wo er sonst abbog, oder, im Gegenteil, irgendwo abgebogen war, wo er es sonst nicht tat – auf alle Fälle lag jetzt weites verschneites Brachland vor ihm. Erst in einiger Entfernung leuchteten die Fenster von Häusern. Zwischen hölzernen Bauwagen ragte ein verlassenes, sehr hohes Gestell aus Eisenträgern auf. Die dunkle Silhouette eines Krans rundete den Eindruck einer aufgegebenen Baustelle ab. Hinter ihm zischte und gluckste etwas. Während Sergej Mitrofanowitsch noch darüber nachgrübelte, wo er sich befand, rief eine Stimme: »Verehrtester!«

Er drehte sich um – und erblickte Korowjew! Hinter diesem war die im Licht des abnehmenden Mondes matt glänzende silberne Kutsche mit den sechs Pferden und den Kutschleuten zu erkennen. Tänzelnd kam Korowjew näher.

»Warum, mein verehrtester Freund, haben Sie nur unser Gentlemen's Agreement verletzt?« fragte er mit trauriger Stimme.

Eine wilde Angst erfaßte Sergej Mitrofanowitsch. Wenn er es doch bloß schaffte, sich zu bekreuzigen, dann würde Korowjew vielleicht verschwinden, genau wie beim letzten Mal, in der öffentlichen Toilette. Doch Sergej Mitrofanowitsch hatte nicht nur die Gabe der Rede eingebüßt, auch seine Hände versagten ihm den Dienst.

»Aber, aber, ich muß doch sehr bitten!« empörte sich Korowjew, der bald nach rechts, bald nach links wuselte. »Wir haben doch einen hübschen kleinen Vertrag miteinander geschlossen, daß Sie Ruhe geben. Und dann fangen Sie wieder mit Ihrem Gerede an! Dieser Vertrag, mein Liebwerter, ist mehr wert als Geld, ja, sogar mehr wert als das eigene Leben.«

Hinter Korowjew tauchte eine weitere Gestalt auf, die von wesentlich kleinerem Wuchs war. Daran, daß auch dieses Wesen ein Teufel war, konnte nicht der geringste Zweifel bestehen: Auf einem Auge hatte es den weißen Star, aus seinem Mund ragte ein Hauer. Sein einziges sehfähiges Auge war weit aufgerissen und schien den armen Sergej Mitrofanowitsch förmlich zu durchbohren.

»Du stinkender Denunziantenbock!« schrie er. »Scheißbulle! Räudiger Bullenköter!« Der kleingewachsene Einäugige verkehrte offenbar in einschlägigen Kreisen.

Und dann sah Sergej Mitrofanowitsch mit eigenen Augen ihren Anführer: Diabolos oder auch Satan. Er stand neben der Kutsche, an den geöffneten Schlag gelehnt. Aus irgendeinem Grund war Sergej Mitrofanowitsch wie besessen von der heiklen Frage, wer höher stehe, Diabolos oder Satan. Oder ob sie möglicherweise ein und derselbe seien. Und eine weitere, ebenso heikle wie unangemessene, Frage beschäftigte ihn: Welcher militärische Rang wohl Diabolos und Satan entspräche? Die einfachen Teufel konnten wahrscheinlich als Oberste gelten. Der Satan (respektive Diabolos) dürfte aber mindestens die Würde eines Generalmajors, wenn nicht sogar eines Marschalls bekleiden!

Während er sich darüber den Kopf zerbrach, näherte sich das Gesicht des Anführers dem seinen, obgleich sein Besitzer sich nach wie vor neben der Kutsche befand. Aber das war doch ein Ding der Unmöglichkeit!

»Bringen wir es zu Ende«, sagte das separate Gesicht klar und deutlich.

Sergej Mitrofanowitsch wich zurück und stürzte schon im nächsten Augenblick in einen entsetzlichen Abgrund. Höllische Schmerzen durchströmten jede Faser seines Körpers. Sein Mund, in dem nutzlosen Versuch geöffnet, um Hilfe zu rufen, füllte sich mit glühendheißem Dampf, bevor er kopfüber in kochendes Wasser eintauchte.

Seine Leiche wurde nach drei Tagen gefunden, als eine Brigade von Handwerkern anrückte, um einen uralten Riß in der Heizanlage zu beseitigen. In einem Schacht stand bereits bis obenhin kochendes Wasser, man mußte ihn erst auspumpen. Bei dieser Prozedur entdeckte man den toten Körper.

Sergej Mitrofanowitsch wurde mit Blasmusik beerdigt, allerdings im geschlossenen Sarg, bot er doch einen fürchterlichen Anblick, nachdem er lebendigen Leibes in dem kochenden Wasser verbrannt war. Man fand nie heraus, was ihn in dieses menschenleere Brachland geführt hatte. Möglicherweise war er ja irgend jemandem auf der Spur gewesen… Man verfolgte die Sache nicht weiter, hakte sie als Unglücksfall ab. Der KGB-Vorsitzende nahm an der Beerdigung nicht teil, schickte aber einen Kranz. Zum Leiter der Inquisitionsabteilung ernannte man nun einen General, der einst seine internationale Pflicht in der Republik Afghanistan erfüllt hatte.

Hauptmann Drynow hatte Sergej Mitrofanowitsch an jenem für diesen so verhängnisvollen Abend keineswegs mit irgendeinem Unsinn behelligen, sondern ihm überaus wichtige Neuigkeiten überbringen wollen. Auch dazu gibt es eine kurze Vorgeschichte.

Erst zwei Tage zuvor hatte Drynow es geschafft, mit Banketow zu sprechen. Der Alte war einer Einladung gefolgt, in Piter[30] eine Theaterpremiere zu besuchen, und dann in der Stadt geblieben, um dort Silvester zu feiern. Kaum war Banketow aber wieder in Moskau, hatte Drynow ihn angerufen und um ein kurzes Gespräch gebeten.

Banketow hatte ihm einen völlig respektlosen Empfang bereitet, ihn nicht weiter als bis in den Flur gelassen und ihm nicht einmal einen Stuhl angeboten. Auf die ihm gestellten Fragen hatte er knapp geantwortet, allerdings keine Einzelheiten preisgegeben. Ja, er habe sich ein paarmal mit dem Schriftsteller Jakuschkin getroffen und versucht, seinen Roman in einem Theater unterzubringen, woraus jedoch nichts geworden sei. Und er habe keinen blassen Schimmer, wo besagter Jakuschkin sich derzeit aufhalte. Der Hauptmann könne also getrost wieder abziehen – auf Wiedersehen!

Drynow war unverrichteter Dinge abgezogen, hatte aber die Überzeugung gewonnen, der wenig gastfreundliche Alte sei nicht mit allem herausgerückt, sondern habe mit etwas hinterm Berg gehalten. Sein Telephon anzuzapfen war eine Sache von Minuten gewesen.

Als Drynow einen Tag später die Anrufe abhörte,

die unterdessen eingegangen waren, erregte nur ein einziges Gespräch seine Aufmerksamkeit: Banketow hatte Walerija Grjashskaja angerufen, die Chefregisseurin des Theaters »Zum Roten Tor«. Und zwar bei ihr zu Hause. Unter anderem sprachen die beiden über die jüngsten skandalösen Ereignisse im Kreml sowie über das beißende Kaninchen. Und auch darüber, welche Heldentat wohl als nächstes von diesem Kaninchen zu erwarten sei. Banketow fragte zudem nach Jakuschkin und wollte wissen, ob Walerija ihn inzwischen ausfindig gemacht habe. Diese entgegnete daraufhin, sie wüßte nichts von Jakuschkin, und wechselte schnell das Thema.

Damit rückte Walerija Grjashskaja in das Blickfeld Drynows. Da würde er wohl mal den Nachfolger Bassawljuks, den Elektriker des Theaters »Zum Roten Tor«, für ein Gespräch ins Hotel Budapest einbestellen müssen. Bei dieser Gelegenheit setzte der neue freiwillige Mitarbeiter Drynow darüber ins Bild, daß dem gesamten Theater in den letzten drei Tagen eine seltsame Veränderung an Walerija aufgefallen sei. Ins Theater setze sie kaum noch einen Fuß. Die Schauspielerin Daschnakowa vermute nicht nur, sondern sei fest davon überzeugt, daß Walerija eine neue Affäre habe. Allerdings sei völlig unklar, mit wem. Alle von den anderen vorgeschlagenen Kandidaten seien von der Daschnakowa aufs entschiedenste zurückgewiesen worden. Sie sei bereit, Stein und Bein zu schwören, daß es sich um einen Mann handle, den bisher niemand von ihnen gesehen oder kennengelernt habe. Wahrscheinlich um einen Ausländer.

An dieser Stelle formte sich in Drynows Kopf eine bestechende Idee. Was, wenn dieser Mann kein Ausländer, sondern Jakuschkin wäre?

Ich könnte durchaus verstehen, wenn die ungewöhnliche Intuition Drynows meinen verehrten Leser an der Glaubwürdigkeit des hier Gesagten zweifeln ließe. Aber vielleicht möchten Sie mir insoweit zustimmen, daß Drynow in all diesen Spezialschulen schließlich irgend etwas gelernt haben muß und man dort sicher auch seine Intuition, seinen Fahndungsinstinkt entwickelt hat.

Drynow setzte sämtliche Hebel in Bewegung. Er besorgte sich von den Technikern einen Planwagen, der ein wahres Labyrinth phantastischer Apparate beherbergte, mit denen es möglich war, selbst in größter Dunkelheit zu photographieren und Gespräche abzuhören, die hinter dicken Ziegelmauern geführt wurden. Der reine Luxus war das, keine schlichte Technik!

Am nächsten Morgen wurde der Planwagen mit der Aufschrift *Schulspeisung* an den Seiten vor Walerijas Haus abgestellt. Zwei erstklassige Spezialisten richteten die Apparate auf ihre Wohnung im zweiten Stock aus.

Ich werde mich hier nicht in technischen oder wissenschaftlichen Einzelheiten ergehen. Sie sind allein für Fachleute eines ganz bestimmten Gebiets von Interesse, die jedoch, so hoffe ich, nicht zu meinen Lesern zählen dürften. Täten sie es aber doch, könnte ich ihnen erst recht nichts erklären. Zudem erwiesen sich all die übernatürlichen Gerätschaften als völlig unnötig: Gegen vier Uhr nachmittags wurden an einem der Fenster die Gardinen zurückgezogen, worauf ein junger Mann zu sehen war. Gegen die Scheibe gelehnt, spähte er mit deutlich erkennbarer Sehnsucht die Gasse entlang. Während man derart freie Sicht auf ihn hatte, wurde er etliche Male photographiert. Diese gestochen scharfen Aufnahmen brachte man unverzüglich in die Lubjanka. Nach einem kurzen Studium der Bilder und einem letzten Vergleich mit der Photographie Jakuschkins aus dem Milizrevier, in dem er sich polizeilich angemeldet hatte, stand unerschütterlich fest, daß Drynow denjenigen wiedergefunden hatte, nach dem er so lange gesucht hatte.

Mit ebendiesen bahnbrechenden Neuigkeiten stürmte er an besagtem Abend in Sergej Mitrofanowitschs Büro – und wurde wie der letzte Dreck behandelt.

Ein anderer hätte nun vielleicht aufgegeben, aber nicht so Hauptmann Drynow! Er vermutete, Sergej Mitrofanowitsch sei auf seine alten Tage meschugge und damit offenbar vollends unerträglich geworden, und machte sich auf zu seinem Onkel, dem General. Weniger um sich über Sergej Mitrofanowitsch zu beschweren, als vielmehr um endlich seine Ermittlungserfolge loszuwerden. Der Onkel General setzte Hebel in Bewegung, die nur er in Bewegung setzen konnte, und Drynow wurde über den Kopf Sergej Mitrofanowitschs hinweg der Befehl erteilt, noch in dieser Nacht den gemeingefährlichen Staatsfeind Jakuschkin zu verhaften, der sich in der Wohnung der Bürgerin Grjashskaja versteckt halte, die zunächst ebenfalls festzunehmen war. Man würde sie sich dann später vornehmen. Der Onkel General selbst hoffte auf diese Weise, Sergej Mitrofanowitsch eins aufs Dach zu geben, zumal er sich durch die denkwürdige Sitzung beim KGB-Vorsitzenden in seiner Meinung nur bestätigt sah, wonach Sergej Mitrofanowitsch ein schmieriger Patron und widerlicher Karrierist war. So jemanden zurechtzustutzen war einfach eine Wonne.

Hinter den dicken Ziegelmauern des Baus aus der Stalin-Zeit kündigte sich in der Wohnung im zweiten Stock zu dieser Zeit bereits das Ende der Liebesgeschichte von Walerija und Jakuschkin an. Nach dem Ball der Tyrannen war etwas in Walerija zerbrochen, sie konnte die Welt nicht mehr mit ihren bisherigen Augen sehen. Die Wirklichkeit kam ihr schal und unbedeutend vor. Auch war sie nicht mehr wie in früherer Weise von Jakuschkin hingerissen.

Bei der ersten Probe im Theater inszenierte sie einen Skandal. Man probte ein modernes Stück, ein Sozialdrama von echtem Schrot und Korn, bisher noch ohne Dekoration und Kostüme. Schon sehr bald ertrug Walerija es nicht mehr, mit anzusehen, wie ihre Schauspieler, gehüllt in Importfetzen, wohlgenährt und saturiert, mal einen Obdachlosen, mal einen verlassenen Alkoholiker, mal einen ruhelosen Süchtigen gaben. »Hört auf mit dem Scheiß!« schrie sie wütend. Ihr Zorn traf auch den der Probe beiwohnenden Autor, einen angenehmen jungen Literaten. Walerija knallte ihm das Heft mit seinem Stück – primitives Geschmier nannte sie es – ins Gesicht. Nie wieder wollte sie es auch nur anfassen! Danach stürzte sie Hals über Kopf aus dem Theater.

Es war vor allem ein Gedanke, der Walerija nicht losließ: Ob es ihr wohl vergönnt sein würde, noch einmal mit Voland zusammenzutreffen? Oder hatte er sich auf dem Ball der Tyrannen für immer von ihr verabschiedet? Insgeheim hoffte sie auf eine weitere Begegnung, und während ihrer Fahrten durch die Stadt hielt sie unablässig nach der silbernen Kutsche Ausschau.

Telephonisch wie auch durch Presse und Funk trafen dieser Tage unerfreuliche Neuigkeiten ein. In

Moskau und im gesamten Land gab es ein heilloses religiöses Chaos. Angesichts dessen schien sich die akute Empörung der Bevölkerung fürs erste wieder zu legen. »Was ist mit deinem Kaninchen?« wollte Walerija streitlustig von Jakuschkin wissen. »Ist es in der Bratröhre gelandet?« Von neuen Heldentaten des Kaninchens Kusja war nichts zu vernehmen.

In diese Tage fiel zudem ein Ereignis, dem vielleicht keine globale Bedeutung zukam, das gleichwohl sehr betrüblich war. Laima Karlowna verließ Walerija. Ohne jede Vorankündigung fuhr sie zu ihrer Schwester nach Riga. »Eine Lettin sollte in Lettland leben«, erklärte sie ihren Schritt. Walerijas Alltag brach sofort danach zusammen. Sie hatte nicht die geringste Vorstellung davon, wo und wie sie an Lebensmittel kommen sollte. Und wie mühselig alles war! Die Ordnung und Sauberkeit der Wohnung wich einem fürchterlichen Chaos.

Jakuschkin litt unterdessen an seinem unfreiwilligen Eremitendasein. Den ganzen Tag war Walerija bis spät abends unterwegs und ließ ihn allein. Er versuchte zu arbeiten, es wollte ihm aber nichts von der Hand gehen. Auch an ihm – da ging es ihm wie Walerija – war der Ball der Tyrannen nicht spurlos vorbeigegangen. Die phantastischen Plots, die er früher ausgearbeitet hatte und die ihm recht überzeugend vorgekommen waren, lehnte er nun gnadenlos als mißlungen ab. Das, was er während des Balls gesehen hatte, war weit kraftvoller als jede Phantastik. Worüber sollte er jetzt noch schreiben? Vielleicht über Caligula? Über Richard III.? Oder Lenin? Über all die war im Lauf der Jahre schon so viel geschrieben worden! Konnte er da überhaupt noch etwas Neues sagen?

Kindlich naiv schien ihm jetzt auch sein Roman über das Kaninchen Kusja. Was für ein Quatsch! Ein Kaninchen, das durch einen Biß das Gewissen der Menschen weckt! Er könnte es ja mal an Caligula geraten lassen!… Aber war an ihm nicht selbst Voland gescheitert, dem es doch zu Gebote stand, Kusja zu materialisieren?!

Ihm blieb die Hoffnung, die Eindrücke vom Ball der Tyrannen würden sich allmählich setzen, sich in den geheimen Winkeln seines Gedächtnisses einnisten und seine Kreativität und Phantasie zur Blüte bringen. Dann würde er neue Plots haben und neue Figuren. Vorerst müßte er sich halt in Geduld üben.

Einstweilen endete aber jeder Versuch, etwas zu schreiben, vorm Fernseher. Stumpfsinnig schaute er sich hintereinander weg alles an, bis Walerija nach Hause kam. »Du hast wieder nicht gearbeitet?« fragte sie ihn. Er wußte nicht, was er ihr antworten sollte.

Schon mehrmals war er in Versuchung geraten fortzugehen. Alles zum Teufel zu schicken und nach Hause zu gehen, Mischenka wiederzusehen, Lena um Verzeihung zu bitten. Was hielt ihn zurück? Die Furcht, verhaftet zu werden? Seltsamerweise dachte er darüber am allerwenigsten nach. Nein, was ihn zurückhielt, war Liebe. Obwohl ihn eine Schaffenskrise plagte, waren ihm die Veränderungen, die Walerija durchlebte, nicht entgangen. Ihre Liebe neigte sich dem Ende zu, so wie der Sand, der durch eine Sanduhr rieselt, so wie die Zeit, die einem zum Tode Verurteilten bleibt.

Dabei liebte er sie wie zuvor, möglicherweise sogar noch stärker. Er versuchte, sich zu beruhigen. Nachts, im Bett, zeigte Walerija nach wie vor die alte Leidenschaft und Unersättlichkeit. Aber dennoch, in ihre ungestümen Liebkosungen hatte sich bereits eine Verzweiflung gemengt, die das Ende vorausahnen ließ.

Eines Nachts klingelte es an der Tür. Walerija schlief, Jakuschkin lag wach neben ihr. Er ging in den Flur, um leise zu fragen: »Wer ist da?«

»Öffnen Sie, wir sind's«, hörte er die gedämpfte Stimme Asasellos. Kaum hatte Jakuschkin aufgesperrt, teilte ihm Asasello mit aufgesetzter Ruhe mit, es sei an der Zeit aufzubrechen. Jede Minute könnte man in Walerijas Wohnung eindringen, um sie beide zu verhaften. Sich an Asasello vorbeischlängelnd, betrat Behemoth die Wohnung.

Jakuschkin ging ins Schlafzimmer zurück, machte Licht und weckte Walerija. Es war nicht gerade einfach, ihr die Situation zu erklären. Beide zogen sich hastig an.

»Nehmen Sie Ihren Schmuck mit«, meinte Asasello. »Sie werden kaum noch einmal hierher zurückkommen.«

»Hol's der Teufel!« rief Walerija aus. »Mir doch egal, ob die ihn finden!«

Unterdessen hatte es sich Behemoth in einem Sessel bequem gemacht, von einem Beistelltisch eine Zeitung genommen und sich die Brille aufgesetzt.

»Schauen wir mal, was man so schreibt«, sagte er und gähnte ausgiebig, dabei den Mund mit der Tatze bedeckend.

Asasello ging zum Fenster. Er hielt sich nicht lange mit den Riegeln auf, sondern schlug, getreu seinen Gewohnheiten, einfach mit der Faust gegen den Rahmen, der danach nur noch in einer Angel hing. Mit einer Geste gab er Walerija und Jakuschkin zu verstehen, sie sollten aufs Fensterbrett klettern. Kaum hatten sie das getan, tauchte vor ihnen, sanft und lautlos im Schutz der Hauswand heranfahrend, die Kutsche auf. In der geöffneten Tür war Korowjew zu erkennen.

»Und Sie?« Jakuschkin drehte sich zu Behemoth um. Der war vollständig hinter der aufgeschlagenen *Wetschernaja* verschwunden.

»Ich gebe Ihnen Deckung«, antwortete Behemoth hinter der Zeitung. Und fügte noch hinzu: »Was macht man nicht alles für gute Leute!«

»Schnell!« forderte Asasello sie mit einem pfeifenden Flüstern auf.

Vom Fensterbrett aus kletterte erst Jakuschkin, dann Walerija in die Kutsche. Von unten klangen Schüsse herauf. Asasello stieg als letzter ein. Die Kutsche fuhr mit leichtem Geruckel an, erhob sich über die Dächer und verschwand am Horizont.

Nur wenige Sekunden später stürmte Hauptmann Drynow zusammen mit vier Männern einer Sondereinheit die Wohnung. Die Eingangstür öffneten sie mit einem schon vorab getesteten Dietrich. Sie rannten in die Zimmer, fanden aber nur den schwarzen Kater – der nach wie vor im Schlafzimmer saß und die *Wetschernaja* las.

»Wenn Sie Einbrecher sind – der Schmuck ist in der Frisierkommode«, meinte er in herablassendem Ton.

Drynow erstarrte vor Verblüffung. Bislang hatte er es noch nie mit sprechenden Katern zu tun gehabt. Behemoth rollte die Zeitung zusammen und fuchtelte damit in der Luft herum.

»Worüber die aber auch schreiben!« Das Katervieh ging von einem herablassenden zu einem vertrauensvollen Ton über. »Und über Ihren Sergej Mitrofanowitsch kein Wort! Was aber auch verständlich ist – ein Kämpfer an unsichtbarer Front. Übrigens kann es auch einfach zu spät gewesen sein, um noch in die Abendnachrichten zu kommen.«

»Was ist denn mit ihm?« versuchte Drynow aus dem Kater herauszubekommen.

»Sie werden es früh genug erfahren«, erwiderte Behemoth. Er legte die *Wetschernaja* beiseite und griff nach der *Moskowski komsomolez*.

Damit riß der Dialog ab. Drynow pirschte sich an den Sessel heran, die Jungs von der Sondertruppe sollten sich von links und rechts an das vermaledeite Tier heranmachen.

»Sie hindern mich daran, die Zeitung zu studieren!« zischte Behemoth ungehalten.

Drynow stürzte sich mit einem Hechtsprung auf ihn, der aber ins Leere ging: Behemoth war behend auf das Fensterbrett hinübergesprungen und von dort auf den Rahmen. Auf ihm hockte er jetzt.

»Was bringt man euch in diesen Spezialschulen bloß bei!« spottete er ganz offen.

Das war zuviel für Drynow. Er katapultierte sich mit aller Kraft nach vorn, um sich den auf dem Rahmen thronenden Kater zu schnappen – diesmal hatte er wohl kaum eine Chance, ihm zu entkommen. Was Drynow dann aber zu fassen kriegte, war nur die Oberkante des Rahmens. Der Kater war abermals entwischt und saß nun auf dem Fensterbrett, während Drynow am schaukelnden Rahmen baumelte. Er zog die Beine an und versuchte, Halt auf dem Fensterbrett zu finden, um wieder ins Zimmer zu gelangen, doch dann gab die Angel nach, brach ab, und Drynow flog, den Rahmen im Arm, in die Tiefe. Behemoth verfolgte vom Fensterbrett aus mit erhobener Pfote den Fall, der in einem dumpfen Schlag endete.

»Finita la commedia!« meinte er, als er sich zu den

Burschen aus der Sondergruppe umwandte, die in einem Kordon hinter ihm standen. Er nahm die Brille ab, ließ sie an einer Halskette baumeln und flog zum Fenster hinaus, um mit der nächtlichen Dunkelheit zu verschmelzen.

Die Kutsche landete auf den Sperlingsbergen, auf der berühmten Aussichtsplattform vor der Universität. Alle stiegen aus.

»Verabschieden Sie sich von Moskau«, forderte Voland sie auf. »Sie müssen die Stadt verlassen. Und auch das Land. Aber keine Sorge, wir bringen Sie hin, wo immer Sie hinwollen.«

Jakuschkin schwieg. Walerija schüttelte mehrmals energisch den Kopf.

»Ich will nicht«, sagte sie kaum hörbar.

»Sie haben mich vielleicht nicht richtig verstanden. Man wird Sie hier ganz bestimmt festnehmen, verhören, verfolgen, quälen. Von heute an werden Sie hier kein ruhiges Leben mehr haben.«

Korowjew trat hervor, händeringend und willens, sich in weitläufigen Erklärungen der Worte Volands zu ergehen, als Walerija – diesmal laut und herausfordernd – meinte: »Was brauche ich ein ruhiges Leben? Ich will bei Ihnen sein. Für immer.«

Eine Pause trat ein. Voland und Korowjew schauten einander vielsagend an.

»Was muß ich tun? Die Hölle auf mich nehmen? Ich bin bereit!«

Voland traf eine Entscheidung.

»Warum so schreckliche Qualen erdulden?« fragte er lächelnd. »Wenn Sie es so sehr wollen, freut es mich von Herzen, Madame… Ziehen Sie sich aus!« befahl er ihr plötzlich.

Ohne den Blick von Voland zu wenden, fing Walerija an, sich zu entkleiden. Haken und Knöpfe, die ihre zitternden Finger nicht bewältigten, riß sie kurzerhand auf. Sie nahm die Spangen aus den Haaren, und die üppige Pracht ergoß sich über ihre bloßen Schultern. So stand sie völlig nackt vor Diabolos im Schnee.

Voland breitete einen Arm aus und öffnete seinen Umhang. Walerija schmiegte sich mit dem ganzen Körper an ihn, worauf er sie in seine Arme schloß. Sie verschwand in den weiten Falten des unergründlichen Umhangs. Das alles dauerte nur wenige Sekunden. Dann breitete Voland erneut den Arm aus, öffnete den Umhang und entließ Walerija.

»So einfach ist das also!« Walerija lachte laut auf. »Hätte ich das vorher gewußt, hätte ich schon auf dem Ball darum gebeten.«

Zitternd verfolgte Jakuschkin, wie sich seine Liebste in eine Hexe verwandelte. Der rosafarbene Körper Walerijas schien nachgerade von innen heraus zu leuchten. Die Gesichtszüge traten immer deutlicher hervor. Gleichzeitig glättete sich das Gesicht, Walerija verjüngte sich um rund zwanzig Jahre, und in ihren Augen blieb keine Spur der Qualen, Zweifel und Erschütterungen zurück, die sie in den letzten Tagen durchlebt hatte. Sie blickte frech und lustig drein.

»Messere!« wandte sie sich mit einer tiefen Verbeugung an Voland. »Von heute an bin ich Ihre stets treu ergebene Dienerin. Ich werde Gella Gesellschaft leisten.«

»Welch einzigartiges Spiel!« entzückte sich Korowjew. »Da muß ich applaudieren.«

Und der Spaßbold klatschte tatsächlich mehrmals in die Hände.

»Wir werden für Sie schon eine andere Beschäftigung finden, die Ihrem ersten Beruf näher kommt«, erwiderte Voland ausgesprochen großherzig.

Korowjew und Asasello gratulierten Walerija zu ihrer Verwandlung in eine Hexe.

Gella trat an sie heran, um sie schweigend in einen scharlachroten Umhang zu hüllen.

»Nun, und Sie?« wandte sich Voland an Jakuschkin. »Aller Anfang ist schwer, heißt es nicht so?«

Jakuschkin preßte die Hände zusammen, ließ den Kopf hängen, erhob ihn dann aber voller Stolz wieder und schaute Voland gerade in die Augen.

»Nein!« Seine Stimme klang ungewöhnlich laut.

Walerija lachte laut und wild auf. Dann würgte sie das Lachen jäh ab, rannte auf Jakuschkin zu und schrie in hysterischem Ton: »Feigling! Messere, ich habe immer gewußt, daß er ein erbärmlicher Feigling ist!«

»Sie tun ihm Unrecht, Madame«, widersprach Voland sanft. »Die Entscheidung, die er getroffen hat, verlangt nicht weniger Mut als die Ihre. Möglicherweise sogar mehr.«

In diesem Augenblick ließ sich in den Sträuchern am Ufer der Moskwa ein Knistern und Knacken vernehmen. Auf der Aussichtsplattform, durch die Balustrade hindurchschlüpfend, erschien Behemoth.

»Grad noch mal entkommen!« erklärte Behemoth schwer atmend. »Eine Verfolgung, die sich gewaschen hat. Zehntausend Ermittler sind mir auf den Fersen und unzählige Hundemeuten. In einer Minute sind sie hier.«

Allem Anschein nach ignorierte Voland diese Neuigkeit; zumindest beeindruckte sie ihn nicht eben sonderlich.

»Haben Sie sich das gut überlegt?« fuhr er fort, wobei er sich wieder an Jakuschkin wandte. »Sind Sie sich darüber im klaren, was Sie erwartet?«

Für mich ist das Spiel vorbei! tönte etwas in Jakuschkins Innerem. Er hat mir alles genommen – die Frucht meines Geistes und meines Herzens, die Fähigkeit, etwas zu schaffen, die Frau, die ich liebe. Das einzige, was mir bleibt, ist mein Stolz. Den kann mir selbst Satan nicht nehmen! Dann sagte er laut und ungleich knapper: »Ja ... Fahren Sie nur.«

»Wie Sie wollen.« Voland machte auf dem Absatz kehrt und ging zur Kutsche. Seine Entourage, der nun auch Walerija angehörte, folgte ihm. Unvermittelt löste sich Korowjew aus der Gruppe heraus. Er ging zu Jakuschkin zurück. Seine Miene war ungewöhnlich verzweifelt.

»Ach, was sind Sie nur für einer?« hauchte er. »Wollen Sie es sich nicht doch noch einmal überlegen? Die Fahrt wäre einzigartig, schnell...« Sein Gesicht war zu einer Grimasse aufrichtigen Mitleids verzogen. »Sie wollen dem Beispiel Ihrer Freundin nicht folgen, und das ist auch gar nicht notwendig«, versicherte er. »Wir bringen Sie in die traumhafte Schweiz mit ihrem hohen Lebensstandard. Sie werden wie im Schlaraffenland leben ... am Ufer des Genfer Sees.«

»Laß ihn zufrieden!« erklang aus der Kutsche die Stimme Volands. »Es ist sinnlos, ihn überreden zu wollen.«

Korowjew verstummte umgehend, stupste mit dem Kopf gegen Jakuschkins Schulter und ging niedergeschlagen zur Kutsche.

Ehe die Equipage aber losfuhr, sprang Asasello noch einmal heraus. Er eilte auf Jakuschkin zu, um ihm einen geflochtenen Korb in die Hände zu drücken.

»Der Messere betrachtet den Vertrag mit Ihnen als erfüllt und gibt Ihnen Ihr Kaninchen zurück«, erläuterte er und lüpfte zum Abschied die Melone.

Die Kutsche beschleunigte über eine kurze Strecke, um sich dann in die Lüfte zu erheben, die Moskwa zu überfliegen und allmählich zu entschwinden.

Jakuschkin öffnete den Korb. In ihm saß das Kaninchen Kusja, die Pfoten gemütlich untergeschlagen. Einen Augenblick lang hatte Jakuschkin geglaubt, anstelle der Kaninchenschnauze blicke ihn das Gesicht eines Kindes mit weit aufgerissenen Augen an. Er hatte seine Verwunderung noch nicht ganz abgeschüttelt, als …

Mit heulenden Sirenen und eingeschaltetem Fernlicht fuhren zahlreiche Autos gleichzeitig von drei Seiten – vom Kiewer Bahnhof, von der Universität und vom Leninskiprospekt – auf die Plattform. Die Insassen sprangen aus den Wagen. Kurzerhand hob Jakuschkin das Tier aus dem Korb und setzte es auf den Boden. Das Kaninchen überquerte die Aussichtsplattform, um in den Sträuchern am Ufer der Moskwa zu verschwinden.

Die Ankömmlinge rannten auf Jakuschkin zu. Als erstes bog man ihm aus irgendwelchen Gründen die Hände auf den Rücken. Es klackte zweimal leicht, und die Handschellen rasteten ein. Er wurde abgetastet, offenbar um eventuelle Waffen sicherzustellen. Schließlich brachte man ihn zu einem Wagen, stieß ihn hinein und fuhr los.

Nachdem die Kutsche einige hundert Kilometer geflogen war, zerfiel sie allmählich. Die Wagentritte mit den malerischen Negerlakaien lösten sich ab und

verschwanden in der Nacht. Der Kutscher mit Dreispitz, aber ohne Gesicht rutschte vom Bock und fiel
kreiselnd in die Tiefe. Die Pferde bissen das Geschirr
durch und galoppierten frei weiter. Sechs Schatten
lösten sich gleichzeitig aus der zerfallenden Equipage
und sprangen auf die Pferde, die sich inzwischen aus
grauen Apfelschimmeln in schwarze Rennpferde mit
langen Mähnen verwandelt hatten. Der Schelm Behemoth stieß einen durchdringenden Pfiff aus, worauf
die Pferde in einen verzweifelten, atemberaubenden
Galopp fielen. Es gab sechs Reiter und genauso viele
Pferde. Das läßt mich vermuten, daß der Ausgang
der Schlußszene in den Sperlingsbergen von Voland
vorausgeplant war. Doch wohin wandte er sich diesmal? Ich weiß es nicht. Doch bitte ich den Leser, nun
Abschied von Voland und seinem Gefolge zu nehmen – aber noch nicht von den anderen Helden meines Romans.

Am nächsten Morgen kam der KGB-Vorsitzende wie
üblich um 8.30 Uhr zur Arbeit, begab sich in sein
Büro und ging die Einsatzberichte der letzten vierundzwanzig Stunden durch. Unter ihnen gab es auch
eine Information über die Verhaftung eines gewissen
Jakuschkin, der möglicherweise in die rätselhaften
Ereignisse verwickelt war, die sich in der letzten Zeit
in der Hauptstadt abgespielt hatten. Ferner wurde
mitgeteilt, daß bei dem Versuch, ihn zu verhaften, ein
hoher Mitarbeiter, der Hauptmann Drynow, aus dem
Fenster gestürzt sei. Man habe ihn mit etlichen Brü-
chen und Verletzungen der inneren Organe ins Krankenhaus gebracht, wo er jetzt auf der Intensivstation
liege.

Mit einemmal erfüllte ein Rascheln den Raum.

Der Vorsitzende blickte von den Papieren auf und bemerkte neben der Tür ein graues Kaninchen! Das Tier lief sprungbereit hin und her. Der Vorsitzende reagierte in Sekundenschnelle. Er zog aus dem Schulterhalfter seine Pistole, die er stets bei sich trug, und richtete sie auf das Kaninchen. Die letzten beiden Kugeln erwischten es im Sprung.

Das Kaninchen fiel zu Boden, wand sich mehrmals und bäumte sich in prämortalen Konvulsionen auf. Unterdessen kam der Vorsitzende hinter dem Tisch hervor, hockte sich hin und beobachtete aufmerksam das Tier. Als das Kaninchen ruhig dalag, klingelte er nach seinem Berater, der unverzüglich das Zimmer betrat. Der Vorsitzende sah von einem Tadel ab, daß ein Kaninchen, zumal in aggressiver Absicht, in sein Arbeitszimmer hatte eindringen können. Er befahl ihm nur, das tote Tier wegzubringen und das Blut auf dem Boden aufzuwischen, was von dem Berater ohne Hinzuziehung dritter Personen umgehend erledigt wurde.

Der Berater wickelte das Kaninchen in einen Läufer, um es so zu seinem Wagen zu tragen. Anfänglich hatte der Vorsitzende es der Wissenschaft überlassen wollen, damit diese sich mit jenem bemerkenswerten Phänomen der Natur auseinandersetzen konnte, doch dann entschied er sich anders: Wozu unnütz Staub aufwirbeln? Deshalb befahl er, die Leiche weit wegzubringen und zu vergraben.

Der Berater wartete die Dämmerung ab und fuhr das tote Kaninchen Kusja nach Sokolniki, wo er es in der Nähe des Gartenlokals »Dubki« vergrub, das den guten Ruf genoß, sein Bier wesentlich weniger zu verwässern als andere Lokalitäten. Die Operation verlangte dem Berater einiges ab. Der Boden war gefroren und mußte erst mit einem Eisen aufgehackt werden. Das Ganze dauerte bis Mitternacht.

Wieder zu Hause, trank der Berater ein Gläschen Wodka, um sich aufzuwärmen, ließ es dabei aber nicht bewenden. Die ganze Nacht hindurch trank er. Er trank und weinte bittere Tränen. Seiner Frau, die ihn beruhigen wollte, sagte er, mit seinem Draufgängertum sei jetzt Schluß und noch etwas in der Art. Dabei war der Berater eigentlich für seine unerschütterliche Abstinenz bekannt. Trank er doch einmal, dann nur im Kreise seiner Familie und zu Revolutionsfeiertagen.

Am Morgen ging er nicht zum Dienst, sondern zog ziellos durch die Gegend, genau wie ein unverbesserlicher Saufbruder. Der Vorsitzende, der seinen Berater recht hochschätzte, rief ihn an, um ihn ins Gebet zu nehmen. Der Berater gab ihm daraufhin das hohe Parteiehrenwort, mit dem Trinken aufzuhören – und hörte auf. Aber nur für eine gewisse Zeit. Am Ende mußte man sich dann doch von ihm trennen.

Kaum war er beim KGB rausgeflogen, gab der Berater plötzlich tatsächlich das Trinken auf. Er stürzte sich in politische und soziale Aufgaben, ging zu Kundgebungen, gab bereitwillig Interviews und schrieb auch selbst Artikel für linksgerichtete Zeitungen und Zeitschriften. Über seine ehemaligen Kollegen und insbesondere den Vorsitzenden verbreitete er derart frappierende Details, daß das Volk vor Begeisterung außer sich geriet. Binnen kurzem war der frühere Berater zu einer außerordentlich beliebten Persönlichkeit avanciert, die man sogar zum Volksdeputierten wählte.

Die wahren Gründe dieser bemerkenswerten Verwandlung blieben lange Zeit unbekannt. Dann aber berichtete der einstige Berater des KGB-Vorsitzenden – nunmehr erklärter Progressiver und Demokrat – in einem Interview, das er einem Rundfunksender gab, überraschend von einem toten Kaninchen, das er in Sokolniki vergraben hätte. Dabei habe es sich um jenes Tier gehandelt, das einst in Moskau eine Unzahl politischer, staatlicher und anderer öffentlicher Personen gebissen habe. Selbst der KGB-Vorsitzende sei fast gebissen worden, habe es aber geschafft, das Tier mit seiner Pistole zu erschießen. In diesem Zusammenhang gab der einstige Berater dann folgende Einzelheiten preis.

Als er den kleinen Körper in die ausgehobene Grube hatte legen wollen, hatte ihn irgend etwas veranlaßt, den Läufer noch einmal auszurollen, um das tote Tier ein letztes Mal zu betrachten. Was aber hatte er da gesehen? Anstelle der aufgerissenen Kaninchenschnauze hatte ihn ein unschuldiges Kindergesichtchen angeblickt!

Natürlich dementierte der KGB die Geschichte. Der Vorsitzende drohte sogar, seinen ehemaligen Berater wegen übler Nachrede vor Gericht zu bringen. Aus irgendwelchen Gründen reichte er dann aber doch keine Klage ein.

Nicht ganz uninteressant dürfte auch folgender Umstand sein: In jenem Frühjahr wuchs in der Nähe des Gartenlokals »Dubki« ein rosafarbener Strauch mit einer wahren Pracht scharlachroter Knospen und Blüten. Der Strauch stand bis zum ersten Frost in Blüte. Niemand hatte ihn jemals hier angepflanzt. Anerkannte Wissenschaftler sahen in dem Strauch eine weitere Erscheinung der Natur, die niemand zu erklären vermochte.

✦EPILOG✦

In seiner Voraussage hinsichtlich der Stabilität des Systems hatte sich der verstorbene Sergej Mitrofanowitsch getäuscht. Es verging ein Jahr, ein weiteres, und das Regime fiel in sich zusammen. Es zerfiel zu Staub, wie ein wurmstichiger Fliegenpilz zu Staub zerfällt, wenn man nur leicht mit einem Stock gegen ihn stößt. Welche Rolle dabei der zweite Besuch Volands gespielt hat beziehungsweise ob er überhaupt eine Rolle gespielt hat, vermag ich nicht zu sagen – dieses Urteil kann nur mein verehrter Leser fällen.

Die Gerüchte darüber, daß Voland die Hauptstadt abermals besucht habe, machten die Runde durchs ganze Land. Alles fing mit einem Interview an, das der ehemalige KGB-Hauptmann Drynow einem Journalisten gab.

Nach seinem Fenstersturz wäre er um ein Haar Sergej Mitrofanowitsch ins Jenseits gefolgt, doch den Ärzten war es noch einmal gelungen, sein Leben zu retten. Drynow war jetzt als Handelsreisender für eine Firma unterwegs, die Staubsauger und Waschmaschinen vertrieb. In dem Interview äußerte er sich zwar nicht zu einem möglichen Kontakt zu Voland, bestand aber hartnäckig darauf, es mit seinem sprechenden

Kater zu tun gehabt zu haben. Dessen Freundlichkeit verdanke er auch seine schweren Verletzungen. Allerdings machte er ihm keine Vorwürfe, sondern suchte alle Schuld bei sich selbst: Wie war es ihm nur in den Sinn gekommen, den Kater verhaften zu wollen? Unterdessen sei er zu der Überzeugung gelangt, besagter Kater stehe in direkter Beziehung zu Voland, wofür ja schließlich auch sein Name, Behemoth, spreche. Damals, als er mit all seinen Gipsverbänden im Krankenhaus gelegen habe, habe er nämlich erstmals Michail Bulgakows Roman *Der Meister und Margarita* gelesen, wobei ihm die völlige Übereinstimmung zwischen dem Kater und der literarischen Figur aufgefallen sei. Behemoth hätte jedoch niemals allein nach Moskau kommen können; er sei auf Voland angewiesen, dessen Einsatzpläne er zu erfüllen habe.

Damit trat er eine schöne Lawine los! Nun fingen auch die Teilnehmer der berüchtigten Wirtschaftssitzung im Kreml, die bislang einvernehmlich geschwiegen hatten, an zu reden. In Zeitungen und Zeitschriften druckte man ausführliche Beschreibungen von Voland, Korowjew und Behemoth (in kätzischer und menschlicher Gestalt) ab.

Dann tauchte wie aus heiterem Himmel Bassawljuk wieder in Moskau auf. Es war ihm gelungen, mit einem Boot von der Insel Tuta-Motu zu fliehen. Im Ozean wurde er von einem Frachter entdeckt. Bassawljuk kehrte ins Theater »Zum Roten Tor« zurück, das nach dem rätselhaften Verschwinden Walerija Grjashskajas von der Daschnakowa geleitet wurde. Wie früher arbeitete Bassawljuk dort als Administrator. Die Schauspieler unterhielt er mit kleinen Anekdoten seiner ungewöhnlichen Abenteuer. Er kam sogar ins Fernsehen, in eine Sendung, in der man sich mit rätselhaften Erscheinungen der Natur auseinandersetzte. Vor laufenden Kameras berichtete Bassawljuk davon, wie Asasello ihn in Tateinheit mit Korowjew und Behemoth aus Moskau hinauskatapultiert und auf eine winzige Insel im Stillen Ozean hatte fallen lassen. Darüber, daß er damals den freiwilligen Mitarbeitern angehörte, hüllte er sich freilich in Schweigen.

Der Lebensmittelladen in der Ostoshenka, von wo die Odyssee Bassawljuks losgegangen war, existiert übrigens noch heute. Leider ist aber die Putzfrau Faina indessen von uns gegangen. Im betrunkenen Zustand geriet sie unter einen Lkw, der gerade die Ostoshenka entlangfuhr.

Zur weiteren Erregung der Gemüter trug auch Iwan Stepanowitsch Peretjatko bei. Bevor seine Zeitschrift endgültig der Konkurrenz weichen und der Druck folglich eingestellt werden mußte, gelang es ihm, in der letzten Nummer einen Artikel mit dem Titel »Auch ich kenne den Leibhaftigen« unterzubringen. Hierin beschrieb er in aller Ausführlichkeit den weit zurückliegenden Unfall am Triumphbogen – wobei er allerdings über jene Ausgabe der *Aufzeichnungen eines Wachhabenden*, die Behemoth ihm unter die Nase hielt und die ja damals noch gar nicht existierte, taktvoll hinwegging.

Kaum hatte sich die Gesellschaft an den Gedanken gewöhnt, daß Voland Moskau in der Tat ein zweites Mal besucht hatte, gab es neue Aufregung, die mit dem sogenannten Sommerputsch zusammenhing, den einige Spitzzüngige auch als »Idiotenputsch« bezeichneten.

Später sollte sich herausstellen, daß unmittelbarer Auslöser des Putsches ein chiffriertes Telegramm gewesen war, das der KGB-Vorsitzende von niemand anderem als Nikolai Pawlowitsch Jewdakow, dem Präsidentenberater, erhalten hatte. Ja, richtig, genau von dem, der an jenem so verhängnisvollen Dezemberabend zusammen mit dem verblichenen Dramatiker Schurtjajew an den Patriarchenteichen spazierengegangen war.

Bei Ausbruch des Putsches befand sich Nikolai Pawlowitsch zusammen mit dem Präsidenten in dessen Sommerresidenz auf der Krim. Eines schönen Tages bekam der KGB-Vorsitzende also ein Telegramm, unterzeichnet von Jewdakow. In diesem stand klar und unmißverständlich zu lesen, daß der Präsident heimlich mit der demokratischen Opposition paktiere, lieber heute als morgen den grobschlächtigen Premierminister in den Ruhestand schicken, dem Verteidigungsminister in den Hintern treten und sogar den Vizepräsidenten aus seinem Amt entlassen würde. Der erste aber, mit dem er kurzen Prozeß machen würde, wäre der KGB-Vorsitzende.

Später, nach den ganzen Ereignissen, hielt man Jewdakow bei einem Verhör das chiffrierte Telegramm unter die Nase. »Alles gelogen, ihr Hunde!« Seine Reaktion war überaus heftig. Er leugnete jede Beteiligung ab, schwor, er sei dem Präsidenten mit Leib und Seele ergeben, und das Telegramm sei eine empörende Fälschung. Alle Schwüre hätten jedoch nichts genützt, hätte Nikolai Pawlowitsch nicht auch ein felsenfestes Alibi vorlegen können. An dem Abend, bevor das chiffrierte Telegramm aufgegeben worden war, habe er die Krim mit Erlaubnis seines Chefs verlassen, um in Kabardino-Balkarien zwei, drei Tage auf Hirschjagd zu gehen. Falls man ihm das nicht glaube, könne man es sich von den dortigen Jägern bestätigen lassen.

Danach wurde auch die Wache in der Residenz des Präsidenten verhört. Vor allem wollte man wissen, ob an dem betreffenden Tag nicht irgendwer Fremdes aufgetaucht sei. Die Wache antwortete empört, so etwas könne gar nicht vorkommen. Allerdings erinnerte sich einer der Leibwächter, bei seiner üblichen Runde durch die Dienstgebäude in dem Korridor, der zum Chiffrierraum führte, einen riesengroßen schwarzen Kater gesehen zu haben. Seine besondere Aufmerksamkeit hatte eine Matrosenmütze mit einer in Goldbuchstaben ausgeführten Aufschrift »Schwarzmeerflotte« auf dem Kopf des Tiers erregt. Zunächst hatte er dies für einen Scherz gehalten, den sich ein betrunkener Seemann mit dem hilflosen Tier erlaubt hatte. Bei genauerer Betrachtung war ihm dann aber aufgefallen, daß der Kater die Mütze mit Bändern unterm Kinn festgebunden hatte, so wie es Matrosen während eines Sturms tun. Die maritime Kopfbedeckung schien dem Kater also ans Herz gewachsen.

Den Worten dieses Leibwächters zufolge habe sich der Kater vollkommen friedfertig verhalten, habe sich gestreckt und sich an seinem Bein gerieben. Der Kater habe dem Wächter sogar derart gefallen, daß er ihn habe füttern wollen, weshalb er in die Küche geeilt sei, um etwas zu essen zu besorgen. Als er mit einer Portion Würstchen von hohem Kaloriengehalt in den Korridor zurückgekommen sei, sei jedoch kein Kater mehr zu sehen gewesen.

Aber lassen wir es mit dem chiffrierten Telegramm sein Bewenden haben. Nehmen wir uns statt dessen lieber die Aussagen des KGB-Vorsitzenden vor, die er beim Verhör zu Protokoll gab. Danach hatte er sofort nach Erhalt des Telegramms eine Sitzung einberufen, an der alle darin genannten Personen teilnahmen. Auf dieser Sitzung wurde beschlossen, in Moskau Armee und Panzer zusammenzuziehen.

Damit wurde der Weltuntergang sozusagen eingeleitet. In den frühen Morgenstunden waren Einheiten in die Stadt eingezogen, auf deren Kommandanten nun über Funk unablässig Befehle der Oberkommandierenden einregneten, wobei allerdings völlig unklar blieb, wer konkret sie erteilte. Allem Anschein nach waren es unterschiedliche Personen, denn jeder neue Befehl führte den vorherigen ad absurdum. Durch den Äther klackerten auf vorab festgelegten Frequenzen unablässig Morsezeichen. In regelmäßigen Abständen wurden sie bald von obszönsten Flüchen, bald von einem herzzerreißenden Maunzen unterbrochen. Zudem mischte sich in das Morsen immer wieder eine Übertragung des *Faust* von Charles Gounod mit Luciano Pavarotti in der Titelrolle und Nicolai Ghiauroff als Méphistophélès unter der Leitung von Herbert von Karajan.

Verwirrung und Chaos in noch größerem Maße stiftete dann jener rätselhafte Generaloberst, der sich allerorten im Geländewagen hinbewegte. Obgleich Sommer war, trug er einen Mantel und eine Papacha[31] aus grauem Persianer. Allein sein Anblick ließ selbst die unerschrockensten Männer zittern. Aber was würden Sie zum weißen Star auf einem Auge, einem auffälligen Hauer und einem feuerroten Schnurrbart sagen? Später sollten etliche Armeeangehörige in ihm ein weiteres Mitglied des Volandschen Gefolges, Asasello, wiedererkennen. Nachdem er vor den Kommandanten der Einheiten und Truppen einige Zeit mit seiner geladenen Pistole herumgefuchtelt und sogar mehrfach in die Luft geschossen hatte, trieb er sie auseinander, damit sie »Ordnung schaffen!« sollten – der eine in Tschertanowo, ein anderer in Mnewniki, ein dritter in Swiblowo. Auf vorsichtige Nachfragen, was genau unter dem Schaffen von Ordnung zu verstehen sei, antwortete der hauerbewehrte General mit einem ordinären Fluch und der Drohung, alle, die den Gehorsam verweigerten, auf der Stelle zu erschießen. Was nichts anderes zur Folge hatte, als daß die Panzer und Geländewagen ziellos durch die Stadt fuhren und den Asphalt aufrissen.

In der Überzeugung, die Truppen hätten die Führung verjagt, forderten die Putschisten aus der Umgebung Moskaus eine Einheit für besondere Zwecke an. Weniger geschwollen ausgedrückt: ein Bataillon von Kopfabschneidern. Das Bataillon sollte das Regierungsgebäude an der Moskwa erstürmen, in dem die verhaßten Demokraten saßen. Die Kopfabschneider brachte man am Stadtrand unter, in einem erst kürzlich erbauten Sportzentrum.

Gegen Abend wurde der Kommandeur des Bataillons angerufen, und zwar nicht von irgend jemandem, sondern vom Verteidigungsminister höchstselbst. Man setzte ihn darüber in Kenntnis, daß man ihm zur Hebung des Kampfgeistes seiner Truppe einen bekannten Humoristen und Satiriker vorbeischicken werde. Der werde noch an diesem Abend eine Vorstellung geben, nach welcher sich die Kopfabschneider dann in munterer und ausgelassener Stimmung in die Panzer setzen und im Schutz der nächtlichen Dunkelheit ausrücken sollten, um ihre militärische Aufgabe zu erfüllen.

Der Satiriker traf nur kurze Zeit später ein. Er zeigte einen vielfach abgestempelten Auftrag vor. Nach Aussagen der Kopfabschneider war er von ellenlangem Wuchs, unglaublich dünn und trug ein Schnurrbärtchen sowie ein kariertes Jackett. Kein Zweifel – hier handelte es sich um einen Dichter und Parodisten, wie er im Buche steht. Ein besonderer Gag war offenbar der Zwicker, den er sich auf die Nase gepfropft hatte. Ich vermute, es ist nicht mehr nötig, ihn meinem verehrten Leser als Korowjew vorzustellen.

Eingangs gab er ein paar scharfe Witze zum besten. Dann berieselte er das Publikum mit Gedichten und Parodien sowie Geschichtchen aus dem eigenen Leben. Die Kopfabschneider wälzten sich vor Lachen auf den Matten, mit denen der Saal ausgelegt war, in dem die Veranstaltung stattfand. Als die gesamte Mannschaft vor Lachen nicht mehr konnte, lud der Poet und Parodist sie zu einem kleinen Überraschungsimbiß ein.

Daraufhin erschien im Saal sofort eine hübsche und freundlich lächelnde Kellnerin mit Spitzenhäubchen, die zwei große Tabletts hereintrug. Auf diesen ... mein lieber Schwan! Ich würde nicht behaupten, daß die Kopfabschneider bezüglich ihrer Verpflegung etwas zu beanstanden gehabt hätten, aber selbst sie dürften nicht jeden Tag roten wie schwarzen Kaviar, erlesenen Lachs oder hauchzarten Schinken serviert bekommen haben. Alle Getränke waren importiert, es gab schottischen Whisky, Martel-Cognac und echten spanischen Madeira. Woher das alles wohl kam?

Nach einer Viertelstunde war alles vorbei. Die Kopfabschneider hatten sich ins Koma gesoffen. Als es an der Zeit gewesen wäre aufzubrechen, lagen sie laut schnarchend auf ihren Matten und schliefen wie die Murmeltiere. Sie wachzurütteln war völlig unmöglich. Sowohl der Poet und Parodist wie auch die hübsche Kellnerin waren spurlos verschwunden.

Nachdem das Scheitern des Putsches klar geworden war, beschlossen seine Anführer, sich dünne zu machen. Umgehend setzten sie sich mit einem befreundeten arabischen Land in Verbindung, von dem dann auch prompt als Antwort kam: Wir harren eurer, es wird uns eine Freude sein, euch unsere Gastfreundschaft zu erweisen. Man machte sich auf nach Wnukowo, wo ein Flugzeug bereit stand. Der Rest ist bekannt.

Das Flugzeug landete nicht in irgendeinem arabischen Land, sondern direkt auf der Krim, wo die Flüchtlinge unverzüglich verhaftet wurden. Wie es nun wieder dazu kommen konnte, ist bis heute ein Rätsel. Gerüchten zufolge wurde die Crew des Flugzeugs im letzten Moment auf Befehl von irgendwem samt und sonders ausgetauscht. Zu der neuen Besatzung gehörten ein baumlanger, magerer Pilot mit Zwicker, ein rothaariger Kopilot mit weißem Star auf einem Auge und einem aus dem Mund hervorstehenden Hauer, ein rundgesichtiger, katerähnlicher Bordingenieur sowie eine hübsche Stewardeß, bei der man sich aber nur noch an eine bläuliche Narbe am Hals erinnern konnte. Nach der Landung sollte die Crew eigentlich zusammen mit den Putschisten festgenommen werden. Eine Sondertruppe stürmte ins Cockpit – das leer war! Als ob das Flugzeug ohne Besatzung hergeflogen und – was vielleicht am erstaunlichsten war – auch völlig ohne Crew gelandet wäre!

Die Bevölkerung hegte die felsenfeste Überzeugung, die Entourage Volands (aber nicht er selbst) hätten den »Idiotenputsch« scheitern lassen. Darauf schrie jedoch im Westen ein Landsmann auf, ein bekannter Schriftsteller, der ganz entschieden die Prinzipien des Realismus verfocht. Wo hätte es denn so etwas schon gegeben, fragte er, daß literarische Figuren in die Wirklichkeit gelangten? Quatsch war das, ausgemachter Humbug! Statt sich mit solchem Unsinn zu befassen, sollte man sich lieber endlich daranmachen, das vorrevolutionäre Alphabet mit den so wertvollen Buchstaben »jat« und »fita« sowie die alten und klugen Regeln der Orthographie wieder einzuführen.

Jeder Aufschrei aus dem Westen, zumal wenn ihn Landsleute von sich geben, wird bei uns als Direktive aufgefaßt – darunter tun wir es nicht. In die Redaktionen von Zeitungen und Zeitschriften, sowohl linke wie rechte wie auch alle anderen, fielen Boten mit Stellungnahmen hoher Politiker und Kunstschaffender ein: »Nein, wir glauben an keinen Voland, nein, er ist nicht nach Moskau gekommen, und damit basta!« Stellvertretend für all diese Äußerungen möchte ich an dieser Stelle nur auf die Reaktion des Theaterregisseurs Karnauchow eingehen, des, wie ich noch einmal betonen möchte, einzigartigen Regisseurs von Stücken über die Revolution von ehedem.

Nachdem diese seine ruhmreiche Zeit abgelaufen war, ließ Karnauchow keine Gelegenheit aus, von sich reden zu machen. Um sich vom bolschewistischen Übel reinzuwaschen (seine eigenen Worte), verbrannte er während eines Fernsehauftritts vor den Augen der sprachlosen Zuschauer sein Parteibuch, womit er beinahe ein Feuer im Studio gelegt hätte. Gott sei Dank ging noch einmal alles glimpflich ab. Danach konvertierte Karnauchow zum Judaismus. Zur Beschneidung lud er Vertreter der Theaterwelt ein. Als die Nadel des politischen Kompasses dann in die orthodoxe Richtung ausschlug, erklärte er einige Tage vor der Zweiten Taufe Rußlands, er sei vom Judaismus schwer enttäuscht und werde zusammen mit seiner Ehegefährtin, Kind und Kegel das heilige Sakrament der Taufe empfangen. Auch mit seiner Meinung über Voland hielt Karnauchow nicht länger hinterm Berg. Er rief dazu auf, weder Kraft noch Energie in sinnlosen Streitigkeiten darüber zu vergeuden, ob der Diabolos nun in Moskau war oder nicht, sondern sich vielmehr den Leibhaftigen selbst vorzunehmen, der noch immer in Moskau sein Süppchen am Köcheln hielte. Das zielte natürlich auf die Teufel von Kommunisten. Es war Karnauchow völlig ernst mit seiner Behauptung, er habe dieser Tage bei einem Besuch des Sandunowski-Bads, in dem die Besucher ja glücklicherweise alle nackt waren, bei etlichen von ihnen Schwänze entdeckt. Nun gelte es, binnen kürzester Zeit die gesamte Bevölkerung zu untersuchen, um so die Geschwänzten unter ihnen zu entlarven. Diese Subjekte sollten dann in gut bewachte Reservoirs gebracht werden, damit sie die Menschen nicht länger mit ihren teuflischen Späßen heimsuchen könnten. Das Gesagte war keinesfalls als Allegorie gemeint. Dann kam heraus, daß sich der Suchtspezialist Ptizyn, der Karnauchow zuvor regelmäßig behandelt hatte, schon lange nicht mehr um seinen alten Patienten kümmerte – was daran liegen mochte, daß dieser ihm Geld schuldete. Zumindest hatte sich der bekannte Regisseur unterdessen ins Delirium tremens gesoffen, in den Säuferwahnsinn, was zweifelsohne einen erheblichen Schaden für die russische Theaterkunst bedeutete.

Immerhin befand der patriotische Schriftsteller Prolasow Karnauchow einer Antwort für würdig. So erklärte er, die Gerüchte über Voland seien von Demokraten in die Welt gesetzt worden. Sie hätten diese phantastische Version eines Moskaubesuchs des Leibhaftigen in Umlauf gebracht, um die Bevölkerung von ihrem ureigenen Versagen in der Innen-

wie der Außenpolitik abzulenken. In der Frage der »geschwänzten Teufel von Kommunisten« schlage er vor, daß er, der er im Unterschied zu Karnauchow sein Parteibuch noch besitze, demnächst splitterfasernackt über die Twerskaja flanieren werde, damit sich alle Welt vom Fehlen eines Schwanzes überzeugen könnte. Er forderte alle aufrechten Kommunisten auf, seinem Beispiel zu folgen und an dieser Demonstration teilzunehmen. Übrigens fand dann weder ein Spaziergang des nackten Prolasow noch irgendeine Demonstration auf der Twerskaja statt. Der Moskauer Polizeichef, oder, modern gesprochen, der Sheriff, hatte alle Interessenten gewarnt: Er werde es niemandem gestatten, im nackten Zustand herumzulaufen, nicht über die Twerskaja und nicht in der schmalsten Gasse. Darauf verschickte Prolasow – der Pfiffikus – an verschiedene Zeitungsredaktionen eine Photographie von sich, die ihn nackt und in Rückenansicht zeigte. Allerdings wurde das Bild nicht veröffentlicht. Hätten die Zeitungen eine Aufnahme dieser Art abgedruckt, hätten entsprechende Stellen ihnen das gut und gerne als Pornographie auslegen können – die mit einer satten Strafe belegt wurde.

Am Ende wurden schließlich sogar die Bulgakow-Spezialisten wach. Bisher hatten sie ihre Existenz vor allem durch wilde Spekulationen darüber gesichert, wen Michail Afanasjewitsch in der Figur des Voland eigentlich dargestellt habe: Stalin, Maxim Gorki oder noch jemand anderen. In den nun aufkommenden Streitigkeiten und Diskussionen sahen sie eine Gefahr für ihr angenehmes und ruhiges Dasein. Was wäre denn, wenn sich alle dahingehend verständigten, daß Voland schlicht Voland war? Bei einem internationalen Symposium in einer italienischen Kleinstadt kamen die Bulgakow-Spezialisten schnell überein, daß Moskau niemals von irgendeinem Voland besucht worden sei. Danach beschloß man, die Forschung zur Problematik, welche Persönlichkeit Bulgakow für seinen Voland Modell gestanden habe, sowohl zu erweitern wie auch zu vertiefen.

Viele andere, vor allem jüngere Leute, bestanden allerdings auch weiterhin hartnäckig darauf, Voland und seine Entourage hätten Moskau vor gar nicht allzu langer Zeit besucht. Es wurde eine Gesellschaft der »Freunde Volands« gegründet und eine Kundgebung an den Patriarchenteichen abgehalten. Die Behörden genehmigten sogar – wenn auch mit einigem Murren – eine Demonstration. Deren Teilnehmer trugen Plakate und Transparente mit Aufschriften wie »Lang lebe Voland!«, »Ein Hoch auf Korowjew!« und »Kater Behemoth – ein ganzer Kerl!«.

Die beiden extrem entgegengesetzten Positionen spitzten sich immer mehr zu. Und in dieser Zeit, das mußte wohl so sein, lernte ich … Jakuschkin kennen.

Ein alter Schulkamerad von mir ist heute Psychiater und Oberarzt in einer Moskauer psychiatrischen Klinik. Als wir uns einmal trafen, stritten auch wir über die Frage, ob Voland Moskau nun noch einmal besucht habe oder nicht. Wie jeder Psychiater, der etwas auf sich hält, wertete mein Freund das Ganze als blanken Unsinn beziehungsweise als Fieberphantasie ab. Nebenbei erwähnte er, in seiner Abteilung liege ein Patient, der ebenfalls behaupte, mehrmals mit Voland zusammengetroffen zu sein – und vielleicht wäre es ja nicht falsch, auch all die anderen, die Vergleichbares behaupteten, einmal zu untersuchen.

Ich weiß nicht mehr, was mich veranlaßte, ihn zu bitten, mir diesen Patienten doch vorzustellen. Nach kurzem Zögern ließ sich mein Freund dazu überreden.

So fuhr ich an einem Tag im Juni an den südlichen Stadtrand Moskaus und begab mich in die psychiatrische Klinik.

Einige unbedeutende Details werde ich im folgenden auslassen. Mein Freund setzte mir zunächst auseinander, an eine Heilung des Patienten Jakuschkin sei selbst langfristig nicht zu denken. Im Gespräch gehe von ihm jedoch keinerlei Gefahr aus. Anfälle, bei denen er in Raserei verfalle, kämen nicht öfter als einmal im Monat vor und dann meist um Mitternacht.

Ein hochgewachsener, mit einem Krankenhausschlafanzug bekleideter Mann mit grauem Igelschnitt betrat das Zimmer. Er war unwahrscheinlich mager, sein Gesicht ausgemergelt. Man gestattete uns, in den Hof hinunterzugehen.

Nach dieser ersten Begegnung fuhr ich fast jeden Tag des verbleibenden Monats in die Klinik. All unsere Gespräche unter vier Augen fanden auf einer Bank unter einer Linde statt. Wenn ich nach Hause kam, schrieb ich auf, was Jakuschkin mir erzählt hatte. Damals war mir noch nicht klar, worauf das schließlich hinauslaufen sollte.

Jakuschkin berichtete mir unter anderem, was er im Lefortow-Gefängnis nach der Verhaftung durchgemacht hatte. Beinah rund um die Uhr hatte man ihn verhört und von ihm verlangt, er solle seine Kontakte zu ausländischen Geheimdiensten gestehen, denn diese hätten ihn ja wohl mit dem beißenden Kaninchen ausgestattet. Am Ende holte man ein gerichtspsychiatrisches Gutachten über ihn ein. Er wurde für unzurechnungsfähig erklärt, weshalb es zu keiner Verhandlung kam (wegen des Randalierens im Haus der Literaten). Zunächst wurde er in eine geschlossene Anstalt eingewiesen. Nach dem Zusammenbruch des Staats brachte man ihn dann in diese Klinik, zu meinem Freund.

Ich hatte den Eindruck, daß ich Jakuschkin auf Anhieb sympathisch war. Ich verheimlichte ihm meine eigenen Beziehungen zur Schriftstellerei nicht und erzählte ihm von den kurzen humoristischen Erzählungen, die ich schrieb und die ab und an sogar veröffentlicht wurden. Anfangs sah ich in Jakuschkin nur einen gemütskranken Menschen, den über lange Zeit Halluzinationen gequält hatten. Je tiefer er aber in seine Erzählung eindrang (und Jakuschkin war ein einzigartiger Erzähler), desto stärker wuchs in mir die Überzeugung, alles habe sich genau so abgespielt.

Im Juli fuhr ich in Urlaub. Bei meiner Rückkehr nach Moskau erhielt ich eine traurige Nachricht. Mein Freund rief mich an, um mir vom Tod Jakuschkins zu berichten.

Ich war noch nicht wieder ganz zu mir gekommen, als das Telephon ein zweites Mal klingelte. Am Apparat war Jakuschkins Frau Lena, das heißt, mittlerweile seine Witwe. Sie erzählte mir von Manuskriptfragmenten der *Beerdigung eines Jägers*, die – wie Jakuschkin ihr noch kurz vor seinem Tod mitgeteilt hatte – ihr Mann glücklicherweise in einen Band seiner Bulgakow-Ausgabe eingelegt hatte. Dieser Band stehe noch immer im Bücherschrank. Jakuschkin hatte sie gebeten, mir die Aufzeichnungen zu übergeben, natürlich nur, falls sie nicht bei der Durchsuchung beschlagnahmt worden seien.

Am nächsten Tag fuhr ich zu Jakuschkins Wohnung, um die Manuskripte zu holen, und lernte dabei die unauffällige und nicht sehr hübsche Lena kennen.

Ich sah auch Jakuschkins Sohn, Mischenka, der nun schon fünf Jahre alt war. Ferner traf ich in der Wohnung einen fülligen Brillenträger mit früher Glatze an, der sich als »Wolodja, Physiker« vorstellte. Nach meinen flüchtigen Beobachtungen bereitete sich der Physiker Wolodja darauf vor, Mischenkas Stiefvater zu werden, wenn er es nicht schon war. Nun ja, das Leben geht weiter… Ich erfuhr auch noch, daß der Mitmieter Jakuschkins, der Saufbold und Packer Kolywanow, wegen einer Schlägerei nach Paragraph 206 verurteilt worden war, nach dem man ja auch Jakuschkin hatte verurteilen wollen.

Alles sprach dafür, daß ich mich daranmachte, einen Roman zu schreiben. Ich fing im August an und schrieb den ganzen Herbst und Winter hindurch. Im Mai war ich fertig.

Wenn ich einmal feststeckte und sich die Wörter nicht zu Sätzen fügen wollten, machte ich mich auf zum Wostrjakowskoje-Friedhof, wo ich lange am Grab Jakuschkins saß und über sein trauriges Schicksal sinnierte. Aber wer weiß, vielleicht war er ja tief in seinem Innern glücklich gewesen? Die Ausflüge halfen mir. Ich überwand den toten Punkt, der Roman flog seinem Ende zu.

Nun, da er geschrieben ist, ist Jakuschkin gleichsam in den Schatten gerückt. Immer seltener denke ich an ihn, wohingegen mir immer öfter der Mensch in den Sinn kommt, dessen betörender Phantasie Voland, Korowjew, Behemoth und Asasello entsprungen sind. Und in tiefer Ehrfurcht neige ich mein Haupt vor seinem Andenken.

ANMERKUNGEN

1 Jakuschkin, Iwan Dmitrijewitsch (1793–1857), Teilnehmer am Aufstand gegen Zar Nikolaus I. in Sankt Petersburg, Hauptmann, Mitglied von Geheimorganisationen; kam insbesondere im Winter 1820/21 in Kamenka häufig mit Alexandr Sergejewitsch Puschkin (1799–1837) zusammen.

2 Solowjow-Sedoi, Wassili Pawlowitsch (1907–1979), sowjetischer Komponist, schrieb in erster Linie Operetten und volkstümliche Lieder.

3 Belinski, Wissarion Grigorjewitsch (1811–1848), Literaturkritiker, Begründer der »natürlichen Schule«, die der ästhetisierenden Richtung der russischen Literatur eine Absage erteilt und eine romantisch-realistische Form fordert. Von Bedeutung ist hier vor allem seine Abhandlung *Ein Blick auf die russische Literatur des Jahres 1846*.

4 Peredwishniki (»Wanderer«) bezeichnet eine künstlerische Bewegung im 19./20. Jahrhundert, die sich durch eine realistische und sozialkritische Art der Darstellung auszeichnet. Neben Perow zählen zum Beispiel Repin, Wasnezow und Lewitan zu dieser Richtung.

5 Hammer, Armand (1898–1990), amerikanischer Industrieller, der für eine wirtschaftliche Zusammenarbeit von USA und UdSSR plädierte.

6 die Feige zeigen: (derbe) Hohn- und Spottgeste, die in Rußland noch immer üblich ist.

7 Stück von Alexandr Nikolajewitsch Ostrowski (1823–1886).

8 Hauptfigur aus der Komödie *Der Revisor* (1836) von Nikolai Wassiljewitsch Gogol (1809–1852).

9 *Die drei Schwestern:* Stück (1900) von Anton Pawlowitsch Tschechow (1860–1904).

10 Roman (1948) von Semjon Babjewski, der die Schwierigkeiten des Wiederaufbaus der Sowjetunion nach dem Krieg beschreibt. Stark ideologisch geprägt. Der Roman wurde mit dem Stalinpreis ausgezeichnet und galt als Musterbeispiel des sozialistischen Erziehungsromans, stellt jedoch eine unrealistische Euphorie, eine Verzerrung der Wirklichkeit (»Lackierung der Wirklichkeit«) dar.

11 Bursak: geistliche Lehreinrichtung im 19. Jahrhundert.

12 Zitat aus dem Roman *Der Meister und Margarita* (1929–40) von Michail Afanasjewitsch Bulgakow (1891–1940).

13 Volksdichter, -sänger bei turksprachigen Völkern Mittelasiens.

14 Huzulen: Volk in den Karpaten.

15 Dsershinski, Felix Edmundowitsch (1877–1926), sowjetischer Politiker.

16 Traditionelles ärmelloses Obergewand russischer Frauen.

17 Nationaler Kopfputz russischer Frauen.

18 Am Alten Platz saßen etliche Regierungsinstitutionen und das ZK der KPdSU.

19 Christine Keeler (*1942), Modell, löste 1963 einen der ersten Sex- und Spionageskandale aus, als sie gleichzeitig eine Affäre mit dem britischen Verteidigungsminister John Profumo (*1915) und einem sowjetischen Diplomaten hatte.

20 Verbreiteter Spitzname für den sowjetischen Politiker Michail Iwanowitsch Kalinin (1875–1946).

21 Zitat aus Puschkins Märchenepos *Ruslan und Ludmilla* (1820).

22 Stadt nördlich von Moskau; bedeutend für Maschinenbau.

23 Sondereinheiten.

24 Ein Vorort von Paris, in dem 1911 auf Initiative Wladimir Iljitsch Lenins (1870–1924) eine Schule für aus Rußland stammende Bolschewiki eingerichtet wurde *(Anm. des Autors)*.

25 Klassische Parole zum Gedenken an die Opfer des Zweiten Weltkriegs.

26 Nachdem 1712 Sankt Petersburg zur Hauptstadt ernannt worden war, kam dieser gleichsam feierliche Beiname für Moskau auf.

27 Die Entscheidung über die Zusammenlegung von *Prawda* und *Iswestija* zu einem einzigen Presseorgan wurde auf höchster Ebene »zum Zweck einer durchdachten Konzentration der journalistischen Kader und der Papiereinsparung« getroffen *(Anm. des Autors)*.

28 Minin und Poscharski: Bronzestatue des Fleischers Kusma Minin (†1616) und des Fürsten Dmitri Michailowitsch Poscharski (1578–1642); Freiheitskämpfer, die ein Freiwilligenheer gegen die Polen aufstellten und die Invasoren aus dem Kreml vertrieben. Ursprünglich in der Mitte des Roten Platzes errichtet, steht das Denkmal heute vor der Basiliuskathedrale.

29 Chrytschewa denkt hier offenbar an den Roman *Wem die Stunde schlägt* (1940) von Ernest Hemingway (1899–1961), den sie wohl kaum gelesen haben dürfte *(Anm. des Autors)*.

30 Traditionelle umgangssprachliche Bezeichnung von Sankt Petersburg.

31 Kaukasische Pelzmütze.

INHALT

ERSTER TEIL

1 Jakuschkin, die Zerberuska und so manch
anderer   7

2 Meine Ratgeber. *Zwischenbemerkung des
Autors*   19

3 Iwan Stepanowitsch Peretjatko und die
altehrwürdige Kutsche   25

4 Szenen auf dem Boulevard und in der
Konditorei Filippow   53

5 Einige Anmerkungen zur Person
Arkadi Michailowitsch Sutenewskis   67

6 Sowjetisch-japanische Unterhandlungen und
das Ende, das sie nahmen   79

7 An den Patriarchenteichen ist die Lage etwas
vertrackter   103

8 Wundersame Rettung   139

9 KOMPHYG! KOMPHYG! *Auszüge aus dem
Roman Jakuschkins. Mit Anmerkungen des
Autors des vorliegenden Romans*   160

10 Eine unverzeihliche Nachlässigkeit   185

11 Das Kaninchen Kusja. *Abschließende Auszüge
aus dem Roman Jakuschkins*   201

12 Der Vertrag   230

ZWEITER TEIL

1 Jakuschkin verzweifelt gesucht 259
2 Der Hinterhalt in der Ostoshenka 275
3 Sergej Mitrofanowitsch nimmt die Spur auf 288
4 Das Kaninchen taucht auf 301
5 Wie ein Blitzschlag 314
6 Eine wissenschaftliche Konsultation 337
7 Kleine Gemeinheiten 349
8 Die Abenteuer des Herrn Weiland 367
9 Hexensabbat im Kreml 381
10 Der Augenblick der Erkenntnis 412
11 Einladung zum Tanz 428
12 Der Ball der Tyrannen 442
13 Der Rat von Fili 474
14 Im Gebirge 492
15 Wo die Stunde schlägt 500
16 Das Ende des Kaninchens Kusja 513

Epilog 539

Anmerkungen 555

PIPER

Bernhard Hennen
Der Wahrträumer

Die Gezeitenwelt 1
Roman. 633 Seiten. Geb.

Drei Tage nachdem die Walfängerin Alessandra zu einer
der reichsten Frauen Nantallas wurde, erscheint ein
Priester: Dem Fischerdorf wurde die Ehre zuteil, unter seiner Aufsicht einen Märtyrer auszulosen, der am Ritual der
Endgültigen Askese teilnehmen wird. Auserwählte aus dem
ganzen Land sollen durch ihr Opfer – Fasten bis zum Tode
– jenen leuchtenden neuen Stern vom Himmel bannen, der
jede Nacht heller zu strahlen scheint.
Doch noch bevor das Opfer vollzogen wird, schlägt ein
Asteroid in die Erde ein und verändert das Antlitz der
Gezeitenwelt. Auf Jahre bleibt der Himmel hinter Wolken
verborgen. Flutwellen, Erdbeben und Vulkanausbrüche ver-
nichten ganze Kulturen. Die Winter werden immer länger,
und ein verzweifelter Kampf ums Überleben beginnt. Ein
Kampf, in dem die Legenden der Vergangenheit Gestalt
annehmen.
Zur gleichen Zeit flüchtet weit im Norden ein Nomaden-
volk vor dem Atem des Winters und wagt es, den Visionen
eines jungen Träumers zu folgen ...